Dagmar Filter/Jana Reich

„Bei mir bist Du schön…"

Feministisches Forum -
Hamburger Texte zur Frauenforschung

herausgegeben von der
Gemeinsamen Kommission Gender & Diversity
an Hamburger Hochschulen und Zentrum GenderWissen

Band 4

Dagmar Filter/Jana Reich

„Bei mir bist Du schön…"

Kritische Reflexionen über Konzepte von Schönheit und Körperlichkeit

Centaurus Verlag & Media UG

Die Herausgeberinnen:
Dagmar Filter, Leiterin vom Zentrum GenderWissen Hamburg
Das Zentrum GenderWissen bietet ein fachübergreifendes Forum für Forschende,
Lehrende und Studierende an Hamburger Hochschulen, die kontinuierlich zu Gen-
der Studies und intersektionalen Perspektiven arbeiten.
Jana Reich, Leiterin der Zentralen Bibliothek Frauenforschung & Gender Studies
Hamburg.

Bibliografische Informationen der Deutschen Nationalbibliothek

Die Deutsche Nationalbibliothek verzeichnet diese Publikation in der Deutschen National-
bibliografie; detaillierte bibliografische Daten sind im Internet über http://dnb.d-nb.de ab-
rufbar.

Gedruckt auf säurefreiem und chlorfrei gebleichtem Papier.

ISBN 978-3-86226-143-7   ISBN 978-3-86226-981-5 (eBook)
DOI 10.1007/978-3-86226-981-5

ISSN 0941-4398

© *CENTAURUS Verlag & Media KG 2012*
www.centaurus-verlag.de

Umschlagabbildung: Collage „Bei mir bist du schön", © Dagmar Filter, 2012
Umschlaggestaltung: Jasmin Morgenthaler, Visuelle Kommunikation
Illustrationen: © Martina Meier, www.die-maler-hamburg.de
Scannen der Abbildungen: Nicolli Povijac
Satz: Vorlage der Herausgeberinnen
Lektorat: Dagmar Filter, Ariane Mönche, Nicolli Povijac, Jana Reich, Wiebke
Schwarzhans

Vorwort

In unserem Alltag haben wir, ob wir wollen oder nicht, täglich mit dem Thema Schönheit zu tun – und sei es durch heteronormative Rollenzuschreibungen in Medien, Werbung und Kommunikation. Schönheitsdruck entsteht, der Schönheitshandeln fabriziert, um gesellschaftlichen Körper- und Schönheitsbildern zu entsprechen.

„Schönheit" wird aktuell in der Forschung thematisiert, was uns veranlasste, unseren neuen Band mit kritischen Fragestellungen zu einigen Facetten von „Schönheit" und vielfältigem Schönheitshandeln herauszugeben.

Die eingereichten Beiträge fokussieren insgesamt eher den Frauenkörper als Ort von Einschreibungen der Kategorien „Schönheit" und „Weiblichkeit". Mit feministisch-kritischen Positionierungen hinterfragen die ersten Beiträge normierte Weiblichkeitskonzepte, um eigenes Schönheitshandeln aufzuzeigen. Selbst Modetheorien des 19. Jahrhunderts sind bestens geeignet, darin Normierungsversuche von Weiblichkeitsentwürfen zu entdecken.

Aber auch scheinbare Abweichungen von der Norm werden in unserem Sammelband beleuchtet, da sie uns bis in unsere private Sphäre beeinflussen. Das betrifft zum Beispiel den gesellschaftlichen Zwang zur eindeutigen Geschlechtszuordnung, hier die systematische Pathologisierung von Intergeschlechtlichkeit und deren juristischen Verschränkungen als „Legitimation" für Zwangsoperationen am Körper und Geschlecht. Oder auch die Aspekte Alter und oder „Dick-sein" bieten Ansätze, gängige Schönheitskonzepte von immer jung, fit, gesund und schön in Frage zu stellen und selbstbewusste Gegenentwürfe zu liefern. So ringen alternative Schönheitskonzepte oder abwehrende Haltungen gegen gesellschaftliche „Verschönerungsnormen". Inwieweit eine freiwillige operative Beschneidung der Vulva aus individuellem Schönheitshandeln geschieht oder als Reflex einer angesagten Offenlegung der intimsten Privatsphären zu verstehen ist, wird in einem Beitrag nachgegangen und gleichzeitig die maßgeblich an Körpernormierung beteiligte Schönheitsindustrie in Frage gestellt. Ein weiterer Beitrag beschäftigt sich mit dem männlichen Begehren nach einem schönen, begehrenswerten Körper, wie er bei-spielsweise in Fitness-Studios erzeugt werden kann.

Wir möchten mit den eingereichten Beiträgen für die Widersprüchlichkeit neoli-beraler Anrufungen sensibilisieren, Reflexionsprozesse anregen und widerständige feministische Positionen eröffnen. Schönheitshandeln ist veränderbar – Normie-rungen bringen Gegenbewegungen hervor. Welche Strategien wir damit selbst ver-folgen kann Eigen-SEIN hervorbringen. Ja, warum nicht eine immerwährende Lust entwickeln, non-konform zu sein?!

„Bei Mir Bist Du Schoen" heißt es in einem Swingstück, das durch die US-amerikanische Girlgroup „The Andrews Sisters" 1938 bekannt wurde. Das Original stammte aus einem jüdischen Musical. Der Evergreen wurde international ein Er-folg und in Europa und der Sowjetunion gespielt. Sein Charme besteht u. a. darin, im Songtext die geliebte Person für die „schönste auf der ganzen Welt" zu halten. Schönheitsideale und Trends spielen in der Liebe in diesem Lied keine Rolle…sie steht jenseits aller Kategorien und Schönheitsnormen.

Die Herausgeberinnen, Juli 2012

INHALT

Schönheit und Weiblichkeit
– eine geschlechtsspezifische Betrachtung der sozialen Ungleichheitswirkung von physischer Schönheit-

Birgit Görtler

Die vorliegende Arbeit soll sich mit geschlechtsdeterminierten Aspekten sozialer Ungleichheit befassen. Viele Dimensionen von sozialer Ungleichheit sind schon lange im wissenschaftlichen Diskurs etabliert und bilden den Grundstein für Forschung und Diskussion. Als soziale Ungleichheit wird dabei die ungleiche Verteilung materieller oder immaterieller Ressourcen sowie die daraus resultierende Ungleichheit bezüglich der Partizipation an der Gesellschaft angesehen. Im weiteren Sinne liegt soziale Ungleichheit überall dort vor, „wo die Möglichkeiten des Zuganges zu allgemein verfügbaren und erstrebenswerten sozialen Gütern und/oder zu sozialen Positionen, die mit ungleichen Macht- und/oder Interaktionsmöglichkeiten ausgestattet sind, dauerhafte Einschränkungen erfahren und dadurch die Lebenschancen der betroffenen Individuen, Gruppen oder Gesellschaften beeinträchtigt bzw. begünstigt werden" (Kreckel 2004: 17). Die wissenschaftliche Beschäftigung mit Phänomenen sozialer Ungleichheit rechtfertigt sich dadurch, dass existierende Formen sozialer Ungleichheit als gesellschaftliches Problem betrachtet werden und je nach soziologischer Perspektive und zugrunde liegender Theorie zu kritisieren sind.

Zahlreiche Faktoren sowie deren Auswirkungen zum einen auf eine Gesellschaft als eine fragmentierte Einheit und zum anderen auf den sozialen Status einzelner Personen wurden und werden innerhalb der Soziologie als differenzierende und distinguierende Faktoren anerkannt. Es besteht relative Einigkeit darüber, dass Identitätsmerkmale wie Alter, Geschlecht, Religion, Sexualität, Nationalität, regionale und kulturelle Zugehörigkeit, Bildung, Beruf und sozialer Status der Eltern, die Sozialisationsumstände, Macht und Stand als ausschlaggebende Wirkungsfaktoren den sozialen Status einer Person und somit die gesellschaftliche Ungleichheit im Allgemeinen beeinflussen (Kreckel 2004: 15). Die Frage allerdings, welche Bedeutung der körperlichen Attraktivität zukommt und welchen Einfluss das Aussehen eines Menschen auf die Gestaltung seines sozialen Lebens und seinen sozialen Status nimmt, wurde lange Zeit weder von der Soziologie noch von der Sozialpsychologie aufgeworfen (Guggenberger 1997: 44). Das Thema der gesellschaftsrelevanten Bedeutung von Körperlichkeit – inbegriffen seien dabei Forschung zur Gouvernementalität des Körpers, Queer Studies, Fat Studies, Lookism, die Theorien der feministischen Wissenschaft sowie die allgemeine Attraktivitätsforschung – stellt in der Soziologie in Relativität zu ihrer Geschichte ein neues und wenig erforschtes Gebiet dar (Koppetsch 2000: 99).

Eindeutig und auf statistischer Signifikanz basierend liefert der Großteil der Ergebnisse bisheriger Forschung auf diesem Gebiet den Beweis, dass die Körper von Individuen zu sozialer Ungleichheit beitragen (Burkart 2000: 69). Sie tun dies in erster Linie nicht aus natürlicher Notwendigkeit heraus, sondern durch soziale Zuschreibungs- und Konstruktionsprozesse, die sich in gesellschaftlicher Praxis stabilisieren und reproduzieren. Ebenso verhält es sich mit den Faktoren, die zur sozialen Ungleichheit zwischen den Geschlechtern beitragen, wie es vergangene und aktuelle Forschung aus den Reihen der Soziologie, Gender Studies und Sozialpsychologie zeigt (Koppetsch 2000: 9 ff.).

Beide Themenbereiche sind einander insofern kontextuell nah, als sich beide auf den Körper als die zentrale Bezugseinheit ihrer Theorien beziehen. Der Körper sowie dessen sozialer Status stehen nicht nur in der Attraktivitätsforschung im Zentrum der Aufmerksamkeit, sondern stellen auch den Ausgangspunkt der Forschung rund um Geschlecht dar, da die gängigen Geschlechtskategorien stets aufgrund der biologischen Körperlichkeit von Individuen vorgenommen werden. Somit ist der Körper in beiden Themengebieten Ausgangspunkt der Analyse von Zuschreibungen und Stigmatisierungen, die zu sozialer Ungleichheit beitragen (Meuser 2005: 271).

Die vorliegende Arbeit soll beide Themengebiete miteinander verbinden, indem sie danach fragt, inwiefern sich gewisse vermeintlich geschlechtsunabhängige Zuschreibungen auf den Körper, wie sie von der Attraktivitätsforschung und der Sozialpsychologie analysiert werden, ganz im Gegenteil als verstärkende Faktoren geschlechtsdeterminierter Ungleichheit erweisen. Es soll die Vermutung untersucht werden, dass die Wirkung von körperlicher Schönheit und Attraktivität bzw. der Art und Weise wie diese in einem gesellschaftlichen Kontext definiert wird, durch gewisse Mechanismen, die es zu analysieren gilt, nicht nur eine Dimension sozialer Ungleichheit darstellt, sondern auch die bereits existierende soziale Ungleichheit zwischen den Geschlechtern verstärkt. Dieser Effekt wird dadurch ermöglicht und in reproduktiver Art und Weise stabilisiert, dass es sich sowohl bei der symbolischen Zuschreibung von Status aufgrund der Beschaffenheit des Körpers bzw. dessen Interpretation in einem spezifischen gesellschaftlichen Rahmen als auch bei den geschlechtsabhängigen Zuschreibungs- und Konstruktionsmechanismen um Bewertungsschemen handelt, die sich auf äußerlich sichtbare Tatsachen, eben die physische Substanz von Personen beziehen, deren Existenz sich nicht verleugnen lässt und die nur in begrenztem Rahmen veränderbar ist (Nollmann 2005: 154). Indem die physische Substanz von Individuen zum Ausgangspunkt von Prozessen wird, die zu sozialer Ungleichheit führen, stabilisiert sich diese. Diese Form sozialer Ungleichheit jedoch ist nicht durch die physische Substanz, bzw. die physischen Unterschiede zwischen Individuen bedingt, sondern durch ein komplexes Zusammenwirken verschiedener diesbezüglicher gesellschaftlich konstruierter Konzepte bedingt (Koppetsch 2000: 8).

Dass die Konzentration auf den Körper insbesondere die geschlechtsspezifische Ungleichheit verstärkt, wird dadurch deutlich, dass Schönheit und körperliche Attraktivität für den sozialen Status von Männern und Frauen von unterschiedlich starker Bedeutung sind. Das Maß, in dem die Beschaffenheit des Körpers das Individuum beeinflusst, hängt vom biologischen Geschlecht ab und unterscheidet sich bei Frauen und Männern (Nollmann 2005: 152). Es deuten zahlreiche Forschungsergebnisse darauf hin, dass eine Differenz u.a. existiert, da die Bedeutung der körperlichen Komponente in den gesellschaftlichen Geschlechtskonstruktionen unterschiedlich stark betont wird. Schönheit und Attraktivität als körperliche Merkmale werden in der Konstruktion der Geschlechter im stereotypen Sinne unterschiedlich stark integriert (Meuser 2005: 275). Dies zeigt sich sowohl in der Selbstwahrnehmung der Geschlechter, die sich wiederum im geschlechtsspezifischen Habitus sowie in der durch Äußerlichkeiten bedingten sozialen Positionierung zeigt (Koppetsch 2000: 8f.), als auch in der Fremdwahrnehmung, d. h. beim Blick auf das andere Geschlecht.

In den theoretischen Grundlagen der Attraktivitäts- und Geschlechterforschung besteht Einigkeit darüber, dass ebenso wie allgemeine Körperlichkeit auch Schönheit zu größeren Teilen eine Rolle in der Konstruktion von Weiblichkeit als von Männlichkeit spielt. Diese Zuschreibung von spezifisch definierten körperlichen Qualitäten an das weibliche Geschlecht und den weiblichen Körper hat zahlreiche Effekte auf die soziale Ungleichheit zwischen Männern und Frauen. Wie diese Effekte zustande kommen und durch welche Mechanismen die distinguierende Wirkung der Schönheit auf Frauen einen stärkeren sozial positionierenden Charakter hat als auf Männer, soll im Rahmen dieses Beitrags dargestellt werden.

2. Die distinguierende Wirkung von Schönheit

Aufgrund von übereinstimmenden Ergebnissen von Studien der Schönheits- und Attraktivitätsforschung ist anzuerkennen, dass das Aussehen von Personen deren soziales Leben beeinflusst. Dabei verhält sich der Zusammenhang zwischen den Variablen Aussehen und Erfolg in allen möglichen das soziale Leben betreffenden Bereichen dahin gehend, dass Schönheit in positiver Weise mit Erfolg und Bevorzugung korreliert, während sich in umgekehrtem Fall ein als unattraktiv geltendes Äußeres negativ auf Erfolge im sozialen Bereich auswirkt (Naumann 2006). Zu diesem Phänomen tragen zahlreiche Mechanismen bei, von denen die wissenschaftlich bereits bestätigten im Folgenden dargestellt werden sollen.

Die Summe der bisher vorliegenden Erkenntnisse deutet darauf hin, dass Schönheit als eine Art Aufmerksamkeitskapital für den vermehrten Erfolg seiner Träger verantwortlich ist (Koppetsch 2000: 12). Besagte Aufmerksamkeit ergibt sich durch den Effekt, dass Schönheit ebenso wenig wie ihr Gegenteil eben nicht durchschnittlich ist und daher in der sozialen Interaktion als besonders auffällt. Als schön empfundene Menschen ziehen daher leichter Aufmerksamkeit auf sich und finden besser Gehör als Personen, deren physische Attraktivität als durchschnittlich empfunden wird.

Cornelia Koppetsch (2000) bezeichnet daher Attraktivität und Schönheit als „ein[en] Weg zur Akkumulation von Aufmerksamkeitskapital in Interaktionen" (ebd. 2000: 100). Diese Form von Aufmerksamkeit kann mit der Menge des Publikums multipliziert werden. Allgemein ist die Wirkung physischer Attraktivität an die Existenz eines Publikums bzw. mindestens eines Interaktionspartners gebunden. Je mehr Rezipienten es gibt, desto größer fällt der soziale Gewinn von physischer Attraktivität aus (Koppetsch 2001: 101). Dieser Faktor ist relevant für die Erklärung des sogenannten „Schönheitswahns" als Phänomen des Zeitalters der Massenmedien, in deren Rahmen außergewöhnliche Schönheit normalisiert und zum Standard erhoben wird (Praxmarer 2001). In den alltäglichen sozialen Interaktionen und insbesondere in Kommunikationssituationen wirkt Schönheit nicht nur als Garant für erhöhte Aufmerksamkeit, sondern auch als positives Dispositiv, wie in den Ausführungen zu Kapitel 2.3 dargestellt wird.

2.1 Definition der Schönheit

Vieles deutet darauf hin, dass jene körperlichen Merkmale und Inszenierungen des Körpers, die als schön interpretiert werden, je nach gesellschaftlichem Kontext, zeitlicher Epoche und selbstverständlich individuellem Geschmack variieren. Trotzdem gibt es zahlreiche Wissenschaftler, die sich auf die Suche nach einer überindividuellen, universalen, gewissermaßen natürlichen Definition von Schönheit gemacht haben (Pippal und Wegenstein 2008: 14). Es soll sich dabei um eine Reihe von physischen Merkmalen handeln, deren Kombination Menschen bei ihren Artgenossen aufgrund ihrer genetischen Anlagen und psychischen Gegebenheiten als erstrebenswert und schön empfinden. Evolutionsbiologische, ethnologische und neurophysiologische Forschung beispielsweise sieht Schönheitsstandards als das Resultat der sexuellen Selektion an und analysiert ganz bestimmte körperliche Merkmale als überindividuell und zeitlich unabhängig schön (Nørretranders 2004: 182ff.). Diese Merkmale zur Definition männlicher und weiblicher Schönheit würden von allen Menschen als schön anerkannt, da die Vorliebe zu jenen körperlichen Ausprägungen evolutionsbiologisch bedingt sei. Zu ähnlichen theoretischen Ansätzen, die das Ziel verfolgen, eine allgemeingültige Formel für Gesichts- oder Körperschönheit zu finden, kann man jene Ansätze zählen, die sich auf die Vermessung von Gesichtern konzentrieren, um den sogenannten „goldenen Schnitt" als Schönheitsformel für Gesichter oder den Wert von „Phi Ratio" als Schönheitsformel für den Körper zu errechnen (Pippal und Wegenstein 2008: 39f.). Diesen evolutionsbiologischen Ansätzen steht ein großes Spektrum an vielfältiger Kritik gegenüber.

Für die soziologische Herangehensweise ist die konkrete Definition dessen, was unter Schönheit verstanden wird, dann relevant, wenn es um die Erklärung plötzlich auftauchender oder ins Übertriebene gesteigerte Körpertechnologien geht, anhand deren Ausprägungen sich gesellschaftliche Trends beobachten lassen. Der Wert bisheriger Schönheitsforschung bzw. deren Vorstellung von universellen Schönheitsnormen soll in dieser Arbeit nicht erörtert werden, da es nicht um den Inhalt konkreter Schönheitsideale, sondern um die Wirkung von Schönheit – wie auch immer sie definiert sein mag – gehen soll. Wenn also der Begriff der Schönheit verwendet wird und deren Wirkung in sozialen Interaktionen oder auf makrosoziologischer Ebene diskutiert wird, ist damit die von einem oder mehreren Beobachtern als schön interpretierte physische Beschaffenheit eines oder mehrerer Individuen gemeint.

2.2 Effekte von Gesichtern

So kritisch man den evolutionsbiologischen Ergebnissen bezüglich definierten Schönheitsstandards auch gegenüberstehen mag, kann nicht geleugnet werden, dass Gesichter durch ihre pure Erscheinung Emotionen in Menschen auslösen können. Diese Emotionen können unabhängig vom jeweiligen situativen Kontext ausgelöst werden und können von Gesicht zu Gesicht variieren (Schnelzer 1995). Dies spricht dafür, dass Gesichter einen gewissen Effekt auf Betrachter haben. Menschen sind dazu in der Lage, Emotionen in Gesichtern zu erkennen. Ebenso können Gesichter beim Betrachter Emotionen auslösen. Dies ist zum einen durch bestimmte Gesichtsausdrücke möglich, zum anderen durch die pure Beschaffenheit und die Ausprägung der Bestandteile des Gesichts und teilweise des Körpers. Die Beschaffenheit dieser Bestandteile ist dafür verantwortlich, dass Menschen auf eine spezifische Weise eingeschätzt werden, unabhängig davon, ob diese Einschätzung richtig ist oder nicht (Henss 1992: 96). Die einzige und ausschließliche Basis dieses individuellen Prozesses der Interpretation ist die rein physische Beschaffenheit des betrachteten Gesichts.

Je nach Aussehen können Menschen also in anderen Menschen bestimmte Reaktionen oder Emotionen auslösen, was für die mikrosoziologische Ebene von Bedeutung ist. Es ist ferner ein Beweis dafür, dass das Aussehen von Personen in sozialen Interaktionen eine Rolle spielt. Was früher als Physiognomik bekannt und sogar als Wissenschaft anerkannt war und besonders durch Johann Caspar Lavater an Popularität gewann, war die Vorstellung, dass der Charakter einer Person sich durch ihr Äußeres analysieren ließe (Pippal und Wegenstein 2008). Diese im wahrsten Sinne des Wortes oberflächliche Analyse hat sich nicht durchgesetzt und wird heutzutage allenfalls als Pseudowissenschaft betitelt. Trotzdem bleibt der Effekt bestehen, dass Menschen aufgrund ihres Äußeren bestimmte Eigenschaften zugesprochen werden (Guggenberger 1997: 223), was in Studien zum Thema des Lookism vertieft wird und als Basiswissen für diese Arbeit fundamental ist. Im Falle der Schönheit nämlich haben wir es mit einem klassischen Stereotyp zu tun, welches es zu analysieren gilt, um sich der distinguierenden Wirkung und der sozialen Macht von Schönheit bewusst zu werden.

2.3. Schönheitsstereotyp

Unter einem Stereotyp versteht man im soziologischen Sinne „eine fest gefügte, für lange Zeit gleich bleibende, durch neue Erfahrungen kaum veränderbare, meist positiv oder negativ bewertende und emotional gefärbte Vorstellung über Personen und Gruppen [...], Ereignisse oder Gegenstände in der Umwelt [...]" (Fuchs-Heinritz et al. 2007: 636). Das Stereotyp der Schönheit erfüllt die Kriterien der Definition eines gesellschaftlich wirkenden Stereotyps und ist eines der ältesten existierenden Denkschemata, welches sowohl bereits vor Jahrtausenden in der Bibel fungierte, als auch heute durch Film, Fernsehen, Werbung und die tägliche Interaktion in bestätigender Weise bedient wird.

Es nährt sich durch die Neigung der Menschen, Schönes zu loben und Hässliches zu tadeln (Praxmarer 2001). Diese Tendenz setzt sich auch in der alltäglichen Sprachpraxis durch, in der das Wort „schön" nicht zwangsläufig im Zusammenhang mit Ästhetik oder explizit als ästhetische Kategorie gebraucht wird, sondern als Synonym für positive Attribute, während das Wort „hässlich" sprachgebräuchlich im Sinne von „schlecht" benutzt wird (Sawitzki 1997: 2 ff.).

Bezogen auf menschliche Individuen beinhaltet das Schönheitsstereotyp, dass Menschen, die als schön definiert werden, eine positivere Außenbewertung ihrer Persönlichkeit erhalten, als jene, auf die dieses nicht zutrifft. Von einem Schönheitsstereotyp kann immer dann gesprochen werden, wenn die Zuordnung von Eigenschaften durch Bewertende bzw. Einschätzende auf einer Klassifikation der zu bewertenden bzw. einzuschätzenden Personen nach deren von den Wertenden empfundener Schönheit basiert (Henss 1992: 59). Dabei kann die erwähnte Klassifikation eine implizit vorgenommene sein, die sich lediglich über ihre Effekte erschließen lässt. Die Zuordnung der Attribute erfolgt nach der Logik, dass den Menschen, die als physisch schön empfunden werden, positive und wünschenswerte Eigenschaften zugesprochen werden, während die Menschen, die als hässlich empfunden werden, eher mit negativen Eigenschaften assoziiert werden (Pashos 2001: 45).

Schönheit verspricht in den Augen der oftmals unbewusst Urteilenden Erfolg, Anerkennung, Glücklichsein, Zufriedenheit, Fitness, Jugendlichkeit, Gesundheit, Glück in Liebe und Beruf, soziale Macht, höherer Status, Herzlichkeit und Freundlichkeit (Vollmeyer 2006). Schönheit wirkt also während der sozialen Interaktion oder auch bereits davor als Dispositiv, welches sich zugunsten der als schön definierten Person erweist.

2.3.1 Vorteile durch das Stereotyp

Auffälligkeit durch Schönheit kann durchaus Nachteile mit sich ziehen (Sawitzki 1997: 21). Besonders die möglichen Nachteile von weiblicher Schönheit im Falle von Sexualisierung sollen im Folgenden noch genauer erläutert werden. Allerdings stimmt der Großteil der Forschungsergebnisse darüber überein, dass für die geschlechtsunabhängige soziale Interaktion die Vorteile von Schönheit gegenüber den Nachteilen qualitativ überwiegen (Naumann 2006), weshalb sich eine Konzentration auf die Vorteile von Schönheit rechtfertigt, wenn man deren Effekte auf die geschlechtsunabhängige soziale Interaktion analysiert. Übereinstimmendes Fazit nach der Analyse verschiedener themenbezogener Forschung ist, dass Schönheit sowohl für die sozialen Interaktionen als auch für den sozialen Status von Individuen im Großen und Ganzen als sehr vorteilhafter Faktor aufzufassen ist.

Konkrete Vorteile durch die positiven Zuschreibungen können die vermeintlich Schönen durch die Kombination verschiedener Effekte erzielen. Wissenschaftliche Studien zeigten, dass Menschen, die als schön wahrgenommen werden, im Alltag zwar auf unterschiedliche Art und Weise, aber stets bevorzugt behandelt werden (Naumann 2006). Neben der gewissermaßen standardisierten besseren Behandlung und Bevorzugung haben sie Vorteile darin, ihre Interessen in Interaktionen zu anderen Personen durchzusetzen. Sie haben gewissermaßen immer dann eine latent bessere Chance als ihre als durchschnittlich wahrgenommenen Mitmenschen, wenn sie sich in Situationen befinden, in denen von Angesicht zu Angesicht agiert wird. In konfrontativen sozialen Interaktionen entfaltet die Wirkung ihres Aussehens manipulative Fähigkeiten (Calamnius 2000: 74).

So besitzen als schön geltende Menschen zum einen die teils unbewusste Macht, durch ihr Aussehen angenehme Gefühle auf den Interaktionspartner oder ggf. das Publikum zu übertragen. Zum anderen provozieren sie durch die beneidenswerten Attribute, die im Sinne des Schönheitsstereotyps mit ihnen assoziiert werden, die Neigung sie zu imitieren (Praxmarer 2001). Sie können sich leichter in eine Vorbildrolle bringen oder werden in diese gebracht und sind beliebte Führungspersonen.

Des Weiteren beeinflusst die Kommunikatoreigenschaft Schönheit die Art und Weise, wie Aussagen aufgefasst werden (Praxmarer 2001: 46). Die Aussagen von Menschen, die als schön empfunden werden, werden in der Regel positiver aufgefasst als die gleichen Aussagen, die von weniger schön befundenen Personen getätigt werden. Auch die Professionalität und Aufrichtigkeit von schönen Rednern wird höher eingeschätzt als die von unschönen, weshalb sich in Branchen wie Werbung und Politik höhere Erfolge je nach anerkanntem Schönheitsgrad der beobachteten Individuen verzeichnen lassen (Diehl 2007: 181). Durch diese Wirkung erhöht ein schöner Kommunikator oder eine schöne Kommunikatorin die Interaktionswilligkeit des oder der Rezipienten in einer sozialen Interaktion (Praxmarer 2001).

2.3.2 Tendenz der selbsterfüllenden Prophezeiung

Die Vorteile, die durch das Schönheitsstereotyp für die als schön interpretierten Individuen entstehen, werden von allen Beteiligten in der Regel eher unbewusst als bewusst wahrgenommen. Dennoch ist nicht auszuschließen, dass Schönheit nicht nur in der sozialen Interaktion eine Rolle spielt, sondern auch durch die Akkumulation von Vorteilen in eben diesen Interaktionen auf die Biografie und die persönliche charakterliche und psychische Entwicklung von Individuen Einfluss nimmt. Insbesondere liegt der Verdacht der Beeinflussung nahe, wenn es um das eigene Selbstverständnis bzw. das eigene Selbstbewusstsein geht, da die psychische Entwicklung von Individuen u.a. dadurch geprägt wird, wie diese von ihren Mitmenschen behandelt werden (Stiegmeyer 1994: 8).

Wie bereits in Kapitel 2.3.1 dargestellt wurde, beeinflusst das körperliche Erscheinungsbild die Reaktion von Interaktionspartnern. Das Aussehen wird somit hinsichtlich seiner sozialen Wirkung zu einem entscheidenden Kriterium der sozialen Akzeptanz durch andere. Daraus kann geschlossen werden, dass als attraktiv wahrgenommene Personen insbesondere während des persönlichkeitsformenden Jugendalters große Vorteile in der Entwicklung ihres Selbstbewusstseins und den damit verbundenen persönlichen Qualitäten wie Kontaktfreude, Geselligkeit, Selbstsicherheit, Selbstvertrauen etc. haben. Sie suchen die Erfolgsfelder sozialer Anerkennung verstärkt auf, wodurch eine Kettenreaktion günstiger Erfahrung entsteht, die sich wiederum in einer positiven Haltung sich selbst gegenüber chronifiziert. Als unattraktiv wahrgenommene Jugendliche hingegen ziehen sich aufgrund ihrer Erfahrungen in Interaktionen sozial eher zurück und entwickeln ein geringeres Selbstbewusstsein. So zeigt sich, dass die Effekte des Schönheitsstereotyps das Verhalten von Individuen abhängig von deren Äußerlichkeiten beeinflussen und auf deren Charakter in formender Art und Weise wirken können (Calamnius 2000).

Die Konzentration auf das Jugendalter in diesen Untersuchungen rechtfertigt sich u.a. dadurch, dass Schönheit bzw. das, was als schön interpretiert wird, ebenso wie das sexuelle und soziale Geschlecht eine sich wenig wandelnde und nur in Grenzen beeinflussbare Tatsache der eigenen Biografie ist. Aus Kindern, die als schön gelten, werden in der Regel Jugendliche, die als schön gelten und später Erwachsene, die als schön gelten (Gründl 2007: 53). Ferner ist die Jugendphase ebenso wie die Kindheit, nicht nur eine Phase, in der sich der Charakter formt und die Basis der habituellen Ausdrucksform gelegt wird, sondern auch eine Phase, in welcher der eigene Körper vermehrt reflektiert wird, wodurch die Erfahrungen, die im Jugendalter in Verbindung mit der auf die körperlich bedingte eigene Außenwirkung gemacht werden, besonders prägend sind.

Wie das Vorangegangene veranschaulicht, trägt das Schönheitsstereotyp die Tendenz einer sich selbst erfüllenden Prophezeiung in sich. Dazu tragen die Reaktionen der Umwelt entscheidend bei. Wer als gesellig und freundlich wahrgenommen wird, wird auch dementsprechend behandelt und entwickelt sich dadurch mit höherer Wahrscheinlichkeit tatsächlich zu einer aufgeschlossenen geselligen Person als jemand, der als distanziert, frustriert und verschlossen eingeschätzt und dementsprechend behandelt wird. Diese unterschiedliche Behandlung von Personen aufgrund ihres Aussehens beginnt schon im Kindesalter in der Schule (Sawitzki 1997: 20f.). Die Konsequenzen der Behandlung manifestieren sich im Sozialverhalten sowie im Selbstbewusstsein und werden als Erfahrungen ins spätere Leben mitgenommen. Tatsächlich haben zahlreiche Untersuchungen gezeigt, dass die Theorie über die sich selbst erfüllende Prophezeiung insofern bestätigt wird, als dass physisch schöne Menschen mehr Qualitäten mitbringen, die als gute soziale Fertigkeiten bewertet werden, als Menschen, die als physisch unattraktiv gelten (Schiller 2001: 16ff.).

Die größtenteils durch wissenschaftliche Forschung bestätigte Theorie des sich selbst erfüllenden Moments des Schönheitsstereotyps hat insofern Erklärungskraft bezüglich mikrosoziologischer Strukturen, als diese Theorie nicht nur die stattfindende Diskriminierung aufgrund des Aussehens beinhaltet, sondern auch die Effekte auf psychologischer Ebene miteinbezieht. Auf makrosoziologischer Ebene wirkt beschriebener Effekt auf die Stabilisierung von stereotypen Bewertungskonzepten ein.

3 Schönheit, Attraktivität und Geschlecht

Dass die Frau das volksmündlich „schöne Geschlecht" ist, war und ist für die feministische Forschung und auch für die spätere Geschlechterforschung stets etablierter Ausgangspunkt. Dem entsprechend ist es kaum verwunderlich, dass sich entsprechende Forschung immer noch überwiegend auf den weiblichen Körper anstatt auf den männlichen konzentriert (Raab und Soeffner 2005: 174). Wie bereits einleitend erwähnt wurde, besteht die Möglichkeit, dass derartige Forschungsansätze unbeabsichtigt dazu beitragen, weiterhin mehr die Weiblichkeit als die Männlichkeit mit Körpern zu assoziieren und somit auch macht- und statusdeterminierende Zuschreibungen aufgrund des Körpers mehr auf den weiblichen als auf den männlichen Körper wirken zu lassen. Um jedoch die aktuelle geschlechtlich ungleiche Wirkung von schönheitsbedingter sozialer Ungleichheit zu analysieren, lässt sich die Integration von Schönheit in die weibliche Geschlechtsidentität nicht ignorieren. Das Konstrukt von weiblicher Schönheit unterscheidet sich von Attraktivität und ist sogar von enormer Relevanz, da es den Kernpunkt der geschlechtlichen Ungleichheit in Bezug auf die stratifizierende Wirkung von Schönheitsnormen, Zuschreibungen aufgrund von Schönheit und darin eingelagerte symbolische Macht darstellt. Wie und durch welche auf Schönheit Bezug nehmenden Mechanismen der sozialen Zuschreibungen Weiblichkeit und Schönheit miteinander assoziiert werden und welche geschlechtsspezifischen Unterschiede durch die Differenzierung von Schönheit und Attraktivität entstehen, wird im Folgenden dargestellt.

3.1 Geschlechtliche Konnotierung von Schönheitshandeln

In der vergangenen Dekade war ein Anstieg des männlichen Schönheitshandelns beobachtbar. Das Schönheitshandeln des Mannes gewann an Akzeptanz. Die Begriffsschöpfung „Metrosexualität" dokumentiert sprachlich die Neuerscheinung eines gesellschaftlichen Phänomens und deutet des Weiteren darauf hin, dass Schönheitshandeln in Zusammenhang mit Sexualität und Geschlecht steht.

Der Begriff der Metrosexualität bezeichnet den Lebensstil heterosexueller Männer, die keinen großen Wert darauf legen, dem kategorisierten stereotypen maskulinen Rollenbild gerecht zu werden. Der metrosexuelle Mann zeichnet sich dadurch aus, dass er als stereotypisch weiblich geltende Charakterzüge in sich trägt und diese zulässt und auslebt. Gemeint sind mit diesen weiblichen Attributen der Sinn für Schönheitshandeln bzw. der Wunsch nach Schönheit, Körperbetontheit, das Interesse für Kosmetik etc. (Heasley 2005). Indem der metrosexuelle Mann diesen Wunsch in Form von Schönheitshandeln ausdrückt, widerspricht er in seiner performativen Ausdrucksform den Verhaltens- und Präsentationsstandards, die nach heteronormativer Auffassung auf Männlichkeit angewendet werden.

Anhand des relativ neuen und modernen Begriffs der Metrosexualität wird veranschaulicht, welches Rollenverständnis bezüglich des geschlechtsspezifischen Schönheitshandelns in den Gesellschaften, in denen der Begriff geläufig ist und im Sinne seines Wortschöpfers Heasley verstanden wird, herrscht. In diesen Gesellschaften dominiert die Auffassung, dass Schönheitshandeln – definiert sei Schönheitshandeln an dieser Stelle als die Arbeit an seinem Körper mit dem Ziel, selbigen den Kriterien anzupassen bzw. zu unterwerfen, die einen Körper als „schön" definieren – eine explizit weiblich konnotierte Verhaltensweise ist (Degele 2004: 84).

Je nach Sichtweise kann nun das Aufkommen der Metrosexualität in zwei verschiedene Richtungen gedeutet werden. Zum einen dahin, dass sich die Geschlechter in ihrem Verhältnis zur physischen Attraktivität annähern, d. h. dass die Prognose dahin geht, dass Schönheit als konstituierender Bestandteil von sozialem Status Männer und Frauen in absehbarer Zeit zu gleichen Anteilen betreffen wird, zum anderen dahin, dass der allgemeine Zwang der Schönheitspflicht angestiegen ist und deswegen auch das bis dato weniger dem Schönheitshandeln unterworfene Geschlecht unter Zugzwang stellt. Letztere Variante würde allerdings eine absolute Entwicklung beschreiben, welche die geschlechtlich relationale Wirkung von Schönheitszwang unberührt ließe, d. h. keine Veränderung im durch Schönheitsvorstellungen bedingten Machtverhältnis der Geschlechterbeziehung bedeute.

Unabhängig von der Deutung kann anhand dessen, was unter Metrosexualität verstanden wird, analysiert werden, wie Normen bezüglich Körpertechnologien und Gouvernementalität der Körper geschlechtsspezifisch variieren. Nach heteronormativem Ideal ist Schönheit und körperliche Attraktivität ebenso wie dementsprechendes Schönheitshandeln integraler Bestandteil von explizit weiblicher Geschlechtsidentität (Löw 2005: 260), während sich die männliche ausdrücklich durch inhaltliche Gegensätzlichkeit von ihr abgrenzt.

3.1.1 Schönheit als integraler Bestandteil der Geschlechtsidentität

Schönheit wird als integraler Bestandteil von gängiger Weiblichkeitskonstruktion angesehen. Die Zuschreibung von Schönheit an die Weiblichkeit bzw. der Weiblichkeit an die Schönheit trägt zu einer geschlechtlich kodierten sozialen Ordnung bei, die in Körperwahrnehmung und -bewertung, körperlichen Praxen und auf den Körper zurückführbaren Machtverschränkungen sichtbar wird (Wolf 1992). Dabei wird das weibliche Geschlecht auf idealisierende Art und Weise als Ausdruck von Schönheit betrachtet.

Es ist daher nicht weiter verwunderlich, dass der Großteil der gesellschaftlich etablierten Ideale dessen, was als schön gilt, sich zumeist auf Normen bezieht, denen der weibliche Körper unterworfen wird. Wenn auch das männliche Schönheitsideal zunehmend enger definiert wird und Normen bezüglich legitimer männlicher körperlicher Attraktivität strenger und sozial repressiver wirken, so bleibt doch das klassische Schönheitsideal ein weiblich konnotiertes.

Diese Auffassung verfestigt sich in den Geschlechtsidentitäten von Individuen. Eine Studie der Attraktivitätsforschung zeigte, dass bereits unter Kindern die Auffassung besteht, dass Schönheit feminin ist und dass sich Schönheitsideale auf den weiblichen Körper und weniger auf den männlichen beziehen. In dieser Studie wurden Kinder zu ihrer Auffassung von Schönheit bzw. Schönheitsidealen und der eigenen Partizipation an Schönheitshandeln befragt. Zu den Ergebnissen dieser Studie gehört u.a. die Feststellung, dass sich insbesondere in den selbstreflexiven Wahrnehmungsmustern und eigenen Körperbildpraxen geschlechtsspezifische Unterschiede ausmachen lassen. Im Rahmen der Studie waren Mädchen sich den Möglichkeiten zur Körpermodellierung zwecks Selbstästhetisierung bewusster als die Jungen und brachten diese auch formulierter zur Sprache als die Jungen. Diese waren sich männlicher Schönheitsideale weniger bewusst als sich Mädchen der weiblichen. Außerdem fiel auf, dass die Jungen, befragt nach ihrem Schönheitsideal, z. T. mit einer deutlichen Distanzierung von Homosexualität reagierten und statt einem männlichen Schönheitsideal ein weibliches Ideal angaben. „Schönheitsideal" war für sie klar feminin konnotiert (Gaugle 2005: 221).

Dieses Beispiel der kindlichen Wahrnehmung soll verdeutlichen, wie sehr sich die gesellschaftliche Zuschreibung von körperlicher Schönheit an das weibliche Geschlecht gesellschaftlich reproduziert und somit etabliert. Körperliche Schönheit als Bestandteil von Weiblichkeit anzusehen äußert sich in alltäglichen kulturellen Praxen, durch welche sich die Zuschreibung von Schönheit an den weiblichen Körper verfestigt und reproduziert.

Ein weiteres Beispiel hierfür sind Kontakt- und Heiratsanzeigen, aufgegeben von Frauen und Männern. Anhand diskursanalytischer Befunde kann festgestellt werden, dass die Beschreibung des weiblichen Aussehens deutlich mehr Raum einnimmt als die des männlichen Aussehens. Dies trifft sowohl auf die Fremd- als auch auf die Selbstbeschreibung zu (Buchmann und Eisner 2001). Nicht nur die vermeintlichen Paare selbst, sondern auch die Verwandtschaft konzentriert sich im Falle einer partnerschaftlichen Bindung mehr auf das Äußere der Frau als auf das des Mannes (Henss 1992: 15 ff.).

3.1.2 Akzeptanz in der Selbstreflexion

Die Konstruktion der weiblichen Geschlechterrolle beinhaltet die Integration der Schönheit in die Weiblichkeit. Diese Verbindung besteht auch in der gesellschaftlich unterstellten und erwarteten weiblichen Selbstreflexion. Dies zeigt sich darin, dass die Beteiligung an Praxen der Körperoptimierung bzw. Veränderungen mit dem Ziel einem Ideal von legitimer Attraktivität zu entsprechen als ein Bestandteil der weiblichen Geschlechtskonstruktion betrachtet wird (siehe 3.1). Der Wunsch der Frauen dem gesellschaftlich vorgegebenen Bild von Schönheit zu entsprechen sowie das Betreiben von Körperpraxen zur Anpassung ihres Körpers an Attraktivitätsnormen ist demnach integraler Bestandteil der Produktion von Weiblichkeit und wird daher trotz des Wandels des Männlichkeitsbildes hin zu strengeren Definitionen legitimer männlicher Schönheit implizit eher von Frauen erwartet als von Männern (Davis 2008: 51).

Da, wie bereits festgestellt wurde, die Konzentration auf Schönheit und die Partizipation an Schönheitshandeln mit dem Ziel der Selbstästhetisierung eine Rolle spielt, was das eigene geschlechtliche Rollenverständnis von Weiblichkeit angeht, ist es nicht überraschend, dass Frauen ihre Auffassung bezüglich ihrer eigenen körperlichen Schönheit in ihr Urteil über ihre subjektiv empfundene Gesamtattraktivität einfließen lassen. Sie tun dies zu größeren Anteilen als Männer, die ihre zwischenmenschlich wirkende Attraktivität eher als Frauen aufgrund ihres charismatischen Potenzials und ihrer persönlichen Ausstrahlung beurteilen als aufgrund ihrer rein körperlichen Beschaffenheit (Hermann 2003: 157).

Die Selbsteinschätzung der Männer ist somit freier und unabhängiger von naturgegebenen Tatsachen wie einem Körper und einem Gesicht, die den aktuellen Schönheitsnormen entsprechen. Männer haben also die Möglichkeit über Charisma, Ausstrahlung und eine Reihe weiterer Mechanismen einen Mangel an physischer Schönheit zu kompensieren und an Attraktivität zu gewinnen, die für sie relativ unabhängig von der körperlichen Schönheit besteht (Pashos 2001: 44).

Wie dies funktionieren kann, soll im Folgenden dargestellt werden. Anhand der Unterscheidung von Schönheit und Attraktivität sowie anhand der Folgen der geschlechtsdifferenzierten Zuordnung dieser beiden Konstrukte zeigt sich ein Mechanismus der sozialen Ungleichheit aufgrund des Aussehens, der sich für Personen aufgrund ihres sexuellen Geschlechts in der Verordnung zu Schönheit bzw. Attraktivität sowie deren stratifizierender Wirkung ergibt.

3.2 Sinngehalt von Attraktivität

Attraktivität ist wie körperliche Schönheit ein Faktor, der mit verstärkender Wirkung auf die als positiv wahrgenommenen Persönlichkeitskomponente einwirkt, welche die interpersonelle Zuneigung und den Wunsch zur Interaktion fördert. Menschen tendieren dazu, sich verbal und physisch auf Personen zuzubewegen, die sie als attraktiv empfinden. Attraktivität stellt ebenso wie körperliche Schönheit einen Motivierungsfaktor für die soziale Interaktion dar und so wird zwischenmenschliche Attraktivität als Grundlage des Approach-Verhaltens angesehen (Praxmarer 2001: 42).

Attraktivität unterscheidet sich nach Einschätzung von zum Thema forschenden Wissenschaftlern von Schönheit dahin gehend, dass sie zwar die Körperschönheit beinhaltet, darüber hinaus allerdings noch äußerlichkeitsunabhängige Faktoren inkludiert. Attraktivität ist zwar genau wie Schönheit personengebunden und kann von seinem Träger weder enteignet noch auf andere übertragen werden, bezieht sich aber weniger auf das ausschließliche Aussehen, sondern beinhaltet zusätzlich eine charismatische Komponente. Charisma soll an dieser Stelle im weberianischen Sinne als ein kulturelles und soziales, stets in einen Gruppenkontext eingebundenes Phänomen betrachtet werden, welches mit der charismatischen Person verschmolzene innere Energie und naturgegebene Außeralltäglichkeit thematisiert (Smith 1992: 166ff.). Das Charisma, das in zwischenmenschlichen Interaktionen zur Attraktivität beiträgt, bezieht sich im Gegensatz zur körperlichen Schönheit nicht auf eine bloße bildhafte körperliche Wirkung, sondern auf eine Prestigewirkung bzw. Ausstrahlung, die durch körperliche Präsenz und körperliche Handlung der charismatischen Person entweder zusätzlich zu bereits vorhandener körperlicher Schönheit oder unabhängig davon Attraktivität verleiht (Koppetsch 2000: 106).

Schönheit ist das, was auf Grundlage von Bildern und rein äußerlicher Oberfläche von Körpern auf den oder die Beobachtenden attraktiv wirkt. Attraktivität dagegen ist vielschichtiger und ein weitaus komplizierteres Konstrukt als die bildhafte, greifbare und von außen her manipulierbare körperliche Schönheit. Im Gegen-

24

satz zu bereits erwähnten Versuchen der Messung körperlicher Schönheit finden sich kaum ernsthafte Versuche zur Messung von Attraktivität. Dies könnte in der Logik der Differenz von Schönheit und Attraktivität begründet sein, ist doch die Attraktivität im Gegensatz zur Schönheit noch weitaus stärker von der Interpretation der Urteilenden abhängig (Smith 1992: 167). Die Existenz von charismatisch beeinflusster Attraktivität macht sich erst in der direkten, durch Handlung und Präsenz bestimmten Konfrontation bemerkbar, in der über bloße Optik hinaus auch weitere Faktoren eine Rolle spielen.

Die durch einen charismatischen Pol beeinflusste Attraktivität ist jedoch nicht gänzlich von körperlicher Schönheit unabhängig, sondern kann von dieser unterstützt und in ihrer Wirkung verstärkt werden. Wohlbemerkt besteht aber die Option, dass eine Person als nicht körperlich schön interpretiert wird, aber als attraktiv wahrgenommen wird. Diese Option ist jedoch zwischen den Geschlechtern ungleich gegeben, wie die folgenden Ausführungen zur geschlechtsdifferenzierten Attraktivität verdeutlichen sollen.

3.2.1 Geschlechtsspezifische Attraktivität

Attraktivität bewegt sich im Spannungsfeld von Schönheit, Charisma und geschlechtsspezifischer Legitimität (Koppetsch 2000: 106). Letztgenannter Punkt steht im Zusammenhang mit gesellschaftlich determinierter geschlechtlicher Rollenverteilung und Erwartungen an die Kombination von Schönheit und Geschlecht und bezieht sich u. a. auch auf die habituelle und statusbezogene Sicherheit geschlechtsspezifischen Schönheitshandelns nach gültigen Schönheitsdefinitionen. Diese Thematik soll im fünften Kapitel weiter ausgeführt und vorerst in der Analyse der geschlechtsspezifischen Attraktivitätsauffassung nicht berücksichtigt werden.

Da Attraktivität – ebenso wie es sich von Schönheit und Geschlecht vermuten lässt – ein sozial konstruiertes Phänomen ist, ist die allgemein geteilte Auffassung von Normen und Standards daran beteiligt, in Bezug auf die Wirkung von Attraktivität eine soziale Realität zu schaffen. Ebenso ist es die Definitionsmacht dieser gesellschaftlich verbreiteten Normen und Standards, die bestimmt, inwiefern das, was als Attraktivität wahrgenommen wird, in der sozialen Realität überhaupt Beachtung findet und Relevanz besitzt.

Wenn also Attraktivität im Hinblick auf eine geschlechtsspezifische Differenzierung betrachtet wird, sollte klar sein, dass wir es mit einem Logikkonstrukt aus sich gegenseitig bedingenden sozialen Konstruktionen zu tun haben, die wiederum auf gesellschaftliche Tatsachen, Machtverhältnisse, Traditionen etc. zurückzuführen sind. Daher hat auch die gesellschaftlich etablierte Auffassung darüber, was je nach Geschlecht eines Individuums Attraktivität bedeutet aufgrund der Logik von sozialer Akzeptanz durch kollektive Intentionalität (Searle 1995: 23ff.) grundlegenden Einfluss darauf, wie und in welchem Maße Attraktivität je nach Geschlecht überhaupt als soziale Ungleichheit schaffender Faktor wirken kann. Unerlässlich ist zur Klärung dieses Phänomens ist es, die Unterschiede bezüglich den Normen zu analysieren, die für weibliche bzw. männliche Attraktivität gelten.

3.2.2 Weibliche Attraktivität

Wie bereits in Kapitel 3.1.1 dargestellt wurde, ist die Konstruktion von Weiblichkeit zu größeren Teilen von der Assoziation mit Schönheit beeinflusst als die der Männlichkeit. Ähnliches lässt sich auf der Basis von Forschungsansätzen der Attraktivitäts- und Partnerwahlforschung über die Attraktivität sagen (Pashos 2001). Bei der Konstruktion von Attraktivität scheint es sich um ein Feld zu handeln, in dem Frauen stärker als Männer aufgrund ihrer Körper in eine relativ unbewegliche Situation gebracht werden. Der Grad ihrer Attraktivität hängt zu größeren Teilen vom Grad ihrer Schönheit ab, als dies bei den Männern der Fall ist, die die Möglichkeit zur Steigerung ihrer Attraktivität bei bereits vorhandener Schönheit ebenso haben, wie die Möglichkeit zum Kompensieren, sofern keine körperliche Schönheit vorhanden ist. Es zeigt sich, dass Frauen bei der Bewertung ihrer Attraktivität mehr als Männer auf ihren Körper reduziert werden. Die charismatische Wirkung von Frauen wird zur Konstituierung ihrer Attraktivität geringer bewertet als die von Männern. Somit ist es weniger die Ausstrahlung des Auftretens als vielmehr die physische Schönheit, welche die Attraktivität von Frauen beeinflusst.

Dieser Tatsache sind sich sowohl Frauen als auch Männer gleichermaßen bewusst (Sawitzki 1997: 8), weshalb Frauen den körperkonzentrierten Blick auf sich selbst annehmen und sich in der Selbstanalyse ihrer Attraktivität stärker an ihrer Schönheit als am charismatischen Pol orientieren (Lautmann 2000: 148). Dies schlägt sich in ihren habituell verankerten Dispositionen nieder, durch welche die

Zuweisung von Schönheit an die weiblichen Attraktivität unbewusst weiter stabilisiert wird. Das unbewusste Moment der performativen Stabilisierung bezieht sich dabei auf das habituell geäußerte Einverständnis mit der rollenspezifischen Zuordnung von legitim attraktivem Körperausdruck, wozu in Kapitel 5.1.3 näher Stellung genommen wird.

Aus dem Dargestellten lässt sich schlussfolgern, dass in all jenen Bereichen des täglichen Lebens, in denen Personen Vorteile aus ihrer Attraktivität ziehen, Frauen aufgrund der Willkür der natürlichen Gegebenheiten ihres biologischen Körpers bzw. dessen Interpretation als schön oder nicht schön wenige Optionen zur Verbesserung ihrer durch Attraktivität bedingten Chancen haben. Die Komponente des Charismas – selbst wenn sich diese bewusst steigern ließe – kann ihre Attraktivität kaum, gar nicht oder jedenfalls in bedeutend geringerem Ausmaß erhöhen als dies bei Männern der Fall ist, wie im Folgenden gezeigt wird.

3.2.3 Männliche Attraktivität

Wie im Kontext der weiblichen Attraktivitätssteigerung bereits als Gegenbeispiel dargestellt wurde, können Männer ihre Attraktivität durch Charisma steigern, genauso wie – und dies ist ebenfalls eine Möglichkeit, über die Frauen nicht verfügen – über Status. Durch Status und Charisma bietet sich Männern die Möglichkeit, mangelnde Schönheit zu kompensieren und so Attraktivität sowie deren Vorteile zu erlangen. Männliche Attraktivität charakterisiert sich des Weiteren durch qualitative persönliche Merkmale wie Stärke, Reife und selbstsicheres, dominantes Auftreten; also durch Merkmale, die von den körperlichen Schönheitsdefinitionen unabhängig sind. Neben charismatischer Ausstrahlung als körperunabhängiger, die Attraktion beeinflussender Variabel ist es für Männer möglich, durch gesellschaftlichen und ökonomischen Status sowohl in den Augen von Frauen als auch in denen von Männern an sozialer Attraktivität zu gewinnen (Pashos 2001: 57).

Die Nachrangigkeit des naturgegebenen Aussehens ermöglicht Männern zum einen eine Einflussnahme auf die eigene Attraktivität, wie sie Frauen in dem Maße nicht gegeben ist, zum anderen kann die geringere Orientierung an der eigenen Schönheit und die verstärkte Konzentration auf charismatische Züge bei der Eigenanalyse persönlicher Attraktivität als eine Logik sozialer Distinktion verstanden werden, die sich am Gegensatz von Körper und Geist orientiert, sich dabei deutlich von der Körperlichkeit abwendet und zum Ausgangspunkt der Behauptung sozialer männlicher Höherwertigkeit wird.

4 Körper und Status

Diese vermeintliche männliche Höherwertigkeit durch die geschlechtlich stratifizierende Wirkung von körperlicher Schönheit funktioniert durch die gesellschaftlich definierten und etablierten Statuszuschreibungen an Körper. Was genau darunter zu verstehen ist und warum es sich dabei erneut um eine Dimension der Wirkung von Schönheit handelt, die geschlechtsspezifisch ungleich ist bzw. die geschlechtliche Ungleichheit im Bereich des sozialen Status erhöht, wird im folgenden Teil dargestellt. Dazu wird betrachtet, inwiefern und unter welchen aktuellen gesellschaftlichen Bedingungen die soziale Zuschreibung von Status auf Körper funktioniert und dazu beiträgt, Schönheit den Sinn einer symbolischen Ressource zuzuschreiben. Es wird ferner dargestellt, wie das als symbolische Ressource agierende Konstrukt der Schönheit in geschlechtsspezifische Hierarchiestrukturen integriert ist und zur Tendenz der Verdinglichung und Instrumentalisierung des als schön geltenden weiblichen Körpers beiträgt.

4.1 Vergesellschaftung des Körpers

Jedes Subjekt wird über seinen Körper vergesellschaftet, weshalb dem Körper die Funktion eines Bindeglieds zwischen dem Individuum mitsamt seiner persönlichen Ressourcen bzw. körperlichen Merkmale und der Struktur der Gesellschaft zukommt. Gesellschaftliche Maßstäbe, Rollen und Kategorien sowie gesellschaftlich anerkannte und sich reproduzierende Vorstellungen bezüglich der Interpretation von Körpern sind keine Strukturen, die außerhalb des Individuums liegen und grenzziehend als von ihm trennbar angesehen werden können. Vielmehr okkupiert die Gesellschaft mit ihren Deutungs- und Anerkennungsmustern das einzelne Individuum ebenso wie dessen Fremdwahrnehmung und Selbstreflexion (Koppetsch 2000: 118).

Die Gesellschaft rückt dem Individuum zu Leibe, indem sie dessen vermeintlich persönliche Eigenschaften, zu denen an dieser Stelle auch der Körper zählt, in umfangreichem Maße dem Privaten entzieht und durch Unterwerfung unter bestehende Deutungs- und Wertungsschemata vergesellschaftet (Lautmann 2007: 243). Dies ist ein Prozess, dem sich das Individuum ebenso wenig entziehen und verweigern kann, wie es die Existenz seines Körpers verweigern kann. Die Interpretation eines Körpers geschieht ebenso unmittelbar und unvermeidlich, wie ein Individuum sich in den Augen seiner Umwelt durch seinen Körper physisch unlösbar von diesem konkretisiert. Diese physische Konkretisierung ist die Grundlage für die Prinzipien der dem Körper zugeschriebenen sozialen Konstruktionen bzw. deren Effekte auf die soziale Realität. Die Effekte, die sich aus der physischen Konkretisierung für die sozialen Interaktionen ergeben, sind so tief in die Wahrnehmungsmuster der Gesellschaft eingeschrieben, dass eine Negierung des Einflusses der physischen Konkretisierung auf das soziale Selbst eines Individuums seitens der sich in einem gesellschaftlichen Kontext gegenüberstehenden Individuen unvorstellbar anmutet.

Tatsächlich scheint es unmöglich, sich dieser sozial determinierten Interpretation seines Körpers zu entziehen und sich seiner Umwelt als ein vom Körper losgelöstes und beispielsweise auf intellektueller oder rein charakterlicher Basis wahrzunehmendes Individuum zu präsentieren. Sogar in kommunikativen Interaktionen, die nicht von Angesicht zu Angesicht stattfinden, und in denen eine sofortige Deutung des Körpers als hinfällig angenommen werden könnte, da dieser nicht explizit in Erscheinung tritt, wird der Körper als konstituierende Größe der sozialen Verordnung des Interaktionspartners stets implizit mitgedacht. Sich seine Mitmenschen als körperlos vorzustellen und somit keine sozialen Zuschreibungen aufgrund von Körperlichkeit vorzunehmen ist ebenso unmöglich wie sich selbst der sozialen Verordnung seines eigenen Körpers durch andere bzw. durch von denen inkorporierte Denkschemata zu entziehen (Villa 2008: 11). Der Körper setzt sich gewissermaßen im Dualismus von Körper und Geist durch, was darin deutlich wird, dass das Individuum noch vor seiner geistigen Komponente als Körper wahrgenommen wird und dieser Körper bzw. die Art und Weise wie er definiert wird, die Basis für die Außenwirkung seines geistigen oder charakterlichen Potenzials darstellt. Die erste Wirkung, durch welche die ganzheitlich soziale Wirkung in starker Weise beeinflusst wird, ist also eine rein auf Körperlichkeit basierende Wirkung (Praxmarer 2001: 53), die den Effekt hat, dass Schönheit als Ungleichheit schaffender Faktor überhaupt zum Tragen kommen kann.

4.1.1 Strukturelle Rahmenbedingungen der Vergesellschaftung von Körpern

Wenn man versucht den Trend zu analysieren, der nach Ansicht von Schönheits- und Attraktivitätsforschern dahin geht, dass Äußerlichkeiten wie die körperliche Schönheit für die soziale Ungleichheit an Relevanz gewinnen und in zunehmendem Maße für das persönliche Glück verantwortlich gemacht werden (Vollmeyer 2006), lohnt es sich, den zeitlichen und gesellschaftlichen Rahmen zu analysieren, innerhalb dessen ein solcher Trend auftaucht.

Die wachsende Bedeutung von Schönheit bei der Bestimmung des sozialen Status einer Person wird dadurch gefördert, dass Schönheit immer tiefere Wirkung erzielen kann. Dies wiederum wird zum einen dadurch bedingt, dass Schönheit zunehmend idealisiert wird, zum anderen dadurch, dass die Bedingungen, unter denen Schönheit am effektivsten wirken kann – nämlich in der von Praxmarer und zahlreichen anderen Wissenschaftlern angesprochenen Objektivierung von Körpern und der Trennung von Geist und Körper – in der gesellschaftlichen Realität zunehmen (Praxmarer 2001). Dies wiederum ist auf mehrere Symptome unserer Zeit zurückführbar, die sich z. T. gegenseitig bedingen.

Beispielsweise tragen Digitalisierung und die damit verbundene Tendenz, sich selber als erstrangig äußerlich und körperlich zu imaginieren und darzustellen (Funken 2005: 234) ebenso wie die Individualisierung und der damit verbundene Schwund von sozialem Kapital und stetigen sozialen Netzwerken, in die das individualisierte Individuum eingebunden ist (Putnam 1995), dazu bei, dass Kontakte zunehmend oberflächlicher und kürzer ausfallen. So können die Dimensionen des Geistigen und Charismatischen sich nicht in gleicher Weise entfalten wie die Dimension der körperlichen Erscheinung, die im Gegensatz zu den beiden erstgenannten Dimensionen kaum Zeit und Konzentration erfordert.

Auch ist es möglich, dass der geistig charismatische Pol von Individuen deswegen vermehrt hinter dem körperlichen Eindruck zurücksteht, da eine rationalisierte und säkularisierte Weltauffassung den Blick für Faktisches verschärft und für spirituell anmutende Dimensionen der Ontologie verschleiert, wodurch es zu einer umfassenden Entmystifizierung in mehreren das soziale Leben betreffenden Bereichen kommt (Horkheimer und Adorno 1984), zu denen auch die Wahrnehmung und die soziale Positionierung von Personen gehört. Insbesondere die Wahrnehmung der Aura oder des Charismas eines Individuums wird aufgrund entmystifizierender

Tendenzen und Umstände, die zeitlich begrenzte Verordnungen von seinen Interaktionspartnern erfordern, hinter die Interpretation der optisch wahrnehmbaren Informationen gestellt.

Die Bewertungsmaßstäbe der Gesellschaft unterlagen und unterliegen ebenso ständigem Wandel wie die Auswahl der thematischen Ansatzpunkte, auf denen eine Bewertung basiert. Schönheit beispielsweise kann nur so lange als Ungleichheit verstärkender Faktor, symbolisches Kapital etc. dienen, so lange die gesellschaftlich etablierten Wahrnehmungskategorien auf Schönheit und deren Anerkennung ausgerichtet sind und das, was als Schönheit gilt, soziale Wertschätzung erhält. Das dem so ist, erklärt sich über Konstruktionen und gesellschaftliche Zuschreibungen auf den Körper. Im Rahmen der Erläuterungen über das Schönheitsstereotyp wurden bereits Zuschreibungen aufgrund von Äußerlichkeiten thematisiert. In den folgenden Schritten wird nun gezeigt, in welchem Umfang und mit welcher Bedeutungskraft auf Äußerlichkeiten basierende Konstruktionen auf den Körper wirken und wie diese den sozialen Status von Personen geschlechtsspezifisch unterschiedlich determinieren können.

4.1.2 Zuschreibungskonstruktionen auf den Körper

Es ist ein bislang unauflöslicher gesellschaftlicher Effekt, dass sich Individuen in den Augen anderer über ihren Körper konkretisieren und dieser als Ort der sozialen Zuschreibungen passiv agiert. Zu diesen sozialen Zuschreibungen gehören neben dem Geschlecht auch Status, Rang und soziale Positionierung. Jedes Individuum verkörpert unvermeidbar in den Augen seines oder seiner Gegenüber eine soziale Position, die ihm aufgrund seines Körpers zugeschrieben wird. Diese Positionen sind für Individuen nicht frei wählbar, sondern sind dynamische und stets als vorläufig aufzufassende Ergebnisse komplexer gesellschaftlicher Verhältnisse (Villa 2008: 11).

Ebenso wie die sozialen Positionen, die aufgrund des Körpers zugeschrieben werden, sind auch die gesellschaftlichen Verhältnisse, welche die Zuschreibungen determinieren, flexibel und in ihrer Wirkung bezüglich der sozialen Interpretation von Körpern daher stets als relativ temporär aufzufassen. Dabei ist zu beachten, dass die erwähnte Flexibilität je nach der Konstruktion der sozialen Zuschreibung variiert. Die gesellschaftlichen Verhältnisse bzw. ihnen zugrunde liegende Zuschreibungsmuster in Bezug auf soziale Positionierungen erwiesen sich in der Vergangenheit beispielsweise als äußerst variabel was konkrete Inhalte von epochenbedingten Schönheitsdefinitionen oder den sozialen Status von unterschiedlichster Kleidung und körperbezogenen Darstellungstechnologien angeht (Pippal und Wegenstein 2008), äußerst unflexibel und starr in Bezug auf zweigeschlechtliche Identitätskonstruktionen und dadurch bedinge Machtverschränkungen (Davis 2008: 51). Was jedoch als unabhängig von zeitlicher, politischer und ideeller Verfassung einer Gesellschaft betrachtet werden kann, ist die Existenz der Konstruktionen. Status, geschlechtsdeterminierte Identität und soziale Positionierungen mögen je nach gesellschaftlichem Kontext in ihrer praktizierten Zuschreibung auf Körper unterschiedlich ausgefallen sein und ausfallen, bestanden aber stets und bestehen bis heute mitsamt ihrer gesellschaftlich stratifizierenden Wirkung (Burkart 2000: 68).

Aus post-strukturalistischer Perspektive bedeutet dies für die soziale Wirklichkeit, dass gesellschaftliche Verhältnisse sich in Subjektpositionen konkretisieren. Diese Positionen müssen in der sozialen Realität von Individuen oder Gruppen von relativ homogenen Individuen verkörpert werden. Welche Individuen dies in Bezug auf welche gesellschaftliche Positionierung tun, wird durch die alltägliche Verortung im sozialen Raum sichtbar (Villa 2008: 11). Dabei spielen mehrere Faktoren eine den Status determinierende Rolle. Der Körper und das soziale Geschlecht sind gesondert zu betrachten, da beide nicht nur miteinander in einem Interdependenzverhältnis stehen, sondern in ihrer Einheit auch einen performativen Körperausdruck bedingen, welcher über die Fähigkeit verfügt, sich sozialen Arrangements, Beziehungen und Hierarchien anzupassen bzw. diese zu produzieren und zu reproduzieren (Degele 2004: 16).

Dass Schönheit als ein den Status determinierendes körperliches Merkmal für diese soziale Verordnung eine entscheidende Variable ist, soll im Folgenden dargestellt werden, bevor darauf eingegangen wird, inwiefern Schönheit und Schönheitshandeln als Technologien der geschlechtlichen Hierarchien instrumentalisiert werden.

Um zu erläutern, inwiefern Schönheit geschlechtsspezifisch unterschiedlich große Wirkung auf den jeweiligen sozialen Status hat, sollte klar sein, dass mit sozialem Status die Verordnung in Bezug auf die Hierarchie sozialer Wertschätzung im sozialen System gemeint ist. Die entsprechende Wertschätzung setzt sich üblicherweise durch die Kombination von gesellschaftlich relevanten Variablen wie Besitz, Beruf, Macht, Bildung etc. zusammen, die ihren Wert für die Zuordnung eines sozialen Status dadurch erlangen, dass sie im Verhältnis zu vergleichbaren Ressourcen anderer Individuen im selben sozialen System betrachtet und gewertet werden (Fuchs-Heinritz et al. 2007: 632). Durch entsprechende Ressourcen, zu denen, wie im Folgenden gezeigt werden soll, auch die körperliche Schönheit als eine Ressource mit sozial verordnender Wirkung zählt, wird die soziale Position, d. h. der eingenommene Platz im sozialen System definiert. Der Status gibt also den Platz im sozialen Beziehungsgeflecht bzw. je nach theoretischer Sichtweise die Positionierung in der Schichtungshierarchie an.

Wie bereits in den Kapiteln 2.2 und 2.3 erwähnt wurde, werden Menschen aufgrund ihres Aussehens Eigenschaften zugesprochen, die als sozial relevante Merkmale ihrer Selbst charakterisiert werden können und damit nicht nur Resultate des körperlichen Selbst sind, sondern auch für das soziale Selbst konstitutive Wirkung haben (Bublitz 2002). Schönheit als körperliches Merkmal verhilft dem durch andere Individuen oder Gruppen wahrgenommenen Individuum zu einer relativ höheren sozialen Positionierung als ein als nicht schön oder durchschnittlich wahrgenommenes Individuum diese einnehmen könnte.

Relativität soll in diesem Zusammenhang darauf hindeuten, dass es berechtigte Zweifel an der totalitären Durchsetzungskraft von Schönheit gibt. Schönheit trägt zwar zu einem höheren Status bzw. einer relativ höheren sozialen Positionierung bei, wie im Folgenden noch dargestellt werden soll, kann aber nicht vollständig alle bestehenden Schranken und Normengefüge über sozialen Status und soziale Hierarchie sprengen (Bourdieu 1989). Es ist beispielsweise anzunehmen, dass selbst außergewöhnliche Schönheit einen sehr niedrigen sozialen Status nur in einem gewissen Rahmen kompensieren kann.

Der Grund für die begrenzte Wirkungskraft der Schönheit ist darin zu sehen, dass Schönheit zwar zu einem höheren Status innerhalb eines bestimmten sozialen Feldes führen, jedoch nicht die sozial positionierenden Grenzen des eigenen sozialen Feldes sprengen kann, da sie in Abhängigkeit vom sozialen Feld unterschiedlich definiert wird und auch die Legitimität von Schönheitshandeln variiert und nicht gesellschaftsübergreifend homogen ist (Burkart 2000: 65ff.).

Trotz dieser teils grundlegenden, teils detaillierten Unterschiede in der Art und Weise, in der Schönheit ihre Wirkungskraft durchsetzten kann, gibt es innerhalb der interdisziplinären Forschungsstränge Einigkeit darüber, dass Schönheit dem sozialen Status in positiver, d. h. hebender Weise zuträglich ist. Praxmarer (2001) bezeichnet die Wirkung von Schönheit als soziale Macht, die insbesondere dann ihre manipulative Wirkung entfalten kann, wenn man wenig über die als schön wahrgenommene Person weiß (ebd.: 2). Die Analyse der gesellschaftlichen Rahmenbedingungen, unter denen Schönheit in sozialen Interaktionen verstärkt ihre Wirkung entfalten kann (siehe Kapitel 4.1.1) zeigt, dass dies der heutigen Realität stärker entspricht, als es in der Vergangenheit der Fall war.

Je banaler also Körperlichkeit als Grundlage der Bewertung eines Individuums herangezogen wird und je größer die Distanz von Körper und Geist implizit gedacht wird, desto effektiver wirkt die Schönheit eines Individuums auf seine Umwelt. Vor dem Hintergrund der in Kapitel 4.1.1 betrachteten Vorbedingungen, unter denen Schönheit heutzutage ihre Wirkung erzielen kann, wird klar, dass Schönheit sich schon allein der Praxis halber als auf oberflächlicher Beurteilungsbasis den Status eines Individuums bedingende Variabel besser eignet, als die Mehrzahl der möglichen anderen Faktoren.

4.2.1 Schönheit als symbolische Ressource

Doch abgesehen von ihrer unmittelbaren Wahrnehmbarkeit und ihrer manipulativen Wirkung kommt Schönheit dem sozialen bzw. sozioökonomischen Status eines Individuums auch insofern entgegen, als sie in den Augen mancher Theoretiker als eine Art Kapital angesehen wird, das zwecks der Akkumulation von sozialer Macht genutzt werden kann. Schönheit wird dabei als eine komplexe Art des symbolischen Kapitals im Bourdieuschen Sinne aufgefasst. Inwiefern es gerechtfertigt ist, den Begriff Kapital tatsächlich auf das körperliche Merkmal Schönheit anzuwenden, bedarf einer genaueren und zielgerichteten Analyse, deren Umfang den Rahmen vorliegender Arbeit sprengen würde. Deshalb erscheint es sinnvoll, den Kapitalgedanken in Erinnerung zu behalten, sich jedoch korrekterweise auf den Begriff der symbolischen Ressource zu beziehen (Hermann 2003: 157ff.).

Schönheit ist als ein positiv besetztes symbolisches Merkmal zu betrachten. Was die soziale Wirkung von Schönheit betrifft, ist diese von der klassischen Bourdieu folgenden Auffassung von symbolischem Kapital insofern unterscheidbar, als dass es Anzeichen dafür gibt, dass Schönheit mit Kapitalwirkung sich nicht nur auf den Träger des beispielsweise inkorporierten Kapitals bzw. der Schönheit beschränkt, sondern in gewisser Weise transferierbar ist. Diese auf andere Individuen übertragbare Wirkung der Schönheit als eine den sozioökonomischen Status erhöhende Variabel ist ein komplexer Prozess, dessen tatsächliche Reichweite zu messen vor erhebliche methodische Probleme stellt. Dennoch gibt es, wie dargestellt wurde, Forschung, die zu dem Ergebnis kam, dass die soziale Wirkung von Schönheit die Möglichkeit der Assimilation sowie des sozialen Austausches in sich trägt. Dies ist relevant für die zu untersuchende Fragestellung, da es sich bei diesen Prozessen um relationale Mechanismen handelt, die das Geschlechterverhältnis sowie die Integration von Schönheit in selbiges thematisieren.

4.3 Assimilation und Austausch

Mit der Assimilation von Schönheit ist der Effekt gemeint, nach dem Personen als positiver und statushöher bewertet werden, wenn sie sich in Verbindung mit schönen Personen präsentieren oder präsentiert werden, als wenn sie in Verbindung mit unschönen Personen wahrgenommen werden (Pashos 2001: 47). Es ist also nicht nur die Art und Weise, wie der Körper eines Individuums durch andere Personen interpretiert wird, der in gewissem Maße statusdeterminierend wirkt, sondern auch das wahrgenommene und entsprechend interpretierte Maß an Schönheit der Personen, mit denen das sozial zu verordnende Individuum sich umgibt. Ob dabei tatsächlich die Schönheit der Personen, mit denen das zu bewertende Individuum sich umgibt, den Status bestimmt oder ob es bereits der durch die Schönheit implizierte Status dieser Personen ist, ist nicht klar erforscht worden, was sicherlich auf die entsprechende Fragestellung zurückzuführen ist, allerdings die Frage nach einer

Scheinkorrelation aufwirft. Möglicherweise wurde die Frage nicht weiter in Betracht gezogen oder als irrelevant betrachtet, inwiefern die Assimilationsmacht der das Individuum umgebenden Personen nicht bereits ein Produkt der Zuschreibung von sozioökonomischen Status an Schönheit ist und ob es daher nicht weniger die Schönheit der umgebenden Personen, sondern vielmehr deren Status ist, der den Status des zu bewertenden oder sozial zu verordnenden Individuums in positiver Korrelation beeinflusst.

Die Austauschfunktion von Schönheit beinhaltet die Vorstellung, dass Schönheit als Tauschobjekt gehandelt und dass von ihr profitiert werden kann. Diese These bezüglich der Möglichkeit Schönheit als Tauschobjekt einzusetzen und von ihr zu profitieren, verdeutlicht aufgrund ihrer klar geschlechtlich konnotierten Rollenzuschreibung im Tauschgeschehen, welche Machtbeziehungen innerhalb des Geschlechterverhältnisses bestehen und inwiefern die tägliche Praxis und die etablierten Vorstellungen bezüglich der geschlechtsspezifischen Behandlung von körperlicher Schönheit konstruktiven Beitrag zur geschlechtlich bedingten sozialen Ungleichheit leisten.

Da wir es bei der Schönheit mit einem Konstrukt zu tun haben, welches als inkorporiertes Merkmal eines Individuums zählt, anstatt ein weitgehend von Emotionalität unabhängiges Tauschobjekt zu sein, ergibt sich die Logik, dass Individuen in ihrer gesamten Person und Persönlichkeit in diese Art von Tausch eingebunden sind, was wiederum in gesellschaftlichen Hierarchien und interpersonellen Machtgefügen von Bedeutung ist. Der Austausch kann als Ausdruck von hierarchischen Machtverschränkungen beurteilt werden und verdeutlicht gültige gesellschaftliche Normen und erstrebenswerte Ideale insbesondere bezüglich des Verhältnisses von Schönheit, Geschlecht und Macht in Geschlechtskonstruktionen- und Beziehungen. Der Tausch von sozioökonomischer Macht und sozialem Status gehen physische Schönheit geschieht nach Pashos so, dass er zwischen den Geschlechtern stattfindet und die Ressourcen geschlechtsspezifisch verteilt sind. Männer investieren in den Tausch ihren sozioökonomischen Status, Frauen ihre symbolische Ressource Schönheit (Pashos 2001: 44).

Durch relativ aktuelle Studien der Partnerwahlforschung wurde herausgefunden, dass insbesondere die Einstellung der Männer mit der Logik der von u.a. von Pashos dargestellten Austauschtheorie konform geht. Es stellte sich in diesen Studien heraus, dass Männer an die optisch wahrgenommene Schönheit der potenziellen Partnerin an ihrer Seite in Abhängigkeit von ihrem Einkommen und ihrem Status variierende Ansprüche stellen. Steigt das Einkommen des Mannes, so erwartet er keinesfalls einen vergleichbaren beruflichen Aufstieg und Anstieg des sozialen Status der Frau an seiner Seite, jedoch wachsen seine Ansprüche an ihr Aussehen (Naumann 2006: 137).

Die beiden sich gegenüberstehenden und dem sogenannten Tausch dienenden Ressourcen Schönheit und sozialer Status werden also nicht eins zu eins dem einen Besitzenden enteignet und dem gegenüberstehenden Besitzer von Ressourcen überschrieben, sondern die eigene Ressource bleibt komplett erhalten. Durch die zusätzliche Ressource des Tauschpartners wird auf beiden Seiten ein totaler Gewinn erzielt. Dieser Gewinn ist für beide Seiten der Gewinn an sozialem Status; für den Mann kommt durch den zuvor beschriebenen Effekt der Assimilation noch der Zuwachs an positiver Bewertung im Sinne von sozialer Attraktivität hinzu.

4.3.1 Instrumentalisierung von Schönheit und Verdinglichung des weiblichen Körpers

Die Funktion der weiblichen Körperschönheit als Assimilations- und Tauschobjekt ist bei der Betrachtung des Geschlechterungleichgewichts insofern relevant, als sie verdeutlicht, dass sie im Rahmen besagter Funktion als Instrument für Machttransaktionen genutzt werden kann. Die Schönheit einer Frau kann also den sozialen Status eines Mannes heben und trägt damit die Möglichkeit in sich, instrumentalisiert zu werden. Ebenso ist die Schönheit der Frau in diesem Tauschverhältnis aber auch als ein direkt einzusetzendes Mittel der Frau zu sehen, soziale Anerkennung hinzuzugewinnen. Diese soziale Anerkennung bzw. der sich nach oben hin konkretisierende Status der Frau basiert auf dem bereits bestehenden sozioökonomischen Status des Mannes, der sich allerdings durch die Addition weiblicher Schönheit noch vergrößert. Der Zugewinn auf männlicher Seite basiert also auf den Ressourcen, die den männlichen sozialen Status bestimmen, und kann durch Schönheit insofern vergrößert werden, da er von dem sozialen Wert der Schönheit eines anderen Individuums profitieren kann. Dass die Möglichkeit zur Steigerung von Status durch die Wirkung von Schönheit, die nicht die körperlich eigene ist, auch für Frauen existiert, konnte bisher nicht nachgewiesen werden (Pashos 2001). Die stereotype Nutzung der symbolischen Ressource Schönheit ist also geschlechtsspezifisch ungleich und beinhaltet die „Verdinglichung" der Frau.

Diese Tatsache ist für die Betrachtung des Geschlechterungleichgewichtes in Bezug auf die Wirkung von Schönheit relevant, da sie verdeutlicht, dass Frauen was die Steigerung ihres sozialen Status angeht durch ihr Aussehen ihre Chancen auf den Zugriff externer Ressourcen erhöhen und von daher ihr Körper ihre Handlungsfähigkeit in diesem Bereich determiniert. Des Weiteren kann in der Art und Weise wie ein Mann idealtypischerweise durch den Austauschwert „weibliche Schönheit" an sozialem Gewinn profitiert die gesellschaftlich akzeptierte Verdinglichung des weiblichen Körpers sowie dessen Verfügbarkeit für die Stabilisierung geschlechtlicher Machtverhältnisse gesehen werden. Dies bedeutet in gewisser Weise eine Verdinglichung des weiblichen Körpers, die aufgrund von Schönheitszuschreibungen im Kontext geschlechtlicher Hierarchie geschieht. Naomi Wolf stellte diesen Aspekt in ihrem feministischen Werk „The Beauty Myth" folgendermaßen dar:

> Schönheit ist ein Währungssystem wie die Goldwährung. Wie jedes ökonomische System ist auch dieses politisch bestimmt und in den modernen westlichen Gesellschaften ist es der letzte ideologische Komplex, der noch dafür sorgt, daß die männliche Vorherrschaft unangetastet bleibt. Indem es den Frauen einen bestimmten Wert innerhalb einer vertikalen Hierarchie zuspricht, der sich an kulturell vorgegebenen äußeren Normen bemißt, ist es Ausdruck von Machtverhältnissen, innerhalb deren die Frauen auf eine ganz und dar nicht naturgegebene Weise um Ressourcen konkurrieren müssen, die die Männer für sich mit Beschlag belegt haben (Wolf 1992: 14).

Was die geschlechtsspezifische Unterscheidung des schönheitsbedingten sozialen Status angeht, wird deutlich, dass der Körper der Frau eher als der Körper des Mannes in Bezug auf die Konformität mit bestehenden Schönheitsnormen bewertet und als Tauschobjekt mit einem bestimmten Wert behandelt und gehandelt wird. Durch diesen Wert, der dem Frauenkörper im Tauschprozess je nach Schönheit zugeordnet wird, kann der Mann, der sich mit entsprechender Frau präsentiert an sozialem Status und sozioökonomischer Macht gewinnen, sowie bei der Bewertung seiner eigenen Attraktivität profitieren.

Klassisch und stereotyp an der von Pashos dargestellten und mittels wissenschaftlicher Methoden verifizierten sozialen Austauschtheorie ist die geschlechtliche Rollenzuschreibung. Innerhalb dieser geschieht die Zuschreibung von Schönheit als ein Teil der weiblichen Geschlechtsidentität – genauer gesagt als weibliches Kapital und eine Art Instrument um an vermeintlich männlichen Ressourcen teilzuhaben – und Konstruktionen wie sozioökonomischer Status, die mit Macht verbunden sind, an die männliche Geschlechtsidentität. Zudem trägt die These des sozialen Austausches auch Züge von geschlechtlicher Ungleichheit in sich, insbesondere in der Art und Weise, wie Schönheit für Frauen und Männer eine unterschiedliche statusdeterminierende Wirkung hat, welche sich dahin gehend äußert, dass Frauen diesbezüglich mehr als Männer von ihrem Körper abhängig sind. Zudem müssen Frauen – wollen sie ihre statusdeterminierende Ressource Schönheit ausschöpfen, ihren Körper sozusagen instrumentalisieren und in den Dienst des sozialen Austauschs stellen und ihn vom Tauschpartner als dessen Statussymbol nutzen zu lassen.

Dieses komplexe Verhältnis der Konstruktionen Schönheit und Geschlecht, die für den sozialen Status eine Rolle spielen, symbolisiert gesellschaftliche Arrangements, die klare geschlechtliche Hierarchien in sich tragen. Der Körper und die körperliche Schönheit stehen mit dem sozialen Geschlecht also nicht nur insofern in Verbindung, als sie die Konstruktion von Geschlechterrollen in konstitutiver Weise beeinflussen, sondern auch, indem Schönheit und Geschlecht in ihrer Einheit einen performativen Körperausdruck bedingen, der in der Lage ist, die besagten gesellschaftlichen und insbesondere geschlechtlich hierarchischen Verhältnisse zu reproduzieren und zu stabilisieren. Dieser performative Körperausdruck als ein in der soziologischen Theorie etabliertes Konzept, welches Ähnlichkeiten zum von Degele beschriebenen Körperausdruck mit performativer Wirkung aufweist (Degele 2004: 16), kann vergleichend und mit der Absicht, die Technologien der Machtbeziehungen punkto Geschlecht und Schönheit näher zu beleuchten, herangezogen werden. Er hat inhaltliche Überschneidung mit dem Konzept des Habitus nach Elias und Bourdieu, welcher im folgenden Teil der Arbeit im Rahmen der zugrunde liegenden Fragestellung noch genauer thematisiert wird.

5 Kontroll- und Unterwerfungsmechanismen durch das Mittel der weiblichen Schönheit

Im Verlauf der bisherigen Untersuchung entstand der Eindruck, dass Schönheit als verstärkender Faktor der sozialen Ungleichheit zwischen Männern und Frauen wirkt. Bestehende Ungleichheit zwischen den Geschlechtern äußert sich in dem Sinne, dass Frauen die Benachteiligten dieser Ungleichheit sind (Geißler 2006). Es liegt daher die Vermutung nahe, dass Schönheit, bzw. deren gesellschaftliche Wirkung neben zahlreichen anderen Faktoren in direkter oder indirekter Weise eine sozial schwächende Wirkung auf Frauen hat. Dabei sind die Strukturen, unter denen diese Wirkung stattfinden kann, meist weder gesetzlich verankert, noch offiziell dargelegt. Stattdessen finden sie in Dispositionen des Verhaltens Ausdruck und etablieren und reproduzieren sich in gelebter und imaginierter gesellschaftlicher Praxis. Wie das Konzept des Habitus die Weichen für die weibliche Unterdrückung durch die Technologie der Schönheit stellt und wie gesellschaftlich aktuelle Trends in Bezug auf gängige Körperpolitik dies unterstützend begleiten können, soll im folgenden Teil der Untersuchung dargestellt werden, in dem sozial schwächende Kontroll- und Unterwerfungsmechanismen durch das Mittel der – erstrangig weiblichen – Schönheit thematisiert werden.

5.1 Habitus

Das Habituskonzepts kann zur Analyse und Erklärung für die geschlechtlich hierarchische soziale Ungleichheit in Bezug auf die Wirkung körperlicher Schönheit herangezogen werden, da es gesellschaftlich bedingte psychische Dispositionen beinhaltet, die je nach sozialer Geschlechtsidentität entsprechende Machtgefüge implizieren. Diese werden nach Bourdieus Definition im Habitus deutlich und reproduzieren gesellschaftliche Machtverschränkungen und Beziehungsstrukturen (Bourdieu 1989).

Das Bourdieusche Konzept des Habitus soll an dieser Stelle nicht in seiner komplexen Ganzheit dargestellt werden. Vielmehr soll untersucht werden, wie bestimmte geschlechts- und schönheitsabhängige Faktoren in das Konzept des Habitus einfließen und dadurch zur sozialen Ungleichheit zwischen den Geschlechtern führen. Diese abhängigen Faktoren werden durch habituelle Handlungstechnologien in Bezug auf körperliche Schönheit angewendet und tragen Machtstrukturen bei.

5.1.1 Geschlechtsunabhängige Wirkung von Schönheit auf den Habitus

Neben der geschlechtlichen Komponente des Habitus ist zunächst zu konstatieren, dass es Anhaltspunkte dafür gibt, dass sich die Schönheit eines Individuums sowie die aufgrund selbiger gemachten Erfahrungen während der persönlichen Biografie Einfluss auf den Habitus des Individuums nehmen können (Bourdieu 1989: 194). Konkret äußern sich besagte auf die Wirkung des Körperlichen zurückführbare Erfahrungen wie z. B. vermehrt Aufmerksamkeit zu bekommen, bevorzugt behandelt zu werden etc. durch die Kraft und das Selbstbewusstsein im Auftreten. All dies wird durch den verkörperten Habitus offenbart (Pippal und Wegenstein 2008: 12).

Die Art und Weise, wie das Individuum in der sozialen Interaktion mit seinem Körper Zeit und Raum beansprucht, wie es auftritt, geht, sich bewegt, gestikuliert und dadurch das Image aufbaut, das es in den Augen seiner Interaktionspartner hat, wird durch die eigene Haltung zu seinem Köper beeinflusst, die wiederum von der Außenwirkung seines gesellschaftlich zugesprochenen Grads an Schönheit abhängt (Schiller 2001). Die Art der inkorporierten Selbstpräsentation, durch die sich das Individuum im Verhältnis zu anderen Individuen desselben sozialen Systems sozial positioniert, formt die situativen Arrangements, durch die sich die Zugehörigkeit zu sozialen, in Hierarchiegebilde eingebundenen Gruppen und Schichten konkretisiert (Bourdieu 1989).

Doch nicht nur das körperlich selbstreflexive Moment, sondern auch die Funktion des Körpers als Wissensspeicher sozialer Zugehörigkeit, als Ausdruck von Status und äußerlich technisches Mittel der Selbstrepräsentation durch gesamtgesellschaftlich verstandene Symbolik heben die Bedeutung des Körpers hervor (Koppetsch 2000: 8f.). Dieser kann, um im Sinne des Habituskonzepts aufgefasst und innerhalb dessen Logik interpretiert zu werden, nicht vom Geschlecht und dem durch die aktuellen Normen der Gesellschaft interpretierten Grad an Schönheit getrennt werden. Bereits im dritten Kapitel wurde dargestellt, dass Schönheit und Geschlecht durch ihre sozial positionierende Außenwirkung und auch in der Selbstreflexion (siehe Kapitel 3.1.2) eine als autonom inszenierte Konstruktion von Identität zu verschaffen mögen, die sich wiederum im Habitus bzw. in im Habitus verankerten dauerhaften strukturierten und das Verhalten strukturierenden Dispositionen zeigt. Daraus resultiert ein Erzeugungs- und Strukturierungsprinzip von gesellschaftlich gängigen Praxisformen (Degele 2004). Dieses ist aufgrund seiner komplexen sozial konstruierten Erscheinungsform in der Realität schwer fassbar und lässt sich nicht ablegen. Diesem unsichtbaren, aber inkorporierten und befolgten Regelwerk unterliegen auch die Mechanismen, die körperliche Schönheit und soziale Kontrolle durch selbige zu einer subtilen Technologie des intergeschlechtlichen Hierarchiegefüges machen können (Bourdieu 2005). Um dies zu konkretisieren soll der geschlechtliche Habitus genauer betrachtet werden.

5.1.2 Geschlechtlicher Habitus

Nach der Theorie von Pierre Bourdieu bezüglich des Habituskonzepts gibt es einen Primärhabitus, der durch die Klassensozialisation entsteht, und daneben mehrere Sekundärhabitus, zu denen auch der durch die Geschlechtersozialisation entstehende Geschlechtshabitus gehört. Da die Geschlechtssozialisation eine sehr frühe, umfassende und ewig kontinuierende Art der Sozialisation ist, überrascht es nicht weiter, dass Geschlecht im Konzept des Habitus nach der Klassenzugehörigkeit als die grundlegendste aller Dimensionen des Habitus aufgefasst wird (Hermann 2004: 145f.). Mit der Zuordnung zur sozial konstruierten Geschlechtsidentität und der Annahme selbiger wird eine entscheidende Basis für die im Habitus verankerten Dispositionen bezüglich gesellschaftlicher Hierarchiestrukturen gelegt. Dies gibt Grund zur Annahme, dass alle weiteren sozialen Faktoren, die sich im Habitus eines Individuums verinnerlichen und durch den Körper gleichzeitig auch wieder veräußerlichen, nicht nur durch den Filter der sozialen Klasse, sondern gleichzeitig auch durch den der sozialen Geschlechtszugehörigkeit laufen (Bourdieu 2005: 74ff.). Zusammen mit diesen beiden determinierenden und den Habitus formenden Variablen variieren auch alle anderen Faktoren, die für den Habitus relevant sind.

Die gesellschaftlich konstruierte Zuordnung eines sozialen Geschlechts anhand des biologischen Geschlechts sowie die subtil und effektiv die gesellschaftlich bedingten vergeschlechtlichten Hierarchiestrukturen annehmende und reproduzierende Wirkung des männlichen und weiblichen Habitus zeigen, dass die Platzierung von Frauen am unteren Ende der Hierarchie nicht auf die biologische Tatsache des „Frauseins" zurückzuführen ist, sondern auf habituell verankerte Strukturen symbolischer Macht. Diese Strukturen funktionieren auf vielfältige Art und Weise und bilden eine komplexe Einheit, die dazu in der Lage ist, die gesellschaftliche Hegemonialstellung von Männlichkeit zu sichern (Bourdieu 2005). Es soll im Folgenden dargestellt werden, inwiefern das Konstrukt und die Wirkung von körperlicher Schönheit dazu beitragen kann, die im Habitus verankerten Hierarchiestrukturen zwischen Männern und Frauen zu bestätigen (McRobbie 2008). Es soll untersucht werden, wie Schönheit als Technologie zur habituellen Unterwerfung von Frauen beiträgt, die sich durch verinnerlichte Gesellschaft in strategisch orientierter Praxis äußert und dazu führt, dass offensichtliche soziale Ungleichheit und die geschlechtlich unausgewogene Unterwerfung unter das gesellschaftlich zunehmend etabliertere Diktat der Schönheit gesellschaftlich akzeptiert und angenommen wird.

5.1.3. Schönheit als Technologie der Unterwerfung im weiblichen Habitus

Schönheit wird als erstrebenswerte Auffälligkeit des weiblichen Körpers verstanden. Dabei wird sie zu einem femininen Markierungsschema idealisiert, welches Frauen Handlungsoptionen eröffnet oder verschließt. In dieses das Verhalten und den Habitus beeinflussende Markierungsschema Schönheit sind Macht- und Herrschaftsabsicherungen eingebunden (Löw 2005: 260). Das beidergeschlechtliche Wissen um die Strukturen der Macht und der sozialen Kontrolle, die über die Interpretationen und Zuschreibungen aufgrund von weiblicher Körperschönheit geschieht, macht sich im Habitus ebenso bemerkbar, wie die Definition dessen, was nach heteronormativen Maßstäben als legitime Weiblichkeit gilt. Dabei wird jener körperlich habituelle Ausdruck als weiblich und als die Voraussetzung für legitime weibliche Schönheitsperformanz angesehen, der die Dispositionen zur machthierarchischen Unterwerfung und Reduktion auf das Erotische beinhaltet. Dies äußert sich in Bewegungen, Gesten, Körperhaltung etc. (Koppetsch 2000: 104).

Mit diesem Basiswissen über den als typisch weiblich deklarierten Habitus wird deutlich, wie Schönheit in die soziale Realität der geschlechtlichen habituellen Machtsicherungsstrategien eingebunden ist. Es ist der sexualisierende Aspekt, der im validierenden Blick des Mannes auf die weibliche Schönheit zum Tragen kommt (Meuser 2000: 228f.) und heterosexuellen hegemonialen männlichen Machtvorbehalt demonstriert. Wie dieser Blick auf die geschlechtlich ungleiche Unterwerfung unter Schönheitsansprüche wirkt und gleichzeitig durch die gesellschaftlich konstruierte Verbindung von Weiblichkeit, Geschlecht und Sexualität Machtstrukturen zu sichern vermag, soll im Folgenden näher beleuchtet werden.

Konstitutiv für den darzustellenden Zusammenhang zwischen Geschlecht, Schönheit und männlicher Macht ist die Tatsache, dass die Geschlechter sich nach heteronormativer Vorstellung, was die sexuelle Komponente ihrer Geschlechtsidentität angeht, in einem bipolaren Verhältnis gegenüberstehen (Butler 1991: 19ff.). Die heterosexuellen Geschlechtskonstruktionen, die immer noch die gesamtgesellschaftlich etabliertesten und damit die gesellschaftlich prägendsten sind, bedingen sich damit gegenseitig und sind auf gegenseitige Wahrnehmung und sexuelles Begehren ausgerichtet. Ebenso wie die Anerkennung und die Wahrnehmung der Männlichkeit eines männlichen heterosexuellen Individuums mit männlicher sozialer Geschlechtsidentität auf sexueller Ebene von den Wahrnehmungsstrukturen heterosexueller weiblicher Individuen abhängt, wird Weiblichkeit in immer noch erheblichem Maße über die Attraktivität für das andere Geschlecht bestimmt, wodurch dem männlichen Blick auf den Körper der Frau eine validierende Bedeutung zukommt (Meuser 2005: 281). Weibliche Schönheit, bzw. körperliche Attraktivität – deren sozial und geschlechtlich Ungleichheit schaffende Wirkung in vorangegangenen Teilen dieser Arbeit bereits angesprochen wurde – ist somit durch die Evaluation des Mannes bedingt.

Schönheit ist daher in ihrer Wirkungskraft auf makrosoziologischer Ebene in die Herrschaftsverhältnisse heterosexueller Geschlechtsbeziehungen eingebunden. Der in der Geschlechterbeziehung deutlich werdende Machtaspekt, der sich im Schönheitsanspruch an den weiblichen Körper zeigt, besteht also nicht nur in der weiblichen habituellen Unterwerfung, sondern auch in der Unterwerfung unter Schönheitsnormen zwecks Provokation des sexuellen Begehren des Mannes (Hermann 2004: 178); ermöglicht durch die Verbindung von Körperlichkeit und Weiblichkeit (siehe Kapitel 3.1.1). Diese Unterwerfung unter Schönheitsnormen und das weibliche Wissen über die Wichtigkeit der Einhaltung dieser hat Konsequenzen für das weibliche Körperselbstkonzept, welches sich weniger auf die physische Effektivität, als vielmehr auf die Schönheit konzentriert. Der weibliche Körper sowie der Blick der Frauen auf selbigen wird vom Streben nach ästhetischer Perfektionierung bestimmt (Degele 2004: 81). Die Zumutung des vermeintlich vollkommenen körperlichen Erscheinungsbildes wirkt aufgrund der sexuell hierarchisch determinierten Erwartung von körperlicher Schönheit an das weibliche Geschlecht in größerem Maße auf Frauen, als auf Männer; wenn auch erneut an dieser Stelle erwähnt werden soll, dass der Druck zur körperlichen Attraktivität verstärkt dabei ist, sich auch auf Männer in bemerkenswerter Weise auszuwirken. Nach wie vor weisen aber Frauen höhere Unzufriedenheitswerte in Bezug auf ihre Körperschönheit auf als Männer und bringen mehr Zeit und größere Opfer für die gewünschte Ästhetisierung ihres Körpers auf (Meuser 2005: 281).

Welche sozialen Kontrollmechanismen bezüglich der legitimen Schönheit der Frau und ihrem Wert abhängig von selbiger bestehen und wie Frauen damit in ein Spannungsfeld der bereits erwähnten Verbindung von Schönheit und Sexualität geraten, die sich im männlichen Blick auf den weiblichen Körper zeigen, soll im Nachfolgenden näher erläutert werden. Es bleibt vorbereitend dazu festzustellen, dass das sexuelle Begehren des Mannes aufgrund von interpretierter weiblicher Schönheit eben nicht immer nur rein erotischer Natur auf egalitärer Ebene ist, sondern immer dann hierarchische geschlechtliche Überlegenheit des Mannes beinhaltet, wenn weibliche Schönheit nicht als etwas Neutrales gesehen wird, sondern sexualisiert und als Ausdruck von weiblichem Einverständnis zur Unterwerfung gedeutet wird (Löw 2005: 260). Tatsächlich gibt es deutliche Anhaltspunkte dafür, dass weibliche Schönheit mit Unterwerfung der Frau assoziiert wird. So ergaben Studien, dass eine Unterwerfungsbereitschaft umso tiefer im Selbstwert sowie im Habitus von Frauen verankert ist, je stärker Schönheitsideale auf sie wirken und als bedingende Größe die sexuelle Beziehung zwischen den Geschlechtern strukturieren (Koppetsch 2000: 104).

Welche genauen Bestandteile der verschiedenen Schönheitsideale dies sind, erfordert genauere und zielgerichtete Forschung. Jedoch kann für die allgemeine sexualisierende männliche Auffassung von und Erwartung an weibliche Schönheit gesagt werden, dass Schönheit, wenn sie in hierarchisch stabilisierender Weise sexualisiert wird, nicht mehr als eine der Natur entsprechende soziobiologisch bedingte und neurologisch umgesetzte Wertung von körperlichen Merkmalen mit dem Effekt der sexuellen Attraktion gesehen werden kann, sondern als ein Produkt, welches sich aus sozialen Strategien der Macht- und Herrschaftsabsicherung in einer als ideal proklamierten und als ästhetisch definierten Größe äußert und zur sozialen Kontrolle und habitueller Unterwerfung des weiblichen Körpers genutzt werden kann. Es erklärt sich damit die von Koppetsch zur Soziologie der Attraktivität geäußerte Analyse, nach der

„die männliche Bewunderung der schönen Frau durch das im weiblichen Habitus zum Ausdruck gebracht Eingeständnis weiblicher Unterlegenheit motiviert [wird]: Weiblichkeit ist ein Statusgeschenk an den Mann- eine Geste, bei der unbedeutende Privilegien und erotische Bewunderung mit dem Verzicht auf bedeutende Privilegien und vor allem Interaktionsmacht erkauft werden. Der schönen Frau verbieten sich lässige Bewegungen, raumgreifende Gesten und lautes Reden – als die wichtigsten Stützen männlicher Überlegenheit – wie von selbst" (Koppetsch 2000: 104f.).

5.2 Liberale Politik der Körpertechniken

Die Stigmatisierung vermeintlich defizitärer Körper ermöglicht sich durch eine liberale Haltung auf die von Individuen vermeintlich autonom zu betreibende Körperpolitik. Im Sinne der Ideologie liberaler Körpertechniken wird der Körper nicht mehr als naturgegeben und zu akzeptierende Tatsache angesehen, sondern als eine beeinflussbare Größe, die nicht nur aus ihrer bereits dargestellten symbolischen Wirkung heraus von Relevanz ist, sondern auch was ihre Ausgestaltungsmöglichkeit angeht zu einer persönlich moralischen Analyse von Individuen genutzt werden kann. Der vermeintlich wandelbare Körper wird als optimierbarer Ausdruck eigener Gestaltungsmacht angesehen. Individuelle Körperentscheidungen werden als souveräne Entscheidungen handlungsmächtiger Individuen aufgefasst (Villa 2008: 268), was den Körper in seiner sozialen Wirkung zum Ausdruck des persönlichen Willen bzw. eigenen Verdienst oder Verschulden werden lässt. Schönheitshandeln bedeutet daher, sich selber sozial zu positionieren. Die Arbeit am eigenen Körper wird somit zu einem Medium der Kommunikation, dessen Ziel es ist, durch Inszenierung der eigenen Körperwirkung Aufmerksamkeit zu erlangen und die eigenen Identität zu stabilisieren (Degele 2004: 10).

Diese Art und Weise, den Körper aufgrund der Möglichkeit der Manipulation zu einem Objekt des Ergebnisses eigenen Zutuns zu betrachten, ist eine Entwicklung, die sich als Ideologie der liberalen Körpertechniken bezeichnen lässt. Das Diktat der Schönheit nährt sich durch diese Ideologie in dem Sinne, als dass durch Anerkennung liberaler Körpertechniken ein Verstoß gegen gängige Schönheitsnormen nicht nur den Körper des entsprechenden Individuums, sondern auch dessen Moral zu einem defizitären Gebilde stigmatisiert. Schönheit und körperliche Darstellungspraxis wird zu einer moralischen Frage und zu einem persönlichen Statement (Burkart 2000: 86). Dies verstärkt die Tendenz dazu, aus körperlichen Merkmalen

Schlussfolgerungen auf den Charakter zu ziehen (Maasen 2008: 103ff.). Voraussetzung für diese liberale Auffassung über die Interpretation von Körpern sind zweierlei: zum einen das von Individuen eines gemeinsamen sozialen Systems geteilte Wissen über die Inhalte von Schönheitsnormen und zum anderen das Wissen über die Möglichkeiten zur Manipulation des Körpers, bzw. standardisierten Schönheitshandelns.

5.2.1 Schönheitsideal

Was die erste Bedingung angeht, kann gesagt werden, dass Schönheitsnormen sich größtenteils auf körperliche Merkmale des weiblichen Körpers beziehen. Deshalb übt die Auffassung über liberale Gouvernementalität Körpertechniken und die damit verbundene soziale Interpretation von körperlichem Ausdruck als soziale Selbstsituierung ihre – je nach der Konformität eines Körpers auf anerkannte Schönheitsideale entweder idealisierende oder stigmatisierende – Wirkung insbesondere auf Frauen aus. Der Druck auf Frauen, sich Schönheitsidealen anzupassen, wirkt daher umso verheerender, je mehr sich der Trend zur Auffassung von Körpertechnologien als liberale Handlungsspielräume vergrößert (Maasen 2008: 105). Die Manipulierbarkeit des menschlichen Körpers, welche insbesondere auf den weiblichen Körper sehr umfangreich ausgelegt zu sein scheint und dem Ziel dient, den weiblichen Körper gängigen Schönheitsnormen anzupassen, fordert seinen zeitlich beanspruchenden und oftmals schmerzhaften und versagungsvollen Tribut. Stetig ansteigende Zahlen statistisch erfasster Fälle von Essstörungen sind ebenso Indizien dafür, wie die explodierende Zahl der schönheitschirurgischen Operationen während der letzen zwei Dekaden (Zons 2007: 21).

Beide Phänomene sind daher nicht als individuelle Probleme bzw. als Problemlösungsstrategien der Individuen zu betrachten, sondern sind in untrennbarer Weise mit spezifischen gesellschaftlichen und kulturellen Entwicklungen verbunden. Extreme Arten der körperlichen Manipulation mit dem Ziel, einem heterosexuell markierten Schönheitsideal nahezukommen, sind somit als soziosomatische Phänomene analysierbar und zeugen von extremer Verankerung eines Schönheitsdiktates, welches fest in die sexuelle Geschlechtsidentität integriert ist (Gugutzer 2005: 323).

Ein weiteres Indiz dafür, dass die Technologien zur Körpermanipulation darauf ausgerichtet sind, einer spezifischen Norm des körperlich Legitimen zuzutragen, zeigt sich in der inhaltlichen Übereinstimmung dessen, was ein Großteil der Individuen an täglichen Manipulationstechniken des Körpers anwendet (Pippal und Wegenstein 2008: 45ff.). Diese inhaltliche Übereinstimmung bezüglich den Normen standardisierten Schönheitshandeln ist ebenso ein Indiz dafür, dass die zweite Bedingung dafür erfüllt ist, den Körper – im Sinne der Auffassung der Liberalisierung von Körpertechniken – als ein Ausdruck des eigenen Willens, der Moral und Kraft zur Gestaltung zu interpretieren. Ein persönliches Statement in Richtung Konformität mit Schönheitsnormen und damit verbunden der gesamten symbolischen Wirkungskraft von Schönheit kann nämlich nur dann gesetzt und von anderen entsprechend anhand des Körpers interpretiert werden, wenn Einigkeit darüber besteht, was das aktuelle Schönheitsideal eines sozialen Systems beinhaltet.

Die im Rahmen einer Allensbachumfrage durchgeführte Forschung über Schönheitsideale, ergab, dass Schönheitsideale für rund sechzig Prozent der Deutschen keinerlei Bedeutung hätten. Trotzdem wussten so gut wie alle Befragten – auch die sechzig Prozent, die eigenen Aussagen zufolge keinerlei Beeinflussung durch Schönheitsideale unterlagen – sehr genau darüber Bescheid, worin das Schönheitsideal ihrer Zeit besteht (Drohlshagen 2007: 122)

5.3 Geschlechtsspezifische Wirkung liberaler Körperpolitik

Wie eng der Bereich des sozial Akzeptierten in Bezug auf weibliche Köper ist, wird durch medial verbreitete Bilder von weiblichen Körpern verdeutlicht. Diese ähneln sich sowohl in der Körperformung, als auch in der Art der körperlichen Präsentation auf signifikante Weise. Die Werbung und deren medial verbreitete Schönheits- und Selbstdarstellungsmuster als Anhaltspunkt für die gesellschaftlichen Normen bezüglich legitimer Schönheit und körperlicher Darstellung heranzuziehen, rechtfertigt sich dadurch, dass diese medial vermittelten Bilder in ihrem jeweiligen Kontext in der Regel die Funktion erfüllen sollen, beim Empfänger den Wunsch nach geschlechtsspezifischer Rollenadaption zu provozieren (Praxmarer 2001). Gepaart mit dem Effekt der Nachahmung, der durch körperliche Schönheit ausgelöst wird, stehen die Frauenkörper, die in den Massenmedien zu Werbezwecken herangezogen werden, also für das Ideal dessen, woran die geschlechtlich körperliche Orientierung stattfinden soll. Dabei fällt auf, dass die Körper in Werbung und Medien sich zwar einander in auffälliger Weise ähneln, dafür aber nur einem sehr geringen Teil der real existierenden Individuen ähneln.

Durch die enge Definition dessen, was als legitime Weiblichkeit gilt, die durch die verschiedenen Abwandlungen der Definition je nach sozialer Schichtzugehörigkeit noch restriktiver eingegrenzt wird, werden die meisten naturbelassenen weiblichen Körper als defizitär interpretiert (Schneider 2005: 281), sodass ein gewisses Maß an Bearbeitung des Körpers geschehen muss, um sozial anerkannt zu werden. Das Maß, in welchem der natürliche Körper bearbeitet werden muss um gesellschaftliche Akzeptanz zu genießen, hängt davon ab, wie nah der körperliche Naturzustand am gängigen Schönheitsideal ist. Dabei soll für die geschlechtsdifferenzierende Analyse der Anwendung von vermeintlich liberalen Körpertechnologien sowie deren gesellschaftlicher Akzeptanz erwähnt sein, dass es für Männer leichter ist, trotz Verweigerung von Körpertechnologie und somit in komplett naturbelassener körperlicher Ausdrucksform auf gesellschaftlich anerkannte und legitimierte Art und Weise Attraktivität darzustellen als für Frauen (Degele 2004: 84), da ihr naturbelassener Körper als weniger defizitär gilt.

Des Weiteren werden Frauen gleichzeitig verstärkt nach ihrem Aussehen beurteilt und ihr sozialer Status hängt verstärkt von ihrem gesellschaftlich anerkannten körperlichen Schönheitspotenzial ab. Daher wirkt der gesellschaftliche Zwang zur individuellen Körperinszenierung im Rahmen des – parallel mit dem steigenden Bewusstsein für Körpermanipulation aufkommenden – Übergangs vom fremd- zu selbstkontrolliertem Verhalten auf Frauen ebenso stärker wie die damit verbundene Anforderung einer auf die Ästhetisierung des Körpers ausgerichteten asketisch-methodisierten Lebensführung. Entsprechend sind auch die Stigmatisierung und die soziale Schwächung von Frauen im Falle eines vermeintlichen Verstoßes gegen die Sitten der Schönheits- und Selbstdarstellungsnormen größer als die von Männern (Martiny 2003). Es zeigt sich durch diese Tatsachen die symbolische Gewalt, die in der männlichen Urteilskraft auf Frauen wirkt.

5.3.1 Spannungsfeld

Indem – bedingt durch die soziologische Wirkung der liberalen Einstellung zu Körpertechniken – über den Grad der Schönheit einer Frau ihre Haltung bezüglich gesellschaftlich geltender Schönheits- und damit auch Geschlechterstrukturen definiert wird, macht sich der Zwangscharakter in der Beziehung zwischen Geschlechtsidentität und Schönheit bemerkbar (Vollmeyer 2006). Wie zwingend dieser Charakter in der Beziehung beider Konstruktionen tatsächlich ist, wird durch erwähnte soziale Benachteiligung bzw. Stigmatisierung deutlich. Um es in Judith Butlers Worten auszudrücken, werden „diejenigen, die ihre Geschlechtsidentität nicht ordnungsgemäß in Szene setzten" bestraft (Butler 2003 zit. n. Vollmeyer 2006: 205). Im Falle der Integration von Schönheitshandeln in die weibliche Geschlechtskonstruktion wird dadurch ein Spannungsfeld konstruiert.

Dieses Spannungsfeld besteht für Frauen zum einen im gesellschaftlichen Zwang zu einem gewissen Grad von Schönheit und Schönheitshandeln als Basis der gesellschaftlich standardisierten Weise, seine Geschlechtsidentität umzusetzen und zum anderen darin, dass durch die Enge der Definition legitimer weiblicher Schönheit und legitimen weiblichen Schönheitshandeln immer das Risiko der Sexualisierung und der damit verbundenen Banalisierung nicht nur der körperlichen weiblichen Schönheit, sondern auch der betroffenen Person besteht.

Es ergibt sich also die soziale Realität, dass ein gewisses Mindestmaß an Schönheit klar vorhanden sein muss, damit Frauen, die ja immer auch über die Geschlechtskonstruktionen vergesellschaftet werden und über selbige ihren sozialen Status zugesprochen bekommen, überhaupt ein gewisses Maß an gesellschaftlichem Status zugesprochen bekommen (Degele 2008: 80), andererseits die soziale Anerkennung und der soziale Status einer Frau im Falle eines – je nach den Normen eines sozialen Systems definierten – „zu viel" von Schönheit verfällt, da auf sie der Mechanismus der sozial degradierenden Sexualisierung angewendet wird. Diese Sexualisierung bedeutet eine Unterordnung unter die männliche hegemoniale Vormachtstellung, da das Mittel der Sexualisierung nach heteronormativer Gesellschaftslogik von Männern auf Frauen angewendet wird. Das Spannungsfeld macht sich also darin bemerkbar, dass Frauen weder zu viel noch zu wenig von dem zeigen dürfen, was als legitimierte Schönheit bzw. Ergebnis von legitimen Schönheitshandeln gilt.

5.3.2 Zu wenig Schönheit und/oder Schönheitshandeln

Der sozial unsanktioniert vorzeigbare weibliche Körper unterliegt einer strengen und intoleranten Definition, was sich besonders an den Aspekten Alter und Körpergewicht beobachten lässt (Gugutzer 2005: 327). Der alternde weibliche Körper sowie der anorektische oder übergewichtige werden gesellschaftlich nicht akzeptiert und ziehen ablehnende Aufmerksamkeit auf sich. Für den Modus der körperlichen Darstellung wird damit impliziert, dass der vermeintlich defizitäre Körper nicht nur keinerlei gesellschaftliche Anerkennung genießt (Schneider 2005), sondern idealerweise auch nicht gezeigt werden sollte. Die Akzeptanz der visuellen Existenz von Körpern, bzw. Körperteilen ist in diesen Fällen schwindend. Da Körperlichkeit und körperliche Attraktivität aber konstitutive Größen der weiblichen Sexualidentität sind, werden Frauen, die aufgrund von Alter, Gewicht, körperlichen Besonderheiten etc. dem Ideal nicht nahekommen, ein Teil ihrer Geschlechtsidentität und damit verbunden auch ihre die männliche Hegemonie stärkende Wirkung entzogen, wodurch sie an Wert im statusbezogenen Sinne einbüßen. Ihre symbolische Ressource der körperlichen Schönheit verliert an Wert. Gleichzeitig wirkt die symbolische Macht der Schönheitsdefinition auf sie ein.

Dieser Effekt des Statusverlustes durch eine vermeintlich zu geringe offen zur Schau gestellte und über den Körper interpretierbare Weiblichkeit war in der Vergangenheit anhand der Beispiele von Politikerinnen oder Frauen in hohen öffentlichen Ämtern zu beobachten, deren Aussehen oftmals in respektloser Weise und in unvergleichlich höherem Ausmaß als bei männlichen Kollegen in der Öffentlichkeit diskutiert wurde (Degele 2004: 116). Die körperlich sexuelle Komponente heteronormativer Geschlechtskonstruktion wird benutzt, um Frauen sozial zu schwächen, wie durch diskursanalytische Betrachtung des öffentlichen Diskurses deutlich wird (Zons 2007: 181ff.); wobei die einzigen Anhaltspunkte des Angriffes oftmals die naturgegebene körperliche Form und der durch Schönheitshandeln und Habitus beeinflusste körperliche Ausdruck ist.

5.3.3 Zu viel Schönheit und/oder Schönheitshandeln

Im anderen Falle allerdings, in dem Frauenkörper dem medial vermittelten Ideal entsprechen, liegt die Gefahr der Sexualisierung nahe. Dass diese Sexualisierung des gesellschaftlich etablierten und allgemein bekannten Schönheitsideals in dessen Logik selber bereits enthalten ist (siehe Kapitel 5.1.3), wird gesellschaftlich zusätzlich noch dadurch stabilisiert, dass der idealisierte Frauenkörper, wie ihn Werbung und Medien implizieren, unverhältnismäßig häufig und oftmals auch kontextlos in

Nacktheit präsentiert wird. Weibliche Nacktheit steht ebenso mehr als männliche Nacktheit für Sexualität wie auch Schönheit eher für eine Komponente des Weiblichen steht als des Männlichen.

Die erwähnte Nacktheit des Körpers im Geschlechtervergleich ist eine einseitige Nacktheit der Frauen. Einseitige Nacktheit in der Beziehung zwischen zwei gesellschaftlichen Gruppen wird gesellschaftsübergreifend als Symbol von Machtverhältnissen angesehen, in denen die soziale Macht und Hegemonialstellung bei der Gruppe von Individuen liegt, deren Körper bekleidet sind und die somit zu geringerer Wahrscheinlichkeit durch Entblößung banalisiert und ggf. sexualisiert werden können.

Während der als schön interpretierte männliche Körper zwar ebenso wie der weibliche als sexualisierter Körper gewertet, dargestellt und kommuniziert werden kann, geschieht dies in quantitativ weitaus geringerem Maße. Auch in der Qualität besteht ein maßgeblicher Unterschied, da die Sexualisierung des männlichen Körpers eher der Stabilisierung seiner geschlechtlichen Hegemonialität dient, anstatt mit einer geschlechtlichen Unterordnung gleichgesetzt zu werden, wie dies im Falle der Sexualisierung des weiblichen und schönen Körpers der Fall ist.

Dass diese Unterordnung des sexualisierten Weiblichen in der sozialen Realität geschieht, beweist u.a. die geringe soziale Wertschätzung von erotisierter weiblicher Symbolik, die ihren Wert durch die Zuschreibung der heterosexuellen Männlichkeit erhält. Forschung zum Thema der gesellschaftlichen Anerkennung von als typisch weiblich erotisch geltenden Symbolen, wie beispielsweise weiblich besetzte Kleidung und Darstellungsutensilien belegen, dass derlei Symbolik gesellschaftlich weniger respektiert und mit Professionalität vereinbar gesehen werden, als die männlich belegte komplementäre Symbolik (Degele 2004: 147). Diese geringe Wertschätzung weiblicher sexualisierter Symbolik trägt aufgrund der sozialen Positionierung der Frauen im Spannungsfeld von zu wenig und zu viel Schönheit und Schönheitshandeln zu einem ebenso verheerenden Effekt bei, wie das Urteil, nicht schön, weiblich und erotisch genug zu sein. Sexualisierung aufgrund von Schönheit oder vermeintlich zu viel Schönheitshandeln wird somit insofern zu einem Faktor, der die soziale Ungleichheit zwischen den Geschlechtern erhöht, indem Schönheit zu einem Problem für die Respektabilität als „zu schön" geltender Frauen wird bzw. gemacht wird. Dies stellt sich für Frauen insbesondere in den vom Privaten abgegrenzten Bereichen insofern als problematisch heraus, als sie in der Öffentlichkeit, im Beruf etc. aufgrund ihrer Schönheit und Weiblichkeit, die einerseits deutlich genug vorhanden sein muss, als Männern gegenüber minder professionell und respektabel wahrgenommen werden (Degele 2004: 147f.).

Handlungsanweisend bedeutet dies für Frauen, dass sie zwar ihre Weiblichkeit und ein gewisses Maß an Schönheit und Schönheitshandeln zeigen müssen, sich andererseits aber als unweiblich genug geben müssen, um Professionalität, die einigen Wissenschaftlern zufolge eher männlich konnotiert ist (Hermann 2003) ausstrahlen zu können. Bourdieu bezeichnete dieses Dilemma der weiblich körperlichen Ausdrucksweise als die Herausforderung an Frauen gleichzeitig „sichtbar und unsichtbar" (Bourdieu zit. n. Degele 2004: 148) zu sein. Dies gilt in ihrer habituellen charismatischen Wirkung ebenso wie in ihrer reinen bildhaften Optik und äußerlichen Darstellungsweise.

Dass das dargestellte Dilemma sich geschlechtsspezifisch ungleich in Bezug auf seine Effekte für die soziale Realität der Chancengleichheit, Diskriminierung und Stigmatisierung für Männer und Frauen auswirkt, ist ein klarer Beweis dafür, dass sich das Konstrukt Schönheit in bemerkenswert komplexer Weise und durch sozial fest verankerte geschlechtliche Hierarchiestrukturen bedingt ungleich und sozial benachteiligend für Frauen auswirkt. Dabei ist zu konstatieren, dass die soziale Kontrolle von Frauen, die über die Wertung ihres Äußerlichen geschieht nicht nur ein Mechanismus ist, der ausschließlich von Männern auf Frauen angewendet wird, sondern im gesamtgesellschaftlichen Normengefüge verankert ist.

6 Fazit

Für das Ausmaß, in dem physische Schönheit für soziale Ungleichheit verantwortlich ist, lässt sich sagen, dass die aufgeführten Wirkungen physischer Schönheit nicht nur belegen, dass soziale Ungleichheit zwischen als schön und als nicht schön empfundenen Personen besteht, sondern auch, dass besonders die Außenwirkung von Frauen bzw. deren Macht in Interaktionen und personellen Gefügen beeinflusst wird. Zum erstgenannten Punkt lässt sich sagen, dass gesellschaftlich etablierte Stereotypen sowie deren Tendenz als sich selbst erfüllende Prophezeiungen zu wirken zur Ungleichheitswirkung dessen, was als Schönheit angesehen wird, beitragen, da sie sich als strukturierte und strukturierende denk- und handlungsdeterminierende Schemata in Geist und Körper von Individuen einprägen. Schönheit wirkt stark sozial positionierend, wobei für die soziale Positionierung aufgrund von Schönheit für Männer und Frauen ungleiche Kriterien gelten. Die Maßstäbe, die zur sozialen Positionierung aufgrund von Äußerlichkeiten auf Frauen angewendet werden, bringen Frauen dabei in eine weitaus unbeweglichere Situation als dies bei Männern der Fall ist, sodass die soziale Bevorzugung oder auch Diskriminierung aufgrund des Aussehens eher Frauen als das vermeintlich körperlichere und schönere Geschlecht betrifft als Männer.

Der Grund hierfür kann in den Konstruktionen der heteronormativen Geschlechtsidentitätskonstruktionen gesehen werden. Innerhalb dieser wurde eine implizierte männliche Höherwertigkeit auf geistiger und charismatischer Ebene analysiert. Dagegen grenzt sich die Konstruktion von Weiblichkeit durch eine Konzentration auf die körperliche Ebene der Geschlechtsidentität ab. Diese beiden unterschiedlichen Schwerpunkte in der Handhabung von Körperlichkeit in den Geschlechtskonstruktionen tragen in Kombination mit dem hierarchisch und durch hegemoniale Männlichkeit geprägten Ideal der Zweigeschlechtlichkeit dazu bei, dass durch die instrumentalisierte Behandlung der Schönheit eine Verdinglichung des weiblichen Körpers stattfindet, wodurch die Zuschreibung von Körperlichkeit an Weiblichkeit stabilisiert und die Reduktion von Frauen auf ihren Körper unterstützt wird.

Neben der Verdinglichung des weiblichen Körpers ist es in hohem Maße auch die Sexualisierung des weiblichen Schönheitsideals, welche dem Machtgefüge zuungunsten von Frauen in der Geschlechterbeziehung zuträglich ist. Dass Schönheitsideale in sexuelle Logikkonstrukte eingebunden werden ist wiederum ein Resultat der hierarchischen zweigeschlechtlichen Sexualitätsbeziehung. In welche Richtung sich diese Beziehung entwickelt ist also von Relevanz wenn es um den Inhalt und die Machtmechanismen von gesellschaftlich etablierten Schönheitsidealen geht, da zahlreiche Anhaltspunkte dafür sprechen, dass das Konstrukt der körperlichen Schönheit für diese Art von Beziehung instrumentalisiert wird.

Schönheit als eine Komponente der weiblichen Geschlechtsidentität wird somit zu einem Mechanismus der sexuellen, bzw. geschlechtlichen Unterwerfung, welche sich wiederum in gesellschaftlichen Normen niederschlägt, die auch außerhalb von sexuell oder geschlechtlich konnotiert anmutenden Sphären sozial schwächend auf Frauen wirken. Dieses Thema der Sexualisierung des heutigen weiblichen Schönheitsideals erscheint als derart zentral und den relativ neuen gesellschaftlichen Entwicklungen in Bereich der Wirkung, Anerkennung und Behandlung von Schönheit zugrunde liegend, dass es unbedingt weiterer Forschung bedarf. Ähnliches lässt sich über die Rolle der Medien in diesem Zusammenhang sagen und über die Verordnung von Körperschönheit in Kapitaltheorien.

Ein weiterer Punkt, der für das Thema der geschlechtlichen Ungleichheit aufgrund von sozialer Wirkung von Körperlichkeit relevant ist, ist der Themenbereich des Habitus. Zwar mangelt es nicht an Forschung über die geschlechtlichen Hierarchiestrukturen, bzw. deren Stabilisierung und Reproduktion durch vergeschlechtlichen Habitus, jedoch wäre eine Analyse darüber wünschenswert, welche konkreten Bestandteile des Schönheitsideals – seien es vergangene, derzeitige, oder die Übereinstimmungen aus beiden Varianten – die habituelle weibliche Unterwerfungsbereitschaft symbolisieren.

Literatur

Bourdieu, Pierre (1989): Die feinen Unterschiede. Kritik an der gesellschaftlichen Urteilskraft. Frankfurt am Main. S. 277-332.

Bourdieu, Pierre (2005): Die männliche Herrschaft. Frankfurt am Main: Suhrkamp Verlag. S. 53-78.

Bublitz, Hannelore (2002): Judith Butler zur Einführung. Hamburg: Junius Verlag. S. 7-15 und 17-47.

Buchmann, Marlis/Eisner, Manuel (2001): Geschlechterungleichheit im Wandel: Angleichung, Beharrung und Widerstand. Geschlechterdifferenzen in der gesellschaftlichen Präsentation des Selbst. In: Bettina, Heintz (Hg.), Geschlechtersoziologie. Wiesbaden: Westdeutscher Verlag.

Burkart, Günter (2000): Zwischen Körper und Klasse. Zur Kulturbedeutung der Haare. In: Koppetsch, Cornelia (Hg.), Körper und Status. Zur Soziologie der Attraktivität. Konstanz: UVK Universitätsverlag Konstanz GmbH. S. 61-98.

Butler, Judith (1991): Das Unbehagen der Geschlechter. Frankfurt am Main: Suhrkamp Verlag. S. 15-32.

Butler, Judith (2003): Das Unbehagen der Geschlechter. Frankfurt am Main: Suhrkamp Verlag.

Calamnius, Ulla (2000): Physische Attraktivität im Jugendalter und Persönlichkeit im Erwachsenenalter. Klassifikation „Spezielle Probleme der Entwicklungspsychologie. FB Psychologie. Hamburg.

Davis, Kathi (2008): Surgical passing- Das Unbehagen an Michael Jacksons Nase. In: Villa, Paula-Irene (Hg.), Schön normal. Manipulationen am Körper als Technologien des Selbst. Bielefeld: Transcript Verlag. S. 41-66.

Degele, Nina (2004): Sich schön machen. Zur Soziologie von Geschlecht und Schönheitshandel. Auflage September 2004, Wiesbaden: VS Verlag für Sozialwissenschaften.

Degele, Nina (2008): Normale Exklusivitäten- Schönheitshandeln, Schmerznormalisieren, Körper inszenieren. In: Villa, Paula-Irene (Hg.), Schön normal. Manipulationen am Körper als Technologien des Selbst. Bielefeld: Transcript Verlag. S. 67-85.

Diel, Paula (2007): Schönheit als Pflicht- oder warum sich Berlusconi operieren ließ. In: Gutwald, Cathrin/Zons, Raimar (Hg.), Die Macht der Schönheit. Konstanz: Wilhelm Fink Verlag. S. 179-204.

Drohlshagen, Ebba D. (2007): Ich will aussehen wie ich selbst, nur schöner. München: Droemer Verlag.

Fuchs- Heinritz, Werner (Hg.)/Lautmann, Rüdiger/Rammstedt, Otthein/Wienold, Hanns (2007): Lexikon zur Soziologie. 4., grundlegend überarbeitete Auflage, Wiesbaden: VS Verlag für Sozialwissenschaften.

Funken, Christiane (2005): Der Körper im Internet. In: Schroer, Markus (Hg.), Soziologie des Körpers. 1. Auflage, Frankfurt am Main: Suhrkamp Verlag. S 215-240.

Gaugle, Elke (2005): Style-Post-Pro-Duktion. Paradoxien des Samplings. In: Metges, Gabriele/Richard, Birgit (Hg.), Schönheit der Uniformität. Körper, Kleidung, Medien. Frankfurt/ New York: Campus Verlag. S. 221-237.

Geißler, Heiner (2006): Die Sozialstruktur Deutschlands. Zur gesellschaftlichen Entwicklung mit einer Bilanz der Vereinigung. 4., überarbeitete und aktualisierte Auflage, Wiesbaden: VS-Verlag für Sozialwissenschaften.

Gründl, Martin (2007): Attraktivitätsforschung. Auf der Suche nach der Formel der Schönheit. In: Gutwald, Cathrin/Zons, Raimar (Hg.), Die Macht der Schönheit. Konstanz: Wilhelm Fink Verlag. S. 49-70.

Guggenberger, Bernd (1997): Einfach schön. Schönheit als soziale Macht. Berlin: Rotbuch Verlag.

Gugutzer, Robert (2005): Der Körper als Identitätsmedium: Eßstörungen. In: Schroer, Markus (Hg.), Soziologie des Körpers. 1. Auflage, Frankfurt am Main: Suhrkamp Verlag. S. 323-255.

Gutwald, Cathrin/Zons, Raimar (Hg.) 2007: Die Macht der Schönheit. Konstanz: Wilhelm Fink Verlag.

Heasley, R. (2005): Crossing the Borders of Gendered Sexuality: Queer Masculinities of Straigth Men. In: Ingraham, C. (Hg.): Thinking straight. New York: Routledge Verlag. S. 109-129.

Henss, Ronald (1992): „Spieglein Spieglein an der Wand..." Geschlecht, Alter und physische Attraktivität. Diss.,Weinheim: Verlags Union Weinheim.

Hermann, Annett (2003): Karrieremuster im Management. Pierre Bourdieus Sozialtheorie als Augangspunkt für eine genderspezifische Betrachtung. Dissertation Wirtschaftsuniversität. 1. Auflage, Wien: Deutscher Universitätsverlag.

Horkheimer, Max und Adorno, Theodor W. (1984): Der Begriff der Dialektik. In: Dialektik der Aufklärung. Philosophische Fragmente. Gesammelte Schriften v. Theodor W. Adorno. Frankfurt/M. S. 19-60.

Koppetsch, Cornelia (2000a): Einleitung. In: Koppetsch, Cornelia (Hg.), Körper und Status. Zur Soziologie der Attraktivität. Konstanz: UVK Universitätsverlag Konstanz GmbH. S. 7-17.

Koppetsch, Cornelia (2000b): Die Verkörperung des schönen Selbst. Zur Statusrelevanz von Attraktivität. In: Koppetsch, Cornelia (Hg.), Körper und Status. Zur Soziologie der Attraktivität. Konstanz: UVK Universitätsverlag Konstanz GmbH. S. 99-124.

Kreckel, Reinhard (2004): Politische Soziologie der sozialen Ungleichheit. 3., erweiterte Auflage, Frankfurt am Main/New York: Campus Verlag, S. 13-32.

Lautmann, Rüdiger (2000): Der erotische Status von Körpern. In: Koppetsch, Cornelia (Hg.), Körper und Status. Zur Soziologie der Attraktivität. Konstanz: UVK Universitätsverlag Konstanz GmbH. S. 141-162.

Löw, Martina (2005): Die Rache des Körpers über den Raum? Über Henri Lefebvres Utopie und Geschlechterverhältnisse am Strand. In: Schroer, Markus (Hg.), Soziologie des Körpers. 1. Auflage, Frankfurt am Main: Suhrkamp Verlag. S. 241-270.

Maasen, Sabine (2008): Bio-ästhetische Gouvernementalität- Schönheitschirurgie als Biopoliti. In: Villa, Paula-Irene (Hg.), Schön normal. Manipulationen am Körper als Technologien des Selbst. Bielefeld: Transcript Verlag. S. 99-118.

Martiny, Christel (2003): Körper-Identität-Geschlecht. Marburg: Zentrum für Gender Studies und Feministische Zukunftsforschung.

McRobbie, Angela (2008): Make-over-TV und postfeministische symbolische Gewalt. In: Robert Schmidt/Volker Wolterdorf (Hg.), Symbolische Gewalt. Herrschaftsanalyse nach Pierre Bourdieu. Konstanz: UVK Verlagsgesellschaft. S. 169-192.

Michael Meuser (2000): Dekonstruierte Männlichkeit und die körperlich (Wieder-) Aneignung des Geschlechts. In: Koppetsch, Cornelia (Hg.), Körper und Status. Zur Soziologie der Attraktivität. Konstanz: UVK Universitätsverlag Konstanz GmbH. S. 211-236.

Meuser, Michael (2005): Frauenkörper-Männerkörper. Somatische Kulturen der Geschlechterdifferenz. In: Schroer, Markus (Hg.), Soziologie des Körpers. 1. Auflage, Frankfurt am Main: Suhrkamp Verlag. S. 271-294.

Naumann, Frank (2006): Schöne Menschen haben mehr vom Leben. Die geheime Macht der Attraktivität. Frankfurt am Main: Fischer Taschenbuch Verlag.

Nollmann, Gerd (2005): Individualisierung und ungleiche Strukturierung des Körpers. Ein weberianischer Blick auf den kulturellen Wandel körperbezogener Deutungen. In: Schroer, Markus (Hg.), Soziologie des Körpers. 1. Auflage, Frankfurt am Main: Suhrkamp Verlag. S. 139-165.

Pashos, Alexander (2001): Über die Rolle von Status, physischer Attraktivität und Taktiken in der menschlichen Partnerwahl. Soziokulturelle und evolutionsbiologische Mechanismen und Prozesse menschlichen Sozialverhaltens. Dissertation zur Erlangung der Würde des Doktors der Philosophie der Universität Hamburg.

Pippal, Martina/Wegenstein, Bernadette (2008): Die Arbeit am eigenen Körper. Wiener Vorlesungen im Rathaus, Band 145. In: Ehalt, Cristian Hubert (Hg.): Vorträge in der Österreichischen Akademie der Wissenschaften. Wien: Picus Verlag.

Praxmarer, Sandra (2001): Effekte der Kommunikatoreigenschaften Attraktivität und Dynamik in der persuasiven Kommunikation. Eine empirische Studie zur Werbewirkungsforschung. Berichte aus der Betriebswirtschaft. Maastrich/Herzogenrath: Shaker Verlag.

Putnam, Robert (1995): Bowling alone. Ameica's Declining Social Capital. Journal of Democrady, 6 (1): S. 65-78.

Raab, Jürgen/Soeffner, Hans-Georg (2005): Körperlichkeit in Interaktionsbeziehungen. In: Schroer, Markus (Hg.), Soziologie des Körpers. 1. Auflage, Frankfurt am Main: Suhrkamp Verlag. S. 166-188.

Sawitzki (1997): Physische Attraktivität und Kreativität. Eine Studie zum Attraktivitätsstereotyp. Einstellungen und Meinungen, Stereotype/Vorurteile. Diplomarbeit. Sozialpsychologie, Kennziffer: 589, Hamburg.

Schiller, Nicole (2001): Physische Attraktivität und Persönlichkeit bei Menschen im mittleren Erwachsenenalter. Klassifikation: 380 Spezielle Probleme der Differenziellen Psychologie. Diplomarbeit, FB Psychologie der Universität Hamburg.

Schneider, Werner (2005): Der Prothesen-Körper als gesellschaftliches Grenzproblem. In: Schroer, Markus (Hg.), Soziologie des Körpers. 1. Auflage, Frankfurt am Main: Suhrkamp Verlag. S. 371-397.

Schnelzer, Maria (1995): Der Einfluss von Rotation auf die Wahrnehmung von Gesichtern in unterschiedlichen Ansichten. Inaugural-Dissertation zur Erlangung der Doktorwürde der Philosophischen Fakultät 2 (Psychologie und Pädagogik) der Universität Regensburg.

Schroer Markus (2005): Zur Soziologie des Körpers. In: Schroer, Markus (Hg.), Soziologie des Körpers. 1. Auflage, Frankfurt am Main: Suhrkamp Verlag. S. 7-47.

Searle, John R. (1995): The Construction of a social Reality. London: Penguin Books.

Smith, Thomas Spence (1992): Strong Interactions. Chicago/London: The University of Chicago Press.

Villa, Paula-Irene (2008): Einleitung- Wider die Rede vom Äußerlichen. In: Villa, Paula-Irene (Hg.), Schön normal. Manipulationen am Körper als Technologien des Selbst. Bielefeld: Transcript Verlag. S. 7-20.

Vollmeyer, Katharina (2006): Die Produktion weiblicher Schönheit am Beispiel von The Swan. Magisterarbeit zur Erlangung des akademischen Grades einer Magistra Artium der Universität Hamburg. Hamburg.

Wolf, Naomi (1992): Der Mythos Schönheit. Reinbek bei Hamburg: Rowohlt Verlag GmbH.

Zons, Raimar (2007): Die Macht der Schönheit. Eine Einleitung. In: Gutwald, Cathrin/Zons, Raimar (Hg.), Die Macht der Schönheit. Konstanz: Wilhelm Fink Verlag. S. 9-34.

Zschirnt, Christine (2008): Wir Schönheitsjunkies. Plädoyer für eine gelassenere Weiblichkeit. München: Goldmann Verlag.

Schöne, neue Feministinnen. Oder wie aus dem feministischen Kampf um Selbstbestimmung ein Recht auf Schönheit, auch für Feministinnen, wurde.

Kendra Eckhorst

„Mein Bauch gehört mir" lautete eine der populärsten Parolen der Zweiten Frauenbewegung in den 1970er Jahren. Neben dem Recht auf Abtreibung schloss die Forderung vornehmlich das Recht auf körperliche und sexuelle Selbstbestimmung mit ein. Schönheitsidealen, Rollenvorstellungen und Bildern über Frauen wurde der Kampf angesagt; es wurde an der Kategorie „Frau" gerüttelt. Aus verschiedenen Ecken, sei es differenzfeministisch, gleichheitsfeministisch oder auch sozialkonstruktivistisch, sollten die engen Schubladen gesprengt werden: Den eigenen Körper galt es zu erobern. Nicht nur um einen Einblick in die eigene Geschlechtlichkeit zu bekommen sondern auch um über ihn zu verfügen, ihn den patriarchalen Blicken und Händen entreißen zu können und kollektiv als „wir"-Frauen neue Maßstäbe zu setzen. Selbstermächtigung, Selbstbestimmung und Gleichberechtigung auf politischer, sozialer und kultureller Ebene sollten die Welt aus den Angeln heben.

Doch die Welt dreht sich heute anders. Frauen können auf den ersten Blick alles werden und sein und halten, 40 Jahre später, die Selbstbestimmung über ihren Körper buchstäblich in den eigenen Händen. *Der* Feminismus hat gesiegt, könnte jetzt trocken konstatiert werden, doch *welcher* Feminismus? Und wie hat sich das normative Schönheitsraster sowie der Blick auf den weiblichen Körper in den letzten Jahren verändert?

Hat sich die Forderung nach Selbstbestimmung, die in politischer Manier gestellt wurde, in ihr pervertiertes Gegenstück gewendet und treibt unter dem Namen der Selbstbestimmung ein Spiel mit höherem Druck, eine Frau, die richtige Frau zu sein? Selbstbestimmung als ewige Anleitung und Anrufungsmaschine zur Selbstoptimierung. Und sie rattert und pfeift zum individuellen Mühen und klappert den Takt zur Umdeutung von „Mein Bauch gehört mir". In seiner normativen Übersetzung dient der Slogan als Argument für Schönheitsoperationen oder Diäten: Alles findet unter dem unschlagbaren Argument des subjektiven Besser-Fühlens statt.

Wer will dem etwas entgegensetzen? Salat und Sport sind erwiesenermaßen gesund. Selbstbestimmung als das Wissen, was gut für mich ist.

Die Körper, die entstehen und für begehrenswert erachtet werden, passen aber auch wundersamerweise in aktuelle (alte) Schönheitsnormen, die eher als Ansporn denn als Zumutung gesehen werden. Schlank, weiß, (un)haarig an den richtigen Stellen und selbstbewusst in der Präsentation kommen sie erfolgreich daher.

Untrennbar verbunden mit Diskursen über Gesundheit, Glücksversprechen und Chancengleichheit. Kritik an ebenjenen Körpern findet kein Platz im aktuellen Repertoire feministischer Selbstverständnisse.

Besser leben mit Feminismus

Feminismus ist „in" und wird in den Feuilletons ohne Scheu zitiert. Schriftsteller_innen, Journalist_innen und Kulturschaffende streiten spätestens seit 2006 um ein neues Verständnis des Feminismus wie eine Unmenge an Artikeln, Büchern und auch Magazinen zeigen. Sie werben für einen (ihren) neuen Geschlechtervertrag, wollen den „alten" Feminismus überwinden, sexy aufpimpen oder setzen verschiedene Versatzstücke neu zusammen. Drei relativ zeitgleich erscheinende Veröffentlichungen brachten diesen „feministischen" Stein ins Rollen und wurden und werden bis heute breit rezipiert. Angefangen bei „Wir Alpha-Mädchen" von Susanne Klingner, Meredith Haaf und Barbara Streidl hin zu dem in persönlichen Kurzgeschichten verfassten Buch „Neue deutsche Mädchen" von Jana Hensel und Elisabeth Raether bis zu Thea Dorns „Die neue F-Klasse".

Diese drei sehr unterschiedlichen Abhandlungen kartografieren die heutigen feministischen Denkrichtungen in den Feuilletons und treten an, um ihr Verhältnis zum Feminismus, genauer zum Bild der 1970er-Jahre-Feministin zu klären und sich abzuwenden. Bis zur Ermüdung wird auf den Latzhosen, der angeblichen Spaß- und Lustfeindlichkeit und der Opferrolle der Bewegung herumgeritten, die als unattraktiv gebrandmarkt wird. Diesen Feminismus gilt es zu verabschieden beziehungsweise einzelne Anliegen zu entstauben. In einem neuen Glanz soll der Feminismus daherkommen: sexy, leistungsbereit und auch argumentativ versöhnlich. Zugleich soll auch die Vormachtstellung und Definitionshoheit der Alice Schwarzer unterminiert werden, die seit Jahren als alleinige Ansprechpartnerin und hohe Deuterin für feministische Themen in den Medien auftaucht. Und sie haben an dem Thron gesägt und verschafften sich über das feministische Ticket Einlass in die Medien-öffentlichkeit.

Frisch, frech und politisch kommen die Alphamädchen daher und knüpfen als neue Gesichter des Feminismus an den alten Fragen zur sexuellen Gewalt, Verhütung oder Partizipation an. Fragen, die mittlerweile auch ihren Platz in der konservativen Familienpolitik gefunden haben. Die Alphamädchen beackern diese Themen allerdings mit dem permanenten Verweis auf Spaß, Lust und Glück durch feministisches Agieren.

> „Wenn jemand Diätzwang, Size Zero, Topmodel-Shows und die Hüftknochen in den Dolce & Gabana-Anzeigen einfach unhinterfragt auf sich überträgt – weil sie ja, wie das Model, auch eine Frau ist-, versinkt sie zwangsläufig in einem Sumpf der Selbstzweifel und Komplexe. Das bedeutet weniger Lebensfreude, weniger Selbstbewusstsein – und wie soll so ein trauriger Mensch noch Vergnügen am Sex haben? Feministinnen dagegen wissen, das die Schönheitsideale aus den Medien genau das sind: aus den Medien"[1]

Feministin zu sein, birgt in dieser Analyse die Möglichkeit eines ganz und gar autonomen Subjekts, das unbeeindruckt von der medialen Bilderflut ihre eigene Körperlichkeit und Schönheit herstellt. Wie sie das schafft, bleibt offen. Ein wenig wie ein Handbuch mit dem prägnanten Untertitel „Warum Feminismus das Leben schöner macht" geschrieben, will es aufgeschlossene junge Frauen für das feministische Projekt begeistern: Mit „Knallersex", flotter Sprache und einem erfolgsorientierten Gleichstellungsfeminismus. Schönheitsideale, Erwartungen an weiblich konnotierte Körper werden benannt, doch nicht als normatives Regime, eher als individuelle Akzeptanzprobleme. Gesellschaftliche Rollenzuschreibungen und Bilder bleiben außen vor. Sie werden ersetzt durch einen neuen Imperativ des „guten Sex-habens", dem Recht auf Lust und Lusterfüllung und der hedonistischen Feministin, die gutgelaunt ihre Hälfte der Macht einfordert. Andrea Roedig beurteilt in einem Artikel zur Lage des Feminismus auf *dieStandard.at* den angemahnten Generationenwechsel der Alphamädchen für mehr Spaß als deutlich angstbesetzt, sich gegen die gesellschaftlichen Zumutungen zu stellen:

---

1   Haaf, Meredith; Klingner, Susanne; Streidl, Barbara: Wir Alphamädchen. Warum Feminismus das Leben schöner macht. Hamburg, Blanvalet Verlag, 2009, S.66.

„Unterm kecken Spaß riecht es nach Angst, beispielsweise jener, ein Opfer zu sein, und nach einer gewissen Disziplin der sexuell erfolgreichen Frau. "Knallersex" klingt daher auch wie Workout für die Klitoris.."[2]

Die Prämisse attraktiv zu sein – in der Haltung, in den Forderungen wie auch in den präsentierten Körpern, lässt die Kritik am ungleichen Geschlechterverhältnis schwächeln und vollzieht eine oberflächliche Gratwanderung, um nicht das Etikett der hässlichen Emanze aufgeklebt zu bekommen oder gar ins gesellschaftliche „Aus" katapultiert zu werden. Eine Kompromissbereitschaft, die der „alte" Feminismus nicht kannte, der weniger mit den Mitteln des Spiels, der Ironie und Subversion arbeitete, denn mit einem, manchmal, verbissenen Ernst die Rollen- und Geschlechterbilder kritisierte, wie Roedig weiter ausführt.

Ein sehr gebrochenes Verhältnis zum Feminismus, ein Rückzug ins Private, liest sich aus den autobiografischen Geschichten von Jana Hensel und Elisabeth Raether. Sobald die Assoziation mit dem „Bund Deutscher Mädel" des Titels überwunden ist, starten die Suchbewegungen der beiden Autorinnen nach einem passenden Frauenbild und -sein. Trotz des Wissens um gesellschaftliche Strukturen und die feministische Kritik an ihnen, beziehen sie Ausgrenzung, Unsicherheiten und Beziehungsproblematiken allein auf ihr eigenes Vermögen, mit diesen Situationen umzugehen. Sie evozieren einen Bruch mit kollektiven Auseinandersetzungen, wollen kein Teil von etwas sein und bauen sich Weiblichkeitsbilder, die in einer als subjektiv erlebten Erfahrungswelt Gleichberechtigungsansprüche mit Handtaschen, großzügigen Sugardaddys und eigenen Karrierechancen ausbalancieren sollen. Arbeitsteilung in der Kindererziehung, finanzielle Unabhängigkeit und eigene Körpererfahrungen verbleiben in den Kontexten der jeweiligen Zweierbeziehung, ändern sich je nach persönlicher Situation oder passen perfekt zusammen, wenn der Richtige kommt. Die eigene Position steht und fällt mit dem heterosexuellen Gegenüber beziehungsweise mit dem Vermögen, die eigenen Ansprüche erfolgreich zu meistern:

> „Ich bin heute mit einem Mann zusammen, den ich nicht anlüge und der mich nicht anlügt. Wir geben uns echte Versprechen, die wir halten. Er hört mir zu, wenn ich ihm etwas erzähle, und ich unterlasse es meistens, mich in einem besseren Licht darzustellen. Ich mag den Gedanken, dass ich von einem nervösen Mädchen zu einer vernünf-

---

2 Roedig, Andrea (2011): Workout für die Klitoris – Wo ist die Sexualität geblieben? Auf: http://diestandard.at/1317018952209/Wo-ist-die-Sexualitaet-geblieben-Workout-fuer-die-Klitoris, zuletzt abgerufen am 22.04.2012.

tigen jungen Frau geworden bin, die über bedeutendere Dinge als ihr Gewicht nachdenkt und etwas isst, wenn sie Hunger hat. (...)In Wirklichkeit bin ich so, wie ich immer war. Ich denke oft über mein Gewicht nach. Überhaupt ist die Liste der Eigenschaften, über die ich gerne verfügen würde, immer noch lang." (Jana Hensel)[3]

Sehr viel radikaler verabschiedet sich Thea Dorn in den Interviews zur neuen F-Klasse vom Feminismus. Sie setzt ganz auf individuelle Mühen und will zeigen, dass sich *„jede Frau mit Energie, Disziplin, Selbstbewusstsein und Mut in einer Gesellschaft wie der unseren durchsetzen kann"*[4]. Zwar verweist sie auf strukturelle Momente der Benachteiligung qua Geschlecht, diese aber aufzuheben, liegt in der Tatkraft der Einzelnen begründet. Feminismus als Beschreibung eines Aufbegehrens, eines Ermöglichens wird hier abgewickelt, zu tief haben sich die Bilder der Heckenschere-schwingenden-Latzhosen-Lesbe für sie mit dem Begriff des Feminismus verbunden.

Sabine Hark und Ina Kerner kritisieren diesen F-Klasse-Feminismus als einen „Spartenfeminismus, der unter Gerechtigkeit den Zugang einiger Weniger zu den Eliten der Republik versteht und daher auch bloß jene betreffen muss, denen genau dies zuzutrauen ist."[5] Feministische Anliegen gehen hier eine scheinbar nahtlose Allianz mit neoliberalen Produktions- und Arbeitsweisen ein. Die feministische Forderung nach Selbstbestimmung erfährt in dieser Konstellation ihre Umschreibung und Legitimation als „Unternehmerin ihrer Selbst", die, wie es so schön heißt, ihres Glückes Schmiedin ist.

Attraktiver sein mit Feminismus

Feministische Emanzipation als individuelles Erfolgsrezept, die Erfindung eines Feminismus im Zeichen einer neuen weiblichen und zugleich authentischen Innerlichkeit oder Feminismus als Lebensverschönerung. Alle drei Betrachtungen lassen Männer- und Frauenbilder unangetastet und kümmern sich wenig um körperliche

3   Hensel, Jana; Raether, Elisabeth: Neue deutsche Mädchen, Reinbek, Rowohlt Verlag, 2009, S. 197.
4   Interview mit Thea Dorn zu „Feminismus heute" auf DeutschlandRadio Kultur, 03.12.2006, www.dradio.de/dlf/sendungen/essayunddiskurs/561325, zuletzt abgerufen am 22.4.2012.
5   Hark, Sabine; Kerner, Ina (2007): Der Feminismus ist tot? Es lebe der Feminismus! Das „False Feminist Death-Syndrom", auf: www.querelles-net.de/index.php/qn/article/view /510/518, zuletzt abgerufen am 22.4.2012.

Zurichtungen. Sie schweigen über die Bedingungen der normativen Sollerfüllung und spielen lieber mit – auf den popkulturellen und medial ausgeleuchteten Spielwiesen der Angekommenen, der Anerkannten und der Selbstgefundenen. Der Powerfrauen, Postfeministinnen und hedonistischen Feministinnen.

Nina Power geht in ihrer Kritik am heutigen feministisches Verständnis in ihrem Buch „Die eindimensionale Frau" noch weiter. Sie beschreibt dies als absolut anschlussfähig an den Kapitalismus, an neoliberale Zumutungen. In ihrer Analyse des englischsprachigen Handbuchs von Jessica Valenti „Full Frontal Feminism. A young woman's guide to why feminism matters" entmystifiziert sie den herrschenden Feminismus als Trademark, als Marketingstrategie und ein must-have-Accessoire, das zu persönlichem Glück ermächtigen soll.

> „Eine der Schwierigkeiten des angesagten Spaß-Feminismus à la Valenti et al. besteht darin, dass er kein Versagen zulässt. Dies zeigen die folgenden Zeilen aus Full frontal Feminism: »„Als Feministin lebt es sich im Alltag besser. Du triffst bessere Entscheidungen. Du hast besseren Sex.« (…) »Gibt es irgendein Problem damit, hässlich, fett oder behaart zu sein? Natürlich nicht. Aber ganz ehrlich: Niemand will mit etwas assoziiert werden, dass als uncool und unattraktiv gilt. Es geht darum, dass Feministinnen einfach ziemlich coole (und attraktive!) Frauen sind.«
>
> (…)»Feminismus ist etwas, das du selbst definierst.« Wenn der Feminismus etwas zum Selberdefinieren ist, was hält ihn davon ab, zum reinen Egoismus, zur nackten Gier, zu werden? Absolut nichts. »Feminismus besagt, dass man ein Recht darauf hat, es sich gut gehen zu lassen. Ja, eine Verpflichtung sogar.« Eine Verpflichtung, es sich gut gehen zu lassen? Nur weniges ist bedrohlicher..."[6]

In der Abwendung vom „alten" Feminismus und in den Versuchen, dem feministischen Projekt mehr Sexyness und Glamour zu verpassen, gehen kollektive Politiken wie die Vergrößerung von Handlungsmöglichkeiten oder die Akzeptanz der Vielfältigkeit von Körpern verloren. Die Forderung nach Selbstbestimmung über den eigenen Körper verkehrt sich zu individuellen Handlungsoptionen, wie frau ihren Körper cool, selbstbewusst und attraktiv präsentiert. Und auch gesellschaftstheoretische Analysen bleiben auf der Strecke und werden durch neoliberale Machbarkeitslogiken ersetzt, die, wie es Sabine Hark und Ina Kerner formulieren, *„nicht mehr die Erweiterung der Freiheitsgrade von Frauen, aber auch Männern*

---

6   Power, Nina: Die eindimensionale Frau, Berlin, Merve Verlag, 2011, S.57

zum Ziel hat, sondern die Einrichtung im Zustand der Unmündigkeit"[7] im Namen des Feminismus.

Das Wissen um Schönheitsnormen, wie und wo sie ausgesponnen und reproduziert werden, ist kein Geheimnis. Wie jenseits und innerhalb der Entsprechung der medialen Inszenierungen hiermit umzugehen ist, lohnt nicht mehr die Mühe zu erwähnen. Die Antwort verschiebt sich zu scheinbar neutralen „coolen", „erfolgreichen", „glücklichen" oder „spaßigen" Selbstentwürfen, die erstmal körperlos daherkommen. Und doch wieder diese „Botschaften" über den Körper transportieren, sie quasi ausstrahlen und tragen – ein sehr ambivalentes Körperbild und auch -verhältnis lässt sich erahnen. Eines, das beredt ist über Form, Frisur und Style, den persönlichen Geschmack hervorkehrt und schweigt über die Grenzen individueller Entscheidungen. Das Private ist noch politisch, zugleich persönlich und sehr individuell. Die Feministin von heute weiß vieles, kann fast alles und wenn nicht, hat sie eine Lösung parat. Im Kampf um die Selbstermächtigung des eigenen Körpers und in der Abwendung von der Vorstellung des „weiblichen" Opfers durch ein patriarchales System blüht ein starkes, entscheidungsfreudiges und auch omnipotentes Frauenbild auf.

Die autonome Frau

Völlig losgelöst sich zu entwerfen, den Körper zu formen und dem eigenen Ausdruck zu folgen, kann als eine, wenn auch extreme Gegenbewegung zum „alten" Feminismus verstanden werden. Oder war diese Art der körperlichen Anpassung im Versprechen der Selbstverwirklichung selbst angelegt? Paula-Irene Villa bejaht dies und sieht in dem 1970er Jahre Slogan „Mein Bauch gehört mir" die richtungsweisende Strategie für ein Verständnis neuer Geschlechterverhältnisse und der entsprechenden Körper gegeben, wenn auch nicht ursprünglich intendiert.

> „Die feministische Selbstermächtigung qua Körper – »Mein Bauch gehört mir« (…) –
> ist im Kontext einer Individualisierungsstrategie ‚light' zum Geburtshelfer geworden
> für eine radikal individualistische Manipulation des Körpers, die oft nicht weiß um

---

7   Hark, Sabine; Kerner, Ina (2007): Der Feminismus ist tot? Es lebe der Feminismus! Das „False Feminist Death-Syndrom", auf: www.querelles-net.de/index.php/qn/article/view /510/518, zuletzt abgerufen am 22.4.2012

die sozialen Zwänge bzw. Entscheidungskorridore, die jede noch so autonome Entscheidung mit-konstituieren. So gesehen ist jede selbst-ermächtigende Körperpraxis (...) immer auch eine Unterwerfung unter soziale Normen..."[8]

In Ihrem Aufsatz „Habe den Mut, dich deines Körpers zu bedienen" untersucht sie das Zusammenfallen von Körper und Selbst in der Moderne, anhand der medial vermittelten Schönheitsnormen in Turn-over-Schnippel-Shows wie „The swan" oder „Endlich schön". In den Shows soll der Leidensdruck von Frauen genommen werden, die sich mittels eines Stabs von Expert_innen, Zahnärzt_innen und Stylist_innen in wahre, endliche Schönheiten verwandeln. Schönheit fungiert in dieser Analyse als der Platzhalter für Normalität, die es den Frauen ermöglicht, endlich wieder am Leben teilzunehmen, sich darin behaupten zu können und ohne Angst, die nun rundum erneuerten Zähne zu zeigen. Die Selbstermächtigung über den Körper fällt mit dem Wollen, ihn zu verändern, zu manipulieren und zu optimieren zusammen.

In Villa's historischer Rekonstruktion des maßvollen, individualisierten und normierten Schönheitshandelns setzt sie an ebenjenem selbst zu ermächtigendem „Bauch" an, der für sie auch die logische und nachvollziehbare Konsequenz „Und damit mache ich, was ich will" enthält. Sie beschreibt die kollektive Aneignung des Wissens über den weiblichen Körper als den Moment, der aus weiblichen Objekten der patriarchalen Beurteilung Rund-um-Expertinnen werden lässt. Dieses Wissen, was gut für meinen/weiblichen Bauch und für mich/die Frauen ist, wurde in einer feministischen Geschichtsschreibung aus der Perspektive der Selbsterfahrung neu erarbeitet und somit den Medizinern und Richtern streitig gemacht. Mündigkeit über den Körper, seine Bedürfnisse und letztlich was Frauen wollen, waren die Antriebsfedern für neue Selbstbilder, für eine neue Sichtbarmachung von Körpern und auch für das Propagieren eines authentischen Selbst. Über die Körper wurden auch die Politiken des eigenen/feministischen Standpunktes ausgetragen.

> „Körperlich wurde die Grenze zwischen öffentlich und privat überschritten, körperlich wurde Widerstand gegen Medikalisierung und Pathologisierung gelebt, körperlich wurde die ebenso bürgerliche wie marxistische Trennung von Produktion und

---

8   Villa, Paula-Irene: „Habe den Mut dich deines Körpers zu bedienen! Thesen zur Körperarbeit in der Gegenwart zwischen Selbstermächtigung und Selbstunterwerfung." In: Villa, Paula-Irene (Hg.): Schön normal. Manipulationen am Körper als Technologien des Selbst, Bielefeld, Transcript Verlag, 2008, S. 252

Reproduktion thematisiert, körperlich war auch und insbesondere das Thema der Gewalt und ihre Sexualisierung..."[9]

Villa konstatiert in diesen „alten" Praxen der Politisierung des „Bauchs" auch die Perspektive eines entnaturalisierten weiblichen Körpers, über den im Kurzschluss zwischen dem eigenen und dem gesellschaftlichen weiblichen Bauch mittels Selbstbeobachtung und Selbsterfahrung verfügt werden konnte. Quasi als Körpermächtige bekräftigte diese Form der feministischen Selbstbestimmung samt ihren Praxen des Sichtbarmachens auch ein neues Sprechen über und von den Körpern. Oder weitergedreht ein Sprechen als Frau, als Mensch, die selbstverständlich in der Öffentlichkeit auftritt und gehört wird.

Diese Formen der feministischen Selbstbestimmung, des ermächtigenden Verfügens über den Körper sollten sich, wie vielerorts konstatiert, als anschlussfähig an neoliberale Körperpolitiken herausstellen. Getarnt als „Sorge um sich", wie sie Foucault beschrieb, schlägt nun die Selbsterfahrung als feministische Politik in eine permanente Kontrolle, Regulierung und Beobachtung des Selbst und somit des Körpers um. Das Programm der ehemals kollektiv gedachten feministischen Selbstbestimmung verkehrt sich in ihr Gegenteil oder adäquat zur Mütterfalle – wie die Diskussion um den nun stehenden Begriff der Latte-Macchiato-Mütter gezeigt hat – gerät sie zur Autonomiefalle. Der Körper mutiert zu einem Rohstoff, „einem Ausgangspunkt möglicher Gestaltung" wie Jenny Warnecke in ihrer Generationenstudie „Das ist mir zu extrem!" bewegungschronologisch aufzählt.

„Je vielseitiger der Körper durch Tätowierung, Liftings, Korsetts und Piercings, geschickte Schminke und Intimrasurfrisuren „kultiviert" wird desto besser sind die Chancen auf dem Markt der Aufmerksamkeit.."[10]

Selbstbestimmung gerät zu einem individuellen Projekt und befindet sich in der sinnhaften Wortverwandtschaft von Selbstoptimierung und Eigenverantwortung. Getreu dem Motto: Wer will, die kann. Und wer es nicht schafft, hat eben nicht alles gegeben. Selbst Schuld! *Komplizinnen*?

---

9   Villa, Paula-Irene: „Habe den Mut dich deines Körpers zu bedienen! Thesen zur Körperarbeit in der Gegenwart zwischen Selbstermächtigung und Selbstunterwerfung." In: Villa, Paula-Irene (Hg.): Schön normal. Manipulationen am Körper als Technologien des Selbst, Bielefeld, Transcript Verlag, 2008, S. 254

10 Warnecke, Jenny: „Das ist mir zu extrem." Eine Generationenstudie, in: Stöcker, Mirja (Hg.): Das F-Wort – Feminismus ist sexy, Königstein/Taunus, Ulrike Helmer Verlag, 2007, S. 37

Wie wurde aus der feministischen Kämpferin für gesellschaftliche Emanzipation und kollektive Freiheit eine gut gelaunt-gestresste Managerin der eigenen Möglichkeiten, von denen eine auch das Etikett „Feministin" tragen kann? Wo liegen die Anschlussstellen zwischen feministischer Selbstermächtigung und neoliberaler Selbstbeherrschung und welche Weichen wurden für eine Umdeutung neu geschaltet?

Erleichtert wurden die neuen Verbindungen einmal durch die notwendige bewegungsinterne Kritik des „wir"-Frauen-Subjekts. Über die tiefgehende Entmystifizierung und Dekonstruktion des „natürlichen" sexuellen Geschlechts durch Judith Butler mussten neue Assoziationen jenseits der geschlechtlichen Zuschreibung gesucht werden. Dieser Zusammenbruch des „natürlichen" Bezugs hat weitreichende Folgen wie Frigga Haug in ihrem Aufsatz „Feministische Initiative zurückgewinnen" pessimistisch formuliert, da mit dem Verlust des kollektiven Subjekts sich auch *„der mühsamen Frage nach der kollektiven gesellschaftlichen Verantwortung"*[11] entledigt wurde. Ein anderer Moment liegt in der Aufnahme von „Frauenfragen" in die staatliche Politik, in ein Regierungshandeln, das Frauen als zu fördernde Subjekte anerkennt. Auch ein Etappenziel, da feministische Forderungen sich nicht von ungefähr an staatliche Autoritäten wandten, um die Nicht-Partizipation von Frauen, als Bürgerinnen zweiter Klasse auch auf gesetzlicher und repräsentativer Ebene aufzubrechen. Eine Vielzahl von Projekten von und für Frauen – Beratungsstellen, Gesundheitszentren oder Frauenhäuser kamen in Programmen staatlicher Förderung unter, die spezifische Aspekte der Geschlechterungerechtigkeiten sozialarbeiterisch auffingen. Mündige Staatsbürgerinnen als kompetente, selbstbewusste und um sich selbst sorgende Frauen stellten den positiven Nebeneffekt dieser Arbeit dar. Der umfassende Systemsturz wich einer institutionalisierten Frauenemanzipation mit der eigenen Professionalisierung und neuen (finanziellen) Abhängigkeitsverhältnissen.

> „Jetzt wurde Feminismus von einer gegenkulturellen Bewegung zu einem breiten Massenphänomen und drang in jede Pore des gesellschaftlichen Lebens ein. Mit der Erweiterung der Zahl der Aktivistinnen veränderte sich so das Bild von Familie, Arbeit und Menschenwürde."[12]

---

11 Haug, Frigga: Feministische Initiative zurückgewinnen – eine Diskussion mit Nancy Fraser, in: Das Argument 281/2009, Hamburg, Argument Verlag, 2009, S. 395
12 Haug, Frigga: Feministische Initiative zurückgewinnen – eine Diskussion mit Nancy Fraser, in: Das Argument 281/2009, Hamburg, Argument Verlag, 2009, S. 397

Für Nancy Fraser brechen mit diesen kulturellen Veränderungen, mit diesem An-
gekommen- und Angenommen-Sein in der offiziellen/öffentlichen Politik auch
mehr und mehr die einzelnen Dimensionen des Feminismus auseinander. Umver-
teilung, Repräsentation und Anerkennung in politischer, ökonomischer und kultureller Hinsicht verflachen zunehmend zu einem Kampf nach kultureller Anerkennung. Einseitige Forderungen oder Ein-Punkt Kampagnen lieferten die Vorlagen
für die staatliche Teile-und-Herrsche-Politik, die komfortabel Bruchstücke der Forderungen bearbeiteten und sich ihrer fortschrittlichen emanzipativen Politik rüh-
men konnten. Als eine Hinterlist der Geschichte bezeichnet sie die Umdeutung
feministischer Ziele, die unter diesen Vorzeichen der hilfesuchenden, zu ermächtigenden Frau den heutigen Anforderungen an eine neoliberale Unternehmerin-ihrer-
Selbst Vorschub geleistet haben.

Mit diesem Bild treten spätestens seit 2007 – mit der beginnenden Finanzkrise
und sich zuspitzenden Ungerechtigkeiten – neue feministischen Akteur_innen in
Erscheinung und fordern eine gesellschaftliche Neuordnung, die glanzgespült und
harmoniebestrebt als Work-Life-Balance daherkommt. Auch Frigga Haug datiert
eine Rückgewinnung feministischen Terrains auf 2006, notwendig geworden, um
nach Jahren der Abgrenzung, Ruhigstellung und inneren Zerwürfnissen neue politische Prämissen schmackhaft zu machen. Von „oben" kommt hier die Feministin,
im Namen der Gleichstellung, auf die Bühnen zurück und kann, wie Haug es formuliert, nach der *„wiederholten Beerdigung"* des Feminismus der zweiten Frauenbewegung, auf *„dem leergefegten Platz neue Feminismen"* etablieren. Einmal ein
konservativer Feminismus, der sich der Vereinbarkeit von Beruf und Familie ver-
schreibt und vom Familienministerium bis zur Zeitschrift *Brigitte* alltagstauglich
und pragmatisch vorangetrieben wird. Weiter der Mütterfeminismus, *„der von einer ins Esoterische abgewanderten Mütterverehrung zehrend, die Forderung nach
Anerkennung und Bezahlung der Haus- und Erziehungsarbeit verabsolutiert"*[13].
Und schlussendlich der Elitefeminismus, der Gleichberechtigung durch Eigenleis-
tung erbringen will.

---

13 Haug, Frigga: Feministische Initiative zurückgewinnen – eine Diskussion mit Nancy Fraser, in:
    Das Argument 281/2009, Hamburg, Argument Verlag, 2009, S. 395

Performanceprojekt: Frau

Haug sieht die Anschlussstellen verstärkt in dem glücklich unglücklichen Zusammenfall der feministischen Bewegung und der fordistischen Geldvermehrungs-Fließband-Arbeitskraft-Krise.

> „So begann die Frauenbewegung, als das Modell, gegen das sie stritt, bereits in die Krise kam. Ihre spektakulären Erfolge wurden möglich, weil die Forderungen (nach Anerkennung von Hausarbeit als Arbeit, vom Recht auf eigene Erwerbsarbeit, eigene Ausbildung, Recht auf eigenen Körper usw.) gewissermaßen im Zeitgeist waren, der im Zuge der Änderung der Produktionsweise im Umbruch war.."[14]

Der männliche Familienernährer und die Herrscherin über Moral, Kinder und Kühlschrank, auch Hausfrau genannt, sollten der Vergangenheit angehören. Teamwork, flache Hierarchien, Netzwerke und flexible Arbeitsmodelle gehören zur Moderne einer Dienstleistungsgesellschaft, einer affektiven Konsumgesellschaft und einer symbolischen Mitbestimmungsgesellschaft. Ganz neue (alte) Möglichkeiten eröffnen sich hier für Frauen, die als lächelnde Dienstleisterinnen, als freiberufliche Servicearbeiterinnen oder gefühlvolle Kulturarbeiterinnen an den neuen Geschlechterverhältnissen mitstricken. Und diese bieten vor allem für junge Frauen Partizipationsmöglichkeiten und sozialen Aufstieg wie Angela McRobbie analysiert. Um den Preis, das feministische Projekt zu de-thematisieren und auf die „glamourös-natürlich-schöne-Individualität" zu setzen.

> „Äußeres Erscheinungsbild und Selbstdarstellung werden um so wichtiger, je mehr Arbeitsplätze im Dienstleistungsbereich liegen, wo man mit KundInnen und KlientInnen in Kontakt tritt und Service und Verkauf spezifische Techniken erfordern, unter anderem Selbstdarstellungstechniken.."[15]

Unter Techniken der Selbstdarstellung fallen auch geschlechtliche Entwürfe, also die Fähigkeit eine eindeutige Frau zu verkörpern und mitunter in der Beziehung zu Kunden und Kundinnen (hetero)sexuelles Interesse zu wecken. Als Einsatz in der sexuellen Ökonomie, als Arbeit an der Anziehungskraft beschreibt Bini Adamczak diese Techniken in ihrer_seiner „Theorie der polysexuellen Ökonomie".

---

14 Haug, Frigga: Feministische Initiative zurückgewinnen – eine Diskussion mit Nancy Fraser, in: Das Argument 281/2009, Hamburg, Argument Verlag, 2009, S. 401
15 McRobbie, Angela: Top Girls – Feminismus und der Aufstieg des neoliberalen Geschlechterregimes, Wiesbaden, VS Verlag, 2010, S. 173.

„Umfangreiche Arbeit im Vorfeld: der Mode folgen – informieren, einkaufen, anpro-
bieren; den Körper pflegen – duschen, rasieren, epilieren, deodorieren; sich schön
machen – schminken, pudern, stylen, spiegeln. Investitionen, die den Wert steigern
sollen, Arbeit(an-der-Anziehung)skraft. Geschlechtliche Arbeit, die Geschlechter
produziert: Witze machen/lachen, schauen/beschaut werden, an der Wand lehnen/
tanzen usw. Die Ware, die die sexuiert-sexuelle Arbeit, apellative Arbeit produziert,
ist die Ware Anziehungskraft..“[16]

Frau-zu-sein kann heute auf mehrere Spielarten zurückgreifen, sich ausprobieren
und beweisen, solange die Entwürfe gewinnbringend konsumiert werden können
à la Präsentationen wie die flippige junge Überfliegerin, die attraktive Parteiab-
geordnete oder die mit weiblicher-Hand-führende-und-die-Umsatzsteigerung-im-
Blick-habende-Bankerin. Vieles ist möglich, aber bitte mit einer eindeutigen Ge-
schlechtsperformance. Sollte es mit der Normerfüllung haken, steht ein Heer an
Ratgebern und Magazinen hilfsbereit zur Seite. Hier werden schon lange nicht
mehr schnöde Stylingtipps angepriesen, sondern jede Woche neu umfangreiche
Hilfen für die erfolgreiche Lebensführung und die eigene Optimierung gegeben.
Fragen nach Teilhabe, Chancengleichheit und Arbeitsteilung sind auch hier angekommen und werden über Ratschläge zur besseren Organisation des „Selbst" gelöst. Wie setze ich mich stressfrei durch? Wie werde ich spontan? Wann lohnt es
sich nicht mehr für die Liebe zu kämpfen?

Flexibilisierte Geschlechterverhältnisse gehen Hand in Hand mit traditionellen
Geschlechtervorstellungen, spätestens dann, wenn die Elternzeit von den vielfachen
Geringerverdienerinnen, den Frauen, in Anspruch genommen werden. Männer nutzen die Zeit lieber als intensive Karrierephase. Ambivalenzen so weit eine blicken
kann und keine kollektiven Praxen in Sicht. Die neuen Frauenrechte liegen, wie
Haug, Villa und andere kritisieren, in dem verpflichtenden Recht eine Unternehme-
rin-ihrer-Selbst zu sein, zu werden und sein zu wollen. Selbstbestimmung als Selbstverwirklichung und Selbstoptimierung, um wenigstens einen Hauch der gesellschaftlichen Glücksversprechen abstauben zu können. Erfolg, Attraktivität und konsum-
kompatible Originalität ebnen die Wege zum neoliberalen „endlich-ich-sein-kön-
nen" Glück. Und den eigenen Körper gilt es demgemäß als aktiven situationsgerecht
inszenieren und beherrschen zu können. Ein-Personen-Spektakel dramaturgisch aus-

---

16 Adamczak, Bini (2006): Theorie der polysexuellen Ökonomie (Grundrisse), unter anderem auf:
http://copyriot.com/diskus/06-1/theorie_der_polysexuellen_oekonomie.html, zuletzt abgerufen
am 22.4.2012

zuarbeiten, das die eigene Marke, das geglückte unternehmerische Selbst ausstrahlt. Der Körper fungiert als Werbefläche, als Heavy-Rotation-Powerpoint-Präsentation, der die eigene Einzigartigkeit zelebriert. Stark, verspielt, sexy und ironisch.

Der Körper als Privatvermögen

Wie viel harte Arbeit am und im eigenen Körper steckt, wird indes nicht eingestanden, ebenso wenig wie viel diese Arbeit mit dem Besetzen und Besitzen einer sozialen Position innehat, die mittels gesellschaftlicher Schönheitsnormen ausgeschrieben wurde. Der Körper als Arbeitsmittel, als lebender Lebenslauf, als Kapitalanlage soll die Türen zu den höheren Gehaltsklassen, zum Arbeits- und Beziehungsmarkt öffnen und sorgt sich um die Einhaltung der vorsorgenden Gesundheitsanstrengungen und erwartbaren Glücksmomente auf dem Erfolgsbarometer. Diesen Druck beschreiben Maria Asenbaum und Kristina Botka in ihrem Aufsatz zu „Sexy Sexismus" folgendermaßen:

> „Die Körper müssen funktionieren. In einer Zeit steigender Arbeitslosigkeit und Unsicherheit darf der Körper keine Funktionsdefizite aufweisen. (…) Wer sich nicht engagiert einem Körperideal nachzueifern, ist einfach kein eifriger Mensch. Wer sich weigert, sich der Konformität der Körperkultur unterzuordnen, kann sich nirgends unterordnen. Und wer sich bemüht und es trotzdem nicht schafft, der schafft vielleicht überhaupt nichts im Leben.."[17]

Die Kontrolle über den eigenen Körper, die harte Hand in der Gestaltung und die gekonnte beziehungsweise geglückte Präsentation, bestimmen den Umgang mit dem eigenen Rohstoff „Körper" und den Zugang zu Chancen. Zugänge, die sich die coolen und attraktiven Feministinnen von heute nicht nehmen lassen wollen. Sie sind zumeist jung, selbstbewusst und klammern sich an die Aufstiegs- und Teilhabeversprechen der neoliberalen Gesellschaften. Der „alte" Feminismus gerät für sie nun zur Hürde auf dem Weg zu Individualität und individuellem Ausdruck, wie McRobbie festhält. Hingegen das Patriarchat schon länger auf dem Friedhof struktureller Welterklärungen schlummert.

---

17 Asenbaum, Maria; Botka, Kristina (2007): Sexy Sexismus, in: Perspektiven – Magazin für linke Theorie und Praxis, www.perspektiven-online.at/2007/11/01/sexy-sexismus, zuletzt abgerufen am 22.4.2012

Sexy, cool und attraktiv wollen die medial (sich selbst) ausgestellten Feministinnen ein neues Geschlechterverhältnis begründen. Sie wissen über sich, ihre Körper und Bedürfnisse weitläufig Bescheid und können ganz autonom abgeklärt Schönheitsnormen als Wunschprojektionen beiseite wischen. Alles alte Hüte aus der letzten Modesaison. Das positive Selbstverhältnis zum Körper wird vorausgesetzt oder in den Termini anerkannter Krankheiten wie Anorexie und Bulimie verhandelt. Der gewaltige Zugriff auf die Körper, der Angriff auf die körperliche Selbstbestimmung, der keine Verweigerung duldet, wird nicht thematisiert. Viel eher geht es um die endliche Einlösung des Gleichstellungsversprechens wie die Alphamädchen zeigen.

> „Alle jungen Frauen wollen heute das Gleiche, nämlich: genauso viel verdienen wie Männer, die gleichen Aufstiegschancen, einen gleich großen Anteil an der Macht in unserem Land und nicht vor die Entscheidung „Kind oder Karriere" gestellt werden. Wir wollen uns in keiner Lebenssituation mehr einreden lassen: „Das gehört sich nicht für eine Frau.."[18]

Und in ebenjene Kerbe der formalen Gleichstellung schlagen heutige Feministinnen, sie sprechen für die eigene Gruppe und betreiben quasi eine Art Klientelfeminismus.

F-Klasse, Badgirlfeministin, Internetfeministin, feministische Nichtfeministin, Spaßfeministin,... etc. – ein regelrecht inflationärer Gebrauch der Selbstbezeichnung bricht aus. Eine Aneignungspraxis, die zum gegenwärtigen popkulturellen Gestus des Samplens, Umdeutens und Personifizierens passt, um die eigene Marke differenter und direkter am Markt zu positionieren. Auf kollektive Erfahrungen, politische Utopien und solidarische Mühen des Einschließens und Mitdenkens aller (anderen) wird verzichtet. Gesellschaftliche Normalitäten in Gestalt von Attraktivitäts- und Erfolgsregimen, klassistische[19] Schönheitsbilder und Abgrenzungsprozedere gegen „andere" und rassifizierte Körper gewinnen an Gewicht. Die Angst vor dem eigenen Scheitern, dem Versagen lässt kaum noch Freiheiten, um den Blick hinter und auf die eigenen Einrichtungsprämissen zu werfen. Das fragile Gleich-

---

18 Haaf, Meredith; Klingner, Susanne; Streidl, Barbara: Wir Alphamädchen. Warum Feminismus das Leben schöner macht. Hamburg, Blanvalet Verlag, 2009, S.15
19 Schönheitsbilder und Praxen des Schönheitshandeln werden ja nach Klassenzugehörigkeit angestrebt beziehungsweise ausgeübt und affirmieren und reproduzieren ebendies in klassistischer Weise.

gewicht der prekär zu Markte getragenen Körper darf nicht aus der Ruhe gebracht werden. Und es muss auch nicht ins Wanken gebracht werden. Zumindest für die aktiven, schlanken, weiblichen und weißen Körper, die als wahrliche Mittelstandsangehörige ihre Anliegen, Körper und feministischen Auseinandersetzungen in einer Vielzahl von Medienprodukten wieder finden, sich gespiegelt sehen und repräsentiert werden. Alle anderen Körper müssen auf diese Glücksmomente, die in der Normerfüllung liegen, hinarbeiten. Sofern sie können. Oder den großen Wurf wagen und kollektiv, von „unten" die gesellschaftliche Privilegierung einiger profitabler Körperschönheiten angreifen – mit feministischen Theorien und Praxen, die wieder an eine politische Bewegung gebunden sind. Als utopische Wunschmaschinen und realpolitische Gleichheits- und Freiheitskämpfer_innen schicken dann die unteilbaren Feminismen sich an, die Zweigeschlechtlichkeit aufzulösen und die Körper aus den engen Korsetts zu schnüren sowie rassifizierenden Mehrwert-Produktionen und kapitalistischen „Sachzwängen" den Kampf anzusagen.

Dank an Kathrin Nordmann.

Literatur

Adamczak, Bini (2006): Theorie der polysexuellen Ökonomie (Grundrisse), unter anderem auf: http://copyriot.com/diskus/06-1/theorie_der_polysexuellen_oekonomie.html

Asenbaum, Maria; Botka, Kristina (2007): Sexy Sexismus, in: Perspektiven – Magazin für linke Theorie und Praxis, www.perspektiven-online.at/2007/11/01/sexy-sexismus

Dorn, Thea (2006): Die neue F-Klasse. Warum die Zukunft von Frauen gemacht wird. München

Fraser, Nancy (2009): Feminismus, Kapitalismus und die List der Geschichte, in: Blätter für deutsche und internationale Politik 8/2009, S. 43-57

Haaf, Meredith; Klingner, Susanne; Streidl, Barbara (2009): Wir Alphamädchen. Warum Feminismus das Leben schöner macht. Hamburg

Hark, Sabine; Kerner, Ina (2007): Der Feminismus ist tot? Es lebe der Feminismus! Das „False Feminist Death-Syndrom", auf: www.querelles-net.de/index.php/qn/article/view /510/518

Haug, Frigga (2009): Feministische Initiative zurückgewinnen – eine Diskussion mit Nancy Fraser, in: Das Argument 281/2009, S. 393-408

Hensel, Jana; Raether, Elisabeth (2008): Neue deutsche Mädchen, Reinbek

McRobbie, Angela (2010): Top Girls – Feminismus und der Aufstieg des neoliberalen Geschlechterregimes, Wiesbaden

Power, Nina (2011): Die eindimensionale Frau, Berlin

Roedig, Andrea (2011): Workout für die Klitoris – Wo ist die Sexualität geblieben? Auf: http://diestandard.at/1317018952209/Wo-ist-die-Sexualitaet-geblieben-Workout-fuer-die-Klitoris

Villa, Paula-Irene (2008): „Habe den Mut dich deines Körpers zu bedienen! Thesen zur Körperarbeit in der Gegenwart zwischen Selbstermächtigung und Selbstunterwerfung. " In: Villa, Paula-Irene (Hg.): Schön normal. Manipulationen am Körper als Technologien des Selbst, Bielefeld, S. 245-272

Warnecke, Jenny (2007): „Das ist mir zu extrem." Eine Generationenstudie, in: Stöcker, Mirja (Hg.): Das F-Wort – Feminismus ist sexy, Königstein/Taunus

Fashioning life – Modetheorien um 1900 als Wissensordnungen

Elke Gaugele

Das 20. Jahrhundert begann mit einem Facelift. Präziser formuliert, fand 1901 die erste Rhytidektomie statt. Deren Umstände erscheinen rückblickend recht paradox: der durchführende Arzt, Eugen Holländer, war sowohl Chirurg als auch Kunsthistoriker und sein Eingriff folgte angeblich den selbst gefertigten Schnittzeichnungen derjenigen polnischen Aristokratin, die er seinerzeit operierte. Ein weiteres frühes Face Lift, das 1906 der Chirurg Erich Lexer an einer Schauspielerin ausführte, basierte angeblich ebenfalls auf deren Selbst-Experimenten, bei denen sie ihre Gesichtshaut nachts mittels Klebestreifen und Gummibänder gestrafft hatte (vgl. Gilman 2005: 85).[1] Während der theoretische Diskurs über das Ästhetische die zunehmende Bedeutung der Mode für den Kapitalismus, für die Alltagskultur und persönliche Selbstentwürfe widerspiegelte, wurden zwischen 1840 und 1900 bereits in der Chirurgie sämtliche Operationsverfahren eingeführt, die heute zur ästhetischen Veränderung des Körpers angewandt werden (vgl. Menninghaus 2007: 261). Charles Baudelaire hatte 1863 die Mode als eine Dynamik beschrieben, mit der sich das moderne Individuum seinen Schönheitsidealen annähert. Die Mode schreibt er „muss ...als ein Zeichen für das Streben nach dem Ideal gelten...als eine mehr oder minder gelungene erneute Anstrengung auf das Schöne hin..." (Baudelaire 1860/1989: 249). In den letzten beiden Jahrzehnten des 19. Jahrhunderts nahmen auch die Publikation praktischer Schönheitsmanuale für Frauen zu, die dazu aufforderten physische Attraktivität mittels gesunder Ernährung, körperlicher Bewegung, Kosmetik und Kleidung zu steigern (vgl. Menninghaus 2007: 260f.). Auch die Schriften der so genannten Lebensformer rücken parallel dazu die organische Materialität des menschlichen Körpers ins Zentrum.

---

1 Die erste dokumentierte europäische Schönheitschirurgin war die Pariser Dermatologin Suzanne Noel (1878-1954). Noel hatte während des 1.Weltkrieges in der Wiederherstellungschirurgie gearbeitet und publizierte 1926 »La chirurgie esthétique et son role social«. Zeitgleich praktizierten in den USA bereits Chirurginnen wie z. B. Anna D. Adams in New York 1915.

Mode – Schönheit – Leben

„Unter dem Kleid sitzt immer Fleisch, das heißt Leben, das heißt der Mensch" (Pudor 1903: 8) schrieb Heinrich Pudor 1903 und forderte damit auf, den Körper als Ausdruck von Leben selbst ins Zentrum zu rücken.[2] Frauen und Kostümkünstlern riet er, es den Malern und Bildhauern gleich zu tun: sich ein Modell zu nehmen um am lebenden, unbekleideten Körper ihre Ideen auszutragen, nur so könne individuelle und organische Kleidung geschaffen werden. Als ein Begründer der Reformbewegung trat Pudor mit dieser Parole des „Fashioning of Life"[3] gegen das Korsett an. Nur der nackte Mensch sei, so Pudor, der wahre Mensch, der möglichst natürlich zur Geltung gebracht werden sollte: „Der Mensch...als organisches Wesen, als Leben, als Geschöpf hat nichts mit Kleidern zu thun." (Pudor 1903: 23f.). Von Seiten der Lebensreformer brachte er damit ein, was sich zur größten Modeschlagzeile des 20. Jahrhunderts entwickeln sollte: die Enthüllung des Körpers (vgl. Menninghaus 2007: 265). Wahrheit, Schönheit, Nacktheit und Lebendigkeit verschränkten sich in der lebensreformerischen Konzeption mit dem ästhetischen Regime der Moderne, das die Verstofflichung jugendlich straffer Gesichter und muskulöser und zugleich schlanker, bewegter Körper propagierte. Auch die Programmatik des Jugendstils basierte auf dieser „Bio-logik" (Weisser 1979: 22): Eins zu Sein mit dem Leben und mit allem Lebendigen. Die als „künstlich" dechiffrieren textilen Bandage- und Schönheitstechniken des 19. Jahrhunderts wurden zugunsten einer

---

2 Ich möchte dabei ausdrücklich auf den historischen und politischen Kontext der hier zitierten Autoren und Schriften hinweisen. Aktivisten der Lebens- und Kleiderreformbewegung wie Heinrich Pudor oder Paul Schulze-Naumburg haben sich zu politischen Akteuren des Antisemitismus entwickelt und zu Publizisten nationalsozialistischer Ideologien. Heinrich Pudor publizierte seit 1912 fast ausschließlich antisemitische Schriften, die größtenteils in seinem Verlag erschienen. Paul Schulze-Naumburg publizierte u. a. "Kunst und Rasse", München 1935. Henry van de Velde war während der deutschen Besatzung Belgiens „Conseiller esthétique de la reconstruction" und wurde als Kollaborateur nach dem Zweiten Weltkrieg in Belgien angefeindet. Demgegenüber zwang die Machtübernahme der Nationalsozialisten und deren kriegerische Besetzung Europas Walter Benjamin im September 1933 nach Paris ins Exil und im September 1940 zum Selbstmord.

3 Den Begriff „Fashioning Life" verwende ich hier in Anlehnung an den Kulturwissenschaftler Stefan Helmreich, der in seiner Studie zur Artificial Life Forschung die komplexen Interaktionen im Labor als »fashioning of vitality« bezeichnet. Vgl. Helmreich 2000.

Programmatik natürlicher Schönheit abgewickelt, deren plastische Körper nun auf dem Konzept einer apparatefreien Wirklichkeit basierten.

In seinem berühmten Aufsatz „Das Kunstwerk im Zeitalter seiner technischen Reproduzierbarkeit" beschreibt Walter Benjamin wie der medientechnologische Wandel zu Beginn des 20. Jahrhunderts nicht nur die Sinneswahrnehmung, sondern auch das Realitätsverständnis veränderte. Die filmische Darstellung der Realität sei, so Benjamin „für den heutigen Menschen darum die unvergleichlich bedeutungsvollere, weil sie den apparatfreien Aspekt der Wirklichkeit, den er vom Kunstwerk zu fordern berechtigt ist, gerade auf Grund ihrer intensiven Durchdringung mit der Apparatur gewährt." (Benjamin 1991: 495). Wie ein Chirurg dringe die Kamera operativ in die Menschen und in die Gewebe ein und konstituiere gerade mittels dieser technologischen Durchdringung das Repräsentationsmodell einer apparatefreien Wirklichkeit.

Sowohl als ein Bereich der intensiven (medien)technologischen Durchdringung von Körper- und Schönheitsbildern als auch als ein epistemisches Feld, in dem sich im Zuge der von Michel Foucault beschriebenen Intensivierung der Biomacht die interdiskursiven Dependenzen zwischen Natur-, Kunst- und Kulturwissenschaften verdichten, spielt die Mode in der Moderne eine Schlüsselrolle. Modern bedeutet dem Grimmschen Deutschen Wörterbuch zufolge in der Mitte des 19. Jahrhunderts zum einen 'neu... nach der jetzigen mode, façon, tracht, manier, art, weise oder gewohnheit' zu sein (Grimm 1854: Bd. 12; Sp. 2446). Zum anderen bezog sich die Bedeutung von ‚Modern' aber auch schon auf eine technologische Komponente, „mit den mitteln der modernen technik" zu arbeiten – also auch an sich selbst (ebd.).

Wie sich in Modetheorien der Jahrhundertwende um 1900 Wissen, Kategorien und Praktiken aus Biologie und Medizin mit künstlerisch-ästhetischen sowie mit kunst- und kulturhistorischen zu einer neuen Ordnung des Körper-Wissens verschränken, soll im folgenden durch eine wissenshistorischen Perspektive näher beleuchtet werden. Dinge, schreibt Lioba Drescher-Kellermann, präsentieren im Modus des Zeigens sich selbst und die durch sie verkörperten Wissensordnungen (Keller-Dreschermann 2010: 243). Drei Schnittstellen sollen die Entwicklung und Formierung dieser Wissensordnung im Diskurs der Mode näher beleuchten. Die erste Schnittstelle verfolgt die diskursiven Wanderungen des Begriffs der Mode zwischen der Darwinschen Evolutionbiologie und Kostümgeschichte. Die zweite

Schnittstelle beleuchtet die Mode-Diskurse der Kleidungsreformbewegung daraufhin, welche Wissensdiziplinen sie verschränken und welche Rolle sie als deren Scharnier für die Darstellung einer neuen Wissensordnung spielen. Sie fragt dabei aber auch nach der Funktion von Modetheorien bei der Popularisierung rassistischer wie biopolitischer Ordnungsdiskurse. Die dritte Schnittstelle fokussiert die Formation dieser Wissensordnung im Kontext der visuellen Kultur. Sie untersucht, welche Rolle die Reproduktion fotografischer und künstlerischer Körperbilder dabei spielt und welche Körperideale, welche Techniken des Schauens und welches Blickregime die Modetheorien einführen.

Biologie und Ästhetik – Mode als wandernder Begriff

Dass sich im Verlauf des 19. Jahrhunderts das Biologische – mit seinen Konstruktionen von Natur und Leben – zum ersten Mal in der Geschichte auch im Politischen reflektierte und damit die Produktion und Reproduktion von Leben und Natürlichkeit ins Zentrum rückte, hat Michel Foucault mit den Begriffen der Biopolitik und der Biomacht benannt. „Es war nichts Geringeres als der Eintritt des Lebens in die Geschichte" schreibt Foucault: „der Eintritt der Phänomene, die dem Leben der menschlichen Gattung eigen sind, in die Ordnung des Wissens und der Macht, in das Feld politischer Techniken." (Foucault 1983: 169). Auch im Feld der Kostümgeschichten und der Modetheorien lässt sich in der Phase des letzten Drittel des 19. Jahrhunderts und zu Beginn des 20. Jahrhunderts insbesondere im Umfeld der Lebensreformer eine Intensivierung der interdiskursiven Dependenzen zwischen Biologie, Medizin und den Kunst- und Kulturwissenschaften beobachten. Das Terrain hierfür hatte im Vorfeld bereits Charles Darwins Evolutionsbiologie vorbereitet. Darwin, der an vielen Stellen auf Begriffe aus dem zeitgenössischen ästhetischen Diskurs rekurriert, hatte „Fashion" in einen biologischen Begriff transferiert: indem er kulturelle Moden als Verlängerung und Substitut der durch sexuelle Selektion gebildeten Capricen am natürlichen Körper sexueller Lebewesen entwirft (vgl. Menninghaus 2011). Als *Biologie nach der Mode* charakterisiert Wilfried Menninghaus Darwins Theorie der Schönheit, da sie sowohl eine *Theorie der Mode* als auch eine Theorie *à la mode* darstelle (Menninghaus 2011: 144). Mode ist hier ein „wandernder Begriff" (Bal 2006: 11): während in der ersten Hälfte des 19. Jahrhunderts am Beispiel der Mode und des Kostüms noch kulturgeschichtlich-anthropologische Historiographien aufgezeigt worden waren, werden diese Entwicklungen physischer Erscheinungsbilder nun evolutionsbiologisch begründet und mit denen im Tierreich gleichgesetzt. Begriffe, schreibt Mike Bal wandern: „zwischen den Fächer, zwischen einzelnen Wissenschaftlern sowie zwischen historischen Perioden und geographisch verstreuten akademischen Gemeinschaften. Im Verhältnis zwischen den Fächern müssen ihre Bedeutung, ihre Reichweite und ihr operationaler Wert nach jedem Ausflug von neuem bewertet werden." (Bal 2006: 11). Schriften, wie der 1872 von Darwins Sohn publizierte Aufsatz „Development in Dress" dokumentieren den epistemischen Transfer zwischen den Theorien zur Kleidermode und denen der Evolutionsbiologie. Bei George Howard Darwin wandert der Begriff der Mode nach diesem Ausflug wieder zurück aus der Evolutionsbiologie in die Modegeschichtsschreibung um nun die Analogie von biologischen Evolutionsprozessen und kulturellen Kleidermoden noch weiter voranzutreiben. Am Gegenstand der Mode wird nun ein evolutionsbiologisch begründeter Ordnungsdiskurs weiter vorangetrieben und auf gesellschaftliche Prozesse sowie die Gestaltung menschlicher Körper ausgeweitet. Wie Gabriele Mentges in ihrer Analyse George Howard Darwins aufgezeigt hat, geht es dabei um die „Renaturalisierung" (Mentges 2009: 1) von Kultur. Mode wird hier in Analogie zur Naturgeschichte als eine aufsteigende und sich dabei stets auf neuer Stufe vervollkommnende Entwicklung entworfen (vgl. Mentges 2009: 2). Modischen Neuheiten kommt nun der Status der in der Tierwelt entdeckten Anpassungserscheinungen zu. Durch andere Umstände bedingt, rufe die alte Form quasi die neue hervor, die im Sinne der so genannten ‚natürlichen Selektion' jeweils adäquater den veränderten Bedingungen angepasst sei (vgl. Darwin 1872: 410). So schreibt George Howard Darwin: „A new invention bears a kind of analogy to a new variation in animals; there are many such inventions, and many such variations; those that are not really beneficial die away, and those that are really good become incorporated by ‚natural selection', as a new item in our system" (Darwin 1872: 410).

Praxisnäher und wirksamer kommen Darwins Ideen in der Kleidungsreform Ende des 19. Jahrhunderts zum Zuge (Vgl. Mentges 2009: 5). Beispielsweise beim Kunsttheoretiker und Architekten Paul Schulze-Naumburg, wenn er schreibt, der weibliche „Körper ist bestimmt durch seine Schönheit und das Begehren des Mannes zu reizen, das Fortbestehen des Menschengeschlechts hängt davon ab." (Schulze-Naumburg 1901: 143). Als Objekt, das gleichzeitig für verschiedene Denkkollektive, denen es um geo- und biopolitische Ordnung moderner Körper ging, zentral wurde und diese wie ein Scharnier zusammenschloss, entwickelt sich die Mode um 1900 zum Boundary Object (vgl. Zittel 2002: 99; Start/Greisemer 1989).

Mode als Wissensformation und biopolitischer Ordnungsdiskurs

Für eine Reform der Kleidung setzen sich Hygieniker, Ärzte und Zoologen wie Heinrich Pudor, Heinrich Lahmann, Gustav Jäger oder Carl Heinrich Stratz ein. Andere Akteur_innen waren Feminst_innen der ersten Frauenbewegung und auch Künstler_innen wie Henry und Maria van de Velde, Alfred Mohrbutter oder Anna Muthesius. Da die Mode nicht länger den Körper wie das Korsett formen sollte, wurde neue Kleidung entworfen, die sich auf die so genannte ‚natürliche Form' des Körpers berief. Für die Kleidungsreformer lieferte das Korsett die Folie über die das Bild eines schlaffen, massigen, der plastischen Formung regulativ bedürftigen weiblichen Körpers diskursiv weiter transportiert wurde. Pudor sah 1903 bereits Sportkleidung als die ideale Kleidung des modernen Menschen an. Elastische textile Materialien sollten organisch-federnde Bewegungen kraftvoll, straff und muskulös zum Ausdruck bringen. Im Focus der regulierenden Kontrollen stand die Optimierung und Klassifizierung der Bevölkerung als eine Gesamtheit von Lebewesen. Bevölkerungspolitische Argumente, wie die Verbesserung der Gebärfähigkeit von Frauen, die Optimierung von Geburten und Gesundheit durch Sport und Hygiene standen bei den Kleidungsreformern im Zentrum. Dass um 1900 von 100 Frauen „nach 25 Jahren nur noch 5 völlig gesund und schön" (Stratz 1905: 385) gewesen seien, behauptete beispielsweise der Mediziner Stratz. Schulze-Naumburg deklassierte und pathologisierte die Körper ärmerer „Volksschichten" indem er sie als „verkommen" bezeichnete (Schulze-Naumburg 1901: 142). Beide Positionen transportieren eine westlich-hegemoniale Ordnung von Raum und Körper und gehen dabei von einer männlichen klassenspezifisch wie kolonial grundierten Subjektposition aus: des Arztes, Künstlers, Ethnologen, Befreiers und auch des Schöpfers, der den weiblichen Körper als lebendes Wesen neu in Erscheinung treten lässt. Die Nationalisierung, Ethnifizierung und Rassifizierung von Frauenkörpern war dabei ein konstitutiver Teil der Wissensproduktion im Feld der Mode. In der visuellen Repräsentation nackter und bekleideter Körper als (Volks)Trachten beispielsweise bei Stratz gehen geopolitische und biopolitische Parameter – Nationalisierung, Rassifizierung und Ethisierung – ineinander über (Stratz 1904: 51).

Geht man von einer epistemischen Situiertheit von Dingen im Hinblick auf ihre Position, ihre Rolle, ihre Eigenschaften und Funktionen im Prozess des Wissensschaffens aus (vgl. Keller-Drescher 2010: 237), war Mode um 1900 ein Gegenstand, an dem sowohl Rassismus als auch Antisemitismus nicht nur wissenschaftlich fundiert, sondern auch theoretisch weiter ausformuliert wurden. Stratz „Ergründung des Wesens der Frauenkleidung, sowie früherer und niederer Kulturzustände" beginnt mit einer Klassifizierung weiblicher Körper in sechs „Rassengruppen", inklusive der antisemitischen Klassifizierung von Jüdinnen als „Rasse" (Stratz 1904: 1). Sowohl bei Stratz, der in diesem Kontext die „weiße und arktische Rasse als Träger der Kultur" (Stratz 1904: XV) sieht, als auch bei Schulze-Naumburgs „nordischer Kultur" und seiner Zielsetzung Körpernormen „eines hochstehenden Kulturvolkes" (Schulze-Naumburg 1901: 5;143) zu schaffen, die über dem Durchschnitt stehen sind die Kategorien und Typologien der nationalsozialistischen Biopolitik und Rassenpolitik formuliert.

Modetheorien entwickeln, übersetzen und popularisieren Wissen(-sordnungen).

Dies bezieht sich auch auf andere Kategorien wie Nation, Klasse, Leben, Geschlecht, Körper und Schönheit. Die Mode hat hier – in Anlehnung an Hans-Jörg Rheinberger – die Rolle eines epistemisches Dings, das der „Verkörperung eines Begriffs" dient (Rheinberger 2011: 15). „Nicht ein Begriff, der bereits fertig da wäre", bekommt hier einen Körper, sagt Rheinberger, sondern: „der Körper bekommt allmählich ein begriffliches Gewand; es werden ihm gewissermaßen Begriffsversuche angemaßt. In dieser Anmaßung treiben sich beide, epistemisches Ding und epistemisches Konzept, weiter. Sie bilden ein Amalgam, wenn man so sagen kann, von Materie und Zeichen." (ebd.). So gesehen werden hier am Gegenstand der Mode Begriffsversuche von Leben, Körper, Schönheit, Nation, Rasse, Klasse und Geschlecht entwickelt und dargestellt. Wie es Gabriele Mentges in Anlehnung an Michael Hagner und Philliphe Sarasin formuliert, haben Modetheorien die Funktion einer „expository science", d. h. unterschiedlicher Formen und Grade der Aus- und Darstellung von Wissenschaft, die sich von akademischer Wissenschaft unterscheiden (Mentges 2009: 5; Sarasin/Hagner 2008: 49). Modetheorien um 1900 sind Demonstrationsfeld für einen biopolitischen Ordnungsdiskurs, der sich wissenschaftlich durch den Zusammenschluss mehrerer Wissensdisziplinen begründet. Stratz führt Anthropologie, Medizin, Ethnographie, Geschichte, Kunst und Literatur zusammen. Der Gegenstand der Mode wurde um 1900 zu einem Scharnier für eine Wissensformation, die Anthropologie, Kunst und Geschichte unter dem Leitdiskurs des Biologischen miteinander verschränkt. In ihrer Funktion als „expository sciene" demonstrieren Modetheorien diese Wissensordnung und entfalten deren biopolitische Wirkkraft über die Verbreitung von Körperbildern, Klassifikationen, Technologien und Körperpraktiken.

Mode als Wahrnehmungsdispositiv und Einübungspraxis eines klassifizierenden Blicks

Historisch fällt dies mit der Verbreitung der Fotografie zusammen, einem Medium, das dem Anspruch nach naturgetreuer Wahrheit mit der Reproduktion nackter Körper begegnet. Insbesondere mittels pornographischer und ethnologischer Fotografien, schreibt Linda Williams, wird nun versucht, „eine „Spuren des Realen" und eine „körperliche Dichte des Sehens" zu erzeugen (Williams 2003: 226; 228). Als „Photographischer Beweis von heute noch bestehender natürlicher Nacktheit" (Stratz 1904: 35) begründet Stratz den Abdruck von 270 ethnologischen Fotografien in seinem Buch über die Frauenkleidung, während Schulze-Naumburgs visuelle Argumentationslogiken zu großen Teilen auf pornographischen Fotografien aufbauen. Mit dem Verweis auf Kunstgeschichte, Medizin, Ethnologie oder auf die moderne Degenerations- und Rassenlehre, sollte sich der pornographische Blick in das objektivierende Raster ästhetischen oder wissenschaftlichen Sehens hinein verschieben. Er sollte sich im Rahmen einer Volkserziehung biopolitisch neu formatieren und so genannte ‚gesunde und normale' Triebe befördern (vgl. Friedrich 1997: 168).

Die Formation der oben beschriebenen Wissensordnung baute auf einem „neuen Begreifen des körperlichen Prinzips" (Schulze-Naumburg 1901: 10) auf, das auch auf visueller Ebene einen neuen Ordnungsdiskurs entwickelte: durch die Lenkung und Schulung der Blicke genauso wie durch die didaktische Einübung von Körperklassifizierungen, deren Evidenz über mediale Bildvergleiche demonstriert wurde. Dazu wurden insbesondere ethnologische und pornografische Fotografien sowie Reproduktionen von Kunstwerken eingesetzt. Zum einen sollten diese eine vermeintliche Evolutions(biologische)geschichte des nackten weiblichen Körpers demonstrieren. Zum anderen ging es darum anhand „anschaulicher Vergleiche" (ebd.), d. h. den seriellen Vergleich von Bildern nackter Frauenkörper und einer damit verbundenen Wiederholungen stereotyper Bildvergleiche, ein klassifizierendes Sehen zu vermitteln und normative Idealbilder einzuführen. Schulze-Naumburgs Publikation liest sich daher rückblickend als eine didaktische Übung zur Klassifizierung und Normierung medial reproduzierter Körperbilder, da sie dazu anleitet und fragmentarisch abgebildete Körperpartien minutiös zu betrachten und zu bewerten. Dies basiert auf einem didaktischen Grundmuster, das wiederkehrend die folgende Trias aufzeigt und auch permanent abruft: den nackten „deformierten Körpers" der „kranken" Mode der Zeit, den „nackten", natürlichen, gesunden und normalen Körpers sowie dessen „annähernd normale" Abstufungen. Sowohl auf der Ebene der Bilder, genauso wie über Texte wird Klassifizierung und Normierung dabei repetitiv eingeübt: „Nebenbei wird man bei diesem Vergleich sehen, dass die Taille der bekleideten Figur, die doch durchaus der Norm der Erscheinung in unserer Gesellschaft entspricht, noch ein gewaltiges Stück enger ist als beim nackten Körper daneben. Und wie abschreckend ist der schon entstellt! Zum Vergleich daneben (Abb. 28) wie immer ein annähernd normaler Körper." (Schulze-Naumburg 1901: 40).

Diese Erziehung hin zum so genannten „plastisch erschauten Idealbild des Körpers" (Schulze-Naumburg 1901: 10) wurde als wissenschaftlich messbare Beurteilung begründet: als „zusammenfassende Erkenntnis aller anatomischen, biologischen, motorischen Momente des Körpers" (ebd.). Sehen und Vermessen fallen in diesem neuen Bild- und Blickregime zusammen, wie Anne Hollander schreibt: „to see and be seen, measuring an being measured on the same standard" (Hollander 1993: 241). Im Observationsraster eines wissenschaftlich vermessenden und vergleichend- durchdringenden Blickes erscheint die Materialität des weiblichen Körper nicht nur als weich und formbar, sondern auch als Teil einer Subjektkonstitution, die der regulativ-vergleichenden Kontrolle durch Bilder bedarf. Diesen disziplinarischen Prozess hat Foucault in „Sexualität und Wahrheit" beschrieben: als normalisierende wie pathologisierende Bewegung, in denen sich Macht gerade in der Untersuchung von Differenzen entfaltet, in deren Pervertierung und auch dadurch, dass stets nach Korrekturtechniken für diese Anomalien gesucht wurde. Parallel zur Popularisierung der neuen Bildmedien Fotografie und Film zielten die Modetheorien um 1900 auf einen visuellen Disziplinierungsprozess ab, bei dem es galt „...durch immer neue Bilder zur anschaulichen Erkenntnis der wahren Form des Körpers zu erziehen." (Schulze-Naumburg 1901: 6). Die damit verbundenen didaktischen Einübungen klassifizierend-vergleichenden Sehens und plastischen Schauens bezogen sich jedoch nicht allein auf den Umgang mit medialen Körperbildern, sondern auch auf die Selbstwahrnehmung und Einordnung des eigenen Körpers. Frauen sollten sich „genau über ihre körperlichen Vorzüge und, was noch wichtiger ist, über ihre körperlichen Fehler" (Muthesius 1903: 23) bewusst werden, schrieb die Kleiderreformerin Anna Muthesius in „Das Eigenkleid der Frau". Nicht nur die Internalisierung eines kritisch vergleichenden, normalisierenden Blickregimes sondern auch die Verschränkung von Idealbild und Norm waren zentral für das bürgerliche Projekt des ‚Normalkörpers'. Ein solcher normativer Schönheitsbegriff konnte, so Annegret Friedrich, in dieser Absolutheit erst seit den Evolutionstheorien, die die abendländische Zivilisation zum Ziel und Zweck der menschlichen Naturgeschichte definiert hatten, formuliert werden (vgl. Friedrich 1997: 167). Sowohl die Naturalisierung mathematischer und geometrischer Grundregeln, als auch die Verschränkung von Norm und Ideal über die Praktiken und Techniken der plastischen Selbstregulierung sind für das Ideal des nackten, enthüllten Körpers konstitutiv: der Appell den eigenen Körper als Plastik zu begreifen und ihn als solche zu formen. Sowohl das vergleichende Sehen als auch die vermeintliche Unmittelbarkeit der fotografischen Bildreproduktionen legten dabei auf der Ebene der Körperbilder die Überführung von ‚Leben' in ‚Kunst', und umgekehrt die von ‚Kunst' in ‚Leben' nahe (vgl. ebd.: 174). Während Schulze-Naumburg sein Idealbild als „Ebenbild Gottes" (Schulze-Naumburg 1901: 85) bezeichnete, galt bei den meisten Kleidungsreformern um 1900 die Venusstatue als Leitbild des weiblichen Körpers, das als weißes Schönheitsideal universalen Gültigkeitsanspruch behauptete. Die Venus von Milo, schrieb Pudor, „hat bekanntlich niemals ein Korsett getragen; ihre Taille würde in Lebensgröße 62,5 cm betragen, sie hat Muskeln sie hat fleißig Leibesübungen getrieben." (Pudor 1903: 22). Stratz erklärte die Venus von

Medici nicht nur zum unerreichbaren Maßstab, an dem Tausende von Frauen akribisch gemessen wurden, sondern zugleich auch zur oberste Stufe in seiner Hierarchie der Rassenschönheitsmerkmale. Die Skulptur des Apollo von Belvedere galt als das männliche, westliche Körperideal und deren Proportionsmaße sind zum Teil bis heute noch universal als „Normalproportionen" des Männerkörpers gültig. Die Konstituierung eines plastisch formbaren Körperideals verläuft aber auch parallel zu der Auffassung moderner Naturwissenschaften das Leben als Technologie zu begreifen und die Technologien lebender Substanzen zu entdecken. Hannah Landecker hat in „Culturing Life" die Ideen und Praktiken von biologischer Plastizität und Temporalität dargestellt und aufgezeigt wie im 20. Jahrhundert lebende Substanzen nach menschlichen Absichten in der Art und Weise, wie sie in Raum und Zeit leben, verändert wurden: "The reshaping of cellular living matter has been lined step by step to a manipulation of how cells live in time." (Landecker 2007: 11). Auch in diesem Sinne wird die Zentralität des Biologischen, als Ausdruck des Lebendigen und der morphologischen Wandlungsfähigkeit von Körpern, auch durch die modernen Bildmedien Zeitschriften, Fotografie und Film produziert und kommuniziert. Mediengeschichtlich gesehen transportiert die Schrift zur „Die Kultur des weiblichen Körpers als Grundlage der Frauenkleidung" im Blick auf den eigenen Körper eine Kameraperspektive, die ästhetisch nicht nur in der Zergliederung, Segmentierung und Focussierung der einzelnen Körperzonen zum Ausdruck kommt, sondern auch bei der Beurteilung und Normierung der einzelnen Körpersegmente: "Eine ganz mustergültige Profilansicht … die auch nicht die leiseste Spur einer Anschwellung in der Bauchgegend zeigt." (Schulze-Naumburg 1901: 50).

Zurück zur Ausgangsszene

Wenn nun, wie anfangs erwähnt, ein Kunsthistoriker und Arzt zum Messer greift und mit diesem Akt das Facelift als Technologie moderner Subjektentwürfe beginnt, scheint dies rückblickend konstitutionslogisch für die Prozesse der Moderne. So ist dies zum einen Teil eines medientechnologischen Shifts von Körperbildern, die im Sinne Benjamins, so tief wie ein Chirurg in die Gewebe der Wirklichkeit eindringen und das Begehren erweckt haben, den Gegenständen aus nächster Nähe im Abbild, in der Reproduktion habhaft zu werden. Das Spiegelbild sei, so Benjamin, vom Darsteller „ablösbar" und „transportabel" geworden (Benjamin 1991: 491). Die operative Verschränkung des künstlerischen mit dem ärztlichen Blick spiegelt dabei auch die Hegemonie des evolutionsbiologischen Denkens in den Ordnungen des Wissens und dessen zunehmende gesellschaftliche Akzeptanz um die Jahrhundertwende wider: „Niemand hat den menschlichen Körper so sehr als ein Organ der Mode gedacht wie Darwin" (Menninghaus 2011: 147). Als ein Organ des menschlichen Körpers wird die Mode der Moderne nicht nur im biologischen, sondern auch im medizinischen Sinne zur individuellen Körperpraxis und als Körper-Mode zur ‚Technik des Selbst'. Als Scharnier zwischen Kunst, Medizin und Ethnologie wird Mode in der Moderne nicht nur zum Ausdruck einer neuen Wissensformation, sondern avanciert zu einem didaktischem Einübungs- und Praxisfeld für die Verkörperung biopolitischer Klassifikationen. Um 1900 ist Teil eines geo- und biopolitischen Ordnungsdiskurses, der seine Wirkkraft auch visuell als ästhetisch-wissenschaftlich vermessender Blick auf den Körper reklamiert. Das ‚neues Begreifen' des Körpers als plastisches Körperbild der Moderne wurde – in den Modetheorien um 1900 – durch die Einübung klassifizierender, rassifizierender und deformierender Blicke geschult.

So machen Sie die
Männer verrückt –
der Aquarium Rock.
Paßt jeder Frau –
das gute Stück.

Literatur:

Bal, Mike: Kulturanalyse, Frankfurt am Main 2006.

Baudelaire, Charles: Der Maler des Modernen Lebens, in: Ders.: Aufsätze zur Literatur und Kunst 1857-1860 (= Charles Baudelaire Sämtliche Werke/Briefe Band 5 hgg. von Friedhelm Kemp und Claude Pichois, München 1989, S. 213-258.

Benjamin, Walter: Das Kunstwerk im Zeitalter seiner technischen Reproduzierbarkeit. In: Walter Benjamin. Gesammelte Schriften I.2. hgg. von Rolf Tiedemann und Hermann Schweppen-häuser, Frankfurt am Main 1991.

Darwin, George Howard: Development in Dress. In: Macmillan's Magazine Vol. XXVI. (May to October) London, Cambridge 1872, 410 — 416. Online auf url: www.modetheorie.de/Darwin-George-H.266.0.html 02.02.2012.

Friedrich, Annegret: Kritik der Urteilskraft oder: Die Wissenschaft von der weiblichen Schönheit in Kunst, Medizin und Anthropologie der Jahrhundertwende. In: Annegret Friedrich et al (Hg.): Projektionen. Rassismus und Sexismus in der Visuellen Kultur, Marburg 1997, S. 164-182.

Foucault, Michel: Sexualität und Wahrheit, Frankfurt am Main 1983.

Gilman, Sander L.: Die erstaunliche Geschichte der Schönheitschirurgie, in: Angelika Taschen (Hg.): Schönheitschirurgie, Köln 2005, S. 60-109.

Helmreich, Stefan: Silicon Second Nature: Culturing Artificial Life in a Digital World, Berkeley 2000.

Hollander, Anne: Seeing through clothes, Berkley 1993.

Keller-Drescher, Lioba: Das Versprechen der Dinge. Aspekte einer kulturwissenschaftlichen Epistemologie. In: Regula Rapp (Hg.): Verhandlungen mit (Musik-)Geschichte. (= Basler Jahrbuch für historische Musikpraxis. 32/2008) Basel 2010, S. 235-247.

Landecker, Hannah: Culturing Life. How Cells Became Technologies, Cambridge Mass. 2007.

Menninghaus, Winfried: Das Versprechen der Schönheit, Frankfurt am Main 2007.

Menninghaus, Wilfried: Biologie nach der Mode. Charles Darwins Ornament-Ästhetik. In: Sigrid Walter/Gisela Staupe/Thomas Macho: Was ist schön? Begleitbuch zur gleichnamigen Ausstellung im Deutschen Hygiene-Museum in Dresden, Dresden 2011, S. 138-147.

Mentges, Gabriele: Darwin und die Mode. Versuch einer Annäherung, www. modetheorie.de 2009, S. 1-7.

Pudor, Heinrich: Die Frauenreformkleidung. Ein Beitrag zur Philosophie, Hygiene und Aesthetik des Kleides, Leipzig 1903.

Rheinberger, Hans-Jörg: Epistemisches Ding und Verkörperung. In: André L. Blum, John Michael Krois und Hans-Jörg Rheinberger (Hrsg.) Verkörperungen (=Reprint 416 hgg. vom Max-Planck-Institut für Wissenschaftsgeschichte) Berlin 2011, S. 15-19.

Sarasin, Philippe/Hagner, Michael: Wilhelm Bölsche und der Geist. Populärer Darwinismus in Deutschland 1887, 1934. In: Nach Feierabend: Zürcher Jahrbuch für Wissensgeschichte, Jg. 2008, Bd. 4, S. 47-67.

Schulze-Naumburg, Paul: Die Kultur des weiblichen Körpers als Grundlage der Frauenkleidung, Jena 1901.

Start, Susan/James Greisemer "Institutional Ecology, 'Translations' and Boundary Objects: Amateurs and Professionals in Berkeley's Museum of Vertebrate Zoology, 1907-39". In: Social Studies of Science 19 (3) (1989): 387–420.

Stratz, Carl Heinrich: Die Frauenkleidung und ihre natürliche Entwicklung (3. Aufl.), Stuttgart 1904.

Weisser, Michael: Im Stil der Jugend. Die Münchner Illustrierte Wochenschrift für Kunst und Leben und ihr Einfluss auf die Stilkunst der Jahrhundertwende. Bd.1 der Reihe Ästhetik der Alltagswelt – Dokumente zur Geschichte des Design, Frankfurt am Main 1979

Zittel, Claus: Konstruktionsprobleme des Sozialkonstruktivismus. In: Claus Zittel (Hg.): Wissen und soziale Konstruktion, Berlin 2002, S. 87-107.

Die Kontrolle widerständiger Körper. Eine Kritik der systematischen Pathologisierung von Intergeschlechtlichkeit.*

Anja Gregor

Seit Ende November 2011 hat Melbourne ihren ersten intergeschlechtlichen Bürgermeister[1]. Und seit diesem Jahr ist es in Australien, Indien und Pakistan möglich, neben ‚m' (*male*) und ‚f' (*female*) eine dritte Geschlechtsoption zu wählen (*x*) und sich so einer Zuordnung zu den im euro-amerikanischen Raum gemeinhin anerkannten und ausschließenden binären Geschlechtskategorien männlich-weiblich zu entziehen[2]. Wenn auch die Frage nach dem Personenstand vielleicht nicht die dringlichste ist bei der Auseinandersetzung mit dem gesellschaftlichen Umgang mit Intergeschlechtlichkeit, so bleiben solche Ereignisse dennoch Indikatoren gegenwärtiger Wandlungs- oder Verharrungsprozesse im Umgang mit marginalisierten Existenzweisen. Wo keine schriftliche, bildliche und/oder rechtliche, also keine institutionalisierte Repräsentation weiterer Geschlechtsentwürfe vorliegt, da *gibt* es diese – sehr vereinfacht gesagt – zunächst einmal auch nicht.

---

* Im vorliegenden Artikel wird im Folgenden statt von Intersexualität von Inter*geschlechtlichkeit* gesprochen, um einerseits nach Etablierung des Themas in den (Sozial-)Wissenschaften (vgl. bspw. Klöppel 2010, Zehnder 2010, Eckert 2010) eine Distanz zwischen medizinische und nicht-medizinische Betrachtungen zu bringen. Andererseits bietet der Terminus Intergeschlechtlichkeit meiner Ansicht nach wegen der fehlenden Belastung durch historische Einschreibungen das Potential, alle möglichen Subjektivierungsentwürfe betreffender Personen mitzumeinen. Von Intersexualität wird im Folgenden nur dann und nur in einfachen Anführungszeichen gesprochen, wenn dies der Darstellung der Binnenlogik des medizinischen Diskurses dient.

1 Vgl. Melbourne elects Australia's first intersex Mayor. 10. Januar 2012. http://www.samesame.com.au/news/local/7737/Melbourne-elects-Australias-first-intersex-Mayor.htm

2 Vgl. Ein Geschlecht mit X – Australien macht's möglich. 10. Januar 2012. http://faz-community.faz.net/blogs/biopolitik/archive/2011/09/30/ein-geschlecht-mit-x-australien-machts-moeglich.aspx

1 Erläuterung des Aufbaus und der Inhaltsstruktur

Trotz erster öffentlicher Diskussionen bleibt die Deutungshoheit über das *soziale* Phänomen Intergeschlechtlichkeit in weiten Teilen in *medizinischer* Hand. In diesem Aufsatz werde ich anhand des Fallbeispiels Irmas (32 Jahre alt) zeigen, wie diese Macht durch die Pathologisierung und Zurichtung intergeschlechtlicher Körper im Namen einer Körpernorm, die als ‚normal' gilt, aufrechterhalten wird. In welcher Weise die mit der weithin fehlenden Repräsentation komplex verwobenen Tabuisierungs- und Verschleierungsprozesse funktionieren und bis heute aufrecht erhalten werden können, wird im folgenden Abschnitt einleitend kurz historisch hergeleitet. Die Geschichte des medizinischen Umgangs mit intergeschlechtlichen Personen im deutschsprachigen Raum gibt erste Hinweise auf die Gründe für die Wirkmächtigkeit des medizinischen Diskurses bis heute. Jene wird anschließend anhand von Passagen aus der biographischen Erzählung von Irma[3] (32 Jahre alt) rekonstruiert[4] und die daraus resultierenden gesellschaftstheoretischen Implikationen herausgearbeitet (3). Es erscheint mir zweckmäßig, den Prozess der *Pathologisierung* von Körpern, die nicht in die geschlechterbinäre Sinnlogik medizinischer Betrachtungen passen (3.1), analytisch von der daraus resultierenden medizini-

---

3   Die verwendeten Daten wurden anonymisiert. Für die vorliegenden Interviews wählten die Befragten ihre Pseudonyme und die zu verwendenden Pronomen selbst, während genannte Personen, Gruppen oder Orte mit „sinnlogischen Äquivalenten" belegt wurden, d. h., „aus einem Hamburger wird man keinen Münchener, sondern ein Bremer machen, aus einem Franz wird kein Kevin, sondern ein Friedrich". (Hildenbrand 2005:25) Es wird bei der ersten Nennung des Namens auch das Alter genannt, um transparent zu machen, zu welcher Zeit und in welchem Alter die biographischen Ereignisse (insbesondere der medizinische Umgang) stattfanden/-finden.

4   In diesem Artikel möchte ich vor allem meine Interviewpartnerin Irma sprechen lassen. Ich möchte an dem biographischen Interview mit ihr beispielhaft die Binnenlogik des Medizindiskurses darstellen, wie Irma sie erlebt. Diese lässt sich an Irmas Biographie gerade deshalb so sehr gut abstrahieren, weil das Interview mit seiner Reflexionsdichte und Irmas Co-Expertinnenwissen zum Thema Intergeschlechtlichkeit bereits viel ‚Zündstoff' für diese kurze Dokumentation meiner Studie enthält, die gleichsam einen ‚Werkstattberichtscharakter' im Sinne meines Arbeitsprozesses aufweist. Im 4. Abschnitt werde ich aus weiteren Interviews Passagen zitieren. Beim Datenkorpus für meine Dissertation handelt es sich (bisher) um fünf *autobiographische Stehgreiferzählungen* (vgl. Schütze 1984) mit intergeschlechtlichen Menschen.

schen (d. h. chirurgische und/oder medikamentöse) *Zurichtung*[5] der ‚widerständigen' Körper im Sinne einer heteronormative Körpervorstellung (3.2) zu trennen. Beide Prozesse sind von entscheidender Bedeutung für das Verständnis der Binnenlogik des Diskurses.

Seit Mitte der 1990er Jahre hat sich im deutschsprachigen Raum ein Widerstand der Betroffenen formiert[6] und ist mittlerweile zu einer weithin wahrnehmbaren Größe in der Diskussion um Intergeschlechtlichkeit gewachsen[7]. Die *Emanzipation vom Medizindiskurs* ist strukturgebend für das Interview mit Irma. Im vierten Abschnitt des Artikels werden Irmas *Coping-Strategien* herausgestellt, die sie heute zu einem Menschen mit einem stabilen ‚Ich-Verständnis' machen.[8] Im Zuge dieser Ausführungen werden weitere Formen des Widerstandes und der Emanzipation dokumentiert. Neben der selbstorganisierten, kollektiven Ausbildung eines ‚Co-Expert_innentums' für medizinische Fragen finden sich Praktiken des Widerstands gegen geschlechtsnormative Verfahren auch in der gesellschaftlichen Öffentlichkeit.

---

5   Im Sinne der Sprachlogik, mit der auch der Begriff Intergeschlechtlichkeit eingeführt wurde, spreche ich im Folgenden von Zurichtungen, wenn ich medizinische Veränderungen an intergeschlechtlichen Körpern beschreibe. Der Begriff assoziiert in seiner Mehrdeutigkeit (beschädigen/gestalten/herstellen) sowohl die medizinische Praxis der Veränderung von Körpereigenschaften im Sinne kosmetischer Operationen und/oder mit Hilfe von Medikamentengabe als auch auf gesellschaftstheoretischer Ebene den konstruktivistischen Impetus, der im Sinne eines Zirkels der Beeinflussung mit der institutionalisierten Geschlechtsanpassung ihn bedingt bzw. bedingt wird.

6   1996 gründen Michel Reiter und Heike Bödeker die *Arbeitsgemeinschaft gegen Gewalt in der Pädiatrie und Gynäkologie* (AGGPG). 1997 gründet sich die Selbsthilfegruppe (SHG) *XY-Frauen*, der Dachverband der SHG im deutschsprachigen Raum, *Intersexuelle Menschen e.V.*, entsteht 2004. 2007 entsteht in der Schweiz der Verein für Menschenrechte für Zwitter *zwischengeschlecht.org*, 2008 gründet sich der deutschsprachige Flügel der *Internationalen Vereinigung Intergeschlechtlicher Menschen* (IVIM).

7   Siehe bspw. die Diskussion um Intergeschlechtlichkeit/'Intersexualität' im Deutschen Ethikrat. 20. Dezember 2011. http://www.ethikrat.org/veranstaltungen/anhoerungen/intersexualitaet

8   Ich betreibe in meiner Studie weder Typenbildung noch suche ich nach ‚Identitätsparametern' in den Interviews, um einer gleichsam medikalisierenden Kategorisierung der Befragten zu entgehen. Stattdessen arbeite ich die Subjektivierungsprozesse aller Befragten heraus, indem ich zunächst ihr ‚Verhältnis zur Medizin' systematisiere und anschließend ihr Selbstbild beschreibe, das nicht unwesentlich auch mit den Erlebnissen mit dem Medizindiskurs – und der Emanzipation(sversuche) von ihm – verschränkt ist. Beispielhaft für dieses Vorgehen in meiner Dissertation steht diese erste systematisierte Einzelfallanalyse.

2 Zur Geschichte der medizinischen ‚Intersexualitätsforschung'

Der medizinisch-psychologische ‚Intersexualitäts'-Diskurs ist seit der Antike ein Brennpunkt für „Praktiken, die darauf ausgerichtet sind, Grenzen zwischen männlichem/weiblichem und eindeutigem/uneindeutigem Geschlecht sowie normaler/abweichender Sexualität zu ziehen, festzulegen und zu kontrollieren" (Klöppel 2010: 15f.). Die Medizin hat, so stellt auch Angela Kolbe in ihrer rechtswissenschaftlich ausgerichteten Dissertation heraus, auch gegenwärtig und weiterhin die Deutungsmacht über Intergeschlechtlichkeit (vgl. dies. 2010): Der juristische Diskurs stützt sich auf die Maßgaben des medizinischen und macht sich so strukturell abhängig (vgl. Klöppel 2010: 582).

Diese medizinische Deutungsmacht wird bereits in der frühen Neuzeit mit der „Medikalisierung des Hermaphroditen" (Klöppel 2010: 136 ff.) begründet und in der Aufklärungszeit mit der „Medikalisierung der Geschlechtszuweisung" (dies.: 217), d. h. der Akademisierung der Überwachung des Geschlechtsstatus', etabliert. Der *Hermaphrodit*[9] wird in der Aufklärung naturalisiert, die Doppelgeschlechtlichkeit wird ersetzt durch die Vorstellung vom (von nun an) *Zwitter* als „abweichendes, unvollkommenes, jedoch in Wahrheit männliches resp. weibliches Individuum" (dies.: 231). Diese zweigeschlechtliche Logik mit dem Zwitter (als Pathologie des Männlichen oder Weiblichen) und mit ihr die „biopolitische Kontrolle" intergeschlechtlicher Körper (vgl. dies. 217) tradierten sich – mit über die Jahrhunderte unterschiedlichen Maßgaben, was nun genau am Zwitter pathologisch sei. Mit der Aufklärung hält also die Naturalisierung des Geschlechtsdimorphismus in den Medizindiskurs Einzug, die sich in der Folge und bis heute fortschreibt, einschreibt und tradiert. Zur Diskussion bei der Diagnose des ‚eigentlichen' Geschlechts standen zunächst das Zusammenspiel vielfältiger Merkmale (17. Jahrhundert), dann die Gonaden (zunächst: Hoden oder keine Hoden, ab etwa 1800:

---

9   „Der Ausdruck *Hermaphrodit* ist uns vorwiegend bekannt aus dem Mythos, den der Römer Ovid um die Zeitwende in seinen *Metamorphosen* erzählt. [Herv. i.O.]" (vgl. Groneberg 2008: 89) Hermaphroditos ist der Sohn Hermes' und Aphrodites. Die Nymphe Salmakis verliebt sich in ihn und vereint sich mit ihm zu einem Körper mit männlichen und weiblichen Merkmalen, als er in ihrer Quelle badet. Michael Groneberg stellt im zitierten Artikel heraus, wie jener Mythos, vorwiegend bekannt aus Ovids Methamorphosen, bis zum Ende des 19. Jahrhunderts fortbesteht und sich wandelt.

Hoden oder Eierstöcke; *Age of Gonads*) und im 19. Jahrhundert die psychosexuelle Entwicklung (mit der Berücksichtigung „subjektiver Symptome"; dies. 294) zur Diskussion; mit Fortschreiten technischer Möglichkeiten zur Visualisierung immer kleinerer Einheiten gerieten seit Beginn des 20. Jahrhunderts zudem Spermien, Eizellen und Chromosomen bei der medizinischen ‚Detektivarbeit auf der Suche nach dem richtigen Geschlecht' in den Blick. Um 1900 bis weit ins 20. Jahrhundert hinein gibt es eine Spaltung von Wissenschaft und Praxis: Die Eigenvorstellungen der Klienten_innen widersprechen dem Tenor des wissenschaftlichen Diskurses, Hermaphroditismus/Zwittertum als Fehlbildung oder mangelnde Ausbildung des eigentlichen Geschlechts anzusehen und medizinische Zugriffe zu legitimieren. Der Genetiker und Biologe Richard Benedict Goldschmidt prägt 1915 den bis 2006 in der Medizin gängigen Begriff ‚Intersexualität', seitdem etabliert sich der Begriff *Disorders Of Sex Development* (DSD)[10].[11] Mit der Einführung des *gender*-Konzepts in den 1950er Jahren wird die Kluft zwischen Theorie und Praxis überwunden. Bis dahin hält sich die Empfehlung, medizinische Maßnahmen am Geschlechtsgefühl der ‚Intersexuellen' zu orientieren.

Die ‚Intersexualitätsforschung' basiert bis heute auf dem Baltimorer Behandlungs-Konzept von John Money, John Hopkins und Joan Hopkins: In den 1950er Jahren führten die Psychiater_innen Forschungen an über 100 intergeschlechtlichen Menschen durch und arbeiteten dabei Behandlungsmaßstäbe für deren ‚Vereindeutigung' heraus. Geschlechtsumstellungen sollten vor dem dritten Lebensjahr erfolgen, um psychischen Störungen vorzubeugen und idealerweise sollten die Genitalien ebenfalls in dieser Zeit zugerichtet werden. (Ausgenommen Vaginalplastiken: diese erst nach der Pubertät und nur auf Wunsch der betreffenden Person.) Diese Überlegungen waren Teil ihrer *gender-imprinting-theory*[12], nach der für die psychosexuelle Entwicklung das Aussehen der Genitalien von maßgeblicher Bedeu-

---

10 Zur Kritik des Begriffs DSD: Hinkle 2009, Spurgas in Holmes 2009.

11 Für genauere Ausführungen dieser kursorischen Darstellung der historischen Entwicklungen innerhalb des Medizindiskurses vgl. Klöppel 2009 und 2010, Voß 2010; eine kurze Zusammenfassung findet sich in Schröter 2002, sie spricht bereits mit Dreger (1998) vom 18. und 19. Jahrhundert als ‚Age of Gonads' [Zeitalter der Gonaden] (ebd.: 75). Für die Auseinandersetzung mit dem Umgang mit intergeschlechtlichen Menschen im Nationalsozialismus sei auf die Literaturhinweise von Heinz-Jürgen Voß (Fußnote 544) verwiesen.

12 *imprinting*: Prägung

tung sei, da die Eltern eines Kindes es unter Rückbezug auf die Geschlechtlichkeit seiner Genitalien erziehen und so sein Geschlechtsverständnis prägen würden. Entscheidend an dem Modell war (und ist), dass erstens der psychosoziale Geschlechtsunterschied vom biologischen Geschlecht abkoppelbar erschien, indem vor allem Erziehung und soziale Geschlechtszuweisungspraktiken als entscheidend herausgestellt wurden. Zweitens wurden mit dem Konzept der Prägung die Genitalien – verstanden als Zeichen für eine Geschlechtszuweisung – zum Scharnier zwischen Natur und Umwelt: Die Genitalien, als männlich oder weiblich diagnostiziert (oder zugerichtet), dienten als Orientierungspunkt für die soziale Interpretation. Weiter wurden die soziale Prägung und die biologische Grundlage analogisiert, indem beiden Aspekten ähnlich tief greifende Langzeitwirkungen zugeschrieben wurden. (Vgl. Klöppel 2010: 307-336)

Lena Eckert problematisiert das Vorgehen der Baltimorer Forscher_innengruppe wie folgt: „The scientific process, which define (sic) the pathological, work from the assumption of the normal but in the same vein install the norm via pathologization." (Eckert 2010: 22f.)[13] Dieser Zirkelschluss mit all seinen praktischen Implikationen – Operationen, Medikamentengabe, jahrelange psychologische Beobachtung etc. – leitet das *Age of Surgery* (vgl. Dreger 1998) ein: Das Modell der Baltimorer Forscher_innen wird in den USA bereits 1956 ausgezeichnet mit dem Hofheimer Preis der *American Psychatric Association* und wird in der Folge auch im deutschsprachigen Raum aufgenommen: Nach anfänglichen Vorbehalten setzte sich das Behandlungsprogramm um 1970 endgültig durch. (vgl. Klöppel 2010: 336; 538)

Das Baltimorer Konzept ebnete den Weg für die experimentelle Bestätigung und die präventive Behandlung intergeschlechtlicher Menschen zur aktiven Steuerung der psychosexuellen Entwicklung (vgl. dies.: 538f.). Bis heute nehmen „MedizinerInnen und PsychologInnen […] intergeschlechtliche Menschen weiterhin vor allem als Forschungsobjekte wahr und nicht etwa als Expert_Innen in eigener Sache" (dies.: 602). Dies deutet auch ein Zitat des Mediziners Martin Westenfelder im Rahmen des Online-Diskurses des Deutschen Ethikrates über den Umgang mit in-

---

13 „Der wissenschaftliche Prozess der das Pathologische definiert, arbeitet mit einer Annahme davon, was normal ist und festigt im gleichen Zug diese Norm mit Hilfe der Pathologisierung." (Übers. ag)

tergeschlechtlichen Menschen an. Er spricht intergeschlechtlichen Menschen und ihren Organisationen einen Expert_innenstatus ab:

> Bei Betroffenen ist es wichtig, ihre Meinung und Erfahrung zu hören, zu verstehen und in den Denkprozess zu integrieren. Aber auch Betroffene können nur von sich berichten und nicht über DSD urteilen, außer sie haben sich wissenschaftlich, z. B. als Arzt, ausgebildet und mit dem Thema beschäftigt. Das DSD- Phänomen ist zu komplex und zu sensibel, um generelle Meinungen dazu zuzulassen oder nach Meinung von Gruppen Entscheidungen zu fällen. (Westenfelder 2011; Herv. ag)

In den folgenden Abschnitten wird sich zeigen, dass die Annahmen von Westenfelder durchaus kritisch betrachtet werden können. Irmas Erzählungen deuten eine derart intensive, sowohl individuelle als auch kollektive Auseinandersetzung mit und Aneignung von medizinischem Wissen an, dass das tatsächlich vorhandene Wissen über Intergeschlechtlichkeit (als Phänomen mit sozialer Sprengkraft), ‚Intersexualität' (als medizinisch vereinnahmtes und ‚behandeltes' Phänomen) und die eigenen körperlichen und psychischen Bedürfnisse im Umgang mit den versehrten Körpern (und zum Teil: Psychen) wahr- und ernst genommen werden sollte: Die kritische Perspektive auf die ‚Ver-eindeutigung' des Geschlechts im Sinne der „Kombinationslogik des medizinischen Diskurses" (Zehnder 2010: 122) ermöglicht durch die Verunsicherung tradierter Handlungsmuster und Abläufe bestimmte Deutungs- und Sichtweisen überhaupt erst.

3 Irma und die „Verfügungsgewalt der Medizin"[14]

Bevor die intergeschlechtliche Perspektive angemessen in die medizinische Versorgung (insbesondere nach der Pathologisierung und Zurichtung) einbezogen werden kann, muss zunächst überhaupt medizinisches Personal gefunden werden, das Kompetenzen im Umgang mit Intergeschlechtlichkeit aufweist. Bisher kann eine medizinische Versorgung, die abgestimmt ist auf den persönlichen Bedarf und also zu einem Gefühl des Gesund-Seins und Vitalität führt, in den meisten Fällen nur mit größerem Aufwand erreicht werden.

Irma berichtet etwa, dass sie mehrere Stunden unterwegs ist, um eine Versorgung zu erhalten, die ihren Bedürfnissen und Anliegen angemessen ist:

---

14 Kromminga, Ins A/Blaine/Ulrike Klöppel 2009: 24.

"Es gibt sicherlich schon den ein oder anderen Arzt, die ein oder andere Ärztin, die ein bisschen mehr weiß und sich auskennt. Aber man muss halt schon suchen. Und schon allein die Tatsache dass man halt – Ich meine, selbst wenn dann irgendwo jemanden findet, finde ich es dann aber auch ungerecht, dass ich halt dann da super lange suchen muss und vielleicht irgendwie zwei Stunden in eine andere Stadt fahren muss um zu einem Arzt zu gehen und andere Leute müssen das halt nicht. Und das nervt mich dann oft oder das find ich dann blöd."[15]

Irma nimmt wahr, dass sich ihre Art eine geeignete medizinische Versorgung zu suchen, von derjenigen „anderer Leute" unterscheidet. Während sich für sie diese Suche als zeit- und raumaufwendig darstellt, „müssen das andere Leute nicht". Sie empfindet die Situation, so wie sie ist, als ungerecht. Im Umkehrschluss könnte gesagt werden: Irma wünscht sich eine raumdeckende, angemessene medizinische Versorgung auch für intergeschlechtliche Menschen, damit der Aufwand, eine solche Versorgung zu bekommen, ebenfalls angemessen wird. Es gibt stattdessen wenige Ärzte, die überhaupt Expert_innenwissen zum Thema aufweisen. In Deutschland gibt es gegenwärtig zwei Forschungszentren und zwei Unikliniken, die ausgewiesen sind für den Umgang mit Intergeschlechtlichkeit.[16] Offen bleibt, inwiefern die dort beschäftigten Personen zugänglich sind für kritische Co-Expert_innen, die an der Versorgung ihrer manipulierten intergeschlechtlichen Körper gleichberechtigt partizipieren möchten.

Irma erzählt eine weitere Situation, in der eine Endokrinologin (Hormonexpertin) ihr in der Interaktion vermittelt, dass sie kein Wissen über den angemessenen Umgang mit Intergeschlechtlichkeit hat:

"Und das ist dann auch das, was ich meiner Endokrinologin versucht habe klarzumachen, als ich – weil ich auch im Moment überlege, ob ich auf Testosteron umsteigen will. Zu sagen, das eine ist mein, mein Körper beziehungsweise das eine ist mein Stoffwechsel. Und ich bin XY-chromosomal und habe einen männlichen Stoffwechsel oder hatte den zumindest mal. Gleichzeitig lebe ich aber als Frau und das soll auch

---

15 Die Interviewpassagen werden in diesem Artikel aus Gründen der Praktikabilität und Sinnhaftigkeit nicht belegt. Sie wurden orthographisch und grammatisch angepasst, das es sich bei den Transkripten um sehr detaillierte Verschriftlichungen (mit Pausen, Bemerkungen der Interviewerin etc.) handelt.

16 Es handelt sich hierbei zunächst um die *Hamburger Forschergruppe Intersexualität* um die Psychologin Hertha Richter-Appelt und die *Forschergruppe Intersexualität* um Olaf Hoirt in Lübeck. Zweite ist zudem eingebunden in das Netzwerk *EuroDSD*, hier sind außerdem die Pädiatrische Abteilung des Uniklinikums Kiel und die Abteilung für Humangenetik des Uniklinikums Münster (vgl. http://www.eurodsd.eu; 09. Januar 2012).

so bleiben. Und dass das nebeneinander stehen kann und gleichzeitig sein kann, das begreifen viele Ärzte und auch viele Menschen einfach nicht."

Irma beschreibt hier, was es bedeutet, eine ‚geschlechtsuntypische' Versorgung für den intergeschlechtlichen Körper zu fordern. Diese Passage zeigt auf einer weiteren Ebene, welche Komplikationen sich für intergeschlechtliche Personen im Umgang mit dem Medizindiskurs ergeben können. Sie deutet die Problematik an, dass Mediziner_innen ihrer Erfahrung nach keine Kompetenzen im Umgang mit Intergeschlechtlichkeit aufweisen. So ist es für Irma mühsam zu vermitteln, dass eine Umstellung ihrer Medikation gesundheitsfördernd sein könnte. Weiter deutet Irma mit dem Zusatz „und viele Menschen" an, dass es sich um eine gesellschaftliches Phänomen handelt, Geschlechtlichkeit immer binär-kohärent zu denken und keine ‚Brüche' zulassen zu können.

3.1 Pathologisierung

In Irmas biographischen Schilderungen ihrer ersten Begegnungen mit der medizinischen Institution (verstanden als normativ handelndes Regelsystem in einer – dieser – Gesellschaft), in denen die Pathologisierung über Diagnose und Diagnostik stattfindet, lassen sich die entscheidenden Kategorien zur Beschreibung ihres Verhältnisses zur Medizin nachweisen.

3.1.1 Geburtsnarrativ

Irma berichtet an verschiedenen Stellen ihrer Biographie von Situationen, in denen Mediziner_innen aus ihrer Sicht inkompetent gehandelt haben. Bereits im Geburtsnarrativ von Irmas Biographie deutet sich ihr generelles Misstrauen gegen die ärztliche Kompetenz an. Jenes wird sich durch das komplette Interview ziehen.

> "Ich bin Ende der Siebziger zur Welt gekommen [...] als ganz normales in Anführungszeichen Mädchen. Also eigentlich relativ unauffällig bis auf die Tatsache, dass ich einen doppelseitigen Leistenbruch hatte, was bei Mädchen sehr selten vorkommt. Das ist eigentlich häufiger bei Jungs und ein Arzt, der sich mit dem Thema vielleicht ein bisschen besser ausgekannt hätte, hätte da schon ein bisschen hellhörig werden können. [...] Und das ist etwas, was mir bis heute noch so ein bisschen unklar ist: Ob die Ärzte da einfach aus Unwissenheit was anderes reingeschrieben haben, weil das waren eben de facto Hoden oder Hodengewebe."

Die Geburtsereignisse werden genutzt, um das *Misstrauen gegen die Fachkompetenz* der behandelnden Mediziner_innen in der erzählten Lebensgeschichte vergegenständlichen zu können.[17] Irma entgeht einem frühkindlichen Zugriff, weil die behandelnden Mediziner_innen ihren Körper qua Geschlechtszuweisung als weiblich wahrnehmen. Die imaginierte Bedrohung wird durch den ‚normierten Blick‘ der Mediziner_innen abgewendet: Es kann hier abgeleitet werden, dass mit der Information, es liege ein Mädchen auf dem Operationstisch, die Gonaden möglicherweise aus sinnlogischen Gründen auch für Ovarien gehalten wurden. Es wird hier davon ausgegangen, dass die Verbindung von vermeintlichen Merkmalen mit dem zugeschriebenen Geschlecht einer Person[18] auch auf innere Organe übertragen werden kann (also mit der Zuschreibung eines Geschlechts die Organe als eben diesem Geschlecht entsprechend eingelesen werden) und Mediziner_innen auch dann nicht frei von zweigeschlechtlichen Sozialisationsparametern sind, wenn sie das Innere eines Körpers betrachten und das zugewiesene Geschlecht der zu behandelnden Person kennen.

Irma deutet hier an, dass das mangelnde Wissen über Intergeschlechtlichkeit eine Diagnose bei der Geburt verhindert haben könnte und weist damit implizit auf die Abwendung der frühkindlichen medizinischen Zugriffe aufgrund von Unwissen der Mediziner_innen hin. Sie kann mit Hilfe ihres mittlerweile angeeigneten Wissens zum Thema retrospektiv die Möglichkeit einer frühkindlichen Diagnose und medizinischer Zugriffe imaginieren. Ihr ist bewusst, dass eine Diagnose der Keimdrüsen (Gonaden) als ‚Hoden‘[19] zu diesem Zeitpunkt einen medizinischen Zugriff

---

17 In meiner Dissertation gehe ich näher auf die Bedeutung der Geburtsnarrative in intergeschlechtlichen biographischen Erzählungen ein. Die zu belegende These ist, dass das Geburtsnarrativ die intergeschlechtliche Biographie in besonderer Weise strukturiert und damit den Verlauf der Erzählung in bestimmter Weise ankündigt – und also herausfordert.

18 Vgl. hierzu die viel zitierte „Säuglingsstudie“: Die Forscher_innen legten ein neutral angezogenes Kind verschiedenen Studierenden vor und bezeichneten es entweder als männlich oder weiblich. Je nach Geschlecht erhielt der Säugling stereotyp männliche bzw. weibliche Eigenschaften Zuschreibungen. (Stern/Karraker 1989)

19 Neuere Studien lassen Zweifel aufkommen, ob die bei intergeschlechtlichen Menschen vorliegenden Gonaden aufgrund unterschiedlicher Merkmale bspw. in der Hitze(un)empfindlichkeit tatsächlich als männliche Hoden definiert werden können oder es sich nicht doch eher um – möglicherweise sogar reproduktionsfähige – intergeschlechtliche Gonaden handelt. (Davon berichtet Zwaantje in ihrem Interview.) Um diese noch zu vertiefende Erkenntnis zu integrieren, wird der Begriff im Folgenden in einfache Anführungszeichen gesetzt.

im Kleinkindalter zur Folge gehabt hätte, bei dem die Gonaden chirurgisch entfernt worden wären, um die Kombinationslogik des vergeschlechtlichten Körpers herzustellen.

3.1.2 Anstoß des Misstrauens

Irmas Misstrauen wird in der erlebten Lebensgeschichte bei einer Handwurzelknochenuntersuchung zu Beginn der Pubertät initiiert:

> "Ich [war] mal mit meiner Mutter in der Kinderklinik zur Handwurzelknochenuntersuchung, weil ich damals schon sehr groß war. [...] Und da kann man ja diese Handwurzelknochenmessung machen, um so die die Größe zu berechnen. Und da wars so, dass der Arzt im Kinderkrankenhaus dann aus irgendwelchen Gründen auf die Idee gekommen ist, dass er mich mal untersuchen könnte. Nee, ich glaub, ich war schon ein bisschen älter. Ich war, glaub ich, wahrscheinlich eher so dreizehn vierzehn. Ja, so eine Art kleine gynäkologische Untersuchung gemacht hat. Ich weiß auch bis heute wie gesagt nicht so genau, wie er da drauf gekommen ist. Da fiel dann das erste Mal so der Begriff Pseudohermaphroditismus masculinus."

Irma berichtet hier von einer Handwurzelknochenuntersuchung, zu der sie gemeinsam mit ihrer Mutter in die Kinderklinik fährt. Die Untersuchung soll klären, wie groß Irma voraussichtlich noch werden wird. Nachdem sie ihr Alter von eingangs „elf oder zwölf" auf „wahrscheinlich eher so dreizehn, vierzehn" korrigiert hat, spezifiziert sie die Untersuchung als eine gynäkologische und expliziert dann, dass sie sich diese Untersuchung bis heute nicht erklären kann. Als Ergebnis dieser Untersuchung hört sie zum ersten Mal die Diagnose *Pseudohermaphroditismus masculinus*, das Ergebnis der eigentlichen Handwurzelknochenuntersuchung wird nicht berichtet. Die Erzählung bringt insbesondere Irmas Ratlosigkeit über den Verlauf der Behandlung zum Ausdruck. Der Arzt hatte sein Handeln nicht näher erläutert und die gynäkologische Untersuchung durchgeführt, ohne Irma darüber aufzuklären. Die Untersuchung erfolgt unangekündigt, ohne Erläuterungen und überraschend, die Motivation des Arztes ist ihr bis heute unbekannt – das ist auch deshalb bemerkenswert, weil Irma ihre Krankenakte kennt.[20] Irma erlebt hier einen Umgang, der von *mangelnder Transparenz* geprägt ist und ihr späteres *Misstrauen* gegen Mediziner_innen und ihre Kompetenz gleichsam begründet. Die Tatsache,

---

20 Gleich zu Beginn des Interviews erklärt Irma, dass sie die Ereignisse um ihre Geburt aus der Krankenakte kennt, deren Inhalte sie, wie sie später erläutert, selbst zusammengetragen hat.

dass der Arzt keine Erklärung für die unbekannte Diagnose folgen lässt (nach Irmas Erzählung auch nicht für die Mutter), prägt sich Irma ein. Als ihre Menstruation ausbleibt, erinnert sie sich an das Erlebte:

> "Aber manchmal hab ich dann auch so gedacht naja, vielleicht stimmt ja doch was nicht. Da war doch damals irgendwie dieser Arztbesuch und der hat doch irgendwas gesagt, und es war so'n, so'n diffuses Ding im Hinterkopf, vielleicht ist ja doch irgendwas anders. Und, wie gesagt, weiß ich bis heute nicht so genau wie der damals da drauf gekommen ist."

Die nominale Pathologisierung (*Pseudohermaphroditismus masculinus*) wird durch das intransparente Vorgehen ebenso wie durch die unangekündigte und in ihrem Leben erstmalige gynäkologische Untersuchung verstärkt, *dramatisiert*. Für Irma gibt es keine Möglichkeit, sich die Ereignisse zu erklären, auch ihre Mutter, die sie zu der Untersuchung begleitet hatte, hat keine weiteren Informationen für sie. Der unangekündigte Zugriff auf den pubertierenden Mädchenkörper folgt seitens des Arztes sinnlogisch aus der konstatierten Expertise zur und Deutungshoheit über die Zweigeschlechtlichkeit, die die Medizin für sich beansprucht. Das dichotome Verständnis von Geschlecht und damit die Pathologisierung aller Varianten von Geschlecht, die nicht in dieses binäre Raster passen, ist deterministisches Grundprinzip (vgl. Schmitz 2006) ihres Geschlechterbildes und legitimiert den Zugriff auf den Körper zur Abwendung von Krankheit. Was nicht in diesen Dualismus passt, ist im Sinne fehlender Intelligibilität dem legitimierten Zugriff ausgesetzt.

3.3.3 Gynäkologisierung

Irma wartet bis zum 16. Lebensjahr auf ihre Menstruation. Bis dahin hatte sie sich mit der verzögerten Geschlechtsentwicklung ihrer Großmutter identifiziert, nun ist diese Erklärung nicht mehr plausibel. Sie sucht eine Frauenärztin auf, um die Ursache abzuklären. Das folgende Ereignis ist die Schlüsselszene der erlebten Lebensgeschichte.

> "Und dann weiß ich noch, dass die [Frauenärztin] eine Ultraschalluntersuchung gemacht hat und ich noch so meinte: „Ach, ich kann da ja immer so überhaupt nichts erkennen." Und sie guckte mich nur ziemlich betreten an und sagte nicht viel. Ja, und hinterher kam dann raus, dass ich auch nichts hätte erkennen können, weil nichts da war. Also da, da war dann schon, sofort klar: Ich hab eben keine, keine Gebärmutter, keine Eierstöcke das ist alles, aus irgendwelchen mysteriösen Gründen nicht da."

Die Passage unterscheidet sich in einigen bedeutenden Punkten von der Handwurzelknochenuntersuchung: Erstens ist Irma bereits älter und nimmt die Ereignisse vermutlich anders und möglicherweise differenzierter wahr, weil im Zuge der Pubertät Veränderungen des Selbst einsetzen.[21] Zweitens ist die Interaktion begleitet von einem bildgebenden Medium, das der Frauenärztin (und – auch ohne Expertinnenwissen – Irma) visualisiert, dass Irma weder Gebärmutter noch Eierstöcke hat. Das Ultraschallgerät spielt hier als Vergegenständlichung des eigenen Zustandes eine so entscheidende Rolle, dass Irma gerade diese visualisierende Untersuchung auch Jahre später noch detailliert erzählen kann. Die mediale Manifestation von Wissen ist hier eine Art Versicherung und Untermauerung der Diagnose.

Die Frauenärztin erklärt Irma im Anschluss an die Untersuchung, dass sie einen Rezeptorendefekt habe, durch den die Hormone nicht richtig wirken könnten. Dieser Defekt habe dazu geführt, dass die inneren Geschlechtsorgane sich nicht ausgebildet hätten. Die Frauenärztin reproduziert hier das aufklärerische Bild von Intergeschlechtlichkeit als ‚unfertiges' Geschlecht (s. Abschnitt 2)[22]. Nach einer Chromosomenanalyse und einem Hormonstatus – von denen Irma erst nach Einsicht in die Krankenberichte erfährt – werden ihr innen liegende ‚Hoden' diagnostiziert. Irmas körperliche Erscheinung wird weiter pathologisiert, indem ihr und ihrer Mutter mit der Begründung, innen liegende ‚Hoden' wiesen ein erhöhtes Krebsrisiko auf, deren Entfernung (Gonadektomie) nahe gelegt wird: „Männliche Gonaden sind an und für sich nicht pathologisch, werden es aber, wenn sie mit einem weiblichen äußeren Genitale auftreten." (Zehnder 2010: 109)

Dass ihre Gonaden ‚männliche' Geschlechtshormone (Androgene) produziert hatten, die ihr Körper nicht zu Testosteron (wirksame Form der Androgene), sondern zu ‚weiblichen' Geschlechtshormonen (Östrogenen) umgebaut hatte, erfährt sie erst nach der Gonadektomie und eher durch Zufall: Eine Freundin zeigt ihr die CAIS (*Complete Androgen Insensitivity Syndrome* – komplette Androgenresistenz)

---

21 An dieser Stelle ist (noch) nicht an eine bestimmte Entwicklungspsychologische Theorie gedacht. Beispielhaft angeführt sei Erik H. Erikson, der in der besagten Zeit den Übergang von Stadium 4 (Werksinn gegen Minderwertigkeitsgefühl) zu 5 (Identität gegen Identitätsdiffusion) seines Stufenmodells psychologischer Entwicklung ausmacht. (Vgl. Erikson 1966: 98-114)

22 Dies wird zur Zeit der Pathologisierung Irmas verschiedentlich und nicht zuletzt unter Berufung auf Money et al. vertreten. Vgl. bspw. Eicher 1995, Wallis/Dittmann 1982, Hage/Haumann 1995.

in einem Biologiebuch. Die Erklärung, die insbesondere den XY-Chromosomen-satz in den Blick nimmt, lässt Irma ihre Situation neu sehen. Mit dem Verdacht, selbst einen XY-Chromosomensatz zu haben, sucht sie erneut das Gespräch mit der Frauenärztin.

> "Und dann bin ich mit dieser Info dann zu meiner Frauenärztin und hab gemeint: „Ja, das und das, und so. Ich hab das und das gelesen und kann das sein, dass das das ist was ich auch hab?" Und da meinte sie: „Ja, das ist so." Ja. das war dann, natürlich schon erstmal ziemlich krass."

Erst die *eigenständige Informationsbeschaffung*, in diesem Fall mit Hilfe der Freundin, ermöglicht Irma ein Verstehen. Die Erklärung des ‚gegengeschlechtli-chen' Chromosomensatzes vermittelt ihr erst ein Verständnis von ihrer körperli-chen Verfasstheit. Diese Erkenntnis macht Irma sich im weiteren Umgang mit Mediziner_innen zu Eigen.

3.2 Zurichtung

Auf eine Pathologisierung (Diagnose und Diagnostik des intergeschlechtlichen Körpers) folgt in der Regel eine zeitnahe Zurichtung im Sinne der geschlechtlichen Kombinationslogik: „Entscheidend ist, dass die einzelnen Merkmale nicht beliebig, sondern nur in einer bestimmten Weise kombiniert werden können, ansonsten liegt medizinisch betrachtet eine Normabweichung vor." (Zehnder 2010: 110) Die Idea-lität einer geschlechtsspezifischen Morphologie, der weiblichen, wird „buchstäb-lich dem Fleisch eingraviert" (Butler 2009: 92), indem jene Indizien, die körperli-che Brüche mit der Geschlechtszuweisung darstellen, umgehend entfernt werden.

Auch Irmas Körper wird ‚angepasst'. Wie bereits oben beschrieben, wird ihr und ihrer Mutter eine Gonadektomie angeraten mit der Begründung, die ‚Hoden' wiesen aufgrund ihrer Empfindlichkeit gegen die höhere Temperatur im Körperinne-ren ein erhöhtes Entartungsrisiko (Krebs) auf. Aufgrund der Dramatik, mit der die Gonadektomie als notwendiges Mittel angebracht wird (möglich gewesen wäre aus heutiger Sicht stattdessen auch eine engmaschige Ultraschallkontrolle der Go-naden), entscheiden sich Irma und ihre Mutter für eine Operation. Irma werden also im Anschluss an die Diagnose zeitnah (mit 17 Jahren) die Gonaden entfernt.

> "Als die OP gemacht wurde, ein paar Monate später, war ich dann schon war ich auch siebzehn, also ich war durchaus in einem Alter, wo man da auch schon eine Meinung

zu hat und kein kleines Kind mehr [ist]. Aber auch für mich war es eben so, ja, wenn da gesagt wird ‚Krebs' und wenn meine Mutter auch der Meinung ist, dass das wichtig ist oder dass das der richtige Schritt ist, dann ist das so. Und dann hatte ich, wie gesagt, mit siebzehn glaub ich die Gonadektomie, also die Entfernung der Keimdrüsen."

Irma deutet in dieser Passage bereits kurz an, dass sie sich mit 17 Jahren als mündige Person versteht. Ihre Anmerkung, sie sei bereits in einem Alter gewesen, in dem sie „schon eine Meinung hat", spielt bereits auf die fehlende umfassende und eingewilligte Information (*informed consent*) durch die Frauenärztin an. Irmas Einzelfall untermauert die häufig zu findende Aussage intergeschlechtlicher Personen(gruppen), Mediziner_innen hielten Informationen wissentlich zurück und verhinderten so eine patient_innenorientierte Behandlung zugunsten der Ausübung normativer Parameter.[23]

Erst mit der Konfrontation der Frauenärztin (s. o.) erfährt Irma, dass sie einen XY-Chromosomensatz hat und sie keine Kinder bekommen kann. Die Frauenärztin versichert ihr, dass sie dennoch eine „ganz normale Frau" sei. Irma erlebt nach diesem Gespräch eine kurze persönliche Krise, in der sie ihr Selbstbild neu ordnen muss:

"Und das mit diesem- mit dem Chromosomensatz war dann schon noch mal eine andere Nummer. [...] Standen dann auch so Sachen, die vorher immer ganz normal waren, in einem ganz anderen Licht. Ich war halt ein super wildes Kind, und bin irgendwie auf jeden Baum geklettert und auch wieder runtergefallen, hatte ständig aufgeschürfte Knie, und ja. War, halt immer sehr, sehr wild, [...] Mit dem XY-Chromosomensatz stand das auf einmal schon in einem anderen Licht. Und ich hab so gedacht: ‚War ich dann eher so wild weil ich eigentlich doch irgendwie ein Junge war oder bin?'"

Die Diagnose verursacht zunächst eine scharfe Zäsur ihres Subjektivierungsprozesses als Mädchen/Frau, die Gebärunfähigkeit (als Marker für Weiblichkeit) spielt dabei eine entscheidende Rolle. Die darauf folgende Verunsicherung ihrer Geschlechtsidentität wird nach einigen Tagen der Reflexion mit einer nichtrationalen Erklärung beigelegt: Aufgrund ihres Lebens und ihrer Sozialisation als Mädchen und Frau seit mehr als achtzehn Jahren erachtet Irma die Möglichkeit, ein Junge zu sein, als „absurd" und als Erklärung für ihr Mädchen/Frau-Sein dient das Schicksal.

---

23 Siehe etwa http://blog.zwischengeschlecht.info; Völling 2010; Auslegungen der Internationalen Vereinigung intergeschlechtlicher Menschen (IVIM) auf http://www.intersexualite.de; dokumentiert/analysiert auch von Fröhling 2003; Lang 2006, Kessler 1998; Holmes 2009.

Irma sucht die Frauenärztin einige Jahre später wieder auf, als sie ihre Kranken-
geschichte nachvollzieht und die entsprechenden Unterlagen zusammenträgt.

"Und sie meinte dann damals, sie hatte das Gefühl, dass sie mir das nicht zumuten
kann und dass ich da nicht stabil genug gewesen wäre um das auszuhalten. Und da
hab ich dann auch dann so im Nachhinein dann gedacht: ‚Ja, ich meine wer weiß was
sie mir dann als nächstes – wo sie dann als nächstes der Meinung gewesen wäre, dass
sie mir das nicht zumuten kann.' Und wo dann für mich ganz, klar war, da gibts kein
Vertrauensverhältnis mehr."

An anderer Stelle bekräftigt Irma diese Aussage mit dem Hinweis, sie hätte unter
keinen Umständen weiterhin diese Ärztin aufsuchen können. Ihr Misstrauen gegen
Mediziner_innen materialisiert sich hier in der Interaktion mit der Frauenärztin.
Die Zuschreibung, Irmas psychische Stabilität hätte mit der Information über ihre
Intergeschlechtlichkeit überstrapaziert werden können, zerstört das Vertrauensverhältnis von Patientin und Ärztin. Mit den damaligen Behandlungsempfehlungen bei
Intergeschlechtlichkeit kann das Verhalten der Frauenärztin hergeleitet werden: In
einer medizinischen Veröffentlichung zum Thema von 1982 wird u. a. empfohlen,
möglichst wenige und wenn, dann beschönigende Informationen nach außen drin-
gen zu lassen, das zugerichtete Kind zudem erst mit der Pubertät umfassend über
seine ‚Besonderheit' aufzuklären und nur das Nötigste, bspw. bei Problemen, offen
zu legen. (Wallis/Dittmann 1982)[24]. Oberstes Gebot ist die Anpassung inkongruen-
ter Geschlechtskörper und eine Informationspolitik, die der Medizin als einzige
Wissens-Instanz eine hegemoniale Stellung im Umgang mit Intergeschlechtlichkeit
einräumt. Zum Zeitpunkt der Gonadektomie (Mitte der 1990er Jahre) gibt es noch
keinen kritischen Diskurs aus der politischen Bewegung intergeschlechtlicher
Menschen. Die Arbeitsgruppe gegen Gewalt in der Pädiatrie und Gynäkologie
(AGGPG)[25] als erste medizinkritische Betroffenenvereinigung gründet sich 1996.
Es ist also anzunehmen, dass die Frauenärztin zwar nach bestem Wissen gehandelt
hat; nichtsdestotrotz erzeugt sie mit ihrem Handeln eine *Wissenshierarchie*, durch

---

24 „Im Stadium der Diagnostik und der Entscheidungsfindung hat es sich in einigen Fällen bewährt, gegenüber Dritten zunächst von ‚Fehlbildungen der Harnwege' sprechen zu lassen, um
   Untersuchungen und Krankenhausaufenthalte zu erklären." (Wallis/Dittmann 1982:447)
25 Gegründet am 08. März 1996 von Michel Reiter und Heike Bödeker. (Vgl. Selbstdarstellung
   der AGGPG, http://www.stachel.de/00.01/1AGGPG.html)

die Irma ohne umfassende Information kastriert wird und ihr Vertrauen in medizinische Kompetenz unterminiert.

Für Irma folgt aus dieser uneingewilligten Operation eine lebenslange Hormonersatztherapie. Wie oben bereits angedeutet, nimmt sie zunächst einige Jahre lang Östrogene ein, bis sie Überlegungen anstellt, auf die Einnahme von Testosteron umzusteigen. Zum Zeitpunkt des Interviews befindet sie sich gerade in der Entscheidungsphase.

"Dadurch, dass ich selber nicht so hundert Prozent sicher bin, dass ich das will, bin ich dann auch eher wieder anfällig für diese Skepsis und Gegenargumente der Ärzte, und dadurch eier ich da ziemlich rum. Und das ist dann halt auch was wo es mir dann wirklich, ja, schlecht mit geht. Ist jetzt auch schon wieder n bisschen arg vielleicht von der Formulierung, aber wo ich – was grad. Wirklich – wo ich so wirklich das Gefühl hab es ist scheiße."

Obwohl sie bereits überlegt, ob sie Testosteron einnehmen soll und begründete Argumente dafür vorbringt (bspw. Antriebslosigkeit und Schwermut unter Östrogeneinnahme), hindern sie doch die Bedenken der behandelnden Mediziner_innen am Beginn einer solchen Hormontherapie. Die Macht des Medizindiskurses beeinflusst ihre Entscheidungen weiterhin. Es ist nicht ohne weiteres möglich, sich als Einzelperson dem Diskurs vollständig zu entziehen.

An erster Stelle steht für Irma die Kritik an der uneingewilligten oder uninformierten Kastration. Sie kritisiert diese insbesondere auch deshalb, weil das Vorgehen ihrer Frauenärztin für sie lebenslange Beeinflussung durch eine Medikation bedeutet, die in anderen Fällen (Wechseljahre) mittlerweile genauestens abgewägt wird.

"Warum musste dann auch diese und musste diese Operation wirklich sein? Und ich muss mich mit diesem Scheiß rumplagen und dieser blöden Hormonersatztherapie und den Risiken und Nebenwirkungen. Und das ist dann halt wirklich was, wo ich sage: Das müsst ich nicht haben."

Irma erkennt ihre Zurichtung und die Folgen zwar als Realität an, leidet jedoch bis heute unter den Folgen, die sie zu einer fortwährenden Auseinandersetzung mit ihrem Körper, ihrer Gesundheit und der Behandlung im Sinne ihrer Bedürfnisse zwingen.

"So mit diesem anderen nicht unbedingt ins Raster passen, das finde ich mindestens neutral, wenn nicht auch sogar ganz- ganz gut. Aber dieses, dieses Stoffwechsel Hormon operiert sein Thema, das ist halt wirklich ätzend. Das ist auch nichts, womit man sich die ganze Zeit und permanent beschäftigen muss und was irgendwie immer da ist, aber wenn ich mich damit beschäftige, ist das schon eher was, wo ich sage: Das ist jetzt nicht gerade so toll."

Sie konstatiert, dass Mediziner_innen fehlen, die eben jene Arbeit übernehmen können, die eigentlich auch ihre Aufgabe ist: Ihren kastrierten Körper adäquat zu behandeln, sie zu beraten und angemessene Entscheidungen im Sinne ihrer Gesundheit für sie zu treffen.[26] Möchte sie eine hinreichende Behandlung, muss sie mehrere Stunden Anfahrtsweg auf sich nehmen

Der *Vertrauensbruch* ihrer Frauenärztin und weitere negative Erfahrungen mit Mediziner_innen, die teils zu geringe Kompetenzen aufweisen, teils wichtige Aspekte ihrer Erkenntnisse verschweigen oder qua Diagnose einen uneingeschränkten Zugriff auf den Körper ableiten (weil sie intergeschlechtliche Personen primär als geeigneten Forschungsgegenstand sehen; vgl. Zehnder 2010: 113), wirkt sich stark auf Irmas Verhältnis zur Medizin aus, sie entwickelt (auch retrospektiv) ein Misstrauen gegen alle ärztlichen Diagnosen und stellt die Richtigkeit der Berichte in ihrer Krankenakte in Frage. Die Art und Weise, mit der sie in dieser Untersuchung pathologisiert wird, beeinflusst ihr Verhältnis zur Medizin– und zu sich selbst – nachhaltig.

4 Widerstand kontrollierter Körper: Emanzipation und politischer Widerstand

4.1 Emanzipation

Irmas Emanzipation beginnt bereits mit der Konfrontation der Frauenärztin: Dort positioniert sie sich erstmals kritisch gegen eine medizinische Diagnose und erreicht mit ihrer Nachfrage, dass sie umfassend informiert wird. Einerseits wird hier der Grundstein gelegt für Irmas gesteigertes Misstrauen in die Kompetenz und

---

26 Zur Veranschaulichung vereinfacht gesagt: Geht eine Person mit einer Blinddarmentzündung zu Mediziner_innen, kann sie sich darauf verlassen, das der Diagnostik eine entsprechende Behandlung folgt: Der Drucktest und ein Blutbild bestätigen die Entzündung, bei einer Operation wird das entzündete Gewebe entfernt, anschließend ggf. Medikamente verschrieben und eine Bettruhe angeordnet etc. Irma kann sich hingegen nicht darauf verlassen, dass Mediziner_innen Wissen über die Behandlung ihrer Kastrationsfolgen haben. Ergänzend sei hier die Problematik angedeutet, dass natürlich Phänomene auftreten, die nicht diagnostiziert werden (können) oder Krankheiten, deren angemessene Behandlung ähnlich mühsam ist (bspw. Hashimoto Thyreoiditis). der Unterschied zu solchen Phänomenen ist, dass hier eine entsprechende gesellschafts- und sozialtheoretische Manifestierung fehlt, die den Umgang begründet.

Diagnostik der Mediziner_innen. Sie macht andererseits früh die Erfahrung, dass sie durch das eigenständige Nachprüfen die Wissenshierarchie zu Mediziner_innen abgebaut wird, sie mehr Sicherheit in der Diagnostik bekommt oder mindestens bekommen kann und sie damit auch Fehlbehandlungen oder solche, die sie nicht gutheißt im Hinblick auf ihre Gesundheit verhindern kann. Mit der Enteinzelung durch die Selbsthilfegruppe (SHG) und deren Unterstützung bei der weitergehenden kritischen Betrachtung und Neueinordnung medizinischer Zugriffe und Diagnosen steigert sich das Gefühl der Eigenmächtigkeit hin zur Entwicklung der Ansicht, dass ihr nichts anderes Übrig bleibt, als im Sinne eines verantwortungsbewussten Umgangs mit der eigenen Gesundheit Selbstdiagnostik zu betreiben. Dieses Selbstverständnis als selbstbewusste Patientin empfindet sie weniger als Segen denn als Zwang: Die Erfahrung, dass Mediziner_innen in der Zwei-Geschlechter-Logik verharren und damit beispielsweise so genannte gegengeschlechtliche Hormonersatztherapien schwerlich bewilligen (es mindestens ein großer Aufwand ist, eine_n zu finden, der dazu bereit ist) – auch, weil ihnen in der Regel das entsprechende Detailwissen über Intergeschlechtlichkeit fehlt.

Gerade dieser Prozess der Aneignung des Datenmaterials über die eigene Person und das ‚Lesenlernen' dieser Akten sind in vielen intergeschlechtlichen Biographien eine Art ‚*Befreiungsschlag*': Mit der Möglichkeit, die medizinischen Dokumentationen auszuwerten und/oder anderen, erfahreneren Personen zur Durchsicht zu geben und sich letztlich durch diesen Prozess und laufend danach ein *Co-Expert_innenwissen* über Intergeschlechtlichkeit anzueignen entsteht ein Möglichkeitsraum intergeschlechtlichen Widerstandes gegen den Medizindiskurs. Das Selfempowerment, entstanden aus der *Hilfe zur Selbsthilfe* in der Gruppe, führt bei Irma zu einem Autonomiebestreben, das sich letztlich – also zum Zeitpunkt des Interviews – von möglichst vielen geschlechtlichen Konventionen zu befreien sucht.

"Ich hab für mich aber mittlerweile so einen Halt in mir selber, dass ich einfach in allen Schubladen rumhüpfen kann. Oder sagen kann: „Ich gehör da dazu, und da aber auch, und da, und da, und da auch, und überall." So ein bisschen, mal mehr da, mal mehr da, aber immer irgendwie überall."

4.2 Kollektives Wissen/Hilfe zur Selbsthilfe

Die kollektive Wissensaneignung innerhalb dieses ‚Subraums' geschlechtlicher Realität durch selbstorganisierten Austausch und Weitergabe von Wissen hat seit 1996 bis heute eine ‚Gegenöffentlichkeit' zum herrschenden Diskurs geschaffen. Die Selbsthilfegruppe bietet wiederum Hilfe zur Selbsthilfe, indem erstens über *peer-teaching* Informationen von erfahrenen Mitgliedern an unerfahrene weitergegeben werden, zweitens *Beratungen*/Kriseninterventionen ‚auf Augenhöhe' angeboten werden.

Bisher existieren weiterhin gerade in den ausgewiesenen Institutionen genügend Mediziner_innen, die an frühkindlichen Zurichtungen und der Pathologisierung und Alterisierung von Intergeschlechtlichkeit und damit der Erforschung bzw. Festigung der Strukturen und Mechanismen der Heterosexualität (als hegemoniales System unserer Gesellschaft, das mit der normativen Sexualität die Zweigeschlechtlichkeit herleitet und bedingt) festhalten. Zwaantje, 56 Jahre alt und Mitte 20 gonadektomiert – ebenfalls mit der (in jenem Alter eher abwegigen) Begründung eines erhöhten Entartungsrisikos ihrer ‚Hoden', beton die Gewaltförmigkeit dieser Sinnlogik:

> "Intersexualisiert zu sein [pathologisiert und zugerichtet zu sein] halte ich heute eigentlich eher für einen Gewaltakt an mir und meiner Persönlichkeit. Das ist ein hoher Preis, den die Gesellschaft mich hat zahlen lassen, [...] und dass man mir diese strukturelle staatliche Gewalt angetan hat." (Zwaantje, 56)

4.3 Parodie und Subversion

Eine außergewöhnliche Form des Widerstandes, die wegen ihrer Besonderheit nicht unerwähnt bleiben soll, wählt Kess[27]. Kess entscheidet sich für das Mittel der

---

27 Kess versteht sich selbst als intersex (wie im Zitat zu lesen) und bot auf meine Nachfrage hin an, entweder sächliche oder weibliche Personalpronomen zu verwenden. Im Sinne einer aufmüpfigen Sprachpraxis könnten sächliche Pronomen verwendet werden, da sie recht sicher die Leser_innen nachhaltig irritieren würden. Im Sinne einer wissenschaftlich legitimierbaren Herangehensweise ans Datenmaterial fällt die Entscheidung hingegen schwer. Mit der Verwendung von (egal welchen) Pronomen, so hat sich bspw. in der Forschungswerkstatt von Peter Alheit in Göttingen gezeigt, wird die Dynamik der Forschung beeinflusst, indem sich die Sprachentscheidung über die Biographie legt, die eigentlich möglichst voraussetzungsarm auf das geschlechtliche Verständnis der Befragten hin untersucht werden soll. Aus diesem Grund

Parodie, um den Diskurs zu karikieren und Denkprozesse den Interaktionspartner_innen anzustoßen:

"Das mit dem Mittelalter-Stil ist dann irgendwann dazu gekommen, weil ich mir dachte: ‚Okay, cool, ich kann eine Message damit rüberbringen an die Leute. Gerade an die Ärzte, wenn ich sie besuche. Also so nach dem Motto: Sind ja noch irgendwie vorsintflutlich und irgendwo noch im Mittelalter mit der Medizin, ne? Gerade wenn ich zum Beispiel zu Endokrinologen gehe, die mich noch nicht kennen, dann geh ich da wirklich in voller Montur hin ne, und schmink mich auch nicht und sonst wie und mach dann halt einen Bauernzopf und geh denn halt da hin und sprech' denn auch so ein bisschen in der mittelalterlichen Sprache und so. Und die fühlen sich denn natürlich so ein bisschen auf den Schlips getreten in dem Moment, aber ich glaub, die verstehen die die Nachricht, die ich in dem Moment übertragen möchte auch. Geh ich von aus, sonst würden die nicht so angepisst reagieren."

Kess nutzt in gewisser Weise die Instabilität normativer Identitäten produktiv, indem Kess mit Hilfe einer Parodie der Normen des Medizindiskurses diese ad absurdum zu führen versucht. Mit Kess' Auftreten, das einer Überspitzung der gängigen Mittel des Diskurses gleichkommt, möchte Kess die Reflexion der Interaktionspartner_innen anregen und ihnen so die Starre ihrer normativen Behandlungsparameter deutlich machen. Mit dem Spielen der Rolle einer mittelalterlichen Frau (verstanden als *drag*) unterläuft Kess die Zuschreibung ‚Frau' – und in diesem Zuge ebenso die Zuschreibungen/Zwänge ‚selbstbewusste Patient_in' und ‚Kranke_r': als die mittelalterliche Frau als unterworfenes Subjekt, deren Mündigkeit immer nur in Abhängigkeit zum zugeordneten (Ehe-)Mann als Stellvertreter ihrer Bedürfnisse existiert, führt sie den Mediziner_innen ihre eigentliche Unmündigkeit bei der Zurichtung vor Augen und konstatiert gleichzeitig ihre Machtlosigkeit gegen den medizinischen Diskurs. (vgl. Butler 1991, 1996)

Auch Irmas Leben wird zum Politikum. Als weiblich lebende Person mit intergeschlechtlich diagnostizierten Anteilen erweitert sie die Geschlechtskategorisierung, ohne sie auszulösen. Das *doing gender* bleibt ein solches, das zwar Geschlecht als Kategorie in seinen Grenzen zweifelhaft erscheinen lässt, die Grenzen als solche nicht auflöst, aber zu verschieben fähig ist. Irmas Praxis der *Subversionen* normativer (Geschlechts-) Vorstellungen hat im Bereich der Medizin das Po-

---

vermeide ich bei Kess Pronomen und nenne stattdessen Kess' Namen. Die Problematik geschlechtlicher Pronomen in dieser Forschung wird im Rahmen meiner Dissertation ausführlich erörtert.

tential, in der Interaktion Zweigeschlechtlichkeit als Norm zu verunsichern – wenn sie als einzulesende Frau Testosteron einfordert beispielsweise – im Bereich ihrer SHG möglicherweise den Anstoß zur Reflexion der Normativität eines zwingenden Zwitterverständnisses und im Bereich der sozialen Interaktion bietet eine solche kontroverse Positionierung immer ein Auseinandersetzung mit unhinterfragten sozialen Praxen an.

5 Ausblick: Age of Consent?

Die Betrachtung von Irmas Biographie hat gezeigt, dass intergeschlechtliche Personen zum einen als ‚Expert_innen in eigener Sache' gesehen und gehört werden können – und sollten. Zum anderen bietet gerade auch die selbstbewusste, ‚*selfempowerte*' Interaktion mit Mediziner_innen das Potential zur Grenzverschiebung des Diskurses. Die emanzipierte, informierte und selbstorganisierte Kritik des Medizindiskurses durch Wissensaneignung, Wissensweitergabe und damit die Unterminierung der medizinischen Wissenshierarchie hat subversives Potential.

Die politische Aktivität und Öffentlichkeitsarbeit auf unterschiedlichsten Ebenen (international; EU; deutschsprachiger Raum, politische Institutionen, persönlich etc.) haben mittlerweile eine mediale und politische Präsenz des Themas provoziert. Intergeschlechtliche Aktivist_innen und Aktivist_innengruppen und deren Unterstützer_innen haben unter anderem eine Auseinandersetzung des Deutschen Ethikrates mit problematischen Implikationen der Medikalisierung von Intergeschlechtlichkeit geführt (vgl. Deutscher Ethikrat 2010 und 2011). Im Bundestag wurde das Thema am 24. November 2011 auf einen Antrag der Fraktion Bündnis 90/Die Grünen hin, intergeschlechtliche Menschen rechtlich gleichzustellen (insbesondere: Personenstand anerkennen (statistisch) und Beratungs- und Betreuungsangebot schaffen (institutionell); vgl. Dt. Bundestag 2011), diskutiert.

Die Kontrolle widerständiger intergeschlechtlicher Körper wird wiederholt und vielgestaltig, allein oder in Gruppen zu untergraben versucht. Nimmt eine_r die Aussagen der genannten Bundestagsanhörung ernst, ist die umfassende und flächendeckende rechtliche Anerkennung intergeschlechtlicher Menschen als ‚Expert_innen in eigener Sache' nur noch eine Frage der Zeit – und damit steht zu erwarten, dass auch der medizinische Umgang mit dem Phänomen reformiert wird.

Literatur

Arbeitsgruppe gegen Gewalt in der Pädiatrie und Gynäkologie: Selbstverständnis. In: Oldenburger Stachel. Nr. 1. 2000. Archiv unter http://www.stachel.de/00.01/1AGGPG.html.

Butler, J.: Das Unbehagen der Geschlechter. Frankfurt am Main 1991.

Butler, J.: Imitation und die Aufsässigkeit der Geschlechtsidentität. In: Hark, Sabine (Hg.[in]): Grenzen lesbischer Identitäten. Berlin 1996. S. 15-37.

Butler, J.: Macht der Geschlechternormen. Frankfurt/Main 2009.

Deutscher Bundestag: Grüne wollen Intersexuelle rechtlich gleichstellen. 11. Januar 2012. http://www.bundestag.de/dokumente/textarchiv/2011/36632248_kw47_sp_intersexuell/index.html

Deutscher Ethikrat: Forum Bioethik: Leben zwischen den Geschlechtern. Dokumentation. In: Infobrief 02/10. Nr. 5. 2010. S. 7-8.

Deutscher Ethikrat: Thema Intersexualität: Diskursverfahren lieferte vielfältige Impulse. In: Infobrief 02/11. Nr. 8. 2010. S. 5-7.

Dreger, A. D.: Hermaphrodites and the Medical Invention of Sex. Cambridge, Massachusetts, London 1998.

Dreger, A. D.: Intersex in the Age of Ethics. Hagerstown 1999.

Eckert, A.-Ch.: Intervening in Intersexualisation: The Clinic and the Colony. Proefschrift Universiteit Utrecht 2010.

Eicher, W.: Operative Therapie bei intersexellem, weiblichen Genitale und bei Transsexualismus. In: Der Gynäkologe. Nr. 28, 1995. S. 40-47.

Erikson, E. H.: Identität und Lebenszyklus. Frankfurt am Main 1966.

Groneberg, M.: Mythen und Wissen zu Geschlecht und Intersexualität. In: Groneberg, Michael/Kathrin Zehnder: „Intersex": Geschlechtsanpassung zum Wohl des Kindes? Erfahrungen und Analysen. Fribourg 2008. S.83-145.

Hage, J.J./G. Haumann: Maskulinisierende Techniken bei intersexuellem männlichem Genitale und bei Frau-zu-Mann-Transsexualismus. In: Der Gynäkologe. Nr. 28. 1995. S. 48-53.

Hildenbrand, B.: Fallrekonstruktive Familienforschung. Anleitungen für die Praxis. 2. Auflage. Wiesbaden 2005.

Hinkle, C. E.: Sexistische Genetik und ambivalente Medizin. Fragwürdige DSD Nomenklatur. In: GID spezial 9 Aus dem Bio-Baukasten – seXY Gene. 2009. S. 27-29.

Klöppel, U.: Zwitter, Zweifel, Zwei-Geschlechter-Norm. In: GID spezial 9 Aus dem Bio-Baukasten – seXY Gene. 2009. S. 5-12.

Klöppel, U.: XX0XY Ungelöst. Hermaphroditismus, Sex und Gender in der deutschen Medizin. Eine historische Studie zur Intersexualität. Bielefeld 2010.

Kolbe, A.: Intersexualität, Zweigeschlechtlichkeit und Verfassungsrecht. Eine interdisziplinäre Untersuchung. Frankfurt/Main 2010.

Kromminga, Ins A/Blaine/U. Klöppel für die Internationale Vereinigung Intergeschlechtlicher Menschen: Intergeschlechtlichkeit ist kein medizinisches Problem! In: GID spezial 9. Aus dem Bio-Baukasten – seXY Gene. 2009. S. 21-26.

Lang, C.: Intersexualität. Menschen zwischen den Geschlechtern. Frankfurt/Main 2006.

Schmitz, S.: Entweder – Oder? Zum Umgang mit binären Kategorien. In: Geschlechterforschung und Naturwissenschaften. Einführung in ein komplexes Wechselspiel. Wiesbaden 2006.

Schröter, S.: FeMale. Über Grenzverläufe zwischen den Geschlechtern. Frankfurt/Main 2002.

Schütze, F.: Kognitive Figuren des autobiographischen Stehgreiferzählens. In: Kohli, Martin/Günther Robert (Hg.[-innen]): Biographie und soziale Wirklichkeit. Neue Beiträge und Forschungsperspektiven. Stuttgart 1984.

Spurgas, A. K.: (Un)Queering Identity: The Biosocial Production of Intersex/DSD. In: Holmes, Morgan (Hg.[-in]): Critical Intersex. Burlington 2009.

Stern, M./K. Hildebrandt Karraker: Sex Stereotypings of Infants: A Review of Gender Labeling Studies. In: Sex Roles. Vol. 20. 1989. S. 501-522.

Voß, H.-J.: Making Sex Revisited. Dekonstruktion des Geschlechts aus biologisch-medizinischer Perspektive. Bielefeld 2010.

Wallis, H./R.W. Dittmann: Intersexualität, Diagnose und Therapie: Psychologische Aspekte. In: Monatsschrift Kinderheilkunde. Nr. 130. 1982. S. 445-449.

Westenfelder, M.: Fakten, Mythos, Meinungen zu intersexuellem Leben. Eingabe zum *Online-Diskurs Intersexualität* des Deutschen Ethikrates vom 26. Juli 2011. 20. Dezember 2011. http://diskurs.ethikrat.org/author/martin-westenfelder/

Zehnder, K.: Zwitter beim Namen nennen. Intersexualität zwischen Pathologie, Selbstbestimmung und leiblicher Erfahrung. Bielefeld 2010.

Der Kampf um die Vulva hat begonnen

Anna-Katharina Meßmer

1 Mein Körper gehört mir. Nicht?

Unser Körper scheint wie nichts anderes Hort absoluter Authentizität und Innerlichkeit zu sein, denn nur wir selbst wissen und können fühlen, was wir fühlen.
Wenn unser Körper in seiner Leiblichkeit (Plessner 1975)[1] spürbar wird, ist all das
unmittelbares Empfinden: Schmerz, Hunger oder Begehren sind Regungen, die uns
unmittelbar überfallen können und die in ihrer Unmittelbarkeit zunächst keine rati-
onale und reflexive Deutung des Körper-habens (Lindemann 1994)[2] zuzulassen
scheinen. Doch so unmittelbar sich all dieses Empfinden anfühlt, ist es dennoch
geprägt und durchzogen von Wissensstrukturen. Unsere leibliche Erfahrung ist
„durch das alltagsweltlich relevante Wissen über den Körper strukturiert" (vgl.
Lindemann 1993: 50).[3] Der Körper ist damit immer auch gesellschaftliches Phänomen, er ist Produkt und Produzent von Gesellschaft (Gugutzer 2004: 6)[4]:

> „Der Körper hat unweigerlich eine öffentliche Dimension; als ein in der Öffentlich-
> keit geschaffenes soziales Phänomen gehört mir mein Körper und gehört mir auch
> wiederum nicht. Als Körper, der von Anfang an der Welt der anderen anvertraut ist,
> trägt er ihren Abdruck, wird im Schmelztiegel des sozialen Lebens geformt und ist
> erst viel später das, worauf ich mit „einiger Unsicherheit Anspruch erhebe als mein ei-
> gener Körper." Er ist es, der mich „– von Anfang an und wider meinen Willen – mit
> anderen verbindet, deren Nähe zu mir ich nicht wähle (die U-Bahn oder Metro sind
> ausgezeichnete Beispiele für diese Dimension der Sozialität)" (Butler 2009: 41).[5]

Privatheit und Öffentlichkeit sind nicht getrennt voneinander denkbar, „die Haut
und das Fleisch setzen uns dem Blick anderer aus und auch der Berührung und
Gewalt" (Butler 2009: 41). Dies offen zu legen, war erklärtes Ziel der zweiten
Frauenbewegung. Paula-Irene Villa schreibt hierzu: „Körperbezogene Modi, die
Erkenntnis zum Ausdruck bringen, dass das Private politisch sei, war eine der

---

1 Plessner, Helmuth: Die Stufen des Organischen und der Mensch. Berlin 1975.
2 Lindemann, Gesa: Das soziale Geschlecht unter der Haut. In: kea. Zeitschrift für Kulturwissenschaften 7 1994, S. 1-12.
3 Lindemann, Gesa: Wider die Verdrängung des Leibes aus der Geschlechtskonstruktion. In:
Feministische Studien 11 1993, S. 44-54.
4 Gugutzer, Robert: Soziologie des Körpers. Bielefeld 2004.
5 Butler, Judith: Die Macht der Geschlechternormen. Frankfurt/Main 2009.

sichtbarsten und nachhaltigsten Reflexivierungs-Strategien der Zweiten Frauenbewegung" (Villa 2008: 256).[6] Der Feminismus trug dazu bei, „das private Selbst in ein öffentliches Konstrukt umzuformen, ja sogar [...] in eine öffentliche Inszenierung" (Illouz 2011: 225).[7] Frei nach Illouz lässt sich hier konstatieren, dass das feministische Ethos auch und gerade den Körper in eine „Mikroöffentlichkeit" (ebd.) verwandelt hat. Das feministische Vokabular der Rechte machte nicht nur – wie es Illouz beschreibt – Intimität zu einer „Sphäre der Streitigkeiten und des Feilschens" (ebd.: 223), sondern ebenso den Körper mitsamt seiner intimsten Regionen. Dabei lässt sich heute nicht nur eine beschleunigte „diskursive Gärung" (Foucault 1983: 24)[8] oder gar „diskursive Explosion" (ebd.: 23) ausmachen, vielmehr scheint der abendländische Diskurs über Intimität und Körper die „Säuberung – und zwar eine unerbittliche Säuberung – des zugelassenen Vokabulars" (ebd.) hinter sich gelassen zu haben und die Grenzen, „wo und wann, in welcher Situation, zwischen welchen Gesprächspartnern und innerhalb welcher gesellschaftlichen Beziehungen" (ebd.) darüber gesprochen werden darf, haben sich verflüssigt. Heute kann scheinbar überall und offen über alles diskutiert werden. Diese Freiheitspotentiale beziehen sich jedoch nicht nur auf den Vorrat sagbarer Sätze, sondern sie lassen sich auch in den Möglichkeiten des Formbaren finden: Wir können nicht nur verbal darüber verhandeln, wie Körper aussehen sollten, wir können diese Verhandlungen auch in Körper einschreiben. Dank immer neuer Techniken – seien es bessere Schmerzmittel, neue minimalinvasive Verfahren oder hochspezialisierte Techniken wie Laserskalpelle – gelingt dies immer besser. Die sozialwissenschaftliche Idee der *kulturellen* Einschreibung in den Körper materialisiert sich in Form des Skalpells – selbst an den Körperstellen, die der Öffentlichkeit weitgehend entzogen sind. Und so unterliegen nun auch Vulva und Vagina dem Imperativ der ‚ästhetischen' und ‚funktionellen' Formung.

---

6   Villa, Paula-Irene: Habe den Mut, Dich Deines Körpers zu bedienen! Thesen zur Körperarbeit in der Gegenwart zwischen Selbstermächtigung und Selbstunterwerfung. In: Dies. (Hrsg.): schön normal – Manipulationen am Körper als Technologien des Selbst. Bielefeld 2008, S. 245-272.
7   Illouz, Eva: Die Errettung der modernen Seele: Therapien, Gefühle und die Kultur der Selbsthilfe. 2. Auflage. Frankfurt/Main 2011.
8   Foucault, Michel: Der Wille zum Wissen. Sexualität und Wahrheit 1. Frankfurt/Main 1983.

Zu diesen formend-optimierenden Eingriffen im weiblichen Intimbereich gehören die Schamlippenkorrektur, die chirurgische oder minimalinvasive Vaginalstraffung/verengung (auch: Vaginalverjüngung), die Modellierung des Venushügels, die Geburtsfolgenkorrektur sowie die G-Punkt-Sensibilisierung. Die Verkleinerung der inneren Schamlippen stellt dabei den häufigsten Eingriff dar (Crouch/Deans/Michala/Liao/Creighton 2011).[9] Laut Gesellschaft für ästhetische Chirurgie Deutschland (GÄCD 2010)[10] wurden von GÄCD-Mitgliedern im Jahr 2009 in der Bundesrepublik über 1.400 ästhetische Operationen durchgeführt, die dem Bereich der Intimchirurgie am weiblichen Körper (**F**emale **G**enital **C**osmetic **S**urgery) zuzurechnen sind, jährliches Wachstum ca. 30 Prozent.[11]

Diese Eingriffe machen buchstäblich spürbar, sichtbar und greifbar, wie politisch noch das Hyperprivate ist. Das eröffnete Möglichkeitsfeld ist dabei nicht nur von den Techniken der Intimchirurgie gerahmt, sondern ebenso von den gesellschaftlichen Vorstellungen richtiger und falscher, schöner und hässlicher, gesunder und pathologischer Körper. Diese Grenzziehungen sollen nun im Folgenden anhand zweier Beispiele nachvollzogen werden. Zum einen anhand einer Diskussion auf der Online-Enzyklopädie Wikipedia, gilt diese doch häufig als exemplarischer Ort für die neuen Formen deliberativer, d. h. öffentlich ausgetragener demokratischer und argumentativer Verhandlungen von Wissen.[12] An diesem Beispiel, d. h. der Diskussion über eine konkrete Vulva-Darstellung und der Aushandlung legitimer Wissensbestände können (implizite) Deutungsmuster nachvollzogen werden, die nahe legen, wie weibliche Genitalien richtigerweise aussehen sollen. Kontras-

---

9 Crouch, Naomi S./Deans, R./Michala, Lina/ Liao, Lih-Mei/Creighton, Sarah M.: Clinical characteristics of well women seeking labial reduction surgery: a prospective study. BJOG An International Journal of Obstetrics and Gynaecology 118 2011, S. 1507–1510.

10 Gesellschaft für Ästhetische Chirurgie Deutschland e.V. (GÄCD): Pressemitteilung 2010 „Neue Statistik zeigt: 50 Prozent mehr Faltenbehandlungen – Tendenz insgesamt steigend". http://www.gacd.de/presse/pressemappe-2010/pressetext/#statistik [letzter Zugriff: 22.11.2011]

11 Diese Zahlen lassen sich jedoch lediglich als eine Art Richtwert begreifen, da es in Deutschland weder verbandsunabhängige Erfassungen noch irgendeine Form der Meldepflicht gibt. Hinzu kommt, dass die Begriffe „Schönheitschirurg" oder „Intimchirurg" nicht geschützt sind. Daher dürfte die Zahl realiter deutlich höher sein als von der GÄCD angegeben, die ausschließlich die Prozeduren ihrer Mitglieder erfasst.

12 Vgl. z. B.: Leisgang, Daniel: Jürgen Habermas zum 80.: Die Rückkehr der Öffentlichkeiten. http://carta.info/10629/juergen-habermas-die-rueckkehr-der-oeffentlichkeiten/ [letzter Zugriff 10.03.2012].

tiert werden soll dies zum anderen mit den Werbehomepages von Intimchi-rurg_innen, die den Möglichkeitsrahmen eröffnen, innerhalb dessen die (impliziten) Normierungen nicht mehr nur mittels Sprache, sondern auch mittels Skalpell verhandelt werden können. Auf den Homepages der Intimchirurg_innen lassen sich auch und insbesondere geronnene Materialisationen von Normierungstendenzen beobachten. Es handelt sich um ein reziprokes Ineinandergreifen: Wikipedia-Diskussion und Werbehomepages verweisen gleichermaßen auf die Spuren und Regeln von Normierungsanforderungen und Selbst-Normalisierungen.

2 Normierungsalltag und Alltagsnormierung

Durch den jüngsten Mediatisierungsschub, seine sozialen und raum-zeitlichen Entgrenzungserscheinungen sowie die Vielzahl neuer Formate, die sich an je bestimmte Adressat_innenschaften richten (Krotz 2007),[13] ist es für nahezu Jede_n möglich, einen Blick auf die Vulva bzw. die – je nach Bildproduktionsform und Adressat_in – verschiedenen Vulven zu werfen. So eröffnet beispielsweise für Jede_n zugänglich der Klick auf eines der zahlreichen kostenfreien Porno-Portale ein ganzes Universum an pornografischen Darstellungen weiblicher Genitalien. Dennoch wäre es zu kurz gedacht, die Sichtbarkeit weiblicher Genitalien als rein pornografisierte zu beschreiben.[14] Denn der visuelle Zugang ist über die Google-Bildersuche ebenso möglich wie beispielsweise über „Die neue Vulva-Galerie" auf www.bravo.de[15]. Darüber hinaus kann die diskursive Formung richtiger und falscher Vulven und Vaginas zudem in Online-Diskussionen, Foren und Kommentarspalten nachvollzogen werden. Weibliche Genitalien werden nicht einfach nur abgebildet, es wird auch darüber verhandelt, ob die Abbildung ästhetisch oder abstoßend, legitim oder unrechtmäßig/unangebracht, normal oder unnormal ist. Hier wird die bereits angesprochene unweigerlich öffentliche Dimension des Körpers (Butler 2009: 41) evident und beobachtbar. Es lässt sich dabei auch empirisch nachvollziehen, wie

---

13 Krotz, Friedrich: Mediatisierung. Fallstudien zum Wandel von Kommunikation. Wiesbaden 2007.
14 Vgl. hierzu: Walter, Natasha: Living Dolls. The Return of Sexism. London 2010.
15 Die neue Vulva-Galerie, 10.03.2012, http://www.bravo.de/dr-sommer/koerper-gesundheit/ scheide/die-neue-vulen-galerie.

Sichtbarkeit und Unsichtbarkeit sowie – eng damit verknüpft – Normalität und Abweichung stets aufs Neue ausgehandelt werden (müssen).

2.1 Der Bilderstreit: Verhandlungen der demokratischen Vulva?

Am 21. März 2010 war auf der Hauptseite der deutschsprachigen Wikipedia (http://de.wikipedia.org/wiki/Wikipedia:Hauptseite) ein Foto zu sehen, das die geöffnete Vulva (mit Schambehaarung) einer erwachsenen, weißen Frau zeigt. Das Bild gehörte zum Vulva-Artikel, der als so genannter „exzellenter Artikel" für dieses Datum zum „Artikel des Tages" (AdT) vorgeschlagen und gewählt worden war und daher auf der Hauptseite mit einer kurzen Vorschau verlinkt wurde. Zur Bebilderung des Teasers entstand nun innerhalb eines Tages – mit insgesamt 741 KB Quelltext[16] – eine der umfangreichsten Diskussionen der de-Wikipedia (Wikipedia 2012)[17]. Das Foto ist so aufgenommen, dass die einzelnen Teile der Vulva, d. h. Venushügel, innere und äußere Schamlippen, Klitoris und Scheideneingang klar zu erkennen sind. Gerade diese Explizitheit in der Darstellung lässt sich als erster Bruch im traditionellen Umgang mit weiblichen Genitalien lesen: Die offene Vulva war für Jede_n auf der deutschsprachigen Hauptseite einer der meistbesuchten Homepages weltweit zu sehen. Relevant sind dabei zwei Aspekte: Erstens erschien die abgebildete Vulva in einer Kontextualisierung als ‚normaler' (d. h. beispielsweise nicht kranker, nicht pornografischer, nicht manipulierter) Wissensgegenstand – als Artikel des Tages gerahmt von der „Geschichte Kanadas" (20. März 2010) und der „Wasserversorgung Hamburg" (22. März 2010) – und damit zunächst unabhängig von den häufigeren Kontextualisierungen wie Pornografie oder Krankheit[18]. Zweitens – und eng damit verknüpft – war die visuelle Begegnung nicht Resultat einer so genannten Pull-Kommunikation, d. h. der Informationsstrom wurde nicht von den Nutzer_innen gesteuert und das Bild nicht absichtlich aufgerufen,

---

16 Benutzer:FritzG/Kilobytes im Dienste der Erstellung einer Enzyklopädie, 12.01.2012, http://de.wikipedia.org/wiki/Benutzer:FritzG/Kilobytes_im_Dienste_der_Erstellung_einer_Enz yklop%C3%A4die.
17 Wikipedia Diskussion:Hauptseite/Vulva, 12.01.2012, http://de.wikipedia.org/wiki/Wikipedia_Diskussion:Hauptseite/Vulva.
18 Wie sehr die visuelle Darstellung von Vulven mit Krankheit verknüpft ist, zeigt sich, wenn man Vulva als Suchbegriff in die google-Bildersuche eingibt.

sondern war – unabhängig davon, warum die Seite aufgerufen wurde – am 21. März 2010 für jede_n Besucher_in der de-Wikipedia-Hauptseite zu sehen. Der zweite Punkt war schließlich auch Kernpunkt des „Bilderstreits": Darf auf der Hauptseite eine Vulva abgebildet werden und wie darf/soll diese gegebenenfalls aussehen? Der *visuellen* Sichtbarkeit folgt in der Debatte nun ein *diskursives* Sichtbar-werden der Normierung. Die Vulva wird als fotografische Abbildung auf der de-Wikipedia-Hauptseite zu einem öffentlichen Raum, in dem Kontinuitäten und Brüche mit historischen Vorstellungen weiblicher Genitalien verhandelt werden. Zwischen den Achsen „Ästhetik" und „Sichtbarkeit" formiert sich die demokratische Vulva als Kompromiss.[19] Im Folgenden soll es nicht darum gehen, die äußerst komplexe Diskussion nachzuzeichnen, die anhand der Vulva-Fotografie Grenzverhandlungen von Natur/Kultur und eine Vielzahl unterschiedlicher Deutungen von weiblichen Körpern ebenso offenbart, wie eine durchaus interessante (und höchst ambivalente) Debatte über die Rolle von Aufklärung und Demokratie oder das Selbstverständnis als deliberative Online-Enzyklopädie. Stattdessen werden zwei zentrale, exemplarische Deutungsmuster des Diskurses herausgelöst und isoliert betrachtet.

2.2 Die falsche Vulva, Teil 1: Die hässliche Alte

Der Bilderstreit beginnt mit der folgenden Kritik:

> „Das ist ja wohl nicht euer Ernst!? Als ich heute auf die Hauptseite kam musste ich mich fast übergeben. Sicher ist die vulva ein schönes Thema und der Artikel bestimmt auch sehr schön recherchiert, aber muss mir gleich soeine beharrte F**** in die AUgen springen. Ich finde das ist kein besonders angenehmer Anblick... Kann man vllt. das Bild zu einem...weniger expliziten tauschen?" (Wikipedia 2012)

Stets eng verknüpft mit der Forderung, das Bild von der Startseite zu nehmen, wird das Foto im Verlauf der Diskussion – ob aufgrund des dargestellten Körperteils oder aufgrund der konkreten Darstellung – wiederholt als „nicht normal", „nicht

---

19 Interessant ist dabei, wie sehr der *Umgang* mit weiblichen Genitalien als Sinnbild für eine freiheitliche, aufgeklärte und demokratische Gesellschaft steht. Um dieses Selbstbild zu stabilisieren, greifen Befürworter_innen und Kritiker_innen gleichermaßen auf ein rassifizierendes Othering zurück, als Negativfolie dienen hier Burka- und Verschleierungsanalogien sowie Hinweise auf den „arabischen Raum" und „die Muslime".

ästhetisch", „widerlich", „eklig", „grässlich" und „geschmacklos" beschrieben (ebd.). Hinzu kommen in der Diskussion um die Legitimität des Bildes zahlreiche drastische Analogien:

> „Angenommen ich wäre ein 6jähriges Minderjähriges Mädchen, und komme auf die Wikipedia, und sehe das, dann würde ich in Depression verfallen, dass meine Mulle auch mal so hässlich wird, wenn ich erwachsen bin. Die Natur *ist* grausam und es *wird* bei ihr einmal so aussehen" (ebd.).

> „Wie viele Befürworter hätte der Vorschlag den Artikel Enthauptung [...] auf die Titelseite zu nehmen und dann ein Video im Stile von LiveLeak auf der Titelseite einzublenden?" (ebd.).

> „Ich bin auch dafür, die Artikel ‚Gangrän' und ‚Syphilis' auszubauen und dann auf die Hauptseite zu nehmen. Wenn wir ein paar so richtig eklige Fotos zu ‚Zahnstein' und ‚Eiter' finden, gerne auch die... " (ebd.).

Diese weiterführenden Assoziationen von Depression, Grausamkeit, Krankheit und (gewaltsamem) Tod, zu denen sich weitere Beispiele u. a. von „Raucherlungen" und „Kinderleichen" gesellen, verweisen auf zweierlei: die Unzeigbarkeit des aber eben gezeigten Körperteils (zur Problematik der Sichtbarkeit 2.3.) und die Heftigkeit des Tabubruchs. Zugleich verweisen die Diskutant_innen auf zentrale Attribute des Ekeldiskurses, wie ihn der Literaturwissenschaftler Winfried Menninghaus beschreibt:

> „Fast alle Defekte des Ekel-Diskurses von Schleges (J.E. und J.A.) über Mendelssohn, Lessing und Herder bis Kant schießen regelmäßig in einem einzigen Phantasma zusammen: dem Bild der häßlichen Alten. Dieses Bild vereint Falten, Runzeln, Warzen, größere Öffnungen des Mundes und des Unterleibs, eingefallene „Höhlungen" statt schöner Schwellungen, üblen Geruch, ekle Praktiken und Nähe zu Tod und verwesendem Leichnam" (Menninghaus 1999: 132).[20]

Die abgebildete Vulva scheint all dies exemplarisch aufzurufen. Ob Kritiker_innen oder Befürworter_innen des Bildes, die Assoziationen verweisen auf die zentralen Eigenschaften der hässlichen Alten, von den Falten bis zum verwesenden Leichnam. Die „Defekte des Ekeldiskurses" (ebd.) schießen im „Phantasma [...] der häßlichen Alten" (ebd.) zusammen und entfalten sich in der Diskussion um die Vulva-Darstellung. Bereits im Auftauchen wird das Bild problematisch, zeigt zumindest metaphorisch eine der stärksten körperlichen Reaktionen auf Ekel und verweist

---

20 Menninghaus, Winfried: Ekel. Theorie und Geschichte einer starken Empfindung. Frankfurt am Main 1999.

darin zugleich auf die eingangs erwähnte unweigerlich soziale Dimension des Körpers. Dabei werden zunehmend nicht nur die „grauen Haare" (ebd.: 136) Teil der Ekeldarstellung, sondern Haare überhaupt. Schambehaarung steht hier als Symbol für mangelnde Hygiene und Pflege:

> „das bild ist am frühen sonntagmogen kurz nach dem frühstück glatt eine zumutung!!!!! Zumindest eine saubere und gewaschene Vulva" (Wikipedia 2012).

In den Nebendebatten über „Natürlichkeit" und „Künstlichkeit" des Bildes sowie über Rasur als „Norm" und „Normalität" zeigt sich, dass es eine Vielzahl unterschiedlicher Positionen gibt, die jedoch unabhängig von der Meinung der Diskutant_innen appellativen Charakter haben:

> „Leute, so sehen erwachsene Muschis im Naturzustand nunmal aus! Eine rasierte Muschi ist nicht der Normalzustand" (ebd.).

> „Und mal ehrlich, rasiert **ist** der Normalzustand heutzutage" (ebd.).

Während der erste Satz Natur- und Normalzustand gleichsetzt, verweist der zweite Satz eher auf eine Normalverteilung kultureller Praktiken. Hier wird deutlich, wie Normalität und Abweichung nicht unhinterfragt gegeben sind, sondern ausgehandelt werden müssen, wie jene Unterscheidungen von normal vs. pathologisch „keine *sach*notwendigen, in der „Natur der Dinge" liegenden, sondern kontingente, umstrittene, unscharfe und mitunter mehrdeutige soziale Konventionen sind" (Viehöver/Böschen/Bärmann, 2004: 243)[21]. Hier wird die „Revision der Grenzziehung zu einem Dauerereignis" (ebd.: 261), die zugleich eine bestimmte Normierung weiblicher Genitalien zeitigt, in Form des Imperativs: Trage Sorge dafür, dass Deine Vulva „normal" aussieht. Doch wie dieser Normalzustand aussieht, bleibt implizit. Auch wenn der Psychologe Elmar Brähler konstatiert, dass sich in den vergangenen Jahren erstmals „eine allgemeingültige – für weite Schichten der Bevölkerung – verbindliche Intimästhetik" (Brähler 2008: 3)[22] etabliert hat, verweist die Wikipedia-Diskussion zwar auf normierende Elemente, sie nehmen jedoch keine explizite Gestalt an. Vielmehr zeichnet sich die *Negation* einer Intimästhetik ab: in

---

21 Viehöver, Willy/Böschen, Stefan/Bärmann, Michael: Die postsäkulare Gesellschaft an den Grenzen der menschlichen Natur: Wo beginnt das menschliche Leben? In: Böschen, Stefan/Schneider, Michael/Lerf, Anton (Hrsg.): Handeln trotz Nichtwissen. Vom Umgang mit Chaos und Risiko in Politik, Industrie und Wissenschaft. Frankfurt/Main 2004, S. 237-262.

22 Brähler, Elmar: Körperhaarentfernung bei immer mehr jungen Erwachsenen im Trend. Universität Leipzig Pressemeldungen 2008.

Gestalt der hässlichen Alten. Eine Vorstellung des ‚richtigen' weiblichen Genitals lässt sich nicht herauslesen, aber in der wiederholten Verwendung des Ekel-Motivs entsteht eine Abgrenzungsfolie, die meist einen Veränderungsimperativ in sich trägt: „Frauen können sich auch pflegen" (Wikipedia 2012). Und so folgt der visuellen Sichtbarkeit bereits im Moment ihres Auftauchens eine Idee der Optimierungs*möglichkeit* und Optimierungs*notwendigkeit*. Der weibliche Intimbereich wird nicht (mehr?) als unverfügbar gedacht, stattdessen ist hier Körperarbeit vonnöten und gefordert. Von der recht abstrakten Forderung nach „Pflege" und „Hygiene" über die konkretere Notwendigkeit der Intimrasur bis hin zur chirurgischen Veränderung. Ziel dieser Veränderung ist es nicht, eine klar definierte Norm zu erreichen, sondern eher eine „Denormalisierung" (Link 1997)[23] zu vermeiden.[24] Hier scheinen Ambivalenzen der Sichtbarkeit auf. Wie das Wikipedia-Beispiel zeigt, befördert visuelle Sichtbarkeit den Imperativ der Optimierung. Und im Falle der Vulva ergibt sich hier ein ganz besonderes gegenseitiges „Modulationsverhältnis zu Unsichtbarkeit" (Schaffer 2008: 13)[25].

2.3 Die falsche Vulva, Teil 2: Sichtbarkeit

Als optimierbar und verbesserungswürdig erweist sich die Vulva-Darstellung – neben der Ästhetik oder besser: eng damit verwoben – also auch hinsichtlich des Kriteriums „(Un-)Sichtbarkeit". Denn Offenheit und Sichtbarkeit erscheinen doppelt problematisch: Sie verweisen entweder auf Ekel (s. o.), auf Pornografie („aber was solln hier pornobilder auf der hauptseite!!" (Wikipedia 2012)) oder auf beides („das eklige bild hier […] das ist ja unglaublich. auf porno machen!" (ebd.)). Aus diesem Grund zeichnen sich im Laufe der Diskussion eine Reihe von Bestrebungen ab, das Thema weniger explizit zu bebildern. Begonnen mit dem Versuch, das eigentliche Bild in schwarz-weiß zu setzen, um durch die „minimalistische Bildabstraktion" das Bild „sachlicher" wirken zu lassen (ebd.), werden im Laufe der Dis-

---

23 Link, Jürgen: Versuch über den Normalismus. Wie Normalität produziert wird. Göttingen 1997.
24 Zur genitalen Varianz: Lloyd, Jillian/Crouch, Naomi S./Minto, Catherine L./Liao, Lih-Mei /Creighton, Sarah M.: Female genital appearance: 'normality' unfolds. In: International Journal of Obstetrics and Gynaecology 112 2005, S. 643–646.
25 Schaffer, Johanna: Ambivalenzen der Sichtbarkeit. Über die visuellen Strukturen der Anerkennung. Bielefeld 2008.

kussion eine Vielzahl alternativer Vorschläge formuliert und gepostet, die – aufgrund ihres Abstraktionsgrades, ihrer künstlerischen Darstellung oder der gänzlichen Abwesenheit weiblicher Genitalien – als weniger problematisch und weniger offensiv gedacht werden. Darunter befinden sich unter anderem „Der Ursprung der Welt" von Gustave Courbet, die „Frau mit schwarzen Strümpfen" von Egon Schiele, die „Geburt der Venus" von William Adolphe Bouguereau oder einfach das Foto einer Vulva, deren geschlossene äußere Schamlippen die inneren Schamlippen, die Klitoris und den Scheideneingang verdecken. Es gibt also sehr feine graduelle Verschiebungen dessen, was möglich und nicht möglich, was legitim und illegitim, was richtig und falsch ist. Im Ringen um Verbot und Gebot einer expliziten Darstellung lässt sich aber vor allem eines beobachten: Dass die Vulva bereits im Moment des Bruchs mit der normativen Vorstellung, es gäbe zwischen den Beinen der Frau „nichts zu finden" (Baudrillard 1982: 169)[26] ihren ursprünglich zugewiesenen Status als Wissensobjekt in der Enzyklopädie verliert. Der Bilderstreit zeigt die Bedeutung und Signifikanz des umstrittenen Ortes und zugleich zeigt er, wie eng die Offenheit und Sichtbarkeit des weiblichen Genitals mit Pathologie, Sexualität und Pornografie verknüpft ist, so dass sich die Rahmung innerhalb kürzester Zeit verändert. Das Bild wird zur „Provokation" (Wikipedia 2012) und zur „Schamfolter" (ebd.) und die einzige Möglichkeit dieser Zuschreibung zu entgehen, ist die der Schließung oder Invisibilisierung.

Hier lässt sich erahnen, wie eindeutig eine Vulva mit Sexualität in Verbindung gebracht wird. Hier lässt sich erahnen, dass der weiblichen Sexualität immer noch etwas Pathologisches anzuhaften scheint. Hier lässt sich erahnen, dass die iterative visuelle Darstellung pornografischer Vulven dazu geführt hat, dass das Foto einer Vulva fast unmittelbar auf Pornografie verweist, ja zum pars pro toto geworden ist. Und hier lässt sich etwas erfahren über die Konstruktion des Weiblichen, über „looked-at-ness" und den „male gaze": So ist das Frau-Sein im Begehren der Geschlechter automatisch mit der passiven Position als sexuelles Objekt verknüpft (Engel 2002: 165).[27]

---

26 Baudrillard, Jean: Der symbolische Tausch und der Tod. München 1982.
27 Engel, Antke: Wider die Eindeutigkeit. Sexualität und Geschlecht im Fokus queerer Politik der Repräsentation. Frankfurt 2002.

„Auf eine einfache Formel gebracht bedeutet der abendländische Diskurs über das Sehen, dass das Auge wie der Phallus in das, was er betrachtet, eindringt wie in eine Vagina – oder mit den Worten Jean-Paul Sartres: „Sehen heißt deflorieren"" (Sanyal 2009: 122).[28]

Die sichtbare Vulva wird auch deswegen zur pornografischen, weil ‚der Beobachter' im Moment des Sehens in sie eindringt. Zugleich (und eng verbunden mit der Verflechtung von Pornografie und Pathologie, von weiblichem Begehren und Abweichung) erscheint die explizite und geöffnete Darstellung als unästhetisch, erinnert in ihrer Offen-Sichtlichkeit an die großen Körperöffnungen der hässlichen Alten. Genau hier formieren sich die expliziten Ekeldarstellungen, die Eingang finden in den Diskurs um Optimierung.

2.4 Die richtige Vulva, Teil 1: Die Behandlung der hässlichen Alten

„Die Regeln des „Schönen" sind die Spuren des „Ekels" (Menninghaus 1999: 150). Und so finden sich die Ekel-Spuren des Bilderstreits in den Regeln der Schönheit auf den Homepages von Intimchirurg_innen wieder, beziehen sich doch beide auf die gleichen gesellschaftlichen Deutungsmuster, die sie wiederum mitformen. Als „Experten der Grenzziehung" (Meili 2008)[29] eröffnen Intimchirurg_innen den Möglichkeitsrahmen, innerhalb dessen sich Frauen als „cosmetic surgery recipients"[30] (Jones 2008: 20)[31], als „citizens of makeover culture"[32] (ebd.: 12) bewegen.

Im Gegensatz zur Wikipedia-Diskussion, die abstrakt bleibt in der Idealvorstellung, aber sich an einem ganz konkreten Bild abarbeitet, bleiben die Homepages von Intimchirurg_innen abstrakt in der bildlichen Darstellung, werden aber konkret in den jeweiligen Werbetexten. Diese erklären, welche Notwendigkeiten und welche Möglichkeiten zur Verbesserung es gibt:

---

28 Sanyal, Mithu M.: Vulva: Die Enthüllung des unsichtbaren Geschlechts. Berlin 2009.
29 Meili, Barbara (2008): Experten der Grenzziehung – Eine empirische Annäherung an Legitimationsstrategien von Schönheitschirurgen zwischen Medizin und Lifestyle. In: Villa, Paula-Irene (Hrsg.): schön normal – Manipulationen am Körper als Technologien des Selbst. Bielefeld 2008, S. 119-142.
30 Rezipientinnen von kosmetischer Chirurgie.
31 Jones, Meredith: Skintight: An Anatomy of Cosmetic Surgery. Oxford 2008.
32 Angehörige der Makeover-Kultur.

„Die meisten unserer Patientinnen mögen es nicht, dass die inneren Schamlippen ‚heraushängen'. [...] Daher haben wir eine spezielle Operationsmethode entwickelt, mit der wir die inneren Schamlippen sehr präzise und individuell verkleinern können." (www.aesthetix.de).[33]

„Für eine Schamlippenvergrösserung eignen sich Frauen, deren äussere Schamlippen gering ausgeprägt oder altersbedingt erschlafft sind. Oft stören sich Frauen daran, dass die äusseren Schamlippen die inneren nicht mehr vollständig bedecken." (www.swissestetix.ch).[34]

„Gerade vaginale Geburten führen sehr oft zu einer Überdehnung der Vagina bzw. der Scheide. [...] Wenn die konservativen Therapien versagen, kann in vielen Fällen ein chirurgischer Eingriff dies beheben. Die Scheide wird wieder straff und anschmiegsam. Sozusagen verjüngt." (www.sensualmedics.com).[35]

Auch die Elemente des Hygiene-Diskurses finden sich hier als zu lösendes und vor allem lösbares Problem:

„Durch den großen Hautüberschuss kann es vermehrt zu Pilzerkrankungen und Harnwegsinfekten kommen. Ein Wundreiben oder wiederholtes Einreißen beim Geschlechtsverkehr lassen sich durch eine Behandlung vermeiden." (www.sensible-intimchirurgie.de)[36]

Die Intimchirurgie wird zur Behandlung der problematischen Eigenschaften und Defekte der hässlichen Alten: Falten und Runzeln werden weggeschnitten oder unterspritzt, größere Öffnungen und eingefallene Höhlungen aufgepolstert oder geschlossen. Die Ästhetik des Straffen und Geschlossenen wird mit Skalpellen und Spritzen wiederhergestellt. Die Spuren der hässlichen Alten gewinnen hier an Kontur in der Anrufung eines kindlich-jugendlichen und vor allem von Spuren beseitigten Ideals: „Im Idealfall sollen Venushügel und Schamlippen so straff und symmetrisch aussehen wie bei einem jungen Mädchen" (Gress 2009)[37]. Darauf verweist auch der übergeordnete Begriff der Vaginalverjüngung, der die Schamlippenkorrektur ebenso umfasst wie die Vaginalstraffung (und der gleichzeitig an das Argument der Wikipedia-Diskussion erinnert, ein junges Mädchen müsse in Depressio-

---

33 Schamlippenkorrektur, 10.03.2012, http://www.aesthetix.de/intim/schamlippen.html.

34 Schamlippenvergrößerung, 10.03.2012, http://www.swissestetix.ch/139-0-Schamlippenvergroesserung.html.

35 Vaginalstraffung, 10.03.2012,
    http://www.sensualmedics.com/de/intimchirurgie/vaginalstraffung.html.

36 Schamlippenverkleinerung, 10.03.2012, http://www.sensible-intimchirurgie.de/de/schamlippenverkleinerung.

37 Intimchirurg Stefan Gress in: „Operation: Intimbereich – Der Schnitt im Schritt." In der Sendereihe 30 Minuten Deutschland. Ausgestrahlt am 13.07.2009 auf RTL.

nen verfallen, wenn es eine erwachsene Vulva zu sehen bekommt). Doch wie die ‚richtige' Vulva am Ende *aussieht*, bleibt visuell verborgen. Auch wenn gerade die Wikipedia-Diskussion zeigt, dass Sichtbarkeit Normierung nicht nur nicht verhindert, sondern sogar exemplarisch befördert, ist die Abwesenheit von Vulven auf den Seiten von Intimchirurg_innen ein durchaus interessantes Phänomen. Denn gerade im Kontext der Abwesenheit sichtbarer ‚realer' Vulven formiert sich das Ideal der Unsichtbarkeit, d. h. der geschlossenen Vulva. Hier entsteht der Raum für das „persönliche Schönheitsideal" (GÄCD 2011)[38], das jedoch nie unberührt ist von kulturellen Vorstellungen sowie – im Falle eines tatsächlichen Eingriffes – von den Vorstellungen der behandelnden Ärzt_innen[39] und den interaktiven Aushandlungsprozessen von Ärzt_innen und Patientinnen.[40]

2.5 Die richtige Vulva. Teil 2: Defizitäre Weiblichkeit und das Leiden an der Biologie

Als Legitimation für intimchirurgische Maßnahmen werden zumeist ‚ästhetisch-funktionale' Begründungen angeführt. Interessant ist dabei, wie sich hier Kontinuitäten defizitärer Weiblichkeit abzeichnen: Beinahe alle behandlungsbedürftigen Phänomene werden als „häufiges Problem" (www.lvri-wiesbaden.de)[41] beschrieben, welches durch „normale Alterungsprozesse" (ebd.) und „hormonelle Schwankungen, Gewebeschwäche, genetische Einflüsse"□ (www.sensualmedics.com)[42] ent-

38 Gesellschaft für Ästhetische Chirurgie Deutschland e.V. (GÄCD): Pressemitteilung 2011 „Mythos Intimchirurgie".
    http://www.gacd.de/fileadmin/user_upload/pdf/presse2011/Presseinformation_Intimchirurgie.p
    df [letzter Zugriff: 22.11.2011].
39 Reitsma, Welmoed/Mourits, Marian J.E./Koning, Merel/Pascal, Astrid/van der Lei, Berend: No
    (Wo)Man Is an Island – The Influence of Physicians' Personal Predisposition to Labia Minora
    Appearance on Their Clinical Decision Making: A Cross-Sectional Survey. The Journal of
    Sexual Medicine 8 2011, S. 2377-2385.
40 Liao, Lih-Mei/Michala, Lina/ Creighton, Sarah M. 2010: Labial surgery for well women: a
    review of the literature. In: BJOG An International Journal of Obstetrics and Gynaecology 117
    2010, S. 20-25.
41 LASER VAGINAL REJUVENATION® / SCHEIDENVERJÜNGUNG, 10.03.2012,
    http://www.lvri-wiesbaden.de/de/scheidenstraffung.html.
42 Schamlippenkorrektur, 10.03.2012,
    http://www.sensualmedics.com/de/intimchirurgie/schamlippenkorrektur.html.

steht. Die Probleme sind „natürlich" und „normal" sowie auch die Unzufriedenheit der Frauen (nicht der Patientinnen!) als Normalität beschrieben wird:

> „Medizinische Studien gehen davon aus, dass 30-40 Prozent aller Frauen mit Ihrem Schambereich unzufrieden sind." (ebd.)[43]

Natur wird an dieser Stelle zu etwas, das selbstverständlich und immer schon verbesserungsbedürftig ist. Hier tauchen nicht nur Anmutungen an den westlichen medizinischen Diskurs des 19. Jahrhunderts auf, der den weiblichen Körper „aufgrund einer ihm innewohnenden Pathologie [...] in das Feld der medizinischen Praktiken" (Foucault 1983: 103) integrierte und Genitalbeschneidungen an Frauen mitunter als medizinische Notwendigkeit beschrieb (Hulverscheidt 2002)[44]. Hier zeichnet sich auch ab, wie sich das Muster defizitärer Weiblichkeit mit dem Phänomen der Medikalisierung verbindet: „‚Medicalization' describes a process by which nonmedical problems become defined and treated as medical problems, usually in terms of illness and disorders."[45] (Conrad 2007: 4)[46]. Die Idealbilder, welche auf den Seiten der Intimchirurg_innen dargestellt werden und Kontur gewinnen, sind nicht als kulturelle Idealbilder beschrieben, sondern vielmehr als persönliche und höchst individualisierte, die allein aufgrund biologisch defizitärer und damit zugleich normaler Voraussetzungen nicht erreicht und daher personalisiert behandelt werden. Eine schöne Vulva muss erst geschaffen werden, sie ist ein Akt von Anstrengungen, stets den problematischen Voraussetzungen der Natur unterworfen. Aspekte der Sozialität werden dabei bisweilen benannt, aber im Akt der Personalisierung und Individualisierung zugleich vom Tisch genommen. Selbst dann, wenn die „Größe der Vagina durch eine Scheidenstraffung auf die Gegebenheiten des Partners abgestimmt" (www.sensualmedics.com)[47] wird, wird dies als personali-

---

43 Intimchirurgie, 10.03.2012,
     http://www.sensualmedics.com/de/intimchirurgie/intimchirurgie.html.
44 Hulverscheidt, Marion: Weibliche Genitalverstümmelung: Diskussion und Praxis in der Medizin während des 19. Jahrhunderts im deutschsprachigen Raum. Frankfurt/Main 2002.
45 „Medikalisierung" beschreibt einen Prozess, durch den nicht-medizinische Probleme als medizinische Probleme definiert und behandelt werden, üblicherweise in Form von Krankheit und Störung.
46 Conrad, Peter: The medicalization of society: on the transformation of human conditions into treatable disorders. Baltimore: 2007.
47 Vaginalstraffung, 10.03.2012,
     http://www.sensualmedics.com/de/intimchirurgie/vaginalstraffung.html.

sierte Korrektur erschlafften Gewebes beschrieben, die in erster Linie dazu dient, die verlorene Lebensqualität der Patientin wiederherzustellen.

Wo in der Wikipedia-Diskussion noch über alternative Bebilderungen und Bildretusche verhandelt wird, steht bei Intimchirurg_innen die Materialität selbst zur Debatte.

> „Es gibt also die „Frau" als „unvollständiges" Geschlechtswesen, es gibt das Bild der „Frau" als Abstraktion, und es gibt die „Kunstfrau", die dem abstrakten Bild angepaßt wurde und leibliche Realität geworden ist." (von Braun 1994, S. 17).[48]

3 Der Kampf um die Vulva hat begonnen

> „Bislang konnte man sich das Bild nur anschauen, nun sogar kommentieren. Ist doch in Ordnung" (Wikipedia 2012).

Am Beispiel der Intimchirurgie wird sichtbar, dass die neu geschaffenen Freiheitspotentiale ein Bündnis, eine Wahlverwandtschaft eingehen mit alten Vorstellungen von Weiblichkeit und mit gegenwärtigen Idealvorstellungen, spezialisierten Techniken und ökonomisierten Ausdrucksformen der Selbstverwirklichung. Wo die Medizin über Jahrhunderte männliche Experten weiblicher Körper hervorgebracht hat, sind heute Frauen Expertinnen und Unternehmerinnen ihres eigenen Körpers, den sie (scheinbar?) nach Belieben formen, optimieren und verändern (lassen) können. Und so reicht das Vokabular der zweiten Frauenbewegung bis in die heutige, individualisierte Neu-Formulierung des feministischen „Mein Bauch gehört mir"-Rufs hinein: „Mein Bauch gehört mir – deshalb lasse ich mir die Fettschürze wegoperieren" (Villa 2008: 261) oder: Meine Vulva gehört mir – also lasse ich mir die Schamlippen verkleinern! Zwischen den neuen Sichtbarkeiten, den medizinischen Möglichkeiten und den Selbstermächtigungsnarrativen entfesselt sich die Frage, welche Anstrengungen die Einzelne unternehmen kann (und zunehmend muss?), sich einem Genitalideal anzupassen oder bewusst zu widersetzen.

Die (visuelle und sprachliche) Diskursivierung von Optimierungsmöglichkeiten, von Körpern im Allgemeinen und Genitalien im Speziellen geht Hand in Hand mit einer Vorstellung autonomer Entscheidungsfreiheit und individueller Handlungsmächtigkeit, die losgelöst ist von jeglicher ‚kulturellen Manipulation'. Es ist die

---

48 Von Braun, Christina: Nicht Ich. Logik, Lüge, Libido. Frankfurt/Main 1994.

Idee eines individualisierten, in jeder Hinsicht aufgeklärten Subjekts, welches seine – im tiefsten Inneren des Selbst verhafteten – Entscheidungen nur für sich und unabhängig von kulturellen Rahmungen trifft: „'Doing it for oneself' also constructs a reflexive but individualised, acultural subject who is aware of the origin and motivations for her desires and practices"[49] (Braun 2009: 239).[50] Die Entscheidung für ästhetische Korrekturen im Genitalbereich fällt dann (vermeintlich) einzig und allein aus individuellen biologischen und medizinischen Notwendigkeiten. Im Zuge neuer Freiheitsnarrative erscheint das Selbst herausgelöst aus jeglichem zwischenmenschlichen Zusammenhang. Nichts desto trotz ist zu bestimmten Zeiten ein bestimmtes Wissen vorherrschend, das Machtbeziehungen voraussetzt und sie zugleich konstituiert (Foucault 1977: 39)[51], nichts desto trotz erscheinen im Zuge dessen bestimmte Deutungsmuster plausibler als andere, bestimmte Sätze sagbar und andere nicht, nichts desto trotz bilden sich hegemoniale Deutungen heraus und nichts desto trotz trägt – gerade deswegen – jeder Körper den „Abdruck" der Anderen. Je mehr sich Öffentlichkeiten und öffentliche Auseinandersetzungen den Voraussetzungen einer deliberativen Demokratie (Habermas 2007)[52] anzunähern scheinen, desto mehr tritt in den Hintergrund, dass auch und gerade hier Normierungen und Normalisierungen verhandelt werden, die unter die Haut gehen und Fleisch werden. Dabei tritt an die Stelle der vormals diametral gedachten Differenz von Autonomie vs. Fremdbestimmung eine „Weise des Sich-Verhaltens in einem mehr oder weniger offenen Feld von Möglichkeiten" (Foucault 1987: 255)[53]. Die Freiheit des Liberalismus ist Teil von Machtprozessen: Die der Einzelne sieht sich nicht nur „gezielten und planvollen Zurichtungsanstrengungen ausgesetzt" (Bröckling

---

49 „'Es für sich selbst zu tun' konstruiert außerdem ein reflexives, aber individualisiertes, a-kulturelles Subjekt, welches sich des Ursprungs und der Motivation ihrer Wünsche und Praktiken bewusst ist."

50 Braun, Virginia: "The women are doing it for themselves": The rhetoric of choice and agency around female genital 'cosmetic surgery'. Australian Feminist Studies 24(60) 2009, S. 233-249.

51 Foucault, Michel: Überwachen und Strafen. Die Geburt des Gefängnisses. Frankfurt/Main 1977.

52 Das bedeutet laut Jürgen Habermas: „Es muss Inklusion, also die gleichberechtigte Beteiligung aller Bürger, mit der Bedingung eines mehr oder weniger diskursiv ausgetragenen Meinungsstreites verbinden" (Habermas in der SZ http://www.sueddeutsche.de/kultur/juergen-habermas-keine-demokratie-kann-sich-das-leisten-1.892340-4).

53 Bröckling, Ulrich: Das unternehmerische Selbst. Soziologie einer Subjektivierungsform. Frankfurt/Main 2007.

2007: 32)[54], sie_er richtet „sich zugleich gezielt und planvoll selbst" zu (ebd.). Der öffentliche Meinungsaustausch überwindet kulturelle Normierung nicht, er verändert sie lediglich, er verändert wie wir Normierungen wahrnehmen und damit umgehen und er macht deren Verhandlungen mit allen unterschiedlichen Positionen so sichtbar, dass uns das normierende Element selbst aufgrund seiner Kontingenz bisweilen verborgen bleibt. In der neuen Sichtbarkeit und der steten Diskursivierung hat ein neuer Kampf um die Vulva begonnen, der Momente der Selbstermächtigung ebenso in sich trägt wie Techniken der (Selbst-)Unterwerfung.

---

54 Foucault, Michel: Das Subjekt und die Macht, In: Dreyfus, Hubert L./Rabinow, Paul (Hrsg.): Michel Foucault: Jenseits von Strukturalismus und Hermeneutik, Frankfurt/Main 1987, S. 253-261.

Der Körper altert, der Geist bleibt jung
Schönheitsnormierungen von Alter und Geschlecht
Waltraud Posch

1 Einleitung

„Schön" ist ein Begriff, dem es in sämtlichen Lebensbereichen nur schwer zu ent-
kommen ist und der daher zu den „gleichermaßen umstrittenen wie unhintergehba-
ren Begriffen der europäischen Kultur" (Liessmann 2010, S. 7) gehört. Vom
„schönen" Baby bis zur „schönen" Leich´, vom „schönen" Haus bis zum „schö-
nen" Urlaub, von der „schönen" Jugendzeit bis zur „schönen" Rente, vom „schö-
nen" Geist bis zum „schönen" Körper reichen die Lebenspraxen und -felder, in
denen Schönheit einen Wert darzustellen oder zumindest zur Beschreibung positiver Zustände zu dienen scheint. Im vorliegenden Beitrag geht es um die Schönheit
des Körpers im Kontext von Alter und Geschlecht. Besonderes Augenmerk liegt im
Kontext soziologischer Theorien auf dem Aspekt von Innerlichkeit und Äußerlichkeit des schönen Körpers, welcher exemplarisch im Zusammenhang mit Alter(n)
Bedeutung erfährt.

2 Gender-Körper-Altern

2.1 Körperlichkeit

2.1.1 Somatic society

Im Kontext gesellschaftlicher Modernisierungsprozesse kommt dem Körper im
öffentlichen Raum gesteigerte Aufmerksamkeit zu. Dies zeigt sich unter anderem
im medialen Diskurs rund um Verschönerungstechniken, welche meist auf schön-
heitsmedizinische Eingriffe fokussiert werden. So handeln verschiedene TV-
Formate von der Transformation vom „hässlichen Entlein" in den „schönen
Schwan". Im deutschsprachigen Fernsehen sind dies beispielsweise „The Swan –
Endlich schön!" (PRO7), „Extrem schön – Endlich ein neues Leben" (RTL2),
„Hüllenlos – Auch nackt gut aussehen" (RTL2).

Die Beobachtung der Entwicklung der Geistes- und Sozialwissenschaften unterstreicht den Eindruck gesteigerter Aufmerksamkeit für Körperlichkeit und Schönheit, denn auch sie hat den Körper diskursiv (wieder) entdeckt. Die gesellschaftliche Körperaufwertung, die Bryan Turner (1996) als „somatic society" beschreibt, äußert sich jedoch auch in einer wachsenden Produktpalette zu Modifizierung bzw. Aufrechterhaltung eines gewissen körperlichen Befindens bzw. Aussehens. Dies reicht von Angeboten zu Fitness und Wellness über Gesichtscremes bis zu Dienstleistungen zur Körperenthaarung.

Als tragende Säulen der somatic society können technische Veränderungen gesehen werden, die vor allem im Gebiet der Medizin zu einem deutlich erweiterten Handlungsspektrum zur Modifizierung des Körpers führten. Die „wunscherfüllende Medizin" (Kettner 2009) kann als grundlegender Kulturwandel der medizinischen Disziplin verstanden werden und findet neben der Reproduktionsmedizin vor allem im Kontext von Verschönerungswünschen Anwendung. Die von Turner beschriebene somatic society geht also einher mit der „biotechnischen Neuerfindung des Menschen" (Siep 2006).

2.1.2 Der Körper als Medium sozialen Handelns

Kulturspezifische Vorstellungen von Schönheit und Attraktivität beschreiben den Körper als Projektionsfläche von Kompetenzen, (Arbeits-) Leistung, Fähigkeiten und Emotionen. Aus der Hochkonjunktur wissenschaftlicher wie medialer Diskurse über Schönheit ist abzuleiten, dass körperliche Attraktivität – zumindest im öffentlichen Raum – „einen überaus bedeutsamen symbolischen Wert darstellt und die Schönheit oder Hässlichkeit des Körpers als Symbolsystem gesehen werden kann, das Einblick in die Veranschaulichung sozialer Positionen und Klassenlagen gibt (vgl. Penz 2010: 8ff). Dabei spielen sowohl Geschlecht als auch klassenspezifische Aspekte eine Rolle. Es ist davon auszugehen, dass „das Schönheitshandeln im Kontext beider Strukturen, also als intersektionales Phänomen, zu betrachten ist: Die Handlungen werden einerseits von den Auffassungen über Männlichkeit und Weiblichkeit geprägt, und andererseits davon, was standesgemäß, der sozialen Position entsprechend, richtig erscheint." (Penz 2010: 9)

Wer auf Stöckelschuhen übers Kopfsteinpflaster geht, handelt damit sozial. Wer sich vor einer Verabredung den Pickel im Gesicht mit Schminke abdeckt oder vor dem Gang ins öffentliche Schwimmbad die Haare epiliert, handelt damit nicht nur für sich selbst, sondern auch sozial. Denn sich schön zu machen, ist soziales Handeln (vgl. Koppetsch 2000: 100ff; Degele 2004: 9ff; Posch 2009: 41ff; Penz 2010: 36). Für sich selbst und ohne Blicke der Anderen müsste man streng genommen weder Stöckelschuhe tragen, noch die Beine epilieren noch Pickel überdecken. Insbesondere das Gesicht entzieht sich – außer im Spiegel – dem eigenen Blick. Der „nach innen gewendet, imaginierte Blick der Anderen" verweist auf die „kommunikative, reziproke Ausrichtung an anderen", durch die das Individuum sich selbst reguliert (vgl. Bublitz 2006: 353). Dies impliziert, dass das Aussehen ohne (gedachte, vermeintliche oder tatsächliche) Blicke anderer Menschen weitgehend irrelevant ist. Nur der Blick in den Spiegel verrät einem sozial isolierten Menschen etwas über sein Aussehen, insbesondere über das Aussehen seines Gesichtes und seiner Haare. Insofern ist die Erfindung und Verbreitung großflächiger Spiegel die Voraussetzung dafür, Schönheit häuslich, in Selbstkontrolle und ohne Befragung Anderer produzieren zu können (vgl. Penz/Pauser 1995: 70f). Dies führte einerseits zu einer Individualisierung der Schönheitspflege, andererseits jedoch zu einer Flut öffentlicher Bilder von Schönheiten.

Die gegenwärtige Mediengesellschaft gibt Menschen Plattformen für Selbstpräsentationen, Selbstinszenierungen und damit zur (Weiter-) Entwicklung ihres Selbst. Dadurch gestalten Menschen mit ihren Selbstinszenierungen nicht nur Medien, sondern auch sich selbst. „In der Reziprozität der Perspektiven von Sehen und Gesehenwerden avanciert der Körper nicht nur zur visuellen Verkörperung des Sozialen, sondern zugleich zum zentralen Medium der Subjektwerdung." (Bublitz 2006: 343)

Esders führt aus, dass Menschen durch neue Medienformate und neue Technologien zunehmend „in Beobachtungs- und Selbstbeobachtungsprozesse eingespannt" seien, wobei sie „zu Laiendarstellern in einer Kultur der Sichtbarkeit" würden. Diese Formierung „des Selbst als Bild" werde von „ständig wachsenden Gelegenheiten technologisch-medialer Selbstpräsentation intensiviert und mobilisiert" (Esders 2007: 104). Demnach geht es weniger um Rezeption, denn um Selbstaneignung, weniger um Imitation, denn um Herstellung. Das Neue erscheint als Ergebnis von Herstellungsprozessen. Sich schön zu machen ist insofern nicht nur das Befolgen einer Norm, sondern ein Verhandeln um die eigene personelle und soziale Position. Der Körper wird in diesem Kontext als Medium verstanden, durch das der Mensch kommuniziert und sich sozial positioniert.

Das äußere Erscheinungsbild enthält Symbole, gewissermaßen „bedeutsame Körperzeichen" (Hahn/Meuser 2002: 10; Hahn 2002: 290), die sozial gedeutet werden können. Wie Lehnert ausführt, ist Mode (exemplarisch für Körperlichkeit) „eines der vielfältigsten, veränderlichsten, ungreifbarsten und doch hartnäckigsten Medien der Bedeutungsgenerierung, Bedeutungszuschreibung, aber auch der Dekonstruktion von Bedeutung" (Lehnert 2003: 216f). Das Aussehen ist demnach immer mit einer Zuschreibung von Bedeutung verknüpft, ob gewollt oder ungewollt, ob bewusst oder unbewusst. Der menschliche Körper ist ein Medium sozialen Handelns, und dadurch geraten auch reale Körper zunehmend „in den Taumel der Formbarkeit und Verfügbarkeit" (Esders 2007: 105).

Die Bedeutung, die der Symbolik des Aussehens zugeschrieben wird, wirkt nach innen (zur Identität) und nach außen (zur Positionierung). Körperlichkeit ermöglicht also die individuelle Platzierung in der Welt der Schaffung des Ichs in einem sozialen Umfeld und dient der Unterscheidung von oder Gleichstellung mit Anderen. „Indem eine Person sich jeden Tag aufs neue bekleidet, platziert sie sich bewußt oder unbewußt täglich aufs neue an einem Schnittpunkt sehr heterogener gesellschaftlicher Codierungen (...)." (Bovenschen 1986: 19).

Den Körper als Symbol zu betrachten, hat Tradition, wie ein Blick in die Geschichte zeigt: Der schöne Körper sei Ausdruck der „schönen Seele" und damit Symbol des sittlich Guten, lautet eine zentrale philosophische Konzeption des Schönen, wie sie im 18. Jahrhundert vor allem von Christoph Martin Wieland, Johann Wolfgang von Goethe oder Friedrich Schiller formuliert wurde (vgl. Liessmann 2009: 22).

Auch in sozialwissenschaftlicher Hinsicht kann der Körper als Symbol und Bedeutungsträger verstanden werden. Dies gilt ebenso für die Verknüpfung des Körpers in alters- und genderdiverser Konnotation, wie insbesondere für die frühen Ansätze von Susan Sontag, Simone de Beauvoir und Germaine Greer aus den 1970er Jahren sowie von Barbara Duden aus den 1980er Jahren zeigen.

2.1.3 Genderkörper

Bedeutung kommt hierbei insbesondere dem Aspekt der kulturellen Codierung des Körpers zu, welcher soziale Repräsentationen ebenso zum Ausdruck bringt wie politische Handlungsmaximen (vgl. Hahn/Meuser 2002; Schroer 2005; Ramsbrock 2011). Letztere werden auch hinsichtlich feministischer Aspekte analysiert (vgl. Wolf 1991; Esders 2007; Schmitz/Degele 2010).

Diskutiert wird diesbezüglich ein Zusammenhang zwischen Körpernormierungen, Geschlecht und politischen Handlungsmaximen. Wolf (1991) analysiert die Konnotation, wonach das weibliche Schönheitsideal jeweils in jenen historischen Phasen besonders dünn wurde, in denen Frauen wichtige Refugien der Macht erkämpften: In den 1920er Jahren das Wahlrecht, in den 1960er Jahren die Geburtenkontrolle und in den 1990er Jahren den verstärkten Zugang zu politischer und wirtschaftlicher Macht. Das Schönheitsideal fungiere demnach „als wirksames Gegengewicht zu den gefährlichen neuen Errungenschaften der Mittelschichtfrau – Muße, Bildung und relative Freiheit von materiellen Zwängen. (...) In dem Maß, wie Frauen sich im öffentlichen Bereich – Arbeitsleben, Recht, Religion, Sexualmoral, Bildung und Kultur – einen gleichberechtigteren Platz erzwangen, kolonialisierte der Schönheitsmythos ihr Bewußtsein." (Wolf 1993: 18ff). Folge dieser Entwicklungen sei tiefe Verunsicherung gegenüber dem eigenen Körper und der implizite permanente (Selbst-)Zwang zur Verschönerung.

Für Esders ist eine Ursache von körperlicher Verunsicherung von Frauen, dass ihr ehemals als „ungebührlich bewertetes Eindringen in die den Männern vorbehaltene öffentliche Sphäre" Sicherheiten in Frage stellt. Frauen, die eigenmächtig die zugewiesene private Sphäre verlassen hatten, wurden in früheren Generationen zu Objekten männlicher Blicke, Bewertungen und Abwertungen und damit zu „Grenzgängerinnen ihrer Körper". Durch die öffentliche Inszenierung und Vermarktung weiblicher Körper wurden diese tradierten Bilder ins Gegenteil verkehrt. „Für Frauen selbst liegt das Unheimliche (...) darin, dass sie in einen öffentlichen Raum geworfen werden, in dem sie in erster Linie als geschlechtlich markierte Körper wahrgenommen werden und in dem sie sich zugleich als souverän handelnde Subjekte zu bewähren haben." (Esders 2007: 108).

Neben der Unterwerfung unter eine soziale Norm hat die Gestaltung des Körpers auch die Funktion der Subjektivierung. Sich schön zu machen kann zugleich

Unterdrückung und Selbstermächtigung ausdrücken (Bublitz 2006: 352; Maasen 2008: 100f). Als „Ambivalenz ästhetischer Selbstregierung" ist die „Gleichzeitigkeit von Freiheit und dem Zwang zur Selbstgestaltung" (Maasen 2008: 101) ein dominierendes Merkmal körperlicher Gegenwart und vergegenwärtigter Körperlichkeit.

Auch historisch wurde bereits das Schönheitsideal der „Neuen Frau" der 1920er und 1930er Jahre in einer Janusköpfigkeit diskutiert (vgl. Ramsbrock 2011: 209f): Zwar galt die Körperinszenierung der Neuen Frau als „Ausdruck einer sich von traditionellen Normen befreienden Weiblichkeit", das ihr „emanzipatorisches Potenzial" zeige, wurde jedoch auch bereits im zeitgenössischen Schönheitsdiskurs als „Zeichen dafür, dass auch die Neue Frau männlichen Unterdrückungsstrategien unterläge und mit der Inszenierung ihres Körpers auf männliche Ansprüche reagiere" diskutiert.

Diese körperliche Ambivalenz zwischen Freiheit und Zwang, zwischen Unterwerfung und Handlungsermächtigung durch Körperarbeit und Sich-schön-Machen, aber auch durch Sport hat einen impliziten genderdiskursiven Bezug. Nicht nur, dass die Mehrzahl der registrierten Verschönerungstechnologien von Frauen genutzt beziehungsweise konsumiert werden – so wurden im Jahr 2010 in den USA 92 Prozent aller kosmetisch-medizinischen Eingriffe an Frauen durchgeführt (www.cosmeticplasticsurgerystatistics.com), und auch am Kosmetikmarkt sind Frauen die überwiegenden NutzerInnen. 2002 machte die deutsche Kosmetikindustrie knapp 90 Prozent ihres Umsatzes mit Frauen (vgl. BBE, zit. in Hannoversche Allgemeine, 1.4.2003).

Trotz quantitativer Relevanz ist auch in qualitativer Hinsicht der Genderaspekt höchst relevant: Die Frage nach körperlichen Handlungsermächtigungen „trifft (...) den Geschlechterdiskurs an zentraler Stelle. Denn auch im Rahmen der gesellschaftlichen Gestaltbarkeit von Körperlichkeit verlangen Geschlechtsidentitäten nach wie vor nach einem kohärenten Körperbezug" (Schmitz/Degele 2010: 18). Körper geben demnach nicht nur die Grenzen der (physischen) Konstruktion vor, sondern unterliegen „als scheinbar passives Material den sozialen Aktivitäten" (ebd.: 18).

Desgleichen gilt es festzuhalten, dass aktuelle Lebenslagen von Frauen unterschiedlich sind und daher nur schwerlich von „den Frauen" oder „den Männern" in

einem gemeinsamer Nenner gesprochen werden kann. „Die nach wie vor bestehende strikt binär verfasste soziale Geschlechter*differenzierung* hat vielmehr auch im
Alter Folgen auf sehr verschiedenen Ebenen." (Gildemeister 2008: 197) Die Differenzierung kann demnach in unterschiedlichen sozialen Situationen unterschiedliche Relevanz haben.

2.2 Alter(n)

2.2.1 Länger leben, jünger aussehen – Erfolgreiches Altern ist aktives Altern

„Schon 40? Das hätte ich Ihnen gar nicht angesehen" sagen wir zur Nachbarin, die
uns über den soeben vollendeten runden Geburtstag erzählt. „Dir sieht man deine
50 auch nicht an" zum Jubilar aus dem Verwandtschaftskreis. Komplimente beziehen sich in unserem Kulturkreis immer darauf, dass jemand jünger aussehe, bestenfalls dem tatsächlichen Alter entsprechend, keinesfalls älter. Die Vorstellung, einer
Jubilarin mit den Worten „Erst 40? Das sieht man dir aber nicht an" zu gratulieren,
mag diese einseitige Relation veranschaulichen.

Zugespitzt könnte man jede dieser Formulierungen mit dem Satz „Für dein Alter
siehst du gut aus" ersetzen, wobei „gut aussehend" im Zusammenhang mit „Alter"
primär mit „jünger aussehend" assoziiert wird. Der Satz „Für dein Alter siehst du
gut aus" ist „ein Kompliment mit Vorbehalt und Platzanweisung gleichermaßen"
(Mehlmann/Ruby 2010). Es positioniert die so angesprochene Person als jemanden,
der es geschafft hat, das wahre Alter zu unterwandern, gewissermaßen stehen-
zubleiben, obwohl die biologische Uhr tickt. Dies gilt als persönliche Leistung, die
es zu würdigen gilt.

Die Rede vom jugendlichen Aussehen basiert auf dem Gegensatz von Alt und
Jung, wobei auch bereits eine Wertung impliziert ist, nämlich: Jung sticht Alt, jung
ist bezüglich des Aussehens besser als alt (vgl. Posch 2009: 109ff). „Das als allge-
meiner Konsens vorausgesetzte Schönheitsideal des Körpers gehört (zu) der Jugend, während der ältere oder alte Körper als Abweichung von dieser Norm betrachtet und implizit als ein mangelhafter bzw. minderwertiger markiert wird."
(Mehlmann/Ruby 2010: 10).

Wünsche, das Altern aufzuhalten, sind geschichtlich nicht neu, wie Vorstellungen über den Jungbrunnen zeigen. Schönheitskorrekturen am gesunden Körper waren historisch betrachtet auch auf die Vertuschung von Falten als sichtbares Zeichen des Alterungsprozesses gerichtet (vgl. Ramsbrock 2011: 94ff). „Nimmt man erste Spuren von Falten wahr", so eine Toilettenlektüre 1797, dann „erforsche man sorgsam durch welche Lage oder Bewegung des Gesichtes diese entstanden sein können, und vermeide dann, um das Resultat zu beseitigen, soviel als möglich die Ursache" (zit. in Ramsbrock 2011: 94).

Die Relevanz der Debatte zeigt sich in der ständig steigenden Lebenserwartung, die nicht nur Rentensysteme, sondern auch Individuen vor neue Herausforderungen stellt. Die Lebenserwartung in westlichen Industrienationen nimmt stetig zu: Wie das *Statistische Bundesamt* mitteilt, betrug die durchschnittliche Lebenserwartung in Deutschland im Jahr 2009 für neugeborene Jungen 77,4 Jahre und für neugeborene Mädchen 82,6 Jahre. Das sind 1,2 beziehungsweise 0,8 Jahre mehr als noch sechs Jahre davor. In Österreich stieg die Lebenserwartung vom Jahr 1981 bis zum Jahr 2007 um 6,5 (Frauen) bzw. 8,1 (Männer) Jahre und lag für 2007 geborene Mädchen bei 82,9, für 2007 geborene Jungen bei 77,3 Jahren (vgl. Statistisches Bundesamt, Pressemitteilung Nr. 336 vom 27.8.2007 und Pressemitteilung Nr. 304 vom 22.8.2008; Statistik Austria 2011: Gestorbene).

Negative Konnotationen dieser Entwicklungen stellen einen möglichen Zusammenbruch des gegenwärtigen Renten- und Gesundheitssystems in den Raum und sind verbunden mit medienwirksamen Begriffen wie „Verrentung", „Überalterung" oder „Graue Gefahr".

Die beschriebenen demographischen Veränderungen können auch zu einer „ideologischen Demografisierung sozialer Probleme" führen, wie Buchen/Maier ausführen (vgl. Buchen/Maier 2008: 7f): Einerseits werde in einer negativen Rhetorik vor einer „schrumpfenden" und „vergreisten" Gesellschaft gewarnt und damit der Generationenkonflikt ins Zentrum gerückt. Andererseits werde ein Ideal des Alters propagiert, welches direkt an den Diskurs der New Economy anschließt – indem für alte Menschen Aktivität, Selbstverantwortung und die Bereitschaft zu lebenslangem Lernen ins Zentrum rücken. Als Imperative der Selbstoptimierung können hierbei Begrifflichkeiten wie „anti aging" oder „erfolgreiches Altern" dienen (vgl. Mehlmann/Ruby 2010: 15), welche implizieren, man könne auch erfolg-

los altern beziehungsweise im Altern scheitern, nämlich indem man altert. Die Arbeit am Körper ist demnach implizit gerontologisch: Wer erfolgreich altern möchte, hat aktiv zu sein, an sich als Persönlichkeit, aber auch an seinem Körper. Aktivität als „wünschbares Zustandsbild des Alters" (Femers 2007: 92) zeigt sich auch in Werbeanalysen, wonach das Alter Beweglichkeit, Jugend und Vitalität beinhalten soll (vgl. ebd. 2007: 92f).

Auch Rowe/Kahn rücken die Aktivität ins Zentrum erfolgreichen Alterns. Sie argumentieren, dass drei Bedingungen oder Charakteristika als Voraussetzung für erfolgreiches Altern gelten können: erstens die Vermeidung von Krankheit und Behinderungen, zweitens die Aufrechterhaltung hoher physischer und kognitiver Fähigkeiten und drittens „aktive Teilhabe am Leben" (vgl. Rowe/Kahn, zit. in Holstein/Minkler 2009: 212). Sie schlagen zudem eine hierarchische Ordnung dieser drei Komponenten vor, wonach „aktive Teilhabe am Leben" „das Konzept des erfolgreichen Alterns am vollständigsten" repräsentiere.

Alter kann heute im Vergleich zu früheren Jahrzehnten durchschnittlich gesünder, schmerzfreier, finanziell und sozial unabhängiger, weniger ohnmächtig und qualitativ besser gelebt werden. Menschen werden also durchschnittlich nicht nur deutlich älter als frühere Generationen, sie werden es auch in besserer objektiver und subjektiver Gesundheit. Dies führte in Bevölkerungsstatistiken zur Entwicklung des Begriffs „Lebenserwartung in Gesundheit" (vgl. www.statistik.at): „(...) analog zur Lebenserwartung bildet die gesunde Lebenserwartung ab, wie viele Jahre eine Person in einem gewissen Alter noch in guter Gesundheit verbringen wird. Das Konzept der gesunden Lebenserwartung erweitert also jenes der Lebenserwartung, um die Qualität der Lebensjahre bewerten zu können."

Dieser Ansatz impliziert das „Gebot der Arbeit am alternden Körper" (Mehlmann/Ruby 2010: 15), wonach jeder seines Glückes Schmied sei und erfolgreich das eigene Altern bewältigen könne. Die Eigenverantwortung für den Körper versinnbildlicht gewissermaßen die „Verantwortung für das Leben" wie sie Foucault in seiner Analyse der modernen Gouvernementalität beschreibt (vgl. Foucault 1983: 170). Der Körper rückt ins Visier des Regierungshandelns. Dieser Ansatz wird auch von der Politik aufgegriffen: Die Europäische Union erklärte das Jahr 2012 zum Jahr des „aktiven Alterns". „Dem liegt das Leitbild des aktiven Bürgers zugrunde, der in die Lage versetzt – aktiviert – werden soll, seine sozialen und ge-

sellschaftlichen Aufgaben eigenverantwortlich zu erbringen und damit als Kopro-
duzent öffentlicher Leistungen in Erscheinung zu treten." (Schroeter 2009: 364).
Offen bleibt die Frage, ob Aktivität als Wundermittel gegen Immobilität und
Fremdbestimmung gesehen werden kann. Denn die Normen, die die neue Geronto-
tologie benennt, bleiben problematisch: Nicht jeder und jede hat dieselben Voraussetzungen, erfolgreich zu altern (vgl. Holstein/Minkler 2009: 218). Der Erfolg wird
für einige sehr viel schwerer erreichbar sein als für andere.

Erfolgreiches Altern beinhaltet auch, ästhetisch nicht aus dem Rahmen zu fallen.
Im Zusammenhang mit gesellschaftlichen Modernisierungsprozessen stiegen insgesamt die Wahlmöglichkeiten, sein Leben zu gestalten. Dies geht jedoch auch mit
einer Gestaltungspflicht einher, der vor dem Körper nicht Halt macht. „Fitness und
Wellness als gesellschaftliche Imperative" (Schroeter 2009: 367) sollen dabei helfen, jugendlich zu bleiben.

2.2.2 Altern in einer jugendlichen Gesellschaft

Die durchschnittlich gesünder und qualitativ besser verlebten Jahre jenseits der 60
führten auch dazu, dass ein neues Marktsegment gefunden wurde: Die „jungen Alten", die Zielgruppe „50 plus", die „Silver Agers". Noch in den 1990er Jahren
agierte die Werbung beinahe ausschließlich mit jungen bis sehr jungen Menschen.
Ein Sprecher des Modehauses *Valentino* sagte in einem Interview: „Ein jüngeres
Gesicht sieht immer besser aus als das einer 25jährigen" (zit. in Marie Claire Nr.
12/1993: 40). Über weite Werbestrecken hat sich an (sehr) jungen Werbeträgerin-
nen und damit der Unsichtbarkeit älterer Menschen nichts geändert, aber es ist ein
Aufbruch zu beobachten.

Femers reüssiert aus ihrer qualitativen Analyse von Werbeanzeigen einen zwei-
fachen Paradigmenwechsel: Einerseits finde eine „Trendwende zum Alten hin"
statt, also ein Sichtbarmachen alter Menschen. Andererseits beginne sich ein „Paradigmenwechsel in der Betrachtung von Alter in der Werbung abzuzeichnen" (vgl.
Femers 2007: 16). Ältere Menschen werden demnach vermehrt als Kundinnen und
Kunden gesehen, was auch zu Wortschöpfungen wie „Best Agers", „Woopies"
(well off older people), „Wollies" (well income old leisure people), „Senior Din-
kis" (senior double income, no kids) oder „Goldenes Marktsegment" führten (vgl.
ebd.: 22). „War vor einigen Jahren alten Menschen höchstens die Nutzungsreprä-

sentanz für Rheumadecken, Blasentees, Treppenlifte, Badewannensitze, Gebissreiniger und Haftcreme vorbehalten, so sehen wir sie jetzt als Akzeptanzbeschaffer für Fertiggerichte (...) und Marmelade." (ebd.: 16).

Es ist davon auszugehen, dass Werbung mit älteren Menschen vor allem deshalb langsam zunimmt, weil alte Menschen zu einer lukrativen Zielgruppe geworden sind. Die Wirtschaft entdeckt, dass sich ältere Menschen offenbar lieber von ihres gleichen etwas empfehlen lassen als von ihrer Enkelgeneration. Für viel Beachtung sorgte in diesem Zusammenhang eine 2005 gestartete Kampagne der Kosmetikfirma *Dove*, die neben hübschen, aber vollschlanken Frauen in Unterwäsche auch mit alten Frauen warb. So erregte die mit der damals 96-jährigen Britin Irene Sinclair beworbene „Pro Aging"-Kampagne von *Dove* weltweit Aufmerksamkeit. Gerade die Tatsache, dass eine alte Frau in der Kosmetikwerbung viel Beachtung fand, lässt Rückschlüsse auf Schönheits- und Alters-Normierungen zu. Denn obwohl es mittlerweile Ausnahmen gibt und obwohl diese Ausnahmen zunehmen, ist Werbung noch immer klar jugenddominiert. „Das Ideal, das die Werbung veranschaulicht, ist das einer sich stets neu entwerfenden, operativ veränderlichen, ewig jungen und fitten körperlichen Identität – das Stichwort lautet *no aging*. Es ist das Ideal eines im Präsens genießenden Leibes, dem vor allem eines fehlt: das Altern." (Trapp 2007: 220).

Auch die in Werbung dargestellten „alten" Menschen, sind selten alt im Sinne von gebrechlich oder greis. Femers stellte in einer qualitativen Studie fest, dass „sich die Werbung der Gebrechlichkeit der Alten Alten verweigert", selbst wenn Produkte explizit an diese Zielgruppe gerichtet sind. Stattdessen „zeigen (...) die lächelnden, rüstigen Frauen, die unverständlicherweise Badewannenlifte bemühen, sowie auch die wackeren Männer, die man auf Treppenliften in den klassischen Altersanzeigen sieht" (Femers 2007: 104), dass von Realitätsnähe selbst dann nicht die Rede sein kann, wenn ältere Menschen Produkte für ältere Menschen bewerben.

Diese Unsichtbarkeit von Alter im öffentlichen Raum kann durch Wandlungsprozesse bestenfalls als zaghafte Sichtbarkeit alternder Körper in einzelnen Segmenten des öffentlichen Raums eingeschätzt werden. Dies hat jedoch nicht nur für die Älteren Konsequenzen, sondern auch für die Jungen. Was bedeutet es für Jugendliche und junge Erwachsene, in einer jugendlichen Gesellschaft zu leben?

Welche Konsequenzen hat es, mit Eltern, Lehrerinnen und sonstigen Bezugsperso-
nen aufzuwachsen, die mitunter noch immer ihre Jugendlichkeit betonen, mit Werbung, die bestenfalls „junge Alte" zeigt? Mienert untersuchte, dass Jugendliche des
beginnenden 21. Jahrhunderts ihr Erwachsenwerden unter anderem deshalb als
diffus erleben, weil sie in einer jugendlichen Gesellschaft aufwachsen. In einer
Welt, in der auch die Erwachsenen möglichst lang jugendlich bleiben möchten,
fehlt Jugendlichen der Reibepunkt, die Abgrenzung. Wenn Eltern noch jugendlich,
jung geblieben oder die besten Freunde ihrer Kinder sein wollen, nehmen sie Jugendlichen „die letzte Ablösungsmöglichkeit". Je mehr Felder, in denen sich Jugendliche von Erwachsenen abgrenzen können, von Eltern besetzt sind, „umso weniger kann den Jugendlichen der Übergang in das Erwachsenenalter oder in die
eigenständig erarbeitete Identität gelingen" (Mienert 2008: 145ff).

2.2.3 Altern zwischen Veränderung und Kontinuität

Im Kontext der Debatte zum demographischen Wandel zeichnen sich divergierende
Zeitkonzepte ab, die den alternden Körper – kontextualisiert zum Lebensalter und
zur Gesamtpersönlichkeit – beschreiben (vgl. Mehlmann/Ruby 2010). So wird un-
terschieden in „biologisches" (wahlweise „kalendarisches Alter" oder „Alter in
Lebensjahren") und „gefühltes" (wahlweise „tatsächliches", „wahres" oder „inner-
liches") Alter. Die Geburtsurkunde spricht also mitunter eine andere Sprache als
das Gefühl, was sich in dem Satz „Ich fühle mich noch nicht so alt, wie ich bin"
zusammenfassen lässt.

Für eine Studie der University of Michigan in Zusammenarbeit mit dem Max-
Planck-Institut Berlin wurden rund 500 70-Jährige zur Einschätzung ihres persönlich gefühlten Alters gefragt. Das gefühlte Alter lag im Schnitt 13 Jahre unter dem
tatsächlichen Alter. Frauen schätzten ihr gefühltes Alter näher ihrem tatsächlichem
Alter ein als Männer. Schlechte Gesundheit verringerte die Kluft (vgl. Kleinspehn-
Ammerlahn et al. 2008 und University of Michigan, Pressemitteilung vom
2.12.2008). Eine Umfrage des Meinungsforschungsinstituts *Emnid* fand heraus,
dass sich die meisten Deutschen über 30 Jahre jünger fühlen als sie wirklich sind,
wobei die Diskrepanz mit zunehmendem Lebensalter steigt. So fühlten sich in der
vorliegenden Studie Menschen zwischen 30 und 39 Jahren um durchschnittlich drei
Jahre und einen Monat jünger als sie waren, Menschen zwischen 50 und 59 hinge-

gen um sechs Jahre und zwei Monate. Dieselbe Studie ergab auch, dass sich junge Leute bis 30 im Durchschnitt um acht Monate älter einschätzten als sie waren (vgl. www.focus.de: „Deutsche fühlen sich jung", 25.6.2005).

Die Aufspaltung des Selbst in mehrere Lebensalter wird durch industrielle Angebote und durch Werbeslogans bewusst unterstützt. „Jüngeres Aussehen für einen starken Auftritt" lautete 2008 der Slogan der Anti-Age-Produkte von *Nivea for men*. Unter dem Schlagwort „Age Scan" bieten „Anti-Aging-Insitute" Tests an, um das vermeintlich „wahre", das „innere" Alter festzustellen (vgl. www.netdoktor.de; www.schickes-altern.de; beide 12.2.2012).

Im Alltag scheint es jedoch häufig nicht um ein konkretes zweites Alter zu gehen, sondern darum, sich jung, *noch* jung, *wieder* jung oder zumindest *innerlich* jung zu fühlen. Von gespaltenen Altersdefinitionen zeugen auch Kontaktanzeigen in Printmedien (hier alle: *Der Standard*, Details siehe Posch 2009: 114): „Omas mit 70, sexy wie 60, agil wie 50 gibt es immer mehr. Einer von ihnen möchte ich, Opa, 72, begegnen", „Wiener im besten Alter, schlank, dunkler Typ, optisch und körperlich wie Mitte 30", „Hausmann, 60, Raucher, gut und jünger aussehend", „Attraktive, jung gebliebene Mama", „Universalgelehrter, bald 50, wird regelmäßig auf ein bis zwei Jahrzehnte jünger geschätzt" und „Wienerin, 60, auch äußerlich jung und hübsch geblieben".

Betrachtet man Formulierungen von gespaltenen Altersdefinitionen, so zeigt sich der Aspekt der Innerlichkeit als zentral (vgl. Posch 2011: 45ff). Der Begriff „innere Schönheit" steht für eine „Beziehung zwischen Fremd- und Selbstkonstitution" (Bublitz 2006: 352). Er beschreibt einen Eindruck, den ein Mensch auf einen anderen macht, beinhaltet also nicht nur Eigenes, sondern auch ein Fremdurteil über die Kompatibilität von Innen und Außen. Der innerlich schöne Mensch muss zufrieden und eins mit sich selbst wirken, um als solcher klassifiziert werden zu können. Der Begriff „innere Schönheit" kann insofern als von außen zugeschriebene sprichwörtliche Verkörperung der schönen Seele und damit als moralisches Urteil betrachtet werden. „Wir erwarten vom Schönen nahezu reflexartig auch das Gute." (Liessmann 2009: 9).

Die Betonung „innerer Schönheit", welche an der Körperoberfläche Ausdruck finde, impliziert, dass Menschen, die dem jeweils soziokulturellen Schönheitsideal nicht entsprechen, mitunter mit zweifelhafter Innerlichkeit in Verbindung gebracht werden. Nicht dem Schönheitsideal nahe zu kommen, käme demgemäß einem „Bekenntnis defizitärer Innerlichkeit" (Koppetsch 2000: 11) gleich.

Wichtige Forschungsarbeit zur Verknüpfung von Innerlichkeit und Äußerlichkeit des schönen Körpers leistete Koppetsch. Im Zentrum ihrer Theorie von Schönheit und Attraktivität steht die „Verkörperung des schönen Selbst". Koppetsch unterscheidet die Begrifflichkeiten Charisma (körperlicher Ausdruck einzigartiger persönlicher Qualitäten), schöner Körper (Gestaltung und Aufmachung des Körpers nach einer festgelegten ästhetischen Norm) und Authentizität (Ausdruck von Persönlichkeit durch das Aussehen). Gutes Aussehen darf demnach nicht puppenhaft, gekünstelt oder aufgemalt wirken. Denn bei der Zuschreibung von Attraktivität gehe es darum, „Attraktivität der Person wesenhaft zuzurechnen": Wo Authentizität verlangt und das eigene Aussehen „natürlich" wirken soll, „muss sichtbar gemacht werden, dass der Stil der äußeren Erscheinung *durch das innere Sein, die eigene Individualität gedeckt ist*" (ebd.: 107). Bloße körperliche Schönheit scheint demnach zu wenig zu sein, es geht bei der Wahrnehmung von Attraktivität auch um die Darstellungskompetenz von Schönheit „als Attribut nicht nur des Körpers, sondern auch der Persönlichkeit" (ebd.: 109).

Der Aspekt der Innerlichkeit scheint auch eine Rolle zu spielen, wenn Alter in verschiedene Alterskategorien aufgespalten wird. Diese Splittung in zwei parallele Alter geht einher mit einer Abspaltung der Wahrnehmung von biologischen Gegebenheiten in einen Gesamteindruck, häufig in Form eines Gefühls. Es ist davon auszugehen, dass dabei auch Stereotype von bestimmten Altersklassen eine Rolle spielen, wobei Altersstereotype als Übergeneralisierungen gesehen werden können (vgl. Filipp/Mayer 2005: 65ff): Der Zustand „Alter" wird demnach mit der Zuschreibung von Eigenschaften verknüpft, die undifferenziert aufgrund des Alters zugeschrieben werden.

Degele fand in einer qualitativen Studie heraus, dass Altern vor allem mit drei Komplexen in Verbindung gebracht wird: Freiheit (beispielsweise die Freiheit, sich nicht allen Normen fügen zu müssen), Arbeit (etwa Arbeit, um durch Schönheitshandeln zu bewahren, was sich in der Vergangenheit bewährt hat) und Kontinuität. Dies betrifft beispielsweise das altersgemäße, an den gesellschaftlichen Erwartungen orientierte Gepflegtsein. Die von Degele untersuchte Rentnerinnengruppe verlässt das Haus nicht, ohne sich zurechtgemacht zu haben. Denn: „Draußen zu sein bedeutet gesehen zu werden." Insgesamt stand im Vordergrund, eine Übereinstimmung von eigenem Befinden und gesellschaftlichen Erwartungen zu erzielen (vgl. Degele 2008: 169ff).

Das Spannungsfeld von Kontinuität und Diskontinuität, oder anders ausgedrückt von Gleichbleiben versus Veränderung, kann als zentral für die vorliegende Fragestellung verstanden werden. Wie Öberg (2009) ausführt, scheint im Alltagsverständnis – wie auch in der Altersforschung – davon ausgegangen zu werden, dass „man selbst sein" bedeutet, über einen längeren Zeitraum und in unterschiedlichen Situationen gleiche Ansichten, Haltungen und Verhaltensweisen beizubehalten. „Wir werden stigmatisiert für die Inkonsistenz und gelobt für die Kohärenz unserer Person." (Öberg 2009: 143). Auch Kontinuitätstheorien der gerontologischen Forschung gehen davon aus, dass es eine Verbindung zwischen Kontinuität und Wohlbefinden gibt (vgl. Schneider 1993, Coleman 1986, zit. in. ebd.: 143). Kontinuität im Kontext von Schönheitshandeln bedeutet, „an eingespielten, verinnerlichten, verkörperten und routinisierten Handlungspraxen (...) festzuhalten" (Degele 2008: 173).

Vor diesem Hintergrund kann der Wunsch nach langsamerem Altern als Sehnsucht nach Kontinuität verstanden werden: Ich selbst fühle mich nicht anders als noch vor fünf Jahren, also soll dies auch mein Körper ausdrücken. Oder aus anderer Perspektive: Wenn schon der Körper altert, so bleibt zumindest mein Geist jung. Auf den Punkt brachte dieses Spannungsfeld von Kontinuität und Diskontinuität die dänische Schauspielerin Brigitte Nielsen, die sich im Jahr 2008 vor laufender Kamera chirurgisch „rundumerneuern" ließ. Die damals 44-Jährige trat mit dem Bekenntnis an die Öffentlichkeit: „Ich fühle mich wie 30 und will wieder so aussehen." (zit. in Spiegel Online, 2.6.2008). Im hegemonialen Diskurs sind Diskontinuitäten, biografische Brüche, starke Veränderungen weniger erwünscht als das Sich-Treu-Bleiben: „Das Selbst wird ebenso als dem Körper überlegen betrachtet wie die Kontinuität gegenüber der Diskontinuität (...)." (Öberg 2009: 144). Die Arbeit am Körper kann in diesem Zusammenhang als „Altersverdrängungsarbeit" (Degele 2008: 172) verstanden werden, die dazu beiträgt, Kontinuitäten aufrecht zu erhalten.

Offen bleibt in diesem Kontext eine intersektionale Differenzierung: Wie verhält sich der Zugang zu Alter(n) in verschiedenen sozioökonomischen Klassen, wie in unterschiedlichen Kulturen? Folgt man den wenigen verfügbaren empirischen Arbeiten zu diesen Fragen, so scheint der Wunsch nach jüngerem Aussehen Angehörige westlicher Kulturkreise in besonderem Maße zu treffen. Dass ethnische und kulturelle Einflüsse das Erleben der mittleren Jahre bestimmen, stellte Wray (vgl. Wray 2007; Deery/Wray 2009) in einer qualitativen Untersuchung fest. Die befragten und über 19 Monate hinweg beobachteten Frauen stammten aus Europa (Großbritannien), Indien und Afrika. Es zeigte sich, dass sich die Europäerinnen in ihren mittleren Jahren teilweise intensiv mit ihrem Altern auseinandersetzten und dieses vor allem mit körperlichen Veränderungen in Verbindung brachten. Sie empfanden eine große Diskrepanz zwischen ihrem Selbstbild und ihrem Äußeren: Innerlich waren sie jung, äußerlich alterten sie. Daher dachten sie über Möglichkeiten nach, die ihnen helfen könnten, ihre körperliche Jugendlichkeit zu erhalten. Die afrikanischen Befragten hingegen beachteten ihre mittleren Jahre kaum. Es fehlte ihnen schlicht die Zeit zur Beschäftigung mit ihrem Äußeren. Gleichzeitig war es in der Kultur der Befragten nicht üblich, dem körperlichen Altern Beachtung zu schenken. Die indischen Frauen berichteten, dass sie ihre körperlichen Veränderungen bemerken, aber sie nicht für besorgniserregend halten. Sie empfanden keine Diskrepanz zwischen ihrem Inneren und ihrem Äußeren und dachten nicht über Verjüngungsmöglichkeiten nach.

Dieser kulturellen Differenzierung entspricht eine deutsche Untersuchung, wonach nicht jüngere Menschen hervorstechend schönheitsorientiert sind, sondern in gleichem, vereinzelt auch stärker ausgeprägtem Maß Menschen im mittleren Lebensalter, und hier vor allem Frauen. Frauen jeden Alters stellen sich demnach öfter auf die Waage als Männer, am häufigsten wiegen sich jedoch nicht junge Frauen, sondern Frauen mittleren Alters (hier: 44 bis 55 Jahre) (vgl. Kluge/Sonnenmoser 2001).

Auch die Frage, ab wann man alt ist, scheint kulturell verschieden. 2011 erhob „Eurobarometer" Definitionen von „jung" und „alt" in europäischen Ländern und stellte erhebliche Unterschiede feste: In Malta, Portugal und Schweden gelten Menschen unter 37 Jahren als jung, in Zypern und Griechenland dagegen bis zum 50. Lebensjahr. Im Durchschnitt war die europäische Bevölkerung der Meinung, man seit etwa ab dem 64. Lebensjahr alt und bis zum 42. Lebensjahr jung (Eurobarometer: Active Aging. EB76.2, 2012).

3 Doing gender und doing old

Sontag (1979) wies in „The double Standard of Aging" bereits früh darauf hin, dass die Haltung zum körperlichen Altern sowohl mit Geschlechter- als auch mit Machtdifferenzen verbunden ist. Schroeter (2007) entwickelte einen vielversprechenden Ansatz, der Alter als eine Art von Tun begreift: In Anlehnung an das Konzept von „doing gender" (vgl. West/Zimmerman 1987) verwendet er den Begriff des „doing age", mit dem er Altersdifferenzen als performative soziale Konstruktionen begreift. Schroeter geht von vier Grundannahmen aus: dass „Altern a) in einem umfassenden symbolischen Verweisungszusammenhang konstruiert wird, b) sich in der sozialen Organisation gesellschaftlichen Handelns als objektive Struktur realisiert, c) sich in der Somatisierung gesellschaftlicher Machtverhältnisse materialisiert und d) zugleich in seiner sinnlich empfundenen Qualität konstitutiver Bestandteil subjektiver Identitäten ist" (Schroeter 2009: 360f). In diesem Sinne wird Alter in Analogie zu Geschlecht als sozial konstruiertes Merkmal verstanden, welches sich fortlaufend in interaktiven Prozessen herausbildet und darstellt. Dies verweist einerseits auf den performativen Akt des Alterns – Alter entsteht im Tun –, bedeutet jedoch andererseits auch ein grundsätzliches Infrage stellen natürlicher Altersdifferenzen. Dementsprechend ist Altern „zwar ein körperliches Geschehen, gleichzeitig aber durch und durch sozial geformt" (Gildemeister 2008: 200).

Die Interpretation von Alter ist in diesem Konzept wie Geschlecht ein Ergebnis von Kommunikation. So kann sich jemand „alt" oder „jugendlich" verhalten und „so die Kategorie im Sinne eines ‚doing old' sozial erst herstellen und wirksam werden lassen" (ebd.: 200). Den eigenen Körper zu gestalten, ihn zu hegen, zu pflegen und zu verschönern scheint ein Mittel zu sein, um „doing old" – zumal in Kombination mit „doing gender" – herzustellen.

4 Schlussfolgerungen

Die im vorliegenden Aufsatz aufgeworfenen Fragen zum Verhältnis von Körperlichkeit, Schönheit, Alter und Geschlecht erfordern weitere Untersuchungen. So wird es beispielsweise wichtig sein, den kritischen Blick auf das Konzept des „erfolgreichen Alterns" vor allem hinsichtlich seiner Ausprägung im Sich-fit-, Sich-schön- und Sich-jugendlich-Haltens zu analysieren. Zentral sollte dabei ein intersektionaler Fokus sein, der bemüht ist, in einer Untersuchung von Schönheitsnormierungen Faktoren wie Alter, Gender, sozioökonomische Klasse und kulturellen Hintergrund zu berücksichtigen.

Literatur

Bovenschen, Silvia: Über die Listen der Mode. In: dies. (Hg.): *Die Listen der Mode*. Frankfurt am Main 2006, S. 10-30.

Buchen, Sylvia/Maier, Maja S.: Älterwerden neu denken. Interdisziplinäre Perspektiven auf den demografischen Wandel. Einleitung. In: dies./dies. (Hg.): Älterwerden neu denken. Interdisziplinäre Perspektiven auf den demografischen Wandel. Wiesbaden 2008, S. 7-27.

Bublitz, Hannelore: Sehen und gesehen werden. Auf dem Laufsteg der Gesellschaft. In: Gugutzer, Robert (Hg.): body turn. Perspektiven der Soziologie des Körpers und des Sports. Bielefeld 2006, 341-361.

Deery, Ruth/Wray, Sharon: „The hardest leap": acceptance of diverse body size in midwifery. Practising Midwife, 12 (10) (2009), S. 14-16.

Degele, Nina: Schöner Altern. Altershandeln zwischen Verdrängung, Resonanzen und Solidaritäten. In: Buchen, /Maier, Maja S.: Älterwerden neu denken. Interdisziplinäre Perspektiven auf den demografischen Wandel. Wiesbaden 2008, S. 165-180.

Dyk, Silke van/Lessenich, Stephan (Hg.): Die jungen Alten. Analysen einer neuen Sozialfigur. Frankfurt/Main 2009, S. 138-159.

Esders, Karin: Trapped in an uncanny valley. Von der unheimlichen Schönheit künstlicher Körper. In: Paul, Heike/Ganser, Alexandra (Hg.): Screening gender. Geschlechterszenarien in der gegenwärtigen US-amerikanischen Populärkultur. Münster 2007, S. 97-115.

Femers, Susanne: Die ergrauende Werbung. Altersbilder und werbesprachliche Inszenierungen von Alter und Altern. Wiesbaden 2007.

Filipp, Sigrun-Heide/Mayer, Anne-Kathrin: Zur Bedeutung von Altersstereotypen. In: Bundeszentrale für politische Bildung (Hg.): Alter und Altern. Aus Politik und Zeitgeschichte (APuZ), Beilage zur Wochenzeitung Das Parlament Nr. 49-50/2005, 5.12.2005, S. 25-31.

Gildemeister, Regine: Was wird aus der Geschlechterdifferenz im Alter? Über die Angleichung von Lebensformen und das Ringen um biografische Kontinuität. In: Buchen, /Maier, Maja S.: Älterwerden neu denken. Interdisziplinäre Perspektiven auf den demografischen Wandel. Wiesbaden 2008, S. 197-215.

Hahn, Kornelia: Die Repräsentation des „authentischen" Körpers. In: dies./Meuser, Michael (Hg.): Körperrepräsentationen. Die Ordnung des Sozialen und der Körper. Konstanz 2002, S. 279-202.

Hahn, Kornelia/Meuser, Michael: Zur Einführung: Soziale Repräsentation des Körpers – Körperliche Repräsentation des Sozialen. In: dies. (Hg.): Körperrepräsentationen. Die Ordnung des Sozialen und der Körper. Konstanz 2002, S. 7-16.

Holstein, Martha B./Minkler, Meredith: Das Selbst, die Gesellschaft und die „neue Geronotologie". In: Dyk, Silke van/Lessenich, Stephan (Hg.): Die jungen Alten. Analysen einer neuen Sozialfigur. Frankfurt/New York 2009, S. 208-232.

Kettner, Matthias: Wunscherfüllende Medizin: Die Beiträge im Kontext. In: ders. (Hg.): Wunscherfüllende Medizin. Frankfurt/New York 2009, S. 9-22.

Kleinspehn-Ammerlahn, Anna/Kotter-Grühn, Dana/Smith, Jacqui: Self-Perceptions of Aging: Do Subjective Age and Satisfaction With Aging Change During Old Age? In: Journal of Gerontology B: Psychological Sciences and Social Sciences, Jg. 63, Nr. 6 (2008), S. 377-385.

Koppetsch, Cornelia: Die Verkörperung des schönen Selbst. Zur Statusrelevanz von Attraktivität. In: dies. (Hg.): Körper und Status. Zur Soziologie der Attraktivität. Konstanz 2000, 99-124.

Kluge, Norbert/Sonnenmoser, Marion (2001a): Sind junge Frauen wirklich im ‚Schönheitswahn'? Über schönheitsbezogene Einstellungen und Aktivitäten von Männern und Frauen in verschiedenen Altersgruppen. Factsheet, Universität Landau 2001. http://www.uni-landau.de/kluge/Beitraege_zur_S.u.S/schoenheitswahn.pdf (11.2.2012).

Lehnert, Gertrud: Mode. Köln 2006, 3. Aufl.

Liessmann, Konrad Paul: Vom Zauber des Schönen. Reiz, Begehren und Zerstörung. In: ders. (Hg.): Vom Zauber des Schönen. Reiz, Begehren und Zerstörung. Wien 2010, 7-16.

Maasen, Sabine: Bio-ästetische Gouvernmentalität. Schönheitschirurgie als Biopolitik. In: Villa, Paula-Irene (Hg.): Schön normal. Manipulationen am Körper als Technologien des Selbst. Bielefeld 2008, S. 99-118.

Mehlmann, Sabine/Ruby, Sigrid: Einleitung: „Für dein Alter siehst du gut aus!" Körpernormierungen zwischen Temporalität und Medialität. In: dies./dies. (Hg.): „Für dein Alter siehst du gut aus!" Von der Un/Sichtbarkeit des alternden Körpers im Horizont des demografischen Wandels. Bielefeld, S. 9-31.

Mienert, Malte: Total Diffus. Erwansenwerden in der jugendlichen Gesellschaft. Wiesbaden 2008.

Öberg, Peter: Der abwesende Körper – ein sozialgerontologisches Paradoxon. In: Dyk, Silke van/ Lessenich, Stephan (Hg.): Die jungen Alten. Analysen einer neuen Sozialfigur. Frankfurt/Main 2009, S. 138–159.

Penz, Otto/Pauser, Wolfgang: Schönheit des Körpers. Ein theoretischer Streit über Bodybuilding, Diät und Schönheitschirurgie. Wien 1995.

Penz, Otto: Schönheit als Praxis. Über klassen- und geschlechtsspezifische Körperlichkeit. Frankfurt/New York 2010.

Posch, Waltraud: Projekt Körper. Wie der Kult um die Schönheit unser Leben prägt. Frankfurt/New York 2009.

Posch, Waltraud: Der Körper als Visitenkarte. Zum Verhältnis von Innerlichkeit und Äußerlichkeit des schönen Körpers. In: Theologisch-Praktische Quartalschrift Nr. 159 (2011), S. 45-53.

Ramsbrock, Annelie: Korrigierte Körper. Eine Geschichte künstlicher Schönheit in der Moderne. Göttingen 2011.

Schmitz, Sigrid/Degele, Nina: Embodying – ein dynamischer Ansatz für Körper und Geschlecht in Bewegung. In: Degele, Nina/Schmitz, Sigrid/Mangelsdorf, Marion/Gramespacher, Elke (Hg.): Gendered Bodies in Motion. Opladen/Farmington Hills 2010, S. 13-36.

Schroer, Markus (Hg.): Soziologie des Körpers. Frankfurt am Main 2005.

Schroeter, Klaus R.: Zur Symbolik des korporalen Kapitals in der „alterslosen Altersgesellschaft". In: Pasero, Ursula/Backes, Gertrud M./Schroeter, Klaus R. (Hg.): Altern in Gesellschaft. Ageing – Diversity – Inclusion, Wiesbaden 2007, S. 129-148.

Schroeter, Klaus R.: Die Normierung alternder Körper. In: Dyk, Silke van/Lessenich, Stephan (Hg.): Die jungen Alten. Analysen einer neuen Sozialfigur. Frankfurt/New York 2009, S. 359-379.

Siep, Ludwig: Die biotechnische Neuerfindung des Menschen. In: Ach, Johann S./Pollmann, Arndt (Hg.): no body is perfect: Baumaßnahmen am menschlichen Körper – Bioethische und ästhetische Aufrisse. Bielefeld 2006, S. 21-42.

Sontag, Susan: The Double Standard of Aging. In: Juanita H. Williams (Hg.): Psychology of Women: Selected Readings, New York 1979.

Trapp, Wilhelm: Wie viel Schönheit braucht der Mensch? In: Randow, Gero von (Hg.): Wie viel Körper braucht der Mensch? Standpunkte zur Debatte. Hamburg 2001, S. 65-74.

Turner, Bryan S.: The Body and society. London, 2. Aufl., 1996.

West, Candace/Zimmerman, Don H.: „Doing Gender". In: Gender & Society, 1,2 (1987), S. 125-151.

Wray, Sharon: Women making sense of mid-life: ethnic and cultural diversity. Journal of aging studies, 21 (1) (2007), S. 31-42.

Wolf, Naomi: Der Mythos Schönheit. Reinbek bei Hamburg 1993.

Figurationen des Verworfenen: Schönheit, Hässlichkeit und Alter in Augusta Websters Lyrik

Penny Paparunas

Denkt man an Schönheit, kommen einem unweigerlich unzählige Frauenfiguren des kulturellen Imaginären in den Sinn, die in den vergangenen zweitausend Jahren von sich reden machten, sei es die wohlgestaltete Eva, die Adam zum Apfelbiss verführt und damit die Vertreibung aus dem Paradies einleitet, sei es Paris' Raub der anmutigen Helena, was den ein Jahrzehnt dauernden, folgenschweren Trojakrieg auslösen wird.[1] Dazu zu zählen sind auch die vielen Märchen- und literarischen Gestalten, die sich meist durch das griechische Ideal der Kalokagathie, der Kongruenz von körperlicher und geistiger Vollkommenheit auszeichnen.[2] Die Beispiele von Eva oder Helena zeugen aber auch von der engen Verzahnung von Macht und weiblicher Schönheit sowie der Ambivalenz, die dem Schönen eingeschrieben ist, führt es doch laut diesen Erzählungen zu Verderben und Zerstörung.[3] Die ubiquitären schönen Frauengestalten in den verschiedensten mythopoetischen Texten sind jedoch darüber hinaus ein Indiz dafür, dass physische Attraktivität traditionell weiblich kodiert ist; dies legt der Begriff „das schöne Geschlecht" nahe.[4] Schöne Männer gibt es sehr wohl auch in der Literatur, doch ist eine ansprechende Physis nicht der Hauptmotor für sozialen Erfolg oder wirtschaftliche Stabilität. Im Gegenteil, männliche Wohlgeformtheit verstört, da ihr leicht etwas Effeminiertes anhaftet. Schöne Männlichkeit entpuppt sich daher oft als Chiffre für Homosexualität, Abnormität oder Delinquenz.[5] Laut Trapp ist die „feminine Schönheit am Mann

---

1   Paris entscheidet sich für das Geschenk von Aphrodite, der Göttin der Schönheit und Liebe, was die angeblich schönste Frau auf Erden, die bereits mit Menelaos verheiratete Helena, beinhaltet (und nicht für die Geschenke von Hera und Athene). Siehe hier auch Lakoff und Scherr 1984, 21-22. Trapps These vom schönen Mann als Krisenfigur (2003, 14, siehe weiter unten) bestätigt sich in Paris, da er als ausgesprochen gutaussehender Jüngling gilt und laut Mythos den Trojakrieg entfacht.

2   Zur Kalokagathie siehe zum Beispiel Rogge 2000, 11.

3   Zur Ambivalenz von Weiblichkeit und Schönheit siehe auch Akashe-Böhme 1992, 18.

4   *Metzler Lexikon Gender Studies* 2002, 350.

5   Trapp 2003, 13 und Lefkovitz 1987, 211-213.

monströs, weil sie ein für die männlich-heterosexuelle Begehrensökonomie perverses Begehrensobjekt schafft."[6] Schöne Männer bilden eine kulturell que(e)re Kategorie: Sie sind „Krisenfiguren."[7] Gefahrlos attraktiv erscheint Maskulinität vor allem durch ein aktives Handeln, nicht durch eine ansprechende Körperhülle.[8] Diese gängige Erzählung vom aktiven Mann und der passiven, schönen Frau ist nicht ‚naturgegeben', sondern ein Beispiel dafür, dass sowohl Weiblichkeit als auch Männlichkeit „gleichermassen als Variablen diskursiver Praktiken erscheinen und als Ergebnis komplexer Inszenierungsstrategien begriffen werden."[9]

Die Kontingenz und Historizität von Geschlechterkonfigurationen wird auch an den sich stets wandelnden, relativen Schönheitsvorstellungen sichtbar;[10] diese sind stets kulturelle Konstruktionen, auch wenn sie sich als das Natürliche maskieren.[11] Ein Konsens darüber, was als schön gilt, wird demnach kaum je zu erreichen sein; Relativität und Widerspruch ist dem Schönen schon immer eingeschrieben.[12] Die Ambivalenz von Schönheitsanalysen und -praktiken widerspiegelt sich ebenfalls in den feministischen Debatten, in denen das Spektrum von Lippenstift als Vergleich mit Fussfesselung und Genitalverstümmelung reicht bis zu Schönheitspraktiken als wichtige weibliche Rituale für Vergnügen, Handlungsmächtigkeit und Verspieltheit.[13] Eco geht in seinem Buch *Die Geschichte der Schönheit* vom generell instabi-

---

6 Trapp 2003, 13.
7 Trapp 2003, 14. Die Krisenrhetorik ist dem Männlichen allerdings schon immer einverleibt, z. B. Steffen und Marzahn 2002, viii und Steinlein 2003, 154. Steffen und Marzahn berufen sich in ihrer Krisenrhetorik auf Butlers *Körper von Gewicht: Die diskursiven Grenzen des Geschlechts* (1997, 79): „[der Mann als] eine Figur in der Krise, eine Figur, die eine Krise inszeniert[.]"
8 Lakoff und Scherr 1984, 213.
9 Stephan 2003, 13 und 17.
10 Haustein 2006, 15 und Reinacher 2010, 101-102.
11 Lefkovitz 1987, 2.
12 Akashe-Böhme 1992, 15-20, besonders 18.
13 Snook (2011, 6-12) fasst die feministischen Interventionen zu Schönheit folgendermassen zusammen: „At its most acute, the critique of beauty has rejected virtually all beauty practices, as in the work of Andrea Dworkin and, more recently, Sheila Jeffreys, who proposes that wearing a lipstick is akin to foot binding and female genital mutilation. Other contemporary feminists have found some redeeming value in the attention that women give to their looks and argued that beauty practices can be a means of economic advancement for women, the occasion for fashioning female rituals and a source of pleasure, power and play" (Snook 2011, 8). Snooks Befund, Schönheitspraktiken nicht nur als Instrument der Reifizierung des Weiblichen zu verstehen und als Resultat des männlichen Blicks anzusehen, sondern diese als Mittel zur Festi-

len Charakter von Schönheitsmodellen aus und betont, „dass Schönheit nie etwas Absolutes und Unveränderliches war, sondern je nach der historischen Epoche und dem Land verschiedene Gesichter hatte: Und dies gilt nicht nur für die sinnlich erfahrbare Schönheit (des Mannes, der Frau, der Landschaft), sondern auch für die Schönheit Gottes, der Heiligen, der Ideen...“[14] Dabei können verschiedene ästhetische Theoreme in derselben Epoche nebeneinander existieren oder in anderen Zeiträumen wieder auftreten.[15]

Obschon Ästhetikkonzeptionen also primär kontingent, veränderlich sind, zeichnen sie sich durch eine Konstante aus, wonach Schönheit seit der Antike stets mit Zahlen und Proportionen zu definieren versucht wird. Dabei wird in der Ästhetik, der Wissenschaft vom Schönen in Natur und Kunst, nach der idealen Mischung beziehungsweise Anordnung von Harmonie, Symmetrie und der Hierarchie zwischen den einzelnen Teilen gesucht.[16] Im Mittelalter kreisen Schönheits- und Hässlichkeitsdiskussionen hauptsächlich um die zwei religiösen weiblichen polaren Hauptfiguren, Eva und Maria. Femininität wird entweder figuriert als idealisierte Überhöhung des extrem Reinen und Guten oder als monströse Perversion des Gefährlichen, Verführerischen. Körperliche Schminke wird als „'Teufelswerk'“[17] verschrien, da diese die Abscheulichkeit und Verderbtheit des sich schminkenden Weiblichen verstelle. Im achtzehnten Jahrhundert hingegen werden Puder und Rouge exzessiv eingesetzt; ungeschminkt am Hof zu erscheinen verstösst gegen die gängigen Gesellschaftsnormen.[18] Hundert Jahre später werden Schminkutensilien

---

gung des weiblichen Selbstbewusstseins einzusetzen wie auch mit wandelbaren Erscheinungsformen der femininen Physis qua Maskeraden spielerisch umzugehen, schlägt sich auch in neueren Arbeiten zu Schönheitskonzeptionen nieder (*Metzler Lexikon Gender Studies* 2002, 350).

14 Eco 2004, 14.

15 Eco 2004, 14. Zur Kontingenz und Historizität von Schönheits- und Hässlichkeitskonzeptionen meint zum Beispiel überdies Victor Hugo, dass das Hässliche, Monströse und Groteske spezifisch der Moderne zuzuordnen seien; *Die Schöne und das Biest* hätte, so Hugo, im Zeitalter der klassischen Antike nicht entstehen können (Hugo in Damlé 2010, 4-5).

16 Reinhart 2011, 14-15. Die Griechen waren eine der ersten, die ein mathematisches Modell zur Berechnung idealer Körperproportionen kreierten (Reinhart 2011, 16).

17 Reinhart 2011, 17.

18 Reinhart 2011, 24. Zur Schönheitskonzeption um 1800 siehe auch Bonn (2008): In der philosophischen Ästhetik des achtzehnten Jahrhunderts wird das Schöne mit der bildenden Kunst, dem Schauspiel sowie der weiblichen Schönheit juxtapositioniert. Laut der philosophischen Ästhetik gilt das Schöne als Kategorie, die im Subjekt eine Verbindung zwischen „anschauender und abstrakt-begrifflicher Erkenntnis" herstellen möchte (Bonn 2008, 11).

wiederum äusserst spärlich gebraucht; wenn Kosmetika überhaupt Verwendung finden, dann nur bei ambivalenten, libidinös aufgeladenen, marginalisierten Weiblichkeitsentwürfen wie denen der Prostituierten oder der Schauspielerin.[19] Im Zeitalter des Viktorianismus sind Hygiene und klare Linien die Leitkategorien für Schönheit. Gilt der rundliche Körper um 1800 noch als Signum für Gesundheit und somatisches Wohlbefinden, bietet er um 1900 im Zuge einer bürgerlichen Arbeitsdisziplin und Leistungsethik Angriffsfläche für Friktionen.[20] Eine Vergeschlechtlichung ist insofern zu beobachten, als insbesondere die fettleibige Frau als „anstössige Person [gilt], die sich beim Essen müssiggängerisch verausgabt, anstatt ihre Energien vorbildhaft und zum Wohle aller auf die Arbeit zu verwenden.“[21] Sonnenbräune wird wie in den Jahrhunderten zuvor mit Bauerntum sowie der Arbeiterklasse assoziiert und daher – im Gegensatz zur Postmoderne mit ihrer Hervorhebung des disziplinierten, sportlich getrimmten, künstlich oder natürlich gebräunten Körpers – nicht zum Schönheitsideal stilisiert.

Eine weitere Konstante seit der Antike, im Anschluss an Sokrates und Platon das Schöne mit dem Guten und Wahren[22] gleichzusetzen, lässt sich im Laufe der Geschichte an der Praxis ablesen, die Kongruenz von körperlichem Äusserem mit moralischem, seelischem Innerem postulieren zu wollen.[23] Noch im Mittelalter wird Hässlichkeit als Delikt gebrandmarkt und Bestrafungen reichen vom Verschleiern, Wegschliessen, bis zum Tod durch den Scheiterhaufen. Pervertierungen dieser Art finden sich aber auch noch bis in die 1970er Jahre, als in den USA in einzelnen Städten noch sogenannte „Ugly Laws“ in Kraft sind, die es dem Polizeiapparat erlaubt, Subjekte, die nicht dem Schönheitsideal entsprechen, gleich von der Strasse weg zu verhaften.[24] Unschönheit wird oft mit dem Alter kurzgeschlos-

---

19 Reinhart 2011, 27-28.
20 Reinhart 2011, 30.
21 Reinhart 2011, 30.
22 Kesser 1994, 8, Reinhart 2011, 136 und Reinacher 2010, 96.
23 Zum Beispiel Jones 1998, 2. Jones hebt spezifisch für das achtzehnte Jahrhundert die Übereinstimmung von äusserem und innerem Erscheinen hervor, wonach die physische Schönheit einer Frau stets auch deren moralische Gesinnung und soziales Verhalten, Benehmen mitmeint.
24 Reinacher 2010, 97. Von Interesse ist hier auch Wrights Befund, wonach der Kult um weibliche Schönheit in den Anfängen der amerikanischen Literatur einerseits durch die enge Verbindung zur Romantik, in welcher die Beschäftigung mit dem Schönen allgegenwärtig ist, andererseits mit der obsessiven Suche nach der ‚typisch amerikanischen‘ Literatur zu erklären ist. Die-

sen, weil der versehrte, an Lebenskraft verlierende, dahinwelkende Körper in die Nähe des Todes gerückt wird, damit als hässlich erscheint. Der jugendliche, agile, voller Leben strotzende Körper wird als schön empfunden.[25] Allerdings wird der junge, wohlgestaltete Leib im Geschlechterdiskurs nicht neutral gehandhabt: Elisabeth Bronfen hat in ihrer viel gelesenen Studie *Nur über ihre Leiche: Tod, Weiblichkeit und Ästhetik* (1994) anhand eines beeindruckenden Text-, Bild- und Filmkorpus aufgezeigt, dass seit 1750 eine auffällige Häufung von Femininität und Tod zu konstatieren ist. Schöne Frauen würden getötet, um ein Kunstwerk zu erschaffen, die weibliche Leiche fungiere im kulturellen Diskurs als Kunstobjekt. Was Lacan als Grundaxiom für jede symbolische Ordnung postuliert, ‚la femme n'existe pas,' wird von Bronfen als allgemeingültiges poetologisches Theorem befunden: die Tilgung des Weiblichen, die Konstituierung der symbolischen Ordnung durch den Ausschluss der lebendigen Frau, die Überführung eines „als belebte Natur wahrgenommenen oder kulturell konstruierten (weiblichen) Körpers in unbelebte ästhetische Gestalt."[26]

Der weibliche schöne Körper wird nicht nur eliminiert zur Produktion eines ästhetischen Werks oder zur Katharsis einer aus der Balance geratenen symbolischen Ordnung in Beschlag genommen, er wird zudem in mythopoetischen Texten regelmässig verdinglicht. Ersichtlich ist dies an den sogenannten *blasons*,[27] in welchen sich dem Petrarkismus verpflichtete Epigonen weibliche Körperteile detailliert beschreiben. In ihren Schönheitskatalogen verkommt Weiblichkeit zum essentialisierten Wesen, wird reifiziert und in der Natur verortet. Ein berühmtes, zugleich typisches Beispiel ist Edmund Spensers „Sonnet 15" (1595):

---

se Suche nach einem nationalen literarischen Ideal kann kaum von einer hässlichen Figuration des Weiblichen wahrgenommen werden. Das Unattraktive wird meist mit der abstossend dargestellten Physiognomie des immigrierenden Subjekts konnotiert. Die enge Verzahnung von Immigrantentum und Hässlichkeit ist im Amerika des neunzehnten Jahrhunderts insbesondere bemerkenswert, da der sogenannte ‚melting pot' meist Anlass zu Stolz gibt und Vorzeigecharakter hat (Wright 2000, 5). Erst in der amerikanischen Literatur des späten zwanzigsten Jahrhunderts avancieren hässliche und zugleich handlungsmächtige Frauenfiguren zu Heldinnen, davor sind diese praktisch inexistent (Wright 2000, 10-11).

25 Reinhart 2011, 138 und 140.

26 Bronfen 2004, 623. Siehe hier auch meine Ausführungen: Paparunas 2011, 7, und Liebrand (2000).

27 Siehe zum Beispiel Cuddon 1992, 97-98.

Ye tradefull Merchants that with weary toyle,

Do seeke most pretious things to make your gain:

And both the Indias of their treasures spoile,

What needeth you to seeke so farre in vaine?

For loe my love doth in her selfe containe

All this worlds riches that may farre be found,

If Saphyres, loe her eies be Saphyres plaine,

If Rubies, loe hir lips be Rubies sound:

If Pearles, hir teeth be pearles both pure and round;

If Yvorie, her forhead yvory weene;

If Gold, her locks are finest gold on ground;

If silver, her faire hands are silver sheene;

But that which fairest is, but few behold,

Her mind adornd with vertues manifold.[28]

Im Gedicht werden die Augen mit Saphiren, die Lippen mit Rubinen, die Zähne mit Perlen und die Stirn mit Elfenbein, ergo alles Produkte, die die Natur hervorbringt, verglichen. Das blonde Haar erscheint golden und die weissen Hände – so will es das zeitgenössische Schönheitsideal – wie kostbares Silber. In den beiden letzten Zeilen erfolgt die klischierte Kongruenz von physischer Oberfläche und seelischer Tiefe, wonach die gepriesene, liebreizende Dame mannigfache innere Tugenden in sich vereine.[29] Nicht zufällig werden in der ersten Zeile Kaufleute aufgerufen, die weit in der Welt umherreisen, um die verborgenen Naturschätze aufzuspüren, mit ihnen zu handeln und Gewinn zu erwirtschaften. Der Preisende verkündet, die Geliebte würde all diese in der Welt verstreuten Kostbarkeiten in sich vereinen. Von der feministischen Kritik wurde die Kommodifizierung des Weiblichen gerade in den *blasons* erkannt, was weitreichende Folgen für die soziokulturellen Machtstrukturen habe und den semantischen Gehalt der figurativen Sprache um ein Vielfaches transzendiere, wie Snook im Anschluss an Parker festhält:

> [...] [I]dealized beauty commodifies women with figurative language that translates body parts into things, into precious metals and stones, flowers and colonized countries. Patricia Parker has written about how the blazon uses the economic rhetoric of

---

28 Spenser 1996, 167.

29 Zum Kult der Schönheit oder Oberfläche siehe auch Haustein 2006, 17.

the commodity to put women on display and to claim ‚economic, sexual, and episte-
mological possession, a gendering which goes beyond a simple matter of language
minimized as such into the actual relations of power in a culture which displays and
controls women and other strange things.'[30]

Dass wiederholt auf die enge Verquickung von Attraktivität und Ökonomie verwiesen wurde, erstaunt deshalb nicht. Die Vorstellung von hauptsächlich weiblicher Schönheit als soziales und ökonomisches Kapital ist ubiquitär.[31] Die stereoty-
pisierte Darstellung des Weiblichen in den petrarkistischen Beschreibungen wurde
jedoch in der Literatur selbst konterkariert. So hat William Shakespeare in seinem
vielzitierten „Sonnet 130" (1609) einen *contre-blason* erschaffen, in welchem er
die hyperbolischen Deskriptionen des femininen Leibes kritisiert (insbesondere in
der letzten Zeile) und eine dunkelhaarige Durchschnittsfrau anstatt eines nie zu
erreichenden weiblichen Schönheitsideals preist:

My mistress' eyes are nothing like the sun;

Coral is far more red than her lips' red;

If snow be white, why then her breasts are dun;

If hairs be wires, black wires grow on her head.

I have seen roses damasked, red and white,

But no such roses see I in her cheeks,

And in some perfumes is there more delight

Than in the breath that from my mistress reeks.

I love to hear her speak, yet well I know

That music hath a far more pleasing sound;

I grant I never saw a goddess go –

My mistress when she walks treads on the ground.

And yet by heaven I think my love as rare

As any she belied with false compare.[32]

Keine vollkommene Göttin tritt uns entgegen, sondern eine gewöhnliche Frau mit
all ihren körperlichen Makeln, die durchaus auch aus dem Munde riechen kann.
Aber auch hier wird der weibliche Körper in der Natursphäre verortet, obgleich die

---

30 Snook 2011, 5.
31 Wolf 1991, 12 oder Reinacher 2010, 109.
32 Shakespeare 1999, 555.

Metaphern abgeschwächt sind. Der Mund ist beispielsweise nicht ganz korallfarben, die Brüste sind nicht schneeweiss, sondern graubraun, der Teint ihrer Wangen entspricht keiner Rosenfarbe und die Haare leuchten nicht golden, sondern in tiefem Schwarz. Dieser Weiblichkeitsentwurf zeichnet sich ausserdem weder durch eine wohltuende, musikalische Stimme noch durch einen besonders graziösen Gang aus. Durch den Einbezug des visuellen, des auditiven sowie des olfaktorischen Sinns wird ein zutiefst menschlicher, nichtidealisierter Weiblichkeitsentwurf evoziert.

Shakespeares differenzierte Nuancierung von graubrauner Hautfarbe als Gegenentwurf zum Ideal des hellen Teints deutet darauf hin, dass sich das Hässliche längst nicht im Antonymen des Schönen erschöpft, wie dies unter anderem Higgins postuliert.[33] In seinem Nachfolgeband Die Geschichte der Hässlichkeit (2007) hat Eco den Versuch unternommen, der Relation von ‚schön – hässlich' mittels synonymischen Umschreibungen Herr zu werden. Das keineswegs in sich abgeschlossene Signifikantengeflecht ist in der folgenden Tabelle zusammengefasst:

Tabelle 1: Synonyme für ‚schön' und ‚hässlich' (nach Eco).[34]

Schön:	nett, angenehm, anziehend, gefällig, leicht, bezaubernd, grossartig, herrlich, aussergewöhnlich, ausserordentlich, märchenhaft, zauberhaft, phantastisch, magisch, wunderbar, hervorragend, spektakulär, strahlend, sublim, superb
hässlich:	garstig, scheusslich, grässlich, grotesk, unsäglich, abscheulich, hassenswert, ungeziemend, unfein, schmutzig, obszön, anstössig, widerwärtig, verworfen, monströs, entsetzlich, entsetzenerregend, widerlich, schrecklich, schreckenerregend, fürchterlich, alptraumartig, eklig, ekelerregend, anekelnd, angstmachend, anwidernd, widerwärtig, gemein, unangenehm, bedrückend, unförmig, formlos, entstellt, der Schrecken in Bezug auf das Märchenhafte, Phantastische, Magische und Erhabene

33 Higgins 2002, 20-21.
34 Eco 2007, 16-17. Eco unterscheidet überdies drei Arten des Hässlichen: Das Hässliche an sich (zum Beispiel Exkremente, Aas), das formal Hässliche, bei welchem das Verhältnis von den Einzelteilen zum Ganzen aus dem Gleichgewicht geraten ist und schließlich die künstlerische Darstellung von beidem Vorherigen. Qua künstlerischer Übersetzung kann das Hässliche sogar Schönes gebären.

Relevant ist im Zusammenhang mit ‚hässlich' vor allem der Bedeutungskomplex des Verworfenen und Monströsen, weil das Verworfene in Augusta Websters Lyrik, wie wir weiter unten sehen werden, eine zentrale Rolle spielt. Den Begriff der Verwerfung oder der Abjektion sowie des Abjekten hat Julia Kristeva (1982) im Anschluss an Freud in die Kulturwissenschaften eingeführt. Kristevas Theorem soll im Folgenden kurz skizziert werden.

Kristevas Theorie der Abjektion

Mit Abjektion bezeichnet Kristeva das Verfahren oder die Struktur, die das Subjekt zum Abjekt bildet. Abjektion meint, vereinfacht gesagt, den Vorgang, den das (einzelne oder kollektive) Subjekt notwendigerweise vornehmen muss, um sich eine kohärente, klar abgrenzbare Identität zu erschaffen. Dabei kommt es notgedrungen zu Ausschlüssen. Da die Errichtung einer solch vermeintlich sicheren Grenzziehung, der Aufrichtung einer intelligiblen Identität, jedoch immer zu scheitern droht, ist die Demarkierung per se instabil, fragil, krisenbehaftet; das zu Verwerfende und die Position dazu ist letztlich heterogen, polyvalent, auch wenn es sich gerade um eine homogene, monovalente Struktur bemüht. Kristeva dazu: „We may call it a border; abjection is above all ambiguity. Because while releasing a hold, it does not radically cut off the subject from what threatens it – on the contrary, abjection acknowledges it to be in perpetual danger."[35] Der Akt der Abjektion ist selbst monströs und ruft Schrecken, Unbehagen hervor und ist als Symptom für kulturelle Ängste und daraus folgende Ausschlussmechanismen zu lesen. Ein Extrembeispiel für den Akt der Abjektion ist die Judenvernichtung im Dritten Reich. Der Akt der Abjektion bezeichnet den grundsätzlichen Mangel, der jeder Bedeutung, jeder Sprache oder einem Begehren eigen ist: „[...] [A]ll abjection is in fact recognition of the *want* on which any being, meaning, language, or desire is founded."[36]

Das Abjekte wiederum signifiziert zunächst alles, was mit Phobie und Ekel in Verbindung gebracht wird, so zum Beispiel Aas, Blut, Eiter, Exkremente, Erbro-

---

35 Kristeva 1982, 9.
36 Kristeva, 1982, 5. Hervorhebung im Original.

chenes, Leichen etc.[37] Die Hauptfunktion des Abjektes, welches ausschliesslich in der psychischen Struktur zu lokalisieren ist, die es produziert, liegt darin, dem Subjekt die Grenzen aufzuzeigen, es mit seinen Ängsten zu konfrontieren, den Narzissmus zu stören durch die Einbringung der Dimension der Versehrtheit, des Todes. Beim Abjekten handelt es sich jedoch nicht um ein Objekt.[38] Es ist eher die Beschreibung eines Zustandes oder einer Situation, die im Subjekt starkes Unbehagen auslöst; das Abjekte ist demnach nicht einfach mit Eiter, Erbrochenem etc. gleichzusetzen, auch wenn es davon nicht gänzlich zu trennen ist. Viel eher meint es den Ekel und die Phobien, die zum Beispiel das Erbrochene auslösen, weil die vermeintlich saubere Grenze zwischen innen/aussen verwischt wird.[39] Das Verworfene ist der monströse, hybride Ort, wo sich Semantisierungen auflösen: „[...] [The] abject [...] draws me toward the place where meaning collapses."[40] Es ist transgressiv, exzessiv und stört jegliche Identität, jegliches System oder jegliche Ordnung. Das Abjekte bezeichnet das Unreine, Ambivalente, Heterogene: „[It] does not respect borders, positions, rules. The in-between, the ambiguous, the composite."[41] Ein durch den Akt der Abjektion verworfenes Subjekt, das sich zudem im Zustand des Verworfenen, des Abjekten befindet, benennt Kristeva „deject."[42] Es wandert stetig herum, legt sich nicht fest: „[The deject] strays instead of getting his [sic] bearings, desiring, belonging, or refusing."[43] Die Kardinalfrage für ein im Zustand des Abjekten befindende ‚Dejekte' ist denn auch nicht ‚wer bin ich?,' sondern in erster Linie ‚wo bin ich?;' das Dejekte ist „[a] tireless builder, [...] in short a *stray*. He [sic] is on a journey, during the night, the end of which keeps receding."[44] Kristeva schliesst ihre Diskussion über das Verworfene beziehungsweise über das sich im Zustand des Verworfenen befindende Subjekt mit der These, dass jegliche Literatur um das Abjekte kreise: „On close inspection, all literature is probably a

---

37 Metzler Lexikon Gender Studies 2002, 1.
38 Kristeva 1982, 1.
39 Der Versuch, das Abjekte von Abjektion klar abzugrenzen und die beiden Theoreme zu beschreiben ist selbst ein monströser Vorgang, ein Akt der Abjektion, da er das Heterogene in eine saubere, reduzierende, symbolische Struktur zu zwängen versucht.
40 Kristeva 1982, 2.
41 Kristeva 1982, 4.
42 Kristeva 1982, 8.
43 Kristeva 1982, 8. Hervorhebung im Original.
44 Kristeva 1982, 8. Hervorhebung im Original.

version of the apocalypse that seems to me rooted, no matter what its sociohistorical conditions might be, on the fragile border (borderline cases) where identities (subject / object, etc.) do not exist or only barely so – double, fuzzy, heterogeneous, animal, metamorphosed, altered, abject."[45]

Die viktorianische Autorin und Frauenrechtlerin Augusta Webster (1837-1894)

Die These, wonach insbesondere literarische Texte sich mit dem Kontaminierten, Marginalen, Verworfenen beschäftigen, trifft auch auf das Werk der spätviktorianischen Dichterin und Frauenrechtlerin Augusta Webster zu, die zu Lebzeiten einem grösseren Lesepublikum bekannt war und deren dramatische und lyrische Texte von verschiedenster Seite rezipiert wurden, zwischenzeitlich jedoch in Vergessenheit geriet und erst im Zuge feministischer, kanonrevisionistischer Debatten der 80er und 90er Jahre wieder ins Blickfeld der Literaturkritik rückte.[46] Da Websters Werk der allgemeinen Öffentlichkeit nach wie vor zu wenig geläufig ist, sollen an dieser Stelle einige kursorische, einführende Bemerkungen zu Julia Augusta Websters (geborene Davies) Leben und Werk gemacht werden. Dabei ist zu betonen, dass sich zwischen Websters Biografie und ihren literarischen Arbeiten durchaus thematische Kongruenzen ergeben; ihr *Oeuvre* kann aber keineswegs undifferenziert mit biografistischen Einzelerlebnissen kurzgeschlossen werden – der Text potenziert sich stets um mehrere plausible Bedeutungsmöglichkeiten, die der Autorintention auch zuwiderlaufen können.

Webster, in frühen Jahren aufgrund des Berufs ihres Vaters als Marineoffizier mit ihren drei Geschwistern ein nomadisches Leben führend, lässt sich im vierzehnten Lebensjahr mit ihrer Familie in Cambridge nieder und absolviert dort eine Ausbildung zur Lehrerin. Eine höhere Bildung an der nahe gelegenen Cambridge University bleibt der gut situierten, finanziell abgesicherten Webster aufgrund ihres Geschlechts verwehrt, was sie später in einer ihrer feministischen Essays auch anprangern wird: den Unsinn, Frauen zum universitären Studium zuzulassen, ihnen aber den Abschluss zu verweigern. Im Selbststudium bringt sich die mittlerweile

---

45 Kristeva 1982, 207.
46 Nebst einer stetig wachsenden Zahl von Forschungsartikeln ist kürzlich die erste Monografie (Rigg, 2009) erschienen.

mit einem Juristen verheiratete Webster und Mutter einer Tochter Altgriechisch bei und publiziert Übersetzungen von Euripides und Aischylos. Ihren einzigen Roman *Lesley's Guardians* (1864) bezeichnet sie als gescheitertes Unterfangen. Nicht zuletzt deshalb wendet sie sich, nach dem Versuch an einer Kurzgeschichte in jungen Jahren, vermehrt dem Drama und der Lyrik zu. Bis zu ihrem Tod 1894 wird sie nebst einem Kinderbuch vier Dramen und rund neun Lyrikbände verfassen. Dabei wird sie von den zeitgenößischen Kritikern respektiert, ist aber beim allgemeinen Publikum nur mässig populär; ihre Gedichtbände, für die sie heute am meisten bekannt ist, finden nur spärlichen Absatz. Ein Grund dafür mag die Vergeschlechtlichung sein, die sich bei der Beurteilung ihres poetischen und dramatischen Schaffens einschleicht, denn wiederholt wird ihr Werk als „viril" bezeichnet, womit in erster Linie die Intellektualität und beissende Ironie ihrer Dichtung gemeint sind.[47] Die bekannte viktorianische Dichterin Christina Rossetti, die nie um ihren Kanonstatus ringen musste, erhob schon 1890 Einspruch gegen die Nichtinklusion Websters in eine inoffizielle Preisliste von zeitgenössischen LyrikerInnen.[48] Dennoch konnte die vorübergehende Exklusion Websters aus der literarischen Kanongeschichtsschreibung – vielleicht gerade auch aufgrund ihrer scharfsinnig-ironischen, ‚männlich kodierten' Schreibweise – nicht verhindert werden.

Webster hat sich in ihrem literarischen *Oeuvre*, aber auch in ihren zahlreichen journalistischen Beiträgen, wiederholt kritisch mit dem zeitgenössischen binären Geschlechterdiskurs auseinandergesetzt. Ihre feministischen Artikel, vorher als Einzelexemplare bereits im *Examiner* erschienen, werden 1878 unter dem Titel *A Housewife's Opinions* veröffentlicht, in welchen sie sich unter anderem für die Bildung oder für das Stimmrecht von Frauen einsetzt. Nebst ihren fiktionalen und nichtfiktionalen Arbeiten ist Webster auch in der Frauenbewegung politisch aktiv, schon früh wird sie Mitglied der *London Suffrage Society*, der auch ihr Ehemann sowie ihr Vater angehören.[49] Dabei drückt sie wiederholt ihre Frustration über das Scheitern von parlamentarischen Vorstössen zum Thema Frauenstimmrecht aus und betont den Kernwiderspruch der symbolischen Ordnung, ihr einerseits den

---

47 Rigg 2009, 30 und Sutphin 2000, 32 („Introduction").
48 Rigg 2009, 242.
49 Rigg 2009, 100.

Status als eigenständige, wortmächtige Autorin zuzugestehen, diesen gleichzeitig durch die inferiore soziale und rechtliche Stellung der Frau zu untergraben.[50]

Insbesondere in ihrer Lyrik werden in ungewohnter Schärfe viktorianische Heuchelei, Doppelbödigkeit und hohle Moral hinsichtlich Geschlechterkonfigurationen angeprangert; das Morsche der symbolischen Ordnung wird entlarvt. Die Texte zirkulieren im weitesten Sinn um alternative Weiblichkeits- und Männlichkeitsentwürfe, um das Verworfene, Andere, Marginale des Symbolischen. So unterschiedliche Themenkomplexe des Peripheren wie Prostitution, Alter, das Hässliche und Monströse werden verhandelt. Exemplarisch sollen deshalb drei Gedichte näher betrachtet werden: „By the Looking-Glass" aus dem Gedichtband *Dramatic Studies* (1866), welches eine unscheinbare, unattraktive Frauenfigur in den Fokus rückt sowie „A Castaway" und „Faded" aus dem Gedichtband *Portraits* (1893), welche eine gutaussehende Edelprostituierte und eine alternde Frau zu Wort kommen lassen. Die Werke Websters sind als performativ zu verstehen, das heißt, als Texte, welche „sowohl ein Geschehen wie ein Geschehen-Lassen, nämlich die Dynamik einer Bedeutungsstiftung, die sich nie vollständig kontrollieren lässt, immer auch ungeahnte Energien und unvorhergesehene Ereignisse freisetzen kann[,]"[51] in den Vordergrund stellen. Die Texte und deren Semantisierungen sind also als beweglich, prozessual, kinetisch, ereignishaft, polyvalent zu lesen.

Die schöne Hure

„A Castaway" gehört zu den meist rezipierten Gedichten Websters.[52] Schon der Titel deutet auf den Status des Abjekten, Verworfenen, Marginalen hin. Es spricht eine schöne Edelprostituierte, Eulalie, die in ihrem von jugendlicher Naivität geprägten Tagebuch blättert, ihr Spiegelbild betrachtet und mit diesen Techniken an

---

50 Rigg 2009, 169.
51 Herberichs und Kiening 2008, 9. Die Studie von Herberichs und Kiening ist nur eine von zahlreichen Publikationen der letzten Jahre, die sich im Zuge des *performative turn* mit dem Performativen in den Geistes- und Kulturwissenschaften beschäftigen.
52 Die Liste ist nicht erschöpfend: Zum Beispiel Armstrong 1993, Blain 2009, Brown 1991, Byron 2003, Houston 2007, Leighton 1992 und Leighton 1996, Mermin 1993, Pearsall 2000, Rigg 2000 und Rigg 2009, Schabert 1997, Slinn 2003 und Sutphin 2000.

Foucaults ,Technologien des Selbst' erinnert.[53] Sie sinniert über ihr bisheriges Leben und über die sozialen Schwierigkeiten, die sich durch ihren Beruf ergeben. Wie in den weiter oben behandelten *blasons* verhandelt das Gedicht die enge Verzahnung von physischer weiblicher Schönheit und Ökonomie. Anders als im populären Mythos der schwindsüchtigen, fragilen Kameliendame,[54] deren Leiden durch den Tod erlöst wird, sprühen Eulalies Worte vor ironischer, kritischer Energie. Aussergewöhnlich an Websters Poem ist, dass sie im Gegensatz zu anderen viktorianischen Texten, in welchen die ,Magdalenen' in entscheidenden Momenten verstummen, bewusstlos werden oder verführt und dann fallen gelassen werden, die ,gefallene Frau' hier selbst lautstark zu Wort kommt.[55] Sie ist demnach nicht einfach Opfer, inszeniert sich nicht vordergründig als solches, sondern ist im engen (Zwangs-) Rahmen der symbolischen Ordnung mit Handlungsmächtigkeit ausgestattet.

Im viktorianischen Geschlechterdiskurs wird versucht, eine klare Demarkationslinie zwischen dem respektablen, sich nur zu Reproduktionszwecken sexuell betätigenden Weiblichen und dem sich prostituierenden Weiblichen herzustellen.[56] Wer aber schlussendlich genau als Hure definiert wird, entpuppt sich in zeitgenössischen Geschlechterdebatten als schwammige Angelegenheit, denn unverheiratete, sexuell aktive Frauen werden ebenfalls als Prostituierte tituliert. Hemyngs Definition widerspiegelt diese Tendenz, denn er inkludiert in diese Gruppe „'literally every woman who yields to her passions and loses her virtue [...].'"[57] Prostitution, „The Great Social Evil," avancierte im viktorianischen Zeitalter zur nationalen Obsession. Die Gründung Dutzender Vereine, die sich die Errettung der ,gefallenen Frauen' zum Ziel setzten, unzählige öffentliche Debatten und Beiträge in Form von Pamphleten, Traktaten, Artikeln, Predigten und Gesetzesvorlagen widerspiegeln

---

53 Foucault 1988, 27 und Reckwitz 2010, 38. Reckwitz dazu: „Tehnologien des Selbst sind hier entsprechend als kulturell verbreitete ,Formen, in denen das Individuum auf sich selber einwirkt[,]' [...] zu begreifen. Voraussetzung ist die Annahme, dass subjektives Selbstverstehen nicht im Innern eines privaten Selbst verankert ist und auch kein blosses Produkt kollektiver Diskurse darstellt, sondern in hochspezifischen Praktiken, die auf dieses sich damit produzierende Selbst gerichtet sind, hervorgebracht werden (etwa solche des Tagebuchschreibens, des Briefwechsels etc.)" (Reckwitz 2010, 38).

54 Schwanitz 1995, 225.

55 Sutphin 2000, 512-514.

56 Sutphin 2000, 512 und Bell 1994, 40-43.

57 Hemyng in Sutphin 2000, 517.

die fast schon zur Neurose neigende Beschäftigung mit diesem Thema. Die sogenannten „Contagious Diseases Acts" von 1864, 1866 und 1869 sind als Resultat
neuer staatlicher Sozial- und Hygienemassnahmen zu verstehen, um dem Reizthe-
ma Prostitution Herr zu werden, es widerspiegelt darüber hinaus die generell zunehmende Intervention, Disziplinierung und Regulierung der unteren Schichten.[58]
Die „Contagious Diseases Acts" waren auch als Schutzmassnahme für Soldaten
und Seeleute gedacht, die mit Prostituierten in umliegenden Garnisonstädten Kontakte pflegten. Wurde eine Frau einer Geschlechtskrankheit überführt, konnte sie
bis zur Genesung in ein Krankenhaus weggesperrt werden. Verweigerte sie die
körperliche Inspektion, konnte sie bis zu neun Monaten inhaftiert werden, manchmal mit der Konsequenz, in ein Arbeitslager abgeschoben zu werden.[59] Feministinnen (repeal feminists), die sich für die Aufhebung der „Contagious Diseases Acts"
einsetzen, argumentierten, die Gesetze wären reine Symptombekämpfung, die
wirkliche Wurzel des Übels, nämlich die Unterbezahlung und Ausbeutung weiblicher Arbeitskraft, bliebe unangetastet. Nur sozio-ökonomische Reformen würden
Linderung schaffen und verhindern, dass Frauen aufgrund fehlender Perspektiven
in die Prostitution abgleiten.[60] Der ökonomische Fokus des Gedichts, der zudem die
mangelnden Alternativen zu Eulalies Profession anprangert, muss auch unter diesem Blickwinkel des zeitgenössischen Geschlechter- und Sexualitätsdiskurses betrachtet werden. Websters poetischer Text entpuppt sich nicht zuletzt auch als feministisches Pamphlet. Der Literaturdiskurs infiziert den Politikdiskurs und umgekehrt, die Gattungsgrenzen zwischen Gedicht und Pamphlet werden gebrochen.

In ihrer signifizierenden Praxis der Spiegelschau streicht Eulalie ihre körperlichen Attribute hervor, ihre vollen Lippen und ihre schöne weisse Stirn, die nicht –
so würde es ihr Beruf nahelegen – gebrandmarkt ist. Ihre attraktive Physis würde
allgemein als wohlgeformt gelten, ungeachtet ihrer Tätigkeit. Diese schöne somatische Hülle sichert ihr pekuniäres Überleben, sie ernährt sich buchstäblich davon;
Eulalie betont jedoch auch ebenso die Differenz zu den abjekten, ‚schleimigen'
Existenzen, die durch sozioökonomische Umstände hervorgebracht werden; sie
meint damit die Prostituierten aus unteren sozialen Schichten. Darüber hinaus wird

---

58 Brown 1991, 78. Siehe auch Foucault 1977.
59 Sutphin 2000, 516.
60 Brown 1991, 80.

die Schönheit des Weiblichen in Websters Gedicht kritisch mit jenem Tötungsvorgang in Verbindung gebracht, der von der anglo-amerikanischen, feministischen Literaturwissenschaft mit dem Diktum „killing women into art" umschrieben worden ist;[61] mehrheitlich von der Kunstproduktion, von der Geschichte ausgeschlossen, feiert das Weibliche sein Comeback in der Kunst, was letztendlich nur eine Perpetuierung des Naturwesens Frau ist, weil diese so zur Folie verkommt. Der Text reflektiert differenziert die Schwierigkeiten, die sich durch die reifizierende Reduktion des Femininen auf die Körperlichkeit ergeben. Denn die Künstler ‚ernähren' sich gleichsam von einem schönen Anlitz, um es dann nach ihren Vorstellungen auf die Leinwand zu bannen. Dabei werden die Dichter in die Nähe des Parasitären, Vampirhaften gerückt („feed on"). Schönheit avanciert für Eulalie sowohl zum Fluch als auch zum nützlichen, überlebenswichtigen Werkzeug und sie gewinnt den bestmöglichen Nutzen daraus.

> And what is that? My looking-glass
>
> Answers it passably; a woman sure,
>
> No fiend, no slimy thing out of the pools,
>
> A woman with a ripe and smiling lip
>
> That has no venom in its touch I think,
>
> With a white brow on which there is no brand;
>
> A woman none dare call not beautiful,
>
> Not womanly in every woman's grace.
>
>
> Aye, let me feed upon my beauty thus,
>
> Be glad in it like painters when they see
>
> At last the face they dreamed but could not find
>
> Look from their canvas on them, triumph in it,
>
> The dearest thing I have. Why, 'tis my all,
>
> Let me make much of it: is it not this,
>
> This beauty, my own curse at once and tool
>
> To snare men's souls, (I know what the good say
>
> Of beauty in such creatures) is it not this

---

61   Gilbert und Gubar 1979, 17.

That makes me feel myself a woman still,

With still some little pride, some little – [62]

Websters Poem artikuliert auch die Divergenzen innerhalb des Berufsstandes, wie bereits oben angedeutet. Als Edelprostituierte befindet sie sich vergleichsweise in einer privilegierten Position. Sie verfügt im Gegensatz zu minderbemittelten, in schäbigen Unterkünften hausenden Dirnen über eine eigene Wohnung und eine luxuriöse Ausstattung. Sie kann sich der Körperpflege widmen und Hygienemassnahmen ergreifen. Nüchtern konstatiert sie jedoch, schlussendlich gehörten sie demselben Berufsstand an, mit dem Unterschied, dass sie Schönheit verkaufe, die anderen Hässlichkeit. Verstörend ist für die symbolische Ordnung, dass sie mit ihrer gepflegten Erscheinung beinahe als respektierte, gänzlich integrierte Dame durchgehen könnte. Die scheinbare Kongruenz von äusserlicher und innerlicher Schönheit wirkt bei Eulalie, so ihr Name, um so beunruhigender, da aus Sicht der viktorianischen Gesellschaft diese Kongruenz aufgrund Eulalies Berufsstandes niemals eintreten kann. In ihrer hybriden Position, oszillierend zwischen Zentrum und Peripherie, symbolisiert sie das Verdrängte der viktorianischen symbolischen Ordnung. Als Figuration des Verworfenen weist sie darauf hin, dass das, was ausgelagert ist, stets Teil des Inneren ist. Dies macht diese Figur so monströs, unheimlich.

I am that thing

Called half a dozen dainty names, and none

Dainty enough to serve the turn and hide

The one coarse English worst that lurks beneath:

Just that, no worse, no better.

And, for me,

I say let no one be above her trade;

I own my kindredship with any drab

Who sells herself as I, although she crouch

In fetid garrets and I have a home

All velvet and marqueterie and pastilles,

Although she hide her skeleton rags

And I set fashions and wear cobweb lace:

---

62   Webster 2000, V. 26-44, 193-194. Hervorhebung P. P.

The difference lies but in my choicer ware,

That I sell beauty and she ugliness;

Our traffic's one – [63]

Folgender Textausschnitt ist deshalb interessant, weil er, so ließe sich argumentieren, Judith Butlers Theorem der Resignifikation beziehungsweise Wiederaneignung vorwegnimmt.[64] Was Butler zur Performativität der Geschlechter ausgeführt hat, kann auch auf Websters Prostituierte angewendet werden. Denn Eulalie bejaht die Beschimpfungen, die ihr aufgrund ihrer Profession entgegen geschleudert werden, zitiert diese, resignifiziert diese aber zugleich auch um, indem sie sie hyperbolisiert. Sie fügt nämlich hie und da ein verschmähendes Element hinzu („a telling blackness here and there"). Die zwingende Praxis, qua derer Eulalie als Dirne in Erscheinung tritt und somit auch eine Anweisung ist, lässt immer auch Raum für eine Neuausfüllung zu, da das Ideal – hier das klischierte Bild der viktorianischen Hure – nie gänzlich nachgeahmt werden kann. Dadurch ergeben sich Instabilitäten, die produktiv genutzt werden können.[65] Diese verleihen ihr Handlungsmächtigkeit. Sie nutzt die verletzend gemeinte Anrufung und interpretiert sie affirmativ, positiv um. Eulalie eignet sich die systeminterne Instabilität an, kodiert sie um, indem sie sich eben auch als ‚respektable Dame' gebärden, inszenieren kann. Sie hyperbolisiert und hält denjenigen entgegen, die sie sprachlich verwunden, dass diese selbst vom Pfad der Tugend abgleiten, indem sie ihr normwidriges Verhalten vorwerfen. Sie spiegelt den Akt der Abjektion an den Ort des Ursprungs zurück.

---

63 Webster 2000, V. 62-76, 194-195. Hervorhebung P. P.

64 Butler 1997, 307-332. Butler hat die Resignifizierung vor allem am Begriff ‚queer' vorgeführt.

65 Siehe dazu Butlers *Körper von Gewicht* (1997, 32-33), wo sie die Handlungsmöglichkeiten im Zwangsrahmen der symbolischen Ordnung anhand der Geschlechtsinterpellation beschreibt: „Als die sedimentierte Wirkung einer andauernd wiederholenden oder rituellen Praxis erlangt das biologische Geschlecht seinen Effekt des Naturalisierten; und doch tun sich in diesen ständigen Wiederholungen auch Brüche und feine Risse auf als die konstitutiven Instabilitäten in solchen Konstruktionen, dasjenige, was der Norm entgeht oder über sie hinausschiesst, was von der wiederholenden Bearbeitung durch die Norm nicht vollständig definiert und festgelegt werden kann. Diese Instabilität ist die *de*konstituierende Möglichkeit des Wiederholungsprozesses selbst, die Macht, die genau jene Wirkungen aufhebt, von denen das ‚biologische Geschlecht' stabilisiert wird, sie ist die Möglichkeit, die Konsolidierung der Normen des ‚biologischen Geschlechts' in eine potentiell produktive Krise zu versetzen." (Hervorhebungen im Original). Siehe auch Butlers Studie *Excitable Speech* (1997), wo sich Butler explizit mit Handlungsmächtigkeit und verletzender Sprache auseinandersetzt (besonders 1997, 40-41).

Oh I'll endorse

The samefullest revilings mouthed at me,

Cry ‚True! Oh perfect picture! Yes, that's I!'

And add a telling blackness here and there,

And then dare swear you, every nine of ten,

My judges and accusers, I'd not change

My conscience against yours, you who tread out

Your devil's pilgrimage along the roads

That take in church and chapel, and arrange

A roundabout and decent way to hell.[66]

Wie eng der pekuniäre Handlungsrahmen für alleinstehende Frauen jedoch tatsächlich ist, ist in der nachfolgenden Passage ersichtlich. Eulalie verneint, eine eigentliche berufliche Wahl gehabt zu haben. Bei wirtschaftlicher Not, wo es um das nackte Überleben geht, sind Moralvorstellungen, so Websters Poem, fehl am Platz. Der Ausschnitt reflektiert auch, wie im zeitgenössischen Geschlechterdiskurs nach Lösungen gesucht wurde, die bis zur Ausschaffung von Frauen im heiratsfähigen Alter in die Kolonien Großbritanniens reichten, um sich dort in einer Ehe materiell abzusichern. Auch wenn sie eine dürftig bezahlte, entbehrungsreiche, aber ‚ehrenwerte' Anstellung gefunden hätte, Eulalie ist überzeugt, ein anderes Mädchen hätte ihren Platz eingenommen. Prozentual gesehen würde sich mit diesem Tausch nichts an der bestehenden Misere der eingeschränkten Berufs- und Bildungsmöglichkeiten für Frauen ändern. Mit einer gesellschaftlich akzeptierten Stelle würde sie ihren jetzigen Lebensstandard kaum halten können, zudem nur knapp das Existenzminimum, wenn überhaupt, so glaubt sie, erwirtschaften können.

[...] Who says I had my choice?

[...]

Sinless but penniless, what else were that

But slower death, slow pining shivering death

By misery and hunger? Choice! what [sic] choice

Of living well or ill? could [sic] I have that?

[...]

---

66   Webster 2000, V. 138-146, 197. Hervorhebung P. P.

But where's the work? More sempstresses than shirts;

And defter hands at white work than are mine

Drop starved at last: dressmakers, milliners,

Too many too they say; and then their trades

Need skill, apprenticeship. And who so bold

As hire me for their humblest drudgery?

Not even for scullery slut; not even, I think,

For governess although they'd get me cheap.

And after all it would be something hard,

With the marts for decent women overfull,

If I could elbow in and snatch a chance

And oust some good girl so, who then perforce

Must come and snatch her chance among our crowd.

[...]

Just think! with [sic] were't but half of us on hand

To find work for ... or husbands. Would they try

To ship us to the colonies for wives?[67]

Websters Kritik kulminiert schließlich in der blasphemischen Äußerung, die Schuld sei in Gott zu suchen, da er zu viele Frauen auf die Erde stelle. In der ironisch-hyperbolischen Tradition Jonathan Swifts, der im achtzehnten Jahrhundert im satirischen Pamphlet „A Modest Proposal" die Verzehrung von Säuglingen vorschlug, um die Hungersnot in Irland zu bekämpfen, bringt sie einen drastischen – eugenischen Vorschlag, um die Überzahl von Mädchen einzudämmen: die Abtötung weiblicher Neugeborener, um ein trostloses Dasein gar nicht erst möglich zu

---

67 Webster 2000, V. 250, 201, V. 253-256, 201, V. 266-278, 201-202, V. 286-288, 202. In ihrem Aufsatz „The Dearth of Husbands" hat sich Webster mit dem Problem der alleinstehenden Frauen und dem Mangel an Ehemännern kritisch auseinandergesetzt. Sie kritisiert die vielen Berufszweige, deren Zutritt Frauen verschlossen bleiben. Die Zulassung sei eine Frage der Zeit, da die Wirtschaft es sich nicht leisten könne, langfristig auf weibliche Arbeitskräfte zu verzichten; die Anstellung von Frauen sei nicht zuletzt deshalb ein Vorteil, weil die weibliche Arbeitskraft billiger als die männliche sei. Sie macht auch konkrete Vorschläge, wie Frauen aus dem Mittelstand zum Beispiel mittels Näherei oder Glasmalerei zu mehr monetärer Eigenständigkeit gelangten. Darüber hinaus prangert Webster die mangelnden Bildungsmöglichkeiten für Frauen an.

machen. Die polemische Übertreibung stellt die Kritik Websters an den für Frauen mangelnden Alternativen zur Ehe aus.

> But I say all the fault's with God himself
>
> Who puts too many women in the world.
>
> We ought to die off reasonably and leave
>
> As many as the men want, none to waste.
>
> Here's the cause: the woman's superfluity:
>
> And for the cure, why, if it were the law,
>
> Say, every year, in due percentages,
>
> Balancing them with males as the times need,
>
> To kill off female infants, 'twould make room;
>
> And some of us would not have lost too much,
>
> Losing life ere we know what it *can* mean.[68]

Websters Kritik am viktorianischen Geschlechterdiskurs oszilliert zwischen polemischen Attacken und dem schonungslosen Offenlegen von Schwachstellen der symbolischen Ordnung einerseits und der Identifikation mit dem Abjekten, genauer, dem Dejekten, andererseits. Dieser ambivalente Doppelgestus, den das Poem als Ganzes charakterisiert, unterstreicht dessen Komplexität und Polyvalenz. So übernimmt Eulalie den Blickwinkel der symbolischen Ordnung, die Ihresgleichen marginalisiert, qua Akt der Abjektion an den Rand zu drängen versucht. In dieser Position ist sie das ‚faule Ding voller Scham und Verderbtheit,' welches Jagd auf der Männer Lüste macht und diese gnadenlos auszunutzen weiß. Gleich eines Parasiten ernährt sie sich von diesen Begierden. Ihre Lippen sind hier nicht voll und schön wie in der Beschreibung zu Beginn des Gedichtes, sondern verschmutzt, befleckt, verdorben („polluted").[69] Mit dieser infektiösen Metonymie wird auf ansteckende

---

68 Webster 2000, V. 296-305, 203. Hervorhebung im Original.

69 Schon früh im Gedicht (V. 30, 193) wird der schöne, volle, lächelnde Mund, jedoch bereits mit Gift („venom") in die Nähe des Verunreinigten, Abjekten gerückt. Hier zeigt sich auch die Affinität zu Derridas Analyyse von ‚pharmakon,' welches sowohl Gift als auch Heilmittel bedeuten kann. Eulalies Lippen wirken je nach Perspektive verführerisch schön oder abstossend krank; der Übergang ist ein fliessender.

Geschlechtskrankheiten angespielt.[70] Sie inszeniert somit auch die Gefahren eines infektiösen, kranken Körpers, die durch die Ausübung der Prostitution auftreten können. Hier ergeben sich darüber hinaus Verschaltungsmöglichkeiten zwischen Literatur und Infektion, zwischen Ästhetik und Politik. Übertragen werden nicht nur Krankheitserreger, sondern auch qua performativer Artikulation – zum Beispiel durch die Performanz des Vorlesens des Gedichts – transgressive Ideeninhalte. Die Ästhetik speist sich sozusagen aus der Politik und umgekehrt.

> Oh God, do I not know it? I the thing
>
> Of shame and rottenness, the animal
>
> That feed men's lusts and prey on them, I, I,
>
> Who should not dare to take the name of wife
>
> On my *polluted lips*, who in the word
>
> Hear but my own reviling, I know that.[71]

Eulalie verwirft zuweilen aber nicht nur sich selbst, sie verwirft auch all diejenigen, deren Berufe als ehrenwert gelten: Diese erzielen durch moralisches Fehlverhalten zweifelhafte Erfolge und erkaufen sich Ansehen. Zu dieser Gruppe zählt Eulalie beispielsweise Anwälte, die die Wahrheit zu ihren Gunsten biegen oder Priester, die Glaubenszweifel jenen vorwerfen, welche sie jedoch selbst hegen. Diese Gruppe trage ebenfalls zur infektiösen Verbreitung von moralischen Verstössen bei, da sie sich selber aus solchen Verstössen ernähre und durch eigenes Fehlverhalten weiterperpetuiere. Auch hier wird die parasitäre Metapher („feed on") gebraucht. Websters Gedicht über die attraktive Dirne ist deshalb auch als gesellschaftskritische Intervention zu lesen, die sich nicht nur auf den Geschlechterdiskurs beschränkt.

Die alte Frau

Webster hat sich neben der Prostituierten auch mit anderen marginalisierten Weiblichkeitsentwürfen auseinandergesetzt. Dazu gehört auch derjenige der alten Frau.

---

70 Zur Beziehung von Performanz und Infektion siehe Strowick 2009. Strowick schließt an Austin an, der bekanntlich die literarischen Handlungen aus seiner Performativ-Theorie anfänglich ausschließt und diese von Beginn an mit dem Moment des Krankhaften, Abnormen verknüpft.

71 Webster 2000, V. 393-398, 206. Hervorhebung P. P.

Im Gedicht „Faded" schildert sie die Schwierigkeiten einer alternden Frau, die ihr junges Ich anhand eines gemalten Bildes betrachtet. Das alternde Ich möchte mit dem jüngeren, idealisierten Ich in einen Dialog treten und verschmilzt in einem Moment mit seinem jugendlichen Selbst. In diesem Momentum werden die beiden Ich-Entwürfe ununterscheidbar; die Grenzen zerfliessen und das jugendliche, agile Selbst erscheint als Maskerade des alten, wobei Anfang und Ende der beiden Entwürfe undifferenzierbar sind. Die Mythifizierung des jungen, wohlgeformten Gesichtes wird durch die Adjektive „rich, measureless, nameless, formless" angedeutet, die jegliche Historizität zu tilgen scheinen. Der Text performiert aber gleichzeitig die Negativität einer solchen Mythifizierung, denn was namenlos oder formlos ist, besitzt keine Individualität.

> Ah face, young face, sweet with unpassionate joy,
>
> Possessful joy of having all to hope –
>
> Rich, measureless, nameless, formless, all to hope –
>
> Fair, happy, face with the girl's questioning smile
>
> Expectant of an answer from the days,
>
> Fair, happy, morning, face who wast myself,
>
> Talk with me, with this later drearier self.[72]

Das ältere Ich der Sprecherin bricht aber bald in Ärger aus und konterkariert mittels der *blason*-Technik ihre jüngere Portraitversion mit ihrem gegenwärtigen alten Gesicht. Ihre Wangen sind längst nicht mehr so wohlgeformt rund, ihre Haut bei weitem nicht mehr so samtig und faltenlos und ihre Haare leuchten auch nicht mehr voller Lebenskraft. Das Gedicht verhandelt den schmerzhaften Prozess des weiblichen Alterns im neunzehnten Jahrhundert, in welchem Menopause bereits mit alt gleichgesetzt wurde.[73] Dabei wird das Alter mit dem Abjekten par excellence verglichen, nämlich dem der Leiche;[74] unverheiratete, alternde Frauen fristeten ein trostloses, sinnentleertes, dem Utilitarismus widersprechendes Dasein, so der Text kritisierend. Der versehrte, faltenreiche, betagte Leib wird in die Nähe des tabuisierten Todes gerückt. Jegliche Lebenskraft sowie Lebensaufgabe scheint ent-

---

72 Webster 2000, V. 1-8, 213.
73 Mangum 1999, 99.
74 Kristeva 1982, 4.

schwunden, gleich einem Vogel, der seiner Singstimme beraubt ist oder einer Flie-
ge, deren Flügel sie nicht mehr durch die Lüfte tragen. Das kriselnde Ich drückt
eine tiefe Entfremdung von sich selbst aus. Einmal mehr wird zudem die mangelnde Alternative zur Konvenienzehe offengelegt.

> Fie, cruel face!
>
> Too comely, thou. Thy round curves shame my cheeks;
>
> Thy gloss of almond-bloom in the March sun
>
> Affronts my hardened reds; thy satiny brow,
>
> Like smooth magnolia petals warmly white,
>
> Enforces all my tale of fretted lines;
>
> The quivering woof of sunshine through thy hairs
>
> Shows mine's spent russets deader. All in thee
>
> That's likest me to-day is proof the more
>
> Of my to-day's unlikeness. Ah! I have waned.
>
> As every summer wanes, that, all the while,
>
> Seems to grow still more summer, till, one day,
>
> The first dead leaves are falling and all's past.
>
> Myself has faded from me; I am old.
>
>
> Well, well, what's that to fret for? Yet, indeed,
>
> 'Tis pity for a woman to be old.
>
> Youth going lessens us of more than youth:
>
> We lose the very instinct of our lives –
>
> Song-birds left voiceless, diswinged flies of the air.
>
> And the loss comes so soon; and ere we know:
>
> We have so many many after years,
>
> To use away (the unmarried ones at least)
>
> In only withering leisurely. Ah me!
>
> Men jeer us clinging, clinging pitiably,
>
> To that themselves account whole all for us:

Aye, but what man of them could bear, as we must,

To live life's worth a stinted dozen years.[75]

In der Figuration des Abjekten, des Verworfenen, ausgegrenzt vom Leben, von der symbolischen Ordnung, wird wiederholt auf die enge Verflechtung des Geschlechterdiskurses mit dem Ökonomischen hingewiesen. Die alte Frau erscheint als irreparabler Konkursfall. Im Sinne des performativen Akts als autoritatives Sprechen erinnert die Sprecherin darin, dass sie trotz des fortgeschrittenen Alters noch immer eine Frau ist, auch wenn ihre Reproduktionsorgane ‚still gelegt sind.' In ihrer bitteren Lamentation weist sie darauf hin, dass sie kein unheimliches Geistwesen ist, dass zwischen Leben und Tod oszilliert, keine leblose Mumie, die als sinnentleerte Existenz dahinvegetiert. Damit wird erneut auf die mangelnden Entfaltungsmöglichkeiten für Frauen im Allgemeinen und alleinstehende Frauen im Besonderen aufmerksam gemacht.

But we in our utter loss, outlawed from life,

Irretrievable bankrupts of our very selves,

We must give ruin welcome, blaze our fact

Of nothingness – ‚good friends, perceive I am old;

Pray laugh and leave me. We are fools, we sin,

Abjectly, past all pardon, past all pity,

We women, if we linger, if, maybe,

We use our petty melancholy arts

And are still women some filched year or two –

Still women and not ghosts, not lifeless husks,

Spent memories that slink through the world and breathe,

As if they lived, and yet they know they are dead.[76]

Die „melancholy arts" deuten auf die Suche nach einer sinnerfüllten Beschäftigung hin.[77] Zwar konstatiert die Sprecherin resignativ: „but what am I? / A shadow and

---

75 Webster 2000, V. 24-49, 214-215.
76 Webster 2000, V. 69-79, 215. Hervorhebung P. P.
77 Siehe dazu auch Websters Beitrag „The Dearth of Husbands," in welchem sie die Fertigkeiten wie Glasmalerei etc. für mittelständische Frauen empfiehlt. Vergleiche dazu die vorherigen Ausführungen weiter oben.

an echo – one that was."[78] Gleichzeitig weist sie darauf hin, dass auch das Portrait vor dem Verfall nicht sicher ist; irgendwann wird ihr Bild nämlich, so das Ende des Textes, durch ein Gemälde einer anderen Frau ersetzt werden. Der Unsterblichkeitstopos, erlangt durch die Kunst, wird damit gebrochen. Die Sprecherin ist im Gegensatz zur schönen Prostituierten durch einen doppelten Mangel gekennzeichnet, da sie ‚nicht männlich' und ‚nicht jung' ist.[79] Als Figuration des Verworfenen, das im Vergleich der Leiche gipfelt, legt das Gedicht einen wunden Punkt der symbolischen Ordnung offen; von Geburt an muss sich das Subjekt mit seinem Tod (unwillentlich) auseinandersetzen. Die alte Frau demaskiert das verdrängte Wissen um die Versehrtheit.

Die hässliche Frau

Die dritte Sprecherin im Gedicht „By the Looking-Glass" ist zwar jung, aber gehört ebenso in die Figurationen des Abjekten, da sie von unscheinbarem Äusseren ist. Auch in diesem Text Websters wird der weibliche Körper mit dem Wirtschaftsdiskurs verschränkt, da sich eine schöne Frau den existenzsichernden Blick und das dazu gehörige Lächeln eines potentiellen Ehekandidaten sichern kann, indem sie sich ihn mit ihren körperlichen Vorzügen ‚erkauft.' Im Text wird die Unscheinbarkeit, mangelnde Attraktivität der Frauenfigur ins Zentrum gerückt, die sich in ihrem abendlichen Ritual des in-den-Spiegel-Schauens – einer Art Foucaultschen ‚Technologie des Selbst' – eine andere, anziehendere Reflexion erhofft, jedoch stets aufs Neue mit ihrer farblosen Erscheinung vorlieb nehmen muss. In ihrer wiederkehrenden Enttäuschung über die Hässlichkeit ihres Äusseren („ugly," „a boorish peasant's fit mate," „trifling thing" etc.) und deren Ablehnung oder Verwerfung zeigt sich die Struktur des Abjekten, da es dieses weibliche Subjekt mit dessen Grenzen und Ängsten konfrontiert. Die Strategie der prozessualen Abjektion wird nicht zuletzt sichtbar in der Bezeichnung des Spiegelbildes als unheimliche Fremde („stranger").

---

78 Webster 2000, V. 137-138, 217.
79 Vgl. hierzu Biggs 2004, 49.

Die Sprecherin belauscht ein Gespräch, in welchem über ihr Aussehen gesprochen wird, und eine Stimme sagt, so unscheinbar sei sie nicht, ihr Mund und ihre Nase seien durchaus wohlgestaltet. Doch die Sprecherin geht hart mit sich ins Gericht; als Malerin weiss sie um die gängigen Schönheitsproportionen. Auch hier wird Schönheit mit dem Infektiösem, Parasitärem, Vampirhaftem verschränkt, denn wie der Maler, der sich an der Schönheit des Modells labt, saugt die Sprecherin jegliche Attraktivität in sich auf, bis diese in ihren eigenen Körper überzugehen scheint. Schönheit avanciert hier zur Maskerade. Doch schlussendlich erblickt sie in ihrem Spiegelbild nur eine unbeholfene, bäuerlich erscheinende Gestalt. Möglicherweise wird damit auf ihren etwas dunkleren Teint angespielt, da Sonnenbräune, wie weiter oben ausgeführt, mit dem Bauerntum und unteren sozialen Schichten assoziiert wurde, aber für höhere Schichten, zu denen die Sprecherin gehört, ein heller Hautton die Schönheitskonzeptionen prägte.

For why should a light young heart

Not leap to a merry moving air,

Not laugh, with the joy of the flying hour

And feed upon pleasure just for a while?

But the right of a woman is being fair,

And her heart must starve if she miss that dower,

For how should she purchase the look and the smile?

And I have not had my part.

A girl, and so plain a face!

Once more, as I learn by heart every line

In the pitiless mirror, night by night,

Let me try to think it is not my own.

Come, stranger, with features something like mine,

Let me place close by you the tell-tale light;

Can I find in you now some charm unknown,

Only one softening grace?

Alas! it [sic] is, I, I, I,

Ungainly common. The other night

I heard one say ‚Why, she is not so plain.

See, the mouth is shapely, the nose not ill.’

If I could but believe his judgement right!

But I try to dupe my eyesight in vain,

For I, who have partly a painter's skill,

I cannot put knowledge by.

He had not fed, as I feed

On beauty, till beauty itself must seem

Me, my own, a part and essence of me,

My right and my being – Why! how am I plain?

I feel as if this were almost a dream

From which I should waken, as it might be,

And open my eyes on beauty again

And know it myself indeed.

Oh idle! oh [sic] folly! look [sic],

There, looking back from the glass, is my fate,

A clumsy creature smelling of earth,

What fancy could lend her the angel's wings?

She looks like a boorish peasant's fit mate.[80]

Wie bereits im Gedicht „Faded" wird auch hier in ihrem distanzierenden Blick auf ihr eigenes Spiegelbild eine tiefe Selbstentfremdung der Sprecherin offengelegt. Eine gänzliche Versöhnung mit dem eigenen Ich findet bis zum Schluss des Poems nicht statt, erschöpft und niedergeschlagen von der anstrengenden Spiegelschau, entlässt sie sich – und auch die Leserschaft – in den nächtlichen Schlaf. Die Aussagen über die enge Verschränkung von schönem Körper und materieller Absicherung hallen aber weiterhin nach.

Websters weibliche Figurationen des Verworfenen exemplifizieren, so liesse sich zusammenfassend sagen, anhand der Hure, des Hässlichen und des Alten die Ein- und Ausschlussmechanismen des Symbolischen; sie setzen sich kritisch mit der Doppelbödigkeit der binären Geschlechterordnung auseinander und legen die

---

80   Webster 2000, V. 9-45, 116-117. Hervorhebung P. P.

Historizität, die Künstlichkeit, Konstruiertheit, ja Maskerade von Geschlechterkonfigurationen, von Schönheit/Hässlichkeit und von Jugend/Alter offen. Sie zeigen, wie das, was marginalisiert, veräusserlicht wird, immer schon Teil des inneren Kerns ist. Die Dichotomien zwischen Zentrum und Peripherie kollabieren – ein beunruhigender, monströser, unheimlicher Akt. Schonungslos wird die enge Verflechtung von Geschlechter- und Ökonomiediskurs ausgestellt. Nicht zuletzt stellt Websters performative, zuweilen pamphletartige Literatur ein brisanter Schnittpunkt von Ästhetik und Politik dar.

Literatur

Primärliteratur

Shakespeare, William. „Sonnet 130." 1609. *The Art of Shakespeare's Sonnets.* Hg. Helen Vendler. Cambridge, MA: Harvard University Press, 1999. 555.

Spenser, Edmud. „Sonnet 15." 1595. *The Norton Anthology of Poetry.* Vierte Ausgabe. Hg. Margaret Ferguson, Mary Jo Walter und Jon Stallworthy. New York: Norton, 1996. 167.

Webster, Augusta. „By the Looking-Glass." 1866. *Augusta Webster: Portraits and Other Poems.* Hg. Christine Sutphin. Peterborough: Broadview Press Ltd., 2000. 116-122.

_____. „The Dearth of Husbands." 1878. *Augusta Webster: Portraits and Other Poems.* Hg. Christine Sutphin. Peterborough: Broadview Press Ltd., 2000. 387-392.

_____. „A Castaway." 1893. *Augusta Webster: Portraits and Other Poems.* Hg. Christine Sutphin. Peterborough: Broadview Press Ltd., 2000. 192-213.

_____. „Faded." 1893. *Augusta Webster: Portraits and Other Poems.* Hg. Christine Sutphin. Peterborough: Broadview Press Ltd., 2000. 213-218.

Sekundärliteratur

Akashe-Böhme, Farideh. „Frau/Spiegel – Frau im Spiegel." *Reflexionen vor dem Spiegel.* Hg. Farideh Akashe-Böhme. Neue Folge. Frankfurt am Main: Suhrkamp, 1992. 9-11.

_____. „Ambivalenzen des Schönseins." *Reflexionen vor dem Spiegel.* Hg. Farideh Akashe-Böhme. Neue Folge. Frankfurt am Main: Suhrkamp, 1992. 15-20.

_____. „Fremdheit vor dem Spiegel." *Reflexionen vor dem Spiegel.* Hg. Farideh Akashe-Böhme. Neue Folge. Frankfurt am Main: Suhrkamp, 1992. 38-49.

Armstrong, Isobel. *Victorian Poetry: Poetry, Poetics and Politics.* London: Routledge, 1993.

Bell, Shannon. *Reading, Writing, and Rewriting the Prostitute Body.* Bloomington: Indiana University Press, 1994.

Biggs, Simon. „Age, Gender, Narratives, and Masquerades." *Pergamon: Journal of Aging Studies* 18 (2004): 45-58.

Blain, Virginia. „Introduction." *Victorian Women Poets: An Annotated Anthology.* Hg. Virginia Blain. Revidierte Ausgabe. New York: Pearson Education Limited, 2009. 1-16.

Bonn, Kristina. *Vom Schönen: Schönheitskonzeptionen bei Lessing, Goethe und Schiller.* Bielefeld: Aisthesis Verlag, 2008.

Bronfen, Elisabeth. *Nur über ihre Leiche: Tod, Weiblichkeit und Ästhetik.* 1994. Übersetzt von Thomas Lindquist. Würzburg: Königshausen und Neumann, 2004.

Brown, Susan. „Economical Representations: Dante Gabriel Rossett's ‚Jenny,' Augusta Webster's ‚A Castaway,' and the Campaign Against the Contagious Diseases Acts." *Victorian Review* 17.1 (1991): 78-95.

Butler, Judith. *Das Unbehagen der Geschlechter.* Aus dem Amerikanischen von Kathrina Menke. Frankfurt am Main: Suhrkamp, 1991.

_____. _Körper von Gewicht: Die diskursiven Grenzen des Geschlechts._ Übersetzung von Karin Wördemann. Frankfurt am Main: Suhrkamp, 1997.

_____. _Excitable Speech: A Politics of the Performative._ New York, NY: Routledge, 1997.

_____. _Die Macht der Geschlechternormen und die Grenzen des Menschlichen._ Aus dem Amerikanischen von Karin Wördemann und Martin Stempfhuber. Frankfurt am Main: Suhrkamp, 2009.

Byron, Glennis. „Rethinking the Dramatic Monologue: Victorian Women Poets and Social Critique." _Victorian Women Poets._ Hg. Alison Chapman. Essays and Studies 2003. Cambridge: D. S. Brewer, 2003. 79-98.

Cuddon, J. A. _The Penguin Dictionary of Literary Terms and Literary Theory._ Dritte Ausgabe. London: Penguin, 1992.

Damlé, Amaleena. „Introduction." _The Beautiful and the Monstrous: Essays in French Literature, Thought and Culture._ Hg. Amaleena Damlé und Aurélie L'Hostis. Modern French Identities. Oxford: Peter Lang, 2010. 1-19.

Eco, Umberto. „Einführung." Übersetzt von Friederike Hausmann and Martin Pfeiffer. _Die Geschichte der Schönheit._ 2002. Hg. Umberto Eco. München: Carl Hanser Verlag, 2004. 8-35.

_____. „Einführung." Übersetzt von Friederike Hausmann, Petra Kaiser und Sigrid Vogt. _Die Geschichte der Hässlichkeit._ 2007. Hg. Umberto Eco. München: Carl Hanser Verlag, 2007. 8-21.

Foucault, Michel. _Der Wille zum Wissen: Sexualität und Wahrheit 1._ Suhrkamp Taschenbuch Wissenschaft 716. Frankfurt am Main: Suhrkamp, 1977.

_____. _Technologies of the Self: A Seminar with Michel Foucault._ Amherst: The University of Massachusetts Press, 1988.

Gilbert, Sandra M. und Susan Gubar. _The Madwoman in the Attic: The Woman Writer and the Nineteenth-Century Literary Imagination._ New Haven: Yale University Press, 1979.

Haustein, Lydia. „Schönheit als Metapher." _Schönheit: Vorstellungen in Kunst, Medien und Alltagskultur._ Hg. Lydia Haustein und Petra Stegmann. Göttingen: Wallstein Verlag, 2006. 9-17.

Herberichs, Cornelia und Christian Kiening. „Einleitung." _Literarische Performativität: Lektüren vormoderner Texte._ Zürich: Chronos Verlag, 2008. 9-21.

Higgins, Lesley. _The Modernist Cult of Ugliness: Aesthetic and Gender Politics._ New York: Palgrave Macmillan, 2002.

Houston, Natalie M. „Order and Interpretation in Augusta Webster's _Portraits._" _Romanticism and Victorianism on the Net_ 47 (2007): 1-25.

Jones, Robert W. _Gender and the Formation of Taste in Eighteenth-Century Britain: The Analysis of Beauty._ Cambridge: Cambridge University Press, 1998.

Kesser, Caroline. „Vom Schönen und Wahren." _Die Hässlichkeit ist ein Übel, aber die überlegene Schönheit auch: Ein Lesebüchlein zum Thema ‚Wie schön dürfen Bilder sein?'_ Hg. Caroline Kesser und Peter Killer. Olten: Kunstmuseum Olten, 1994. 7-14.

Kristeva, Julia. _Powers of Horror: An Essay on Abjection._ 1980. New York: Columbia University Press, 1982.

Kroll, Renate, Hg. *Metzler Lexikon Gender Studies Geschlechterforschung: Ansätze – Personen – Grundbegriffe*. Stuttgart: Metzler, 2002.

Lakoff, Robin Tolmach, und Raquel L. Scherr. *Face Value: The Politics of Beauty*. Boston: Routledge & Kegan Paul, 1984.

Lefkovitz, Lori Hope. *The Character of Beauty in the Victorian Novel*. Ann Arbor, Michigan: UMI Research Press, 1987.

Leighton, Angela. *Victorian Women Poets: Writing Against the Heart*. Victorian Literature and Culture Series. Hg. Karen Chase, Jerome J. McGann und Herbert F. Tucker. Charlottesville: University Press of Virginia, 1992.

Leighton, Angela. „'Because Men Made the Laws': The Fallen Woman and the Woman Poet." 1989. *Victorian Women Poetry: A Critical Reader*. Hg. Angela Leighton. Oxford: Blackwell Publishers Ltd, 1996. 215-34.

Liebrand, Claudia. „Geschlechterkonfigurationen in Fontanes *Unwiederbringlich*." *Theodor Fontane: Am Ende des Jahrhunderts: Internationales Symposium des Theodor-Fontane-Archivs zum 100. Todestag Theodor Fontanes 13. – 17. September 1998 in Potsdam. Band II, Sprache – Ich – Roman – Frau*. Hg. Delf von Wolzogen und Helmuth Nürnberger. Würzburg: Königshausen und Neumann, 2000. S. 161-171.

Mangum, Teresa. „Growing Old: Age." *A Companion to Victorian Literature & Culture*. Hg. Herbert F. Tucker. Malden, MA: Blackwell, 1999. 97-109.

Mason, Michael. *The Making of Victorian Sexual Attitudes*. Oxford: Oxford University Press, 1994.

Mermin, Dorothy. *Godiva's Ride: Women of Letters in England, 1830-1880*. Women of Letters. Hg. Sandra M. Gilbert und Susan Gubar. Bloomington: Indiana University Press, 1993.

Paparunas, Penny. „Wasserfrau als Maskerade? Die Hybridisierung von Geschlechterkonfigurationen in Theodor Fontanes *Stechlin*." Erscheint auch im kommenden Band der *Schweizerischen Gesellschaft für Symbolforschung*. http://www.symbolforschung.ch/files/pdf /PAPARUNAS_Melusine.pdf. Januar 2011, S. 1-45.

Pearsall, Cornelia D. J. „The Dramatic Monologue." *The Cambridge Companion to Victorian Poetry*. Hg. Joseph Bristow. Cambridge: Cambridge University Press, 2000. 67-88.

Reckwitz, Andreas. *Subjekt*. Zweite Auflage. Bielefeld: Transcript Verlag, 2010.

Reinacher, Pia. *Kleider, Körper, Künstlichkeit: Wie Schönheit inszeniert wird*. Berlin: Berlin University Press, 2010.

Reinhart, Martina. *Schönheit und Körper der Frau: Eine Analyse*. Wien-Klosterneuburg: Edition Vabene, 2011.

Rigg, Patricia. „The Social Politics of Monodrama." *Victorian Review* 26.2 (2000): 75-107.

_____. *Julia Augusta Webster: Victorian Aestheticism and the Woman Writer*. Madison: Farleigh Dickinson University Press, 2009.

Rogge, Iris. *Die schöne weibliche Gestalt im dramatischen Werk Goethes: Übernahme und Umgestaltung des antiken Schönheitsideals*. Europäische Hochschulschriften. Frankfurt am Main: Peter Lang, 2000.

Schabert, Ina. *Englische Literaturgeschichte: Eine neue Darstellung aus der Sicht der Geschlechterforschung.* Stuttgart: Kröner, 1997.

Schmid, Pia. „Zwischen Wollust und Tugend: Schönheit im weiblichen Diskurs um 1800." *Reflexionen vor dem Spiegel.* Hg. Farideh Akashe-Böhme. Neue Folge. Frankfurt am Main: Suhrkamp, 1992. 50-63.

Schwanitz, Dietrich. *Englische Kulturgeschichte: Band 2: Die Moderne 1760-1914.* Tübingen: Francke Verlag, 1995.

Slinn, Warwick E. *Victorian Poetry as Cultural Critique: The Politics of Performative Language.* Victorian Literature and Culture Series. Hg. Jerome J. McGann und Herbert F. Tucker. Charlottesville: University of Virginia Press, 2003.

Snook, Edith. *Women, Beauty and Power in Early Modern England: A Feminist Literary History.* Houndmills: Palgrave Macmillan, 2011.

Stephan, Inge. „Im toten Winkel: Die Neuentdeckung des ‚ersten Geschlechts' durch *men's studies* und Männlichkeitsforschung." *Männlichkeit als Maskerade: Kulturelle Inszenierungen vom Mittelalter bis zur Gegenwart.* Hg. Claudia Benthien und Inge Stephan. Köln: Böhlau Verlag, 2003. 11-35.

Steffen, Therese und Alexander Marzahn. „Einleitung." *Masculinites / Maskulinitäten: Mythos – Realität – Repräsentation – Rollendruck.* Hg. Therese Steffen. Stuttgart: Metzler, 2002. vii-xi.

Steinlein, Rüdiger. „Ästhetizismus und Männlichkeitskrise: Hugo von Hoffmansthal und die Wiener Moderne." *Männlichkeit als Maskerade: Kulturelle Inszenierungen vom Mittelalter bis zur Gegenwart.* Hg. Claudia Benthien und Inge Stephan. Köln: Böhlau Verlag, 2003. 154-177.

Strowick, Elisabeth. *Sprechende Körper – Poetik der Ansteckung: Performativa in Literatur und Rhetorik.* München: Wilhelm Fink Verlag, 2009.

Sutphin, Christine. „Human Tigresses, Fractious Angels, and Nursery Saints: Augusta Webster's ‚A Castaway' and Victorian Discourses on Prostitution and Women's Sexuality." *Victorian Poetry* 38.4 (2000): 511-32.

_____. „Introduction." *Augusta Webster: Portraits and Other Poems.* Hg. Christine Sutphin. Peterborough: Broadview Press Ltd., 2000. 9-41.

Trapp, Wilhelm. *Der schöne Mann: Zur Ästhetik eines unmöglichen Körpers.* Geschlechterdifferenz und Literatur. Berlin: Erich Schmidt Verlag, 2003.

Wolf, Naomi. *The Beauty Myth: How Images Are Used Against Women.* New York: William Morrow und Company, Inc, 1991.

Wright, Charlotte M. *Plain and Ugly Janes: The Rise of the Ugly Woman in Contemporary American Fiction.* New York: Garland Publishing Inc, 2000.

Zwischen „Kartoffelbäuerin" und „Golftussi". Schönheitshandeln im sozialen und biographischen Kontext

Barbara Rothmüller

Bei der sozialen Konstruktion von Schönheitsidealen spielen visuelle Massenmedien – Film, Fernsehen, Zeitschriften – eine herausragende Rolle. Egal, ob es um länger bestehende Körpernormen oder um kurzlebigere Variationen und Trends geht: Medial vermittelte Bilder eines ‚schönen' Körpers sind omnipräsent und bilden Schablonen für vermeintlich individuelle Selbstbilder. Diese Bilder werden jedoch von verschiedenen Positionen im sozialen Raum aus angeeignet. Sie erhalten nicht nur eine unterschiedliche Bedeutung je nach sozialem Kontext der Adressat_innen, sondern sie drängen sich auch mit unterschiedlicher Macht auf, je nachdem, welche Ressourcen Menschen zur Verfügung stehen, um sich von diesen Bildern zu distanzieren.

Im folgenden Beitrag sollen Schönheitspraktiken und darauf bezogene Denk-, Bewertungs- und Handlungsmuster einer jungen Frau rekonstruiert werden, die selbst in der Medienbranche arbeitet. Das dem Beitrag zugrunde liegende biographische Interview mit Sandra Lechner (Name geändert) wurde von mir im Rahmen eines Forschungsprojekts zu klassen- und geschlechtsspezifischen Körperpraktiken[1] in Österreich geführt. Sandra war zum Zeitpunkt des Interviews Mitte 30 und arbeitete relativ erfolgreich freiberuflich in unterschiedlichen Bereichen der Creative Industries. Aufgrund ihrer Mitarbeit bei der Produktion medialer Bilder scheint sie in einem hohen Maße prädestiniert dafür, sich der Macht dieser Bilder entziehen zu können. In Sandras ironischen Bezugnahmen auf mediale Klischees zeigt sich eine solche Distanzierung auch in verschiedenen Interviewpassagen. Gleichzeitig aber

---

[1] Das Interview entstand 2007 im Rahmen eines Seminars von Otto Penz zu Pierre Bourdieu an der Universität Wien. Insgesamt wurden von 2007 bis 2008 von Soziologiestudierenden der Universität Wien mehr als 80 Interviews mit erwerbstätigen Personen zwischen 25 und 40 Jahren rund um das Thema Schönheit, Ernährung, Sport und Körperpflege geführt. Die Interviews wurden in der Folge unter Mitarbeit von Augusta Dachs, Christian Hirst, David Loibl, Barbara Rothmüller und Philip Thom ausgewertet (vgl. Penz 2010).

wird in dem Interview deutlich, wie stark sie selbst diese Bilder verinnerlicht hat, die ihre Selbstwahrnehmung und -beschreibungen prägen.

Schönheitshandeln als soziale Positionierung

Eines der hervorstechendsten Merkmale des Schönheitsdiskurses ist ein Individualismus, der scheinbar die Praktiken leitet und seinen Ausdruck findet in Aussagen wie „Ich mache mich nur für mich schön" oder „In erster Linie muss man sich selbst gefallen". Dieser von Nina Degele (2004: 90f.) als „Privatheitsideologie" bezeichneten Selbstbeschreibung steht einerseits gegenüber, dass sich sehr viele Frauen am Ideal der Natürlichkeit und Individualität orientieren, und gerade darin in hohem Maße *homogen* sind. Ein soziologischer Blick kann hier, wie Pierre Bourdieu (1987: 44) schrieb, „die Entdeckung (…) des Gewöhnlichen im Streben nach dem Einzigartigen" leisten. Andererseits lässt sich feststellen, dass sich die tatsächlich verfolgten Körpertechniken und -praktiken deutlich *gruppenspezifisch* ausdifferenzieren: Sowohl männliche als auch weibliche Schönheitspraktiken unterscheiden sich u. a. maßgeblich je nach ausgeübtem Beruf, insofern sich niedere Angestellte in Dienstleistungsberufen mit ganz anderen Anforderungen an ihr Aussehen konfrontiert sehen als bspw. Arbeiter_innen oder Führungskräfte. Im folgenden Beitrag wird jedoch auch deutlich, dass diese Anforderungen nicht nur als äußerer Zwang verstanden werden sollten, sondern dass Frauen aktiv bestimmte Schönheitsnormen aufgreifen und diese zur Abgrenzung von anderen Frauen einsetzen.

Zum besseren Verständnis dieser Abgrenzungsstrategien soll vorab ein kurzer Blick auf die theoretischen Grundlagen des Habituskonzepts von Pierre Bourdieu gerichtet werden. Eine habitustheoretische Verortung des Beitrags scheint mir u. a. sinnvoll, weil,sich mit dieser Theorie Schönheitshandeln jenseits individualistischer Verkürzungen analysieren lässt.

Unter Habitus versteht Bourdieu ein „System von Dispositionen" (Bourdieu 2001: 167), welche ein bestimmtes Handeln nahe legen und Selbstverständlichkeiten, Gewohnheiten, eine Haltung werden. Die im Umgang mit der sozialen Welt ausgebildeten Denk-, Wahrnehmungs-, Bewertungs- und Handlungsschemata unterscheiden sich nach Gruppenzugehörigkeit, insbesondere nach Geschlecht und

Klasse; der Habitus ist „zugleich Verinnerlichung kollektiver Schemata wie Integration in die Gruppe" (Bourdieu 1976: 170). Die verinnerlichten Schemata beziehen sich dabei auch auf den Körper, der durch eine spezifische Praxis geformt wird, diese speichert und wiederum zum Ausdruck bringt. Der Habitus wird so biographisch in der Auseinandersetzung mit dem unmittelbaren sozialen Umfeld geprägt, und entwickelt sich gleichzeitig durch die Konfrontation mit (mehr oder weniger) neuen Situationen, Personen und sozialen Feldern laufend weiter. Auch wenn die Prägung in der Kindheit die Grundlage bildet für die weitere Entwicklung, so wird der Habitus doch nicht als statisch und von der Ersterfahrung determiniert gedacht. Die frühe Prägung wirkt sich vielmehr auf die Art und Weise des Umgangs mit neuen Situationen aus, d. h. auf die Bereitschaft zur Veränderung oder Beibehaltung von Handlungsmustern (Bourdieu 2001: 207).

Die erwähnten Denk-, Wahrnehmungs- und Handlungsschemata bilden praktische Gewohnheiten und Selbstverständlichkeiten aus, bei denen das „von einem einfachen ‚Gefühl für den Gegensatz' geleitete Denken bei vielen seiner Operationen nach Gegensätzen vorgeht" (Bourdieu 1987: 43). Der Prozess der sozialen Positionierung greift also auf Kategorien zurück, die Ähnlichkeiten und Unterschiede markieren: „Eine jede soziale Lage ist mithin bestimmt durch die Gesamtheit dessen, was sie nicht ist, insbesondere jedoch durch das ihr Gegensätzliche: soziale Identität gewinnt Kontur und bestätigt sich in der Differenz." (Bourdieu 1982: 279) Inwiefern Identitätsbildung und Abgrenzungsstrategien dabei zusammenspielen und die sozialen Praktiken sowie das Körperverhältnis prägen, soll in der Folge anhand einiger Interviewpassagen beispielhaft konkretisiert werden.

Geschlechter- und Körperverhältnisse

Soziale Praktiken, die immer auch eine körperliche Dimension haben, werden u. a. von den Geschlechterverhältnissen beeinflusst. Frauen sprechen in der Regel sehr viel ausführlicher über ihren Körper und ihr Aussehen als Männer.

> Die weibliche Sorge um den eigenen Körper, insbesondere um dessen ästhetische Erscheinung, läßt sich zum einen durchaus als Ausdruck einer Kontrolle des weiblichen Körpers begreifen, sie verschafft den Frauen mit der ständigen Aufmerksamkeit auf den eigenen Körper aber auch ein differenziertes Wissen über diesen und ein Vokabular, in dem sie über den eigenen Körper kommunizieren können. (Meuser 2005: 282)

Schönheit erscheint auf den ersten Blick eher ein Thema von und für Frauen zu sein. Bei genauerem Hinsehen wird jedoch deutlich, dass sich sowohl die Art der Kommunikation über den eigenen Körper als auch das Verhältnis zu Männern stark zwischen Frauen unterscheiden. Während sich viele Interviewpartnerinnen mit geringer Bildung und niedrigen Berufspositionen in eher kurz gehaltenen Gesprächen auf die Aufzählung von Produkten und Körperpraktiken beschränkten, sprach Sandra mehr als zwei Stunden über ihr Körperverhältnis im Kontext ihrer Persönlichkeit und verschiedener Identitätsangebote. Wenn, dann waren es hoch qualifizierte Frauen, die in den Interviews darauf hinwiesen, dass in ihrem sozialen Umfeld mittlerweile Männer sehr viel Aufmerksamkeit der eigenen Körperpflege widmen würden. Manche Partner würden auf die Interviewten „sogar bremsend" einwirken, weil sie bei Frauen „Wert auf Natürlichkeit" legen würden (Loibl 2010: 102). Sandra beschrieb in diesem Zusammenhang, dass ihr zehn Jahre jüngerer Freund sie ungeschminkt am schönsten fände: „Wenn wir weggehen, natürlich schminke ich mich dann ein bisschen, und er sagt dann: Das ist viel zu viel! Und ich sehe das noch nicht einmal, und er sagt, das ist schon die Operndiva." Frauen wie Sandra sind nicht unglücklich darüber, dass ihre Partner viele Schönheitspraktiken für übertrieben halten und sie so mögen, wie sie sind. Jene Männer, die bestimmte Erwartungen an das Aussehen ihrer Partnerin formulieren, sehen sich aber auch mit sehr selbstbewussten Frauen konfrontiert, die sich keineswegs unter Druck setzen lassen. So erzählte Sandra:

> „Also ich habe auch noch nie Freunde gehabt, die auf irgendetwas bestanden hätten. Oh, einer der hat gesagt: Rote Fingernägel, das ist für ihn das Größte was es gibt. Habe ich gesagt: Naja, das spielt es nicht. Da war ich 20, und also das kommt nicht in Frage, entweder du magst mich so – was du eh tust – oder..."

Die starke Autonomie von Frauen erlebte Sandra in ihrem sozialen Umfeld als selbstverständlich, was sie in Distanz zu wie sie es nannte „schlagenden Feministinnen" brachte:

> „Und da ich aus einer Familie komme, wo nur die Frauen dominant sind und die Männer so klein, denke ich mir: Hä, in welcher Welt leben die? Alle, auch mein Umfeld, da sind nur dominante Frauen und Lulu-Männer, wo ist das?! Wo unterdrückt der Mann die Frau? Das ist dann so schwierig, weil ich mir denke: Stimmt, da draußen scheint eine andere Welt zu sein, da überall. Ich kenne sie halt nicht."

Ihr Herkunftsmilieu schildert Sandra als eine Welt, die feministische Interventionen nicht (mehr) nötig hätte. Der Blick über den Tellerrand zeigt ihr jedoch, dass eine Verallgemeinerung dieser Erfahrungen nicht unproblematisch ist, und mehr noch, dass es sogar „überall" anders wäre und ihre Einschätzung nur eine Minderheit betrifft. Damit zieht sie auf der Ebene der Geschlechterverhältnisse eine Grenze zu einer „anderen Welt", die ihr fremd ist. Die Konstruktion einer solchen ‚Parallelwelt' verweist auf eine teilweise starke Differenzierung zwischen Frauen, die sich im Bereich der Geschlechterverhältnisse manifestiert, aber auch auf der Ebene der Schönheitshandlungen wieder findet. Die Lebensrealität von unterprivilegierten Frauen stellte sich in den Interviews tatsächlich als eine deutlich von Sandras Welt verschiedene dar. Bereits in der Haltung, dass Männer stark und Frauen zierlich sein sollen (Rothmüller 2010a: 175), drückt sich eine klassisch dichotome Geschlechterkonstruktion aus, die vor allem bei unterprivilegierten Befragten auffiel. Während im handwerklichen Bereich tätige Männer kaum über Hygiene hinausgehende Praktiken verfolgten, und einen regelrechten „Kampf gegen Schweiß und Körpergeruch" führten (Rothmüller 2010b: 147f.), schien „für einige Frauen nur ein umfassend veränderter Körper sozial akzeptabel und gesellschaftsfähig" (Rothmüller 2010c: 138) zu sein. Die in niedrigen Dienstleistungsberufen beschäftigten Interviewpartnerinnen orientierten sich u. a. an den (angenommenen) Erwartungen ihrer Partner und fürchteten eine Ablehnung, wenn sie einzelne Schönheitspraktiken unterlassen würden. So formulierte eine interviewte gering qualifizierte Angestellte: „Früher habe ich mich nicht einmal abgeschminkt, wenn mein Freund bei mir geschlafen hat, weil ich mir gedacht habe, ich gefalle ihm dann nicht mehr. Das mache ich jetzt nicht mehr, weil wir schon lange zusammen sind und ich weiß, dass ihm das nichts ausmacht." (Rothmüller 2010a: 172) Dass sie sich ihrem Freund mittlerweile ungeschminkt zeigt, begründet diese Frau mit einer über die Zeit gewachsenen Sicherheit, dass ihr Partner sie auch ungeschminkt *akzeptiert*. In der Orientierung daran, was *ihm* gefallen und was *ihn* stören könnte, ist sie weit von der oben beschriebenen Selbstsicherheit und Unabhängigkeit anderer Frauen entfernt. Hier zeigt sich deutlich die Spannweite des Umgangs mit unterschiedlichen Geschlechterverhältnissen, die mit dem Schönheitsbereich verwoben sind. Für Sandra erlangte die Entwicklung dieser Unabhängigkeit jedoch eine spezifische Bedeutung, die sich erst vor dem Hintergrund ihrer Biografie erschließt.

Puppe, Prinzessin, Psychotherapie

Die ‚Parallelwelt' der selbstbewussten Frauen beinhaltet eine Differenzerfahrung, die sich in Sandras Erzählungen über ihre Kindheit wieder findet. Sandra wuchs relativ isoliert in einer Villa etwas abgelegen am Rand einer Kleinstadt auf und beschreibt sich selbst als „extremes Einzelkind", „das der einzige Inhalt der Eltern war". Aufgrund der relativen sozialen Isoliertheit der Familie erlebte sie den Kindergarten-Besuch als „Schock". Sandra schildert, dass sie bis in die Pubertät von ihrer Mutter „sehr adrett, aber super bieder" eingekleidet wurde, ohne ein Mitspracherecht bei der Auswahl der Kleidung gehabt zu haben: „Ich war so eine Puppe für sie, die sie angezogen hat. Und ich habe auch nie selber irgendwie einen Willen entwickelt, weil ich gewusst habe, es ist sinnlos. Ja, wenn ich gesagt habe, das gefällt mir, das nicht, dann hätte meine Mutter nicht einmal hingehört." Sandras „wilde" Haare versuchte die Mutter ebenfalls in eine Form zu bringen, teilweise durch feste Zöpfe, teilweise durch Fönfrisuren, die Sandra in der Kindheit den Spitznamen einer Prinzessin einbrachten. An mehreren Interviewstellen zeigt sich, dass diese Zuschreibung von ihr auch teilweise angenommen wurde und bis zur Zeit des Interviews nachwirkt.

Mit der Geburt ihrer Schwester erlebte sie während der Pubertät einen zweiten Schock, den sie als Mischung aus „Vergessenwerden" und „Abkapseln" beschreibt, und der zu einem innerlichen Bruch mit der Familie führte. In der Folge prägte sich bei ihr „eine echte Trennung zwischen Ich, mir, dem Geist, der da jetzt aus diesem Körper spricht, und diesem Körper" aus. Diese Trennung gipfelte schließlich in einem Burnout im Erwachsenenalter und wurde von ihr erst im Laufe einer Psychotherapie bewusst bearbeitet. Die als Bruch empfundene Geburt der Schwester führte schließlich dazu, dass sie sich den formenden Zugriffen der Mutter zunehmend entzog und begann, ein Doppelleben zu führen:

> Sandra: „Mit 19… hat das lustige Leben angefangen, und da habe ich halt zwei Leben geführt, da habe ich zu Hause die normalen Sachen angehabt, und in meinem Auto hatte ich einen Koffer voll mit meinen Dingen die mir dann gefallen haben. (…) Dann habe ich mich halt immer umgezogen in der Früh wenn ich weggegangen bin, und nach Hause gekommen wieder mit dem anderen Gewand. Wenn sie draufgekommen ist…"
>
> Interviewerin: „Im Auto hast du dich dann umgezogen?"

Sandra: „Ja ...dann hat sie mir die Sachen zerschnitten. (...) Sie hat sie in einen Caritas-Sack gesteckt, zerschnitten und so, und hat gesagt, sie hat (sie) nicht gesehen, oder die Waschmaschine hat sie zu heiß gewaschen."

Die Eingriffe der Mutter in ihren Kleidungsstil verarbeitete sie anfangs in Form einer Verweigerung, in dem sie sich in Jeans und zu große T-Shirts kleidete und bis ins Erwachsenenalter eine, wie sie formuliert, „frauliche Art" verweigerte. Sie erinnerte sich im Interview daran, dass sie zu der Zeit sich schön zu machen als „Lüge" erlebte; als bedrohlich für die eigene Identität, als Gefahr, sich selbst zu verlieren. Die Entfremdung von der Mutter, die sie als extrem gepflegte Frau beschrieb, verkörperte sich darin, dass sie ihr Aussehen vernachlässigte. Andere extreme Körperpflegepraktiken hingegen, wie etwa dreimal am Tag mit viel Schaum zu duschen bzw. zu baden, übernahm sie von den Eltern.

Danach folgte eine umgekehrte Phase der Überanpassung, von der Sandra sagte, dass sie „nur für die Leute, für außen gelebt" und ihre eigenen Bedürfnisse ignoriert hätte.

Sandra: „Wenn ich mit dem und dem weggegangen bin, habe ich mir gedacht, was würde der am liebsten sehen. Und so habe ich mich angezogen. Das ist zwar, das soll man auch mit bedenken, aber im Grunde heißt das, ich habe keine Identität, ich bin nur das, was die Leute in mir sehen. Und so habe ich mich auch gefühlt."

Die Orientierung an den Erwartungen bzw. der Blick auf sich selbst durch die Augen Anderer wird allgemein als geschlechtsspezifisches Körperverhältnis gesehen: „Dieses Wahrgenommen-Sein – durch Männer und durch andere Frauen – betrifft vor allem den weiblichen Körper." (Meuser 2005: 280) Autonomie und Selbstbestimmung über ihren Körper schildert Sandra als eine biographisch zuerst gegen die Mutter, dann gegen die eigene Orientierung an der Meinung Anderer erkämpfte Errungenschaft, die eng mit ihrer Identitätsentwicklung verbunden war. Sandras Identitätslosigkeit hätte man, so erzählt sie im weiteren Verlauf des Interviews, sogar an ihrer Körperhaltung sehen können.

Sandra: „Früher bin ich mehr so herumgeschlurft, so mehr cool, oder ganz anders, aber immer so extrem anders: ich weiß nicht wer ich bin, also bin ich heute das und morgen das. (...) Innerhalb eines Tages zehn verschiedene Leute. (...) Ich habe von Prinzessin bis Sandler[2] alles im Kleiderschrank. Und dann in der Früh eben eine Entscheidung zu treffen, oh Gott, wer bin ich heute, wer will ich sein, ich könnte heute...

---

2 *Sandler* ist ein pejorativer österreichischer Ausdruck für Obdachloser, vergleichbar mit *Penner* in Deutschland.

ist sehr anstrengend. Aber langsam mit der Arbeit daran komme ich zu einem Kern der Sache, wo ich sage, das kann ich mir vorstellen, das ist einmal der Kern meines Wesens, wie ich mich nach außen hin darstellen will. In die Richtung gibt es noch Ausreißer, ist okay, ist auch lustig, aber ich muss nicht am Vormittag als Cowgirl herumrennen, und am Nachmittag bin ich dann die Landlady."

Sandra beschreibt, wie der tägliche Selbstentwurf und eine bewusste Wahl des Äußeren zur Überforderung wurden durch die Auflösung des Ichs in miteinander unverbunden scheinende Rollen. Dabei kontrastiert sie verschiedene, mit dem sozialen Status assoziierte Rollen, in die sie schlüpfte bzw. zu schlüpfen wusste. Das Bild von Prinzessin vs. Sandlerin verdeutlicht die extremen Unterschiede der Identitätsangebote, die jedoch für sie nur Äußerlichkeiten blieben. Dieser variablen Oberfläche stellt sie die Idee eines stabilen Inneren entgegen, das es aber – in Widerspruch zur Wesenhaftigkeit – erst *herzustellen* gelte, nicht zuletzt in ihrer Psychotherapie. Im Gegensatz dazu, dass sie in ihrer Jugend Verschönerungsstrategien als bedrohlich für die Identität erlebte, versucht sie nun, sich bewusst hübsch zu machen und dies auch als etwas Positives wahrzunehmen. Schönsein bzw. sich schön zu machen wird dabei mit „Spaß haben" und dem „schönen Leben" verbunden. Der Körper wird von ihr für die Identitätsfindung mobilisiert; sie versucht, über eine äußere Stabilität eine innere Kontinuität herzustellen.

Sandra: „Und dann denk ich mir: Jetzt wird es aber mal Zeit, das macht ja Spaß. Kümmere dich mal, schau dir die Blätter mal an, da diese Hefte, such dir mal einen Stil aus und bleib mal dabei. Und das ist auch was die Therapeutin rät: Ja dann tun Sie mal und dann bleiben Sie dabei, eine kongruente Linie, und Sie werden sehen, das wird dann alles super."

Dass für sie die Identität überhaupt zur Wahl stand, d. h. als bewusste Entscheidung erlebt wurde, setzt voraus, dass es biographisch zu einem Bruch mit Gewohnheiten und dem eigenen Körper als Selbstverständlichkeit kam. Ein „Körper für andere" (Bourdieu 2005: 119) kennzeichnete somit auch Sandras biographisch entwickeltes Körperverhältnis in einer bestimmten Phase. Die Suche nach Authentizität und einer eigenen Identität wurde für sie immer mehr zur zentralen Herausforderung, die in ihrer Bedeutung vor dem Hintergrund des beruflichen Kontextes der Familie verständlicher werden kann.

In Sandras Familie waren mehrere Generationen Schauspieler_innen, so auch ihr Vater, der selten zu Hause und für sie „immer der große Künstler" war. Für Sandra wurde von den Eltern ebenfalls eine Schauspielkarriere angestrebt, die auch von Kindheit an mittels Körpertechniken und -normierungen vorbereitet wurde. Mehr als zehn Jahre lernte sie ein Musikinstrument, später machte sie zusätzlich eine Gesangsausbildung und Sprechtraining. Im folgenden Interviewausschnitt erzählt sie über Normen der Körperpflege in ihrer Familie und zeigt der Interviewerin dabei ein Kinderbild.

> Sandra: „Mein Vater hat mich dahingehend erzogen, dass ich selbstverständlich einmal eine Schauspielerin werde, das war von vornherein klar. Zähneputzen – wie das richtig geht weiß ich, kann ich, das war, weil als Schauspielerin, da muss man immer grinsen können, das muss gehen. (...)"

> Interviewerin: „Hast du dann auch eine Zahnspange gehabt?"

> Sandra: „Ja, ja klar. Ja ja, also Zahnspange ganz extrem wichtig, weil ich habe auch Zahnoperationen gehabt, weil ich habe viel zu große Zähne. Kann ich dir... Da erschrickt jeder! [lacht] Warte kurz, das musst du dir anschauen. [nimmt Bild mit Kinderfoto von der Wand] Ich habe Zähne, meine zweiten Zähne haben so ausgeschaut, die sind so groß! Ich habe auch nur 26... (...) Die waren so groß, da habe ich eine Zahnspange gebraucht, und wir waren oft beim Zahnarzt. Auch als Kind habe ich angeblich, da kann ich mich aber nicht daran erinnern, also so X-Füße, so eine Fehlstellung mit den Füßen gehabt, und da waren wir oft beim Orthopäden. Also so, Körperbezug war da schon immer da."

Die Körperformung im Kindesalter im Hinblick auf eine Schauspieler_innen-Karriere kann als bewusste „Zurichtung wettbewerbsfähiger Körper" (Villa 2008: 248) verstanden werden. Die Formung des Körpers und insbesondere der Zähne, die in Sandras Fall auch hinsichtlich der Anzahl von der Norm abweichen, wird hier als zentrale Bedingung der Möglichkeit einer solchen Karriere beschrieben. Die Leistungen von Ärzt_innen werden dabei nicht aus Gesundheits- sondern aus Schönheitsgründen in Anspruch genommen, um bereits im Kindesalter die körperlichen Voraussetzungen einer solchen Karriere zu schaffen. Lachen ist dabei keine ungezwungene Gefühlsäußerung mehr. Dies erleben Männer wie Frauen häufig, die medialen ‚Zahnnormen' nicht entsprechen (vgl. Rothmüller 2010a). Schönheitsideale bleiben so kein Oberflächenphänomen, sondern sind eng an den emotionalen Ausdruck gebunden. Auch der Zwang zum ständigen Lächeln unabhängig von Gefühlszuständen verlangt eine emotionale Disziplinierung (vgl. Mühlen-Achs 1993). Zusammen mit dem oben beschriebenen Kleidungszwang kann angenommen werden, dass diese auch emotionale Disziplin Teil von Sandras Erziehung war. Die Verwendung des Begriffs „grinsen" deutet jedoch bereits eine gewisse

Distanzierung und Kritik an den beruflichen Anforderungen im Bereich der darstellenden Kunst an. Auch wenn sie – abgesehen von Auftritten mit einer Band – nie selbst als Darstellerin gearbeitet hat, blieb sie dem beruflichen Feld der Familie doch verbunden über ihre Tätigkeiten bei Film, Fernsehen, Werbung und Printmedien.

Sandras Suche nach Authentizität, die in der Folge noch deutlicher werden wird, geht in diesem biographischen Kontext weit über einen oberflächlichen Bezug auf ein allgemeines Ideal von ‚Authentizität', wie es viele Aussagen zu Schönheit prägt, hinaus: Das in bestimmten sozialen Milieus prestigeträchtige Streben nach Authentizität kann hier auf Dispositionen aufbauen, die ihm eine besondere emotionale und soziale Dynamik verleihen.

Authentizität als Stilfrage

Für Sandras Schönheitspraktiken sind vor allem ein persönlicher Stil und Individualität von Bedeutung. Die Betonung von Authentizität wird dabei Quelle eines Überlegenheitsgefühls. Während sich viele der interviewten geringqualifizierten Frauen an den, in Zeitschriften und im Fernsehen propagierten, aktuellen Moden und Schönheitsbildern orientierten, pflegt Sandra eine Distanz zu Trends. Sie thematisiert die Relativität und Kurzlebigkeit von Moden, und kritisiert deren Scheinhaftigkeit und Monotonie: Im Gegensatz zum „Einheitsbrei" in „diesen ganzen schlechten Zeitschriften" setzt sie etwa auf die Zeitschrift *Vogue*, um ein „Gefühl für den Trend zu kriegen" und zu „wissen, was ganz an der Spitze los ist". Eine solche avantgardistisch anmutende Positionierung zieht sich durch das Interview und lässt sich an ihre berufliche Position rückbinden.

Ihre Schminkpraktiken sind dafür ein gutes Beispiel: Sandra verwendet verschiedene – spezielle – Lidschattenfarben, die sie neben anderen Schminkutensilien von einem Geschäft bezieht, das Produkte für professionelle Make-Up-Artists anbietet. Sandra erzählt über ein Gespräch in diesem Geschäft:

> Sandra: „Und da war mal eine, die gesagt hat: Ja, deine Augen, bist du Make-Up-Artist? Wo ich gesagt habe: Nein ich bin nur privat. Und sie: Ach, du könntest so hübsch sein, wenn du die...! Du musst dich unbedingt um deine Augenbrauen kümmern, bleib gleich da, ich mache dir das gratis. (...)
>
> Beim Film da hat es den Robert Lefort [Name geändert, Anm. B.R.], einen hervorragend begabten Make-Up-Artist, gegeben, und den habe ich in der Zeit auch immer ge-

fragt, was würdest denn du machen… Ja, aber die kommen natürlich nicht von selber und sagen: Hör mal, du bist eine hässliche Frau, du musst das und das machen. Ja, da muss man schon selber sagen: Du, ich bin so hässlich, was soll ich machen. Und er sagt: Komm zu mir, ich mach das! Also die wollen ja jetzt auch nicht den ganzen Tag da mit dir zubringen. Und der hat mir jetzt auch nicht wirklich Sachen sagen können, weil ich war 25, da war alles in Ordnung im Gesicht. Also ich habe da jetzt auch kein Interesse, auch wenn irgendwo Veranstaltungen sind: Lass dich schminken! Da gehe ich nicht hin, weil da weiß ich schon, jemand der sich für so etwas zur Verfügung stellt, als Artist, die machen dann irgend so eine Kopie von, mit dunkler Umrandung, und das ist ja DM-Tussis [‚Drogeriemarkt-Tussis', B.R.], wie sie da auf ihren Plakaten drauf sind. Also da weiß ich schon wie das dann ausschaut, und da sehe ich schon was die in mir sehen, und das will ich nicht."

Einige der Schminkpraktiken von Sandra resultieren aus einem informellen Austausch mit professionellen Schönheitsdienstleister_innen, bei denen sie jedoch klar unterscheidet zwischen ‚Begabten', die in die Nähe von Künstler_innen rücken, und denen, die für die Masse der Bevölkerung arbeiten. Letztere können per se keine Künstler_innen sein, weil Künstler_innen sich „für so etwas" nicht hergeben würden. Wo Sandra in diesem Spannungsfeld steht, wird in der Erzählung auch deutlich: Sie wird von der Frau in dem erwähnten Geschäft für eine Kollegin gehalten, der sie bereitwillig ihre Verschönerungskompetenzen zur Verfügung stellt, und nicht etwa für eine Kundin, von der sie Geld für ihre Dienstleistung nehmen würde. Tatsächlich ist ein ‚begabter' Make-Up-Artist ja auch ein Kollege von Sandra während ihrer Tätigkeit in der Filmbranche. Die Zurverfügungstellung seiner Zeit und Expertise ist ein Gefallen, den er ihr erweist, der eine soziale Beziehung, Vertrauen, aber auch ein gewisses Maß an Unterwerfung voraussetzt, insofern Sandra sich selbst explizit als hilflos und vor allem als hässlich etikettieren muss. Darin kommt eine klare soziale Hierarchie zum Ausdruck, die die übliche geschlechtsspezifische Verteilung von Schönheitskompetenzen umkehrt (vgl. Rothmüller 2010a: 175).

Dass der Experte keine Tipps für sie hatte, unterstreicht die Konstruktion einer Makellosigkeit und prinzipiellen ‚Medientauglichkeit' ihres Körpers, die im Folgenden noch deutlicher werden wird. Auffällig ist auch die Evozierung des Negativbildes von ‚DM-Tussis' auf Plakaten, die das Vorbild abgeben für symbolisch entwertete Schminkpraktiken. Entwertet sind diese Praktiken in Sandras Augen vor allem dadurch, dass sie nur eine *Kopie* seien, woraus sich umgekehrt die Aufwertung eines Originals bzw. von Originalität ergibt. Nachdem Sandra selbst in der Werbebranche arbeitete, drückt sich darin nicht nur ein Bewertungsschema, sondern indirekt auch eine Verachtung der Adressat_innen von Werbung aus, die sich von Konsumangeboten nicht zu distanzieren vermögen und sich einem Mainstream anpassen, bei dem „nichts eigenes übrigbleibt". Einer solchen Anpassung hält sie Stilbewusstsein entgegen, das sich an Individualität und Authentizität orientiert. Sie arbeitet zwar mit an medialen Inszenierungen, sieht sich selbst aber nicht als „eine solche Person", d. h. nicht als eine der Models oder Darsteller_innen.

> Sandra: „Ich versuche schon einen eigenen Stil zu finden oder zu haben, und die schauen auch alle anders aus, also ich bin jetzt nicht einen Meter achtzig – will ich auch nicht sein – und dieses Gewand, da muss man sich auch anders bewegen. Also ich bin zu eigen in meiner Bewegung als dass ich, wenn ich das anziehe, schaue ich verkleidet aus."
>
> Interviewerin: "Wie anders bewegen?"
>
> Sandra: „Na da darf man nicht zuviel fuchteln und nicht zu große Schritte machen, da muss man einfach an sich arbeiten, um so ein genormter Mensch auch zu werden. Und man darf auch nicht hängen bleiben, also hängen, sich anstoßen, man darf auch keine blauen Flecken haben und man darf halt sehr viele Dinge nicht tun, die das Leben mit sich bringt. Und wenn ich so ausschauen will, muss ich auch so ein Leben haben, sonst ist es nicht authentisch. Da ich eine solche Person nicht bin, kann ich es mir abschminken, mit solchen Stilettos herumzurennen, das mache ich gerne auf einem Ball oder auf eine Nacht, das ist dann super lustig. Aber, im richtigen Leben ist es immer Verkleidung, ja. Und es gibt wenige Leute denen das wirklich passt und alle anderen machen das einfach nach, und das sieht man. Und ich will absolut niemand sein, dem man ansieht, dass er etwas nachmacht."

Aufgrund ihrer Erfahrungen in der Kindheit sowie ihrer Nähe zu Film und Werbung sieht sie deutlich, wie stark der gesamte Körper mobilisiert, und seine Haltung und Bewegungen bis in die Lebensführung hinein geformt werden müssen, um medialen Schönheitsidealen entsprechen zu können. Sandra betont demgegenüber die Eigenheit ihrer Bewegungen und damit die Begrenztheit der prinzipiell für sie in Frage kommenden Stile. Sie beschäftigt sich zwar mit den neuesten Trends – „damit ich weiß, in fünf Jahren habe ich das in meiner Schicht unten und dann weiß ich, woher das kommt". Eine Aneignung trendiger Elemente sei ihr aber „zuwider", und käme für sie nur in Frage, insofern der Stil zu ihr passt.

Ein Stil muss solcherart ihrer eigenen Persönlichkeit entsprechen, d. h. eine *Haltung* werden. Haltung (*hexis*) wurde von Aristoteles als Vermittlungsinstanz beschrieben: „[E]benso findet sich zwischen dem, welcher ein Kleid hält, und dem gehaltenen Kleide als vermittelnd die Haltung." (Aristoteles 1994: 156) Ein persönlicher Stil ist in Sandras Augen gerade nicht mit modischer Kleidung zu erreichen, die ohne Arbeit an der Haltung zur *Ver*kleidung würde. Sondern Stil ist für sie eine solche *Vermittlung zwischen Person und Kleidung.* Die Passung von Persönlichkeit und Aussehen wird damit als Vorbild, als das seltene Original, konstruiert, das der massenhaften oberflächlichen Imitation entgegengesetzt wird.

Die Bedeutung der Verkörperung von Stil, Individualität und Persönlichkeit, und das umgekehrte Grauen vor Oberflächlichkeit und Nachahmung, können dabei als typisch für privilegierte Milieus angesehen werden. Sehr ähnlich wie Sandra positionierte sich etwa eine interviewte Unternehmensberaterin: „Ich bin gerade das Gegenteil von denjenigen Menschen, die etwas nachmachen." (Loibl 2010: 84) Interessant an Sandras Formulierung ist jedoch, dass sie niemand sein möchte, der man Nachahmung *ansehen* würde. Dies verweist einerseits möglicherweise auf eine stärkere Antizipation der Außenperspektive: Das soziale Umfeld ist mitgedacht und die eigentlich ausschlaggebende Instanz dabei, ob etwas als Nachmachen abgewertet wird, oder als authentischer Stil durchgeht. Andererseits könnte man daraus schließen, dass es gar nicht darum geht, auf Inspirationen zu verzichten; dass aber erst die gekonnte Verschleierung der stilistischen Ursprünge Authentizität und damit Attraktivität konstituiert. Cornelia Koppetsch formuliert diesbezüglich: „An Schönheit und Attraktivität gewinnt, (…) wer die geschätzten Attribute seiner Rolle nicht nur ‚spielt', sondern formvollendet verkörpert und in seinen individuellen Stil integriert." (Koppetsch 2002: 378)

Unausgesprochen bleibt dabei, dass die Arbeit an einer stilvollen authentischen Selbstinszenierung auf sozialen Voraussetzungen aufbaut: Sandras Umgang mit professionellen Schönheitsdienstleister_innen, die Tatsache, dass sie nicht nur Rezipientin, sondern auch Produzentin medialer Bilder ist, und die beiläufige Aneignung einer entsprechenden Haltung in der Kindheit, ermöglichen ihr die Identifizierung prestigeträchtiger Praktiken, bzw. eröffnen ihr Zugänge zu Produkten und Praktiken, die anderen vorenthalten sind. Diese Ressourcen werden von ihr jedoch weder als solche benannt, noch in Rechnung gestellt, wenn es um die Bewertung der Schönheitspraktiken anderer Frauen geht. Daraus resultiert eine Verkennung der sozialen Dimension von Authentizität und Stil, die in Sandras Erzählungen als Ergebnis einer individuellen Arbeit am Selbst erscheint.

Daneben prägt Sandras Beruf auch die Art und Weise ihrer Selbstbeschreibung. Beim Interview fielen vor allem ihr eloquenter Umgang und ihr Spiel mit medialen Klischeebildern auf; sie gab sich im Gespräch selbstkritisch, bisweilen selbstironisch. Trotz der Distanzierungen wurde an mehreren Stellen des Interviews deutlich, wie stark mediale Bilder die Wahrnehmung ihres Körpers strukturieren.

> Sandra: „Ja, Push-up, natürlich. Also weil, weil weil... ich habe Bierwerbung gemacht, die waren einmal so schön – wie die Fa-Brüste, hast du die gekannt? Da hat es ein Mädel gegeben, in einer Fernsehwerbung, die ist in der Karibik, und dann sprüht sie Wasser und dann wird diese Welle zu einem Fa. Und die ist oben ohne und die hat so richtig perfekte, schöne, nicht klein nicht groß, sondern so richtig perfekt. So waren die einmal, und die sind auch jetzt noch super, aber trotzdem, also ohne... Also ich habe jetzt keinen BH an und da fängt das langsam ein bisschen so zum Brei werden an. Und dann denke ich mir, es ist so einfach, gehe ich zum Palmers, kaufe mir einen Push-up-BH und dann ist alles wieder ein bisschen mehr. Und einfach so, weil ich es mir wert bin.“

Auch wenn der Zusammenhang mit der Bierwerbung unausgesprochen bleibt, beschreibt Sandra ihre Brüste hier im Kontext der Nutzung eines ‚perfekten' Körpers zu Werbezwecken und ihre Makellosigkeit in Analogie zu einer Duschbad-Werbung. Die Veränderung ihrer Brüste wird von ihr vor dem Hintergrund dieses Ideals bewertet, das einen eher visuell erfahrbaren denn sprachlich vermittelbaren Größen- und Festigkeitsmaßstab darstellt. Der Konsum von Produkten, die der zunehmenden Abweichung von dem früheren Idealzustand entgegensteuern sollen, wird dabei als Praxis einer Selbstwertschätzung präsentiert. Der beiläufige Einsatz des L'Oréal-Slogans „Weil ich es mir wert bin" kann als subtile Demonstration ihres kulturellen Kapitals und ihrer Feldkenntnisse gelesen werden, mittels derer sie sich augenzwinkernd in Nähe *und* Distanz zur Werbebranche positioniert. Das Sprechen in Werbeslogans verweist im Kontext der vorangegangenen affirmativen Bezugnahme auf die Fa-Werbung jedoch auch auf eine Verinnerlichung dieser; als Zugang zum Körper, der durch Wahrnehmungs- und Bewertungsschemata der Werbung vermittelt ist.

Abgrenzungsstrategien

An Sandra lässt sich zeigen, dass ihre soziale Positionierung, vermittelt über die Konstruktion von Stil, Originalität und Authentizität, zu einer sozialen Abgrenzung von anderen Frauen über die Konstruktion klassen-, ethnie- und altersspezifischer Schönheitspraktiken führt. Sandra schildert beispielsweise ihren häufigen Friseur_innenwechsel als Folge der „Blondinen-Krankheit, dass man nie das perfekte Blond hat", und führt dann aus:

> Sandra: „Das Blond ist mir wichtig [lacht], also dieser Farbton, dass das passt, weil, vielleicht bei jedem, aber ich habe das Gefühl, bei mir macht das wirklich einen Riesenunterschied. Wirklich, wenn ich mich auf Fotos sehe mit so einem Ansatz, wenn es dunkel ist, dann bin ich sofort die tschechische Kartoffelbäuerin, da kommt eben dieses ganze, mh Schwere raus, und in dem Moment wo ich blond bin, kommt auf einmal alles Feine raus. (…)"

> Interviewerin: „So als, feine Gesichtszüge oder als fein im Sinn von …"

> Sandra: „Ahm, feine Gesichtszüge, also ich bin, ich komme mir um wirklich 100% hübscher vor, die Nase ist nicht mehr so groß, alles, Kleinigkeiten, die einem an sich nicht gefallen, sind plötzlich viel weniger, weil das mildert auf einmal alles. Ja, also das Blond ist ein Allheilmittel gegen sehr viele Dinge."

In ihrer Suche nach dem perfekten Blond konstituiert sich eine Abgrenzung, die auf klassenspezifische Bewertungsschemata rekurriert. Verdichtet wird dies im Bild der tschechischen Kartoffelbäuerin, die, national und sozioökonomisch markiert, als behäbig, grobschlächtig und/oder übergewichtig assoziiert wird. In Verbindung mit einer großen Nase stehen diese Eigenschaften als Synonyme für Hässlichkeit, die in die Nähe einer Krankheit rücken, sich aber mit der richtigen Farbwahl heilen lassen würden. In der Befürchtung, durch kleine Nachlässigkeiten als Bäuerin wahrgenommen zu werden, die keinen Sinn für das Feine, für Ästhetik und Stil hat, wird auch eine soziale Hierarchisierung von Stadt – Land mitproduziert. Das Foto verweist darauf, dass sie sich nicht prinzipiell im Alltag mit einer ungenügenden Blondierung ‚schwer' fühlt, sondern dass es sich dabei um eine Außenperspektive handelt, die sie beim Betrachten ihres Bildes einnimmt.

Dass Schönheit auch Vorstellungen von Gesundheit eingeschrieben sind, wurde in vielen Interviews des Forschungsprojekts zu klassen- und geschlechtsspezifischen Schönheitspraktiken deutlich. Zwar scheint für viele Befragte nicht weiter argumentationsbedürftig, dass Krankheit und Schönheit nicht zusammenpassen. Gesundes Aussehen ist jedoch ein soziales Phänomen, bei dem körperliche Merkmale als Zeichen für Gesundheit oder Krankheit *gedeutet* werden. Welche körperlichen Merkmale als ‚krank' bewertet werden, ist daher äußerst unterschiedlich. Am deutlichsten zeigt sich diese Relativität der Bewertungsschemata an Praktiken der gezielten Einflussnahme auf die Hautfarbe, d. h. an der Bräune der Haut. Regelmäßige Solarienbesuche etwa kommen bei unterprivilegierten Frauen sehr häufig vor, sie sprechen davon, dass ein Besuch einmal pro Woche ein „gesundes Maß" (Penz 2010: 76) wäre, demgegenüber blasse Haut krank aussehen würde. Sandra hingegen formuliert, dass Solarienbesuche und Sonne die Haut zerstören würden. Der Grad der Bräune der Haut wird so oder so mit Krankheit verbunden – krank sehen immer die Anderen aus, nämlich einmal die mit blasser Haut, und einmal jene mit gebräunter Haut. Auch hier werden von Sandra explizit national markierte Zuschreibungen vorgenommen:

> Sandra: „Ich mag irrsinnig gern käseweiß, das liebe ich, das gefällt mir richtig, diese Engländerinnen! Wenn die dann mit ihrem leichten Babyspeck da herumrennen, das ist für mich wie Wundertiere, wie Einhörner laufen sie dann herum, also alles dieses Gebräunte, wo man dann die Striche von irgendwelchen BHs oder so Dinger... ist okay, habe ich dann auch, aber muss ich nicht absichtlich herbeiführen, dass ich dann braun bin."

Diese fast mystifizierende Beschreibung enthält nicht nur Bewunderung von, sondern auch Verwunderung über britische Frauen, die körperlich homogen imaginiert werden. Während gebräunte Haut als nicht zu vermeidendes Übel präsentiert wird, wird weiße Haut explizit präferiert und an anderen Frauen bestaunt. Die Farbe bzw. Helligkeit von Haaren und Haut werden hier mit Assoziationen versehen, die Frauen anhand ihres Aussehens nach Nationalität, Klasse und Gesundheit klassifizieren.

Sandra positioniert sich durch eine solche Abgrenzung sozial und bezieht sich dabei auf verschiedene Praktiken und Differenzierungskategorien, u. a. auch das Alter, das von ihr eng mit Authentizitätsvorstellungen verknüpft wird. Jugendlichkeit gilt, auch in soziologischen Arbeiten über Schönheit, als allgemein verbreitetes Ideal; Nina Degele (2004: 207) schreibt etwa von einem „gesellschaftlichen Jugendzwang". Auch bei Sandra scheint dieser auf den ersten Blick wirksam zu sein.

> Sandra: „Weil schlimmer wird es jedes Jahr. Wirklich. Jedes Jahr fällt dir irgendwas auf, was... Da, heute ist mir aufgefallen, beim Autofahren drehe ich die Hand und auf einmal sehe ich: Woh, das ist voll schlimm, ich schaue ja aus wie 40. Da dreht sich schon so die Haut mit. Ja das sieht man nur... meine Schwester ist 21, wenn die neben mir sitzt, die hat einfach noch diese herrlich pralle Haut. Und wenn ich da die Hand drehe, na hallo, da die Falte, und das ist dann einfach so eine dünne Haut. Und sie hat das alles noch so proper. Dann hab ich mir gedacht: Hach meine Hände, ja die alten... das sind ja meine Hände! Oh Gott! Und ich war noch so gewohnt, weil ich selten jetzt so intensiv schaue, ich war noch gewohnt, dass ich auch so aussehe. Und man merkt dann einfach den Unterschied, weil mein Freund, der ist 27, das ist einfach noch alles herrlich. Und dann merkt man halt manchmal: Mist. Also wenn ich jetzt nicht anfange mit einer gescheiten, ein bisschen nur, man muss ja einfach nur ein bisschen so machen und schon bleibt das alles so wie es ist."

Wie sie in dieser Interviewpassage eindringlich schildert, erschrickt sie über ihre eigenen Hände, die sie kurz als fremde alte Hände wahrnimmt. Diese Entfremdungserfahrung stellt einen Bruch mit einer selbstverständlichen Leiblichkeit und ihrem gewohnt jugendlichen Körpergefühl dar. Sie vergleicht ihre Haut, die sie als dünn und faltig beschreibt, mit der straffen Haut ihrer sehr viel jüngeren Schwester und ihres zehn Jahre jüngeren Freundes, und verallgemeinert ihre Wahrnehmung: Schwester wie Freund erscheinen hier als Teil einer anderen Generation, bei der „alles" „noch so proper" und „herrlich" sei. Diese körperliche Differenzerfahrung bringt sie dazu, den Zeitpunkt nicht verpassen zu wollen, an dem der Erhalt des Status quo noch mit relativ wenig Aufwand verbunden sei. Für die Zukunft möchte sie nicht ausschließen, dafür möglicherweise sogar auf kosmetische Chirurgie zurückzugreifen, wie sie im Verlauf des Interviews ausführt. Denn in der – relativ betrachtet – älteren Generation entdeckt sie ein negatives Vorbild, dem mit normalen Pflegepraktiken nicht mehr beizukommen wäre.

> Sandra: "Ja, [Straffen, B.R.] kann ich mir vorstellen, weil meine Tanten alle, und das habe ich auch, denen fällt das da [deutet auf Lid] über die Augen, und das schaut halt, es schaut nicht nur hässlich aus, sondern es hat auch was unglaublich schlampiges... wie sagt man da, *approach*, nicht? Sie schauen einfach ungepflegt aus, und so sehr sie gepflegt sind, aber das hängt einfach drüber."

Sandra positioniert sich zwischen einer jüngeren und einer älteren Generation, die sie als gegensätzlich wahrnimmt nach dem Schema „proper" – „schlampig". Straffheit steht dabei für Gepflegtheit und Ordentlichkeit, während Alterungserscheinungen nicht als natürliche Veränderung, sondern trotz aller Bemühungen als Zeichen für Nachlässigkeit gedeutet werden könnten. Der Körper ist hier längst nicht mehr auf der Seite der Natur angesiedelt, sondern Ergebnis individueller Formungsentscheidungen, für die Individuen einstehen müssen: „Das Aussehen des Körpers wird zur individuellen und selbst verantworteten Leistung." (Koppetsch 2002: 373) Mit Formulierungen wie „Brei", „zum Hängen anfangen" und „der bröckelnden Fassade beikommen" kritisiert sie eine Formlosigkeit, die auch eine moralische Komponente enthält. Dies kann als Beispiel dafür gesehen werden, wie in der Praxis von körperlichen auf soziale und psychische Eigenschaften einer Person geschlossen wird (vgl. Bourdieu 2005: 114). Eine individualisierende Deutung wird dabei als typisch für Menschen gesehen, die aufgrund ihrer sozialen Position auch in anderen Lebensbereichen über hohe Gestaltungsmacht verfügen, und zeigt sich bspw. auch im gesundheitsbezogenen Handeln und Argumentieren (Nollman 2005). Der Glaube daran, den eigenen Körper verändern zu können, erzeugt hier erst einen Willen zur Veränderung.[3]

Trotz dieser Kritik zeigt sich bei genauerem Hinsehen, dass es Sandra nicht darum geht, nun quasi im Umkehrschluss Jugendlichkeit zu verkörpern. Im Gegenteil grenzt sie sich explizit davon ab, ein Schönheitshandeln zu verfolgen, welches bei Jugendlichen „süß" wäre, danach jedoch „peinlich" würde.

> Sandra: „Auch mit dem Arschgeweih dahinten, wenn es nicht, das geht ja nicht mehr weg, das ist eine Narretei, das kann man machen wenn man 13 ist, soll man sich mit so einem... wie sagt man... diese wieder-weg-mach-Tattoo, Aufziehbilder, Abziehbilder, das halt, sollen sie sich das drauf tun. Das finde ich süß, wirklich absolut süß, mit Roserln und Hirscherln, und was es alles gibt. Wenn man es einen Sommer lang drauf hat wenn man 13 ist, 14, 15, aber danach fällt es für mich absolut unter Proll, das geht gar nicht. (…) Ich will nicht mit Leuten… wenn man das drauf hat, bedeutet das, ich habe nicht nachgedacht, weil das ist eine dermaßen spezielle Modeerscheinung, die nicht einmal zwei Jahre überlebt – und in zwei Jahren beiß ich mich aber sowas in dieses Arschgeweih hinein [lacht], weil ich mich ja so ärger! Wenn ich mir Ace of Base da drauf tätowiert hätte, hallo, die waren zwei Jahre hipp, aber danach muss es mir klar sein, das die Welt weitergeht und das ich länger lebe als die zwei Jahre. Und das ist dumm, das ist für mich der reine Ausdruck von Dummheit. Und ich mag nicht dumm wirken. (…)"
>
> Interviewerin: „Weil du vorher gesagt hast: Tussi – ist das so ein bisschen?"
>
> Sandra: „Ja, also ich habe schon so eine Tendenz zur weißen Jacht und dem weißen Pudel und dem rosanen… Ich lebe es noch nicht, aber ich spüre das so… Wenn ich das sehe bei alten Damen, das rührt mich. Also da denke ich mir: Ist das nicht ein schönes Leben. Vollkommen blöd, auf der Jacht, und hähä… Irgendwie taugt mir das. Ich bin das nicht, aber ich kann mir vorstellen, dass es super sein kann. (…) Ja, also ich mag nicht dumm wirken, aber da würde ich dumm wirken wenn ich alt bin. Aber da habe ich mir vielleicht schon irgendetwas geschaffen wo die Leute erkennen, ich bin nicht dumm! [lacht] Und jetzt im Alter, das ist eine Narretei, und dann würden sie mir das verzeihen, nämlich kluge Leute die wissen, dass ich vielleicht eh nicht blöd bin und die dann sagen: Hör mal, die ist aber verschroben. Also als verschroben mag ich gern gelten, aber nicht dumm."

In der Kennzeichnung von Praktiken als „süß" am Anfang des Zitats schwingt etwas Verniedlichendes und Abwertendes mit, es steht in deutlichem Kontrast zu Kompetenz. Auch wenn medial möglicherweise Jugendlichkeit ein omnipräsentes

---

3   Eben dieser fehlt am anderen Ende des für das Forschungsprojekt konstruierten sozialen Raumes: Die interviewten Männer in handwerklich-gewerblichen Berufen verstehen etwa nicht, warum ihnen der Willen fehle, ihr Übergewicht in den Griff zu bekommen, oder äußern sich fatalistisch über ihre Frisur: „Es wächst halt, wie's wächst." (Hirst/Rothmüller/Thom 2010: 182)

Ideal ist, wird der Ausdruck von Professionalität, Klugheit und Reife vor allem in hochqualifizierten Milieus zum Distinktionsmerkmal.[4] Soziales und biologisches Alter sollen zur Deckung gebracht werden in einem alters- und statusadäquaten Aussehen, das gleichzeitig die persönliche Einzigartigkeit betont. Auch ein anderer Interviewpartner, der ebenfalls in der Werbebranche arbeitete, wies auf die Bedeutung hin, die der Verkörperung des sozialen Status zukommt, weshalb er vor allem sehr gepflegte und gut angezogene ältere Männer als Vorbild sehen würde (Penz 2010: 64). Von Sandra wird in dem oben stehenden Zitat eine explizite Grenzziehung vorgenommen: Eine schrullige ältere Frau zu sein wird positiv wahrgenommen, Jugendlichkeit aufgrund der zugeschriebenen Unüberlegtheit nicht. „Verschroben" zu sein aufgrund bestimmter Statussymbole wäre für sie reizvoll – in einer Gesellschaft „kluger Leute" kann sie sich dies durchaus ‚leisten', weil sie annimmt, diese Eigenheiten würden vor dem Hintergrund ihrer Leistungen wahrgenommen und relativiert werden. Aus ihrer Perspektive sind Tätowierungen umgekehrt ein Zeichen für alles, was sie nicht sein möchte: Jugendlichkeit vermischt sich darin mit Dummheit, Peinlichkeit und Proletariat. Solche „Leute" sind in ihren Augen durch deren unkritischen Umgang mit Trends schlussendlich gebrandmarkt, ihre Körper bleiben durch das langfristige Aufprägen nicht offen für weitere Anpassung, nicht flexibel, und vor allem nicht offen für Individualität.

In dem Zitat deutet Sandra eine Differenz an, die in unserem Forschungsprojekt insgesamt recht stark auffiel: Frauen mit geringen Bildungsabschlüssen und niedrigen Berufspositionen wollten häufig „Junggebliebene" sein, hier fand sich am stärksten das Ideal der Jugendlichkeit. Auch sprachen viele dieser Interviewpartnerinnen sehr affirmativ von medialen Stars und eben den Zeitschriften, Geschäften, und Moden, die Sandra vehement ablehnte. Sie waren tätowiert, gepierct, hatten Kunstnägel und besuchten regelmäßig Solarien, die mehrfach von statushöheren Frauen in den Interviews als „Prolo-Toaster" bezeichnet wurden. Tätowierungen wurden ebenfalls von den Befragten mit hohen Bildungsabschlüssen und Berufspositionen durchwegs abgelehnt. Mit Tattoos, abblätterndem Nagellack oder kurzen Röcken wird Peinlichkeit und Dummheit assoziiert und dies mit Unterschicht ver-

---

4   Das statusadäquate Auftreten wird dabei auch mit (psychischer) Gesundheit in Zusammenhang gebracht, etwa wenn Sandra formuliert: „ich habe jetzt eine Position, die neu ist und die ich als sehr gesund und dem Alter entsprechend empfinde".

bunden, die dabei abgewertet wird. Darin wird deutlich, wie stark unter Frauen mittels Körperformungen Hierarchien hergestellt werden.

> Schönheitshandeln ist ein Medium der Kommunikation und dient der Inszenierung der eigenen Außenwirkung zum Zweck der Erlangung von Aufmerksamkeit und Sicherung der eigenen Identität. Schönheitshandeln ist mit anderen Worten ein sozialer Prozess, in dem Menschen versuchen, soziale (Anerkennungs-)Effekte zu erzielen. Kurz gesagt: Schönheitshandeln bedeutet, sich über das Aussehen und die äußere Erscheinungsweise sozial zu positionieren, d.h. zu wissen, wo und von wem man anerkannt werden möchte und von wem man sich abzugrenzen hat. Genau in diesem Sinn ist Schönheitshandeln Normalitätshandeln, nämlich ein Handeln, das auf Anerkennung durch die jeweils relevante Bezugsgruppe zielt (…). (Degele 2008: 71)

Im Prozess der Positionierung werden nun auch „Verhaltensstile und Körperdarstellungen zu subtilen Indikatoren beruflicher Kompetenzen" (Koppetsch 2002: 376). Gerade im Dienstleistungsbereich setzen manche junge Frauen mangels höherer Bildung auf ihre Attraktivität, um ihren Arbeitsplatz zu erhalten. So formulierte eine Befragte: „Wenn man sich nicht pflegt, dann kommt man im Leben auch nicht wirklich weiter. Wenn ich mir denke, dass ich ungepflegt in die Arbeit kommen würde, glaube ich kaum, dass die mich dort noch haben wollen." (Rothmüller 2010c: 139) Nicht nur mediale Stars verwerten somit ihr Aussehen beruflich, sondern die körperliche Darstellung *von* Leistung und *als* Leistung gehört auch in anderen Bevölkerungsgruppen zum Alltag.

> Der Körper, so scheint es, ist damit zum Feld für eine ausgeweitete Kapitalakkumulation geworden. (…) Die Arbeit an der Verbesserung der Leistungsfähigkeit und der Attraktivität und damit am eigenen Selbst verschiebt körperliche Grenzen (Müdigkeit, Erschöpfung, äußere Erscheinung etc.) und erweitert sie, um im Wettbewerb bestehen zu können. (Abraham/Müller 2010: 21)

Die sichtbar gewordene Verbindung von Identität, Aussehen, Beruf und sozialer Position kumuliert im Körper als Kapital. Dass Sandra ein Burnout hatte, weist darauf hin, dass auch bei ihr körperliche Grenzen überschritten wurden. Nach wie vor sieht sie in ihrem Leben keine Trennung von Erwerbsarbeit und Freizeit, was u. a. für Werbeberufe typisch ist (Koppetsch 2002). Flexibilität beschränkt sich bei Sandra nicht nur auf die Erwerbssphäre, sondern ist in hohem Ausmaß verinnerlicht und wird auch auf den Körper bezogen. Auf der Ebene der Schönheitspraktiken findet diese flexible Haltung u. a. ihren Ausdruck darin, dass Sandra äußerst unterschiedliche Figuren (von „Prinzessin bis Sandlerin") repräsentieren kann. Die oben sichtbar gewordene Abgrenzung von einem Verkleiden kann möglicherweise gerade als Abgrenzung von ihrer Jugend (dem „Puppe-Sein"), von Schauspiel und Scheinhaftigkeit gelesen werden.

Die erwähnte weiße Jacht steht dabei als Bild für eine Haltung, die auch eine politische ist: einen spezifischen Konservatismus, nämlich „gouvernantig" oder „mädchenhaft-tantig" – jedenfalls nicht „Perlenkettchen-konservativ" und „nicht billig". Die Positionierung, die Sandra hier vornimmt, ist eine sehr differenzierte:

> Sandra: „Das [die Jacht, B.R.] sind so verschiedene Facetten, wo ich sage, wenn ich damit verwechselt werde, tut es mir jetzt nicht weh. Ich möchte mich jetzt nicht vollinhaltlich mit weißen Tennisschuhen, oder als die Golf-Tussi, als das möchte ich nicht vollinhaltlich gelten, aber das würde jetzt nicht wehtun. Aber so Wirtschaftsuniversität: Ich habe jetzt mein Kostüm an und jetzt mache ich meinen Weg, also so was pack' ich überhaupt nicht."

Obwohl der Begriff *Tussi* generell von ihr eher negativ verwendet wird, unterscheidet sie zwischen „DM-Tussi" und „Golf-Tussi". Während ersteres eine klare Abgrenzung gegen unterprivilegierte Milieus darstellt, ist zweites für sie durchaus ein Anziehungspunkt. Kostüm und Perlenkettchen verweisen auf einen Karrierismus (vgl. Degele 2004: 147), während Jacht und Golf-Tussi auf Freizeit und auf den Konsum von Reichtum abstellen. Diesen lehnt sie zwar ebenso wie den verkrampften Aufstiegswillen von Karrierefrauen ab. Gleichzeitig gewinnt dieses Bild jedoch eine Bedeutung als Gegenbild zu dem von ihr präferierten gouvernantig-konservativen Stil: Gouvernanten zeichnen sich durch Gebildetheit und Disziplin, Verantwortung und Seriosität aus, und sind darin gerade das Gegenteil von billig – im Sinne von ‚leicht zu haben', aber auch im Sinne von leistbar. Gouvernante zu sein verspricht jedoch auch wenig Freiheit und Ungezwungenheit, während Jacht und Golfspielen für Unabhängigkeit, Müßiggang und Extravaganz stehen können. Vor dem Hintergrund, dass bei Sandra Arbeit und Freizeit in hohem Maße verschwimmen, wäre ihr „Hang zur Jacht" vielleicht als eine Art Ausbruchsfantasie zu interpretieren; jedenfalls als Spaß und „schönes Leben", die sie über Lebensstil und Schönheit Wirklichkeit werden lassen möchte. In dem Bild der Golf-Tussi verdichtet sich solcherart nicht nur sozialer Status und damit eine Abgrenzung von einem sozialen ‚Unten', sondern auch von einem ‚Daneben': Es wird gezielt gegen andere privilegierte Bevölkerungsgruppen positioniert, mit denen Sandra nicht identifiziert werden möchte.

Schluss

Die hier im sozialen und biographischen Kontext dargestellten Differenzierungsstrategien von Sandra können als Beispiel für Wahrnehmungs-, Bewertungs- und Handlungsschemata gesehen werden, die sich auf den Körper und das Aussehen richten. Diese Denkmuster werden nicht nur in der Kindheit einmalig geprägt, sondern verarbeitet, modifiziert und am beruflichen Umfeld sowie dem erreichten sozialen Status ausgerichtet. Körpertechniken können dabei auch zum Mittel werden, um sich auf körperlicher Ebene von den Eltern abzugrenzen. Auch in anderen Interviews wurde deutlich, dass Schönheitspraktiken parallel zum Verhältnis zu den Eltern verlaufen, d. h., dass bei einem guten Verhältnis relativ ungebrochen an familiäre Praktiken der Körperpflege angeschlossen wird, während ein emotionaler oder sozialer Bruch, etwa auch bei sozialem Aufstieg, oft mit einer expliziten Abgrenzung von den Praktiken der Eltern einhergeht (Rothmüller 2010c: 139).

Die eingangs erwähnte Disposition zur Veränderung oder Beibehaltung von Handlungsmustern lässt sich bei Sandra relativ deutlich als biographische Ausprägung einer hohen Flexibilität bei der Gestaltung des Äußeren aufgrund ihrer Herkunft aus einer Schauspieler_innenfamilie nachzeichnen, die mit einer hohen beruflichen Flexibilität einhergeht. Nachdem sie in der Jugend einen eher widerständigen Habitus ausprägt, verkehrt sich dieser später in eine Überanpassung, bei der sie zwar mit verschiedenen Rollen spielt, diese jedoch nicht mit ihren Präferenzen in Verbindung zu bringen vermag. Trotzdem – oder gerade deswegen – sucht Sandra mit fortschreitendem Erwachsenenalter zunehmend nach einem eigenen Stil, der ihrem ‚inneren Wesen' entsprechen soll. Neben biographischen Aspekten spielen dabei auch soziale Faktoren eine Rolle, etwa der berufliche Kontext und die soziale Position. Die authentische Verkörperung des Selbst erscheint als Gebot, das dem sozialen Status entspricht und diesen gleichzeitig herstellt. Das Fallbeispiel illustriert damit zwei Extreme, die zusammenhängen: Eine bis zur Selbstaufgabe gehende Orientierung der Schönheitspraktiken an der Bewertung des sozialen Umfeldes, die als Gegenbewegung eine Suche nach dem individuellen Selbst, der eigenen Persönlichkeit und Einzigartigkeit auslöst. Die Arbeit an der eigenen Persönlichkeit gestaltet sich jedoch prekär, denn die vermeintlich individuelle Identität, die Freiheit von äußeren Zwängen verspricht, ist durchdrungen von sozialer Prägung und bleibt in der Abgrenzung gegenüber den ‚Anderen' diesen verhaftet. In Sandras Fall bedeutete dies in erster Linie, bestimmte soziale Zuschreibungen abzuwehren, und andere anzunehmen, zu den eigenen zu machen, nämlich sich der objektiven sozialen Position entsprechend geschlechts-, status- und altersadäquat zu verhalten, um nicht in den Augen der Anderen peinlich und dumm, nachmacherisch oder aber verkleidet zu wirken. Die Verkörperung der sozialen Position setzt dabei (mehr oder weniger) subtile Differenzierungsprozesse in Gang, zu denen auch die Fähigkeit zur Selbstdistanzierung und -ironie sowie das souveräne Spiel mit Klischees zu zählen sind. Allgemein formuliert wird mit Hilfe des Aussehens Nähe und Distanz zu verschiedenen sozialen Gruppen reguliert, ausgedrückt und hergestellt.

An den expliziten Entwertungsstrategien lässt sich darüber hinaus die Bedeutung verschiedener Differenzierungskategorien für die Herstellung sozialer Hierarchien unter Frauen nachzeichnen. Emanzipation und Autonomie sowohl auf der Ebene der Rhetorik als auch der Praktiken ist bei privilegierten Frauen sehr ausgeprägt. Ihr Gefühl einer sozialen, aber auch einer damit verbundenen moralischen Überlegenheit speist sich u.a. aus einer Attraktivität, die auf Stil, Persönlichkeit und Autonomie aufbaut. Nicht nur drückt sich über Attraktivität eine soziale Hierarchie aus, sondern Attraktivität wird damit auch eine Ressource, die Hierarchien erst etabliert. Auch wenn sich die Aussagen von Sandra nicht generalisieren lassen, so verdeutlichen sie doch, dass die Gestaltung des Aussehens besonderen Trägheitsmomenten unterworfen ist, etwa weil die Arbeit am eigenen Körper für privilegierte Frauen auch eine Arbeit an der Persönlichkeit bedeutet und sie ein äußerst sensibles Gespür entwickeln für Schönheitspraktiken, die nur die ‚Oberfläche' tangieren.

Mediale Bilder suggerieren, jede/r könnte aus einer entgrenzten Vielfalt an Identitätsangeboten die zu ihm oder ihr passenden frei wählen, und erzeugen dabei einen Entscheidungsdruck, der sich wie bei Sandra durch biographische Dispositionen verstärken kann. Ist die im Alltag üblicherweise kaum begründungsbedürftige Praxis erst einmal fragwürdig geworden, wird die Relativität der Identitätsangebote zur drückenden Entscheidungsanforderung. Es scheint nahe liegend, dass besonders Schauspieler_innen, aber auch Personen, die für Film, Fernsehen und Werbung arbeiten und davon leben, über die Wirkung des Aussehens bzw. visueller Gestaltung auf verschiedene Zielgruppen nachzudenken, dazu disponiert sind, die

Relativität von Schönheitsidealen und die *Arbeit* an der Verkörperung dieser Ideale verstärkt wahrzunehmen. Damit teilen sie mit Feminist_innen einen Blick für den Konstruktionscharakter von Schönheit, nicht jedoch automatisch auch die Infragestellung der normativen Gültigkeit des Schönheitsspiels.

Literatur:

Abraham, Anke; Müller, Beatrice: Körperhandeln und Körpererleben – Einführung in ein ‚brisantes Feld'. In: dies. (Hg.innen): Körperhandeln und Körpererleben. Multidisziplinäre Perspektiven auf ein brisantes Feld. Bielefeld 2010, S. 9-38.

Aristoteles: Metaphysik. Hamburg 1994.

Bourdieu, Pierre: Entwurf einer Theorie der Praxis auf der ethnologischen Grundlage der kabylischen Gesellschaft. Frankfurt am Main 1976.

Bourdieu, Pierre: Die feinen Unterschiede. Kritik der gesellschaftlichen Urteilskraft. Frankfurt am Main 1982.

Bourdieu, Pierre: Sozialer Sinn. Kritik der theoretischen Vernunft. Frankfurt am Main 1987

Bourdieu, Pierre: Meditationen. Zur Kritik der scholastischen Vernunft. Frankfurt am Main 2001.

Bourdieu, Pierre: Die männliche Herrschaft. Aus dem Französischen von Jürgen Bolder. Frankfurt am Main 2005.

Degele, Nina: Sich schön machen. Zur Soziologie von Geschlecht und Schönheitshandeln. Wiesbaden 2004.

Degele, Nina: Normale Exklusivitäten – Schönheitshandeln, Schmerznormalisieren, Körper inszenieren. In: Villa, Paula-Irene 2008, S. 67-84.

Hirst, Christian; Rothmüller, Barbara; Thom, Philip: Die männlichen Schönheitspraktiken im Vergleich. In: Penz, Otto 2010, S. 177-183.

Koppetsch, Cornelia: Die Verkörperung des schönen Selbst. Attraktivität als Imagefrage. In: Willems, Herbert (Hg.): Die Gesellschaft der Werbung. Kontexte und Texte. Produktionen und Rezeptionen. Entwicklungen und Perspektiven. Wiesbaden 2002, S. 359-382.

Loibl, David: Natürlichkeit und Individualität. Frauen der oberen Klasse. In: Penz, Otto 2010, S. 91-102.

Nollmann, Gerd: Individualisierung und ungleiche Strukturierung des Körpers. Ein weberianischer Blick auf den kulturellen Wandel körperbezogener Deutungen. In: Schroer, Markus 2005, S. 139-165.

Meuser, Michael: Frauenkörper – Männerkörper. Somatische Kulturen der Geschlechterdifferenz. In: Schroer, Markus 2005, S. 271-294.

Mühlen Achs, Gitta: Wie Hund und Katz. Die Körpersprache der Geschlechter. München 1993.

Penz, Otto: Schönheit als Praxis. Über klassen- und geschlechtsspezifische Körperlichkeit. Unter Mitarbeit von Augusta Dachs, Christian Hirst, David Loibl, Barbara Rothmüller und Philip Thom. Politik der Geschlechterverhältnisse, Band 42, hg. von Cornelia Klinger, Eva Kreisky, Andrea Maihofer und Birgit Sauer. Frankfurt am Main 2010.

Rothmüller, Barbara: Geschlechtervergleiche. Die Schönheitspraxis der unteren Klasse. In: Penz, Otto 2010a, S. 171-176.

Rothmüller, Barbara: Kampf gegen Schweiß und Körpergeruch. Männer der unteren Klasse. In: Penz, Otto 2010b, S. 147-157.

Rothmüller, Barbara: Schönheit durch intensive Pflege. Frauen der unteren Klasse. In: Penz, Otto 2010c, S. 136-146.

Schroer, Markus (Hg.): Soziologie des Körpers. Frankfurt am Main 2005.

Villa, Paula-Irene: Habe den Mut, Dich Deines Körpers zu bedienen! Thesen zur Körperarbeit in der Gegenwart zwischen Selbstermächtigung und Selbstunterwerfung. In: dies. 2008, S. 245-272.

Villa, Paula-Irene (Hg.in): schön normal. Manipulationen am Körper als Technologien des Selbst. Bielefeld 2008.

Die kulturelle Modellierung des Körpers –
Empirische Befunde und theoretische Positionen
Irene Antoni-Komar

1 Work out als Sinnstiftung

Abbildung 1: Modernes Fitnesscenter für das Work out.
(Quelle: http://www.mycanaria.com/wp-content/fitnessstudio-san-agustin.jpg)

Menschenleer und doch in voller materialer Präsenz auf den menschlichen Körper bezogen – so eröffnet sich der Einblick in ein modernes Fitnesscenter, in dem für das Krafttraining die erforderlichen Geräte bereitgehalten werden. Kraftstationen, Gewichte und Hantelscheiben können je nach individueller Konstitution und maskuliner oder femininer Selbstbewertung für ein mehr oder weniger intensives Muskelaufbautraining eingesetzt werden. Diese Körperwerkstatt mit ihrer einem industriellen Zweckbau nachempfundenen Architektur verlangt den ganzen Einsatz der körperlichen Arbeit für das professionelle „Work out"[1]. Der graue Industrieboden wie die große Uhr an der Decke unterstreichen den Werkshallencharakter und den an zeitlichen Zielvorgaben orientierten „Produktionsprozess". Dass dafür auch die entsprechende „Arbeitskleidung" wie z. B. Gewichthebergürtel, Handschuhe, Sportschuhe, Schweißbänder etc. von einschlägigen Anbietern bereitgehalten werden, erklärt sich aus der Konzeption eines zu permanenter Optimierung bzw. Investition in die Ressource Körper herausgeforderten Selbst. Das der Ökonomie entlehnte Vokabular bezeichnet dabei einen zentralen Aspekt des modernen Körperverständnisses.

Denn vor diesem Eröffnungsbild erweist sich die Vorstellung einer natürlichen Schönheit als Phantasma (vgl. Heeg 2000). Geformt durch selbstauferlegte Disziplinierungsarbeit und interpretiert durch kollektiv geteilte Normalitätsvorstellungen, ist der menschliche Körper[2] ein durch und durch kulturelles Produkt, das sich in Zeit und Raum artikuliert. Körperpraktiken, -vorstellungen und -bewertungen sind historisch kontingent und nur im jeweiligen kulturellen Kontext dechiffrierbar (vgl. Gugutzer 2007). In modernen Wirtschaftsgesellschaften ist es die Logik der Ökonomisierung des Sozialen, die der beständigen Körperarbeit als Optimierungs-, Wettbewerbs- und Investitionsstrategie ihren Sinn auferlegt. Feministisch motivierte Körpervorstellungen richten sich gegen solche hetero-normative Körpervorstellungen auf, indem sie Subversionen zu den kollektiven Übereinkünften von Normalität entwerfen.

Der menschliche Körper wird demnach gesellschaftlich nicht als essentialisierte anthropologische Konstante wirksam, sondern erfährt als soziale Materialität eine

---

1 Englische Bezeichnung für Sport treiben, trainieren.
2 Im Gegensatz zum Leibbegriff, der für das innere Erleben resp. radikal subjektive Fühlen steht, stellt der Körperbegriff den reflexiven Umgang und instrumentellen Zugriff in den Vordergrund. Analytisch differenzierbar, sind beide Dimensionen jedoch im Alltagshandeln als „Körperleib" (Villa 2007: 19f.) miteinander verschränkt: „Wir haben demnach nicht nur einen Körper, über den wir verfügen, sondern sind zugleich auch ein Leib, über den wir eben nicht verfügen." (ebenda; vgl. auch Berger/Luckmann 2000). Helmuth Plessner (1928) und Gabriel Marcel (1935) führen diese Zweideutigkeit unserer Existenz als Differenz in ihre philosophischen Analysen ein, indem sie vom Leib, der ich bin, und einem Körper, den ich habe, ausgehen.

kulturelle Modellierung und wirkt als sinnstiftende Instanz der Selbstverwirklichung. Anstelle der institutionalisierten Religion diagnostiziert Thomas Luckmann
(1991) in der Moderne eine radikal privatisierte „neue Sozialform der Religion"
(Luckmann 1991: 132), in die sich der Körperkult (als Analogie zum religiösen
Kult) einordnen lässt. Sinnstiftung ist nicht mehr auf die transzendente Welt gerichtet, sondern im Diesseits fest verankert.

In den letzten Jahrzehnten hat sich eine hochdifferenzierte Wissenslandschaft
entwickelt, die wichtige Beiträge zur theoretischen Entnaturalisierung des Körpers
bereitstellt. Anfang der 1980er Jahre sprechen Dietmar Kamper und Christoph
Wulf noch eher programmatisch von der „Wiederkehr des Körpers". Morgan/Scott
(1993: 135) identifizieren „a new subdiscipline is in the process of developing."
Bryan Turner hat die zeitgenössische Körperaufwertung 1996 zur Charakterisie-
rung einer „somatic society" veranlasst. Und 1997 schreibt Silvia Bovenschen: „So
viel Körper war nie." Aktuell ist der menschliche Körper ein multidisziplinärer
Forschungsgegenstand – längst nicht mehr nur in den Naturwissenschaften, sondern vor allem in Soziologie, Philosophie sowie Kulturwissenschaften – und hier
insbesondere in den Gender Studies. Darüber hinaus haben einzelne Disziplinen
begonnen, ihre wissenschaftlichen Grundlagen zu überdenken und nach einer sys-
tematischen Berücksichtigung des Körpers im Rahmen ihrer Theorieentwicklung
zu suchen (vgl. Antoni-Komar 2001: 10ff.).

Im Folgenden wird zunächst der Körper in der Gegenwart anhand von empirischen Studien als ein soziales Phänomen skizziert, das verschiedene Zugänge herausfordert, um daran anschließend kultursoziologische und feministische Ansätze
für das Verstehen des kulturellen Körpers zu referieren. Drittens und ausblickend
soll skizziert werden, wie die Normalitätsvorstellungen des Körpers ästhetisch
gebrochen werden und wie die Diskurse der Cultural Diversity und der Disability
Studies die Erosion hegemonialer Strukturen argumentieren und Wege aus Exklu-
sionsprozessen aufscheinen lassen.

Daraus abgeleitet möchte ich zeigen, wie die Bedeutung moderner Körperlichkeit aus einem rekursiven und interdependenten Verhältnis zu kulturellen Prozessen rekonstruiert werden kann. Menschliches Handeln setzt notwendig einen Körper voraus. Entsprechend ist auch soziales Handeln immer ein körperliches Handeln.
In einem neueren kulturwissenschaftlichen Verständnis der Theorie der sozialen

Praktiken wird diese grundlegende Bedeutung des menschlichen Körpers für die Konstitution kultureller Prozesse betont. Wir leben in einer Zeit, in der multiple wie auch ambivalente kulturelle Prozesse die sozialen Praktiken der Menschen durchdringen und aber auch von den sozialen Praktiken der Menschen hervorgebracht und gesteigert werden. Ich denke dabei an die Prozesse der sozialen Beschleunigung, der Technisierung und Medialisierung wie auch insbesondere an Praktiken der Subjektivierung. Dieses rekursive Verhältnis zwischen sozialer Praxis und kulturellen Prozessen ist besonders wichtig, da es auch der These zur kulturellen Modellierung des Körpers zugrundeliegt: Der menschliche Körper ist sowohl Produkt als auch Produzent des Sozialen.

In sozialen Praktiken, die immer notwendig als körperliche Praktiken definiert sind, wird Kultur erst hergestellt und wirksam. Genauso wenig wie Kultur etwas ist, was immer schon da ist, ist der menschliche Körper eine zu allen Zeiten und in allen Räumen funktionierende Instanz, sondern steht in Interdependenz zu gesellschaftlichen und kulturellen Prozessen. „Kulturelle Modellierung des Körpers" bedeutet also erstens Modellierung des Körpers durch Kultur und zweitens Modellierung der Kultur durch den Körper. Diese Interdependenz betont Paula-Irene Villa (2007: 26), wenn sie schreibt: „Unser Körperhandeln ist demnach beides zugleich: Reproduktion sozialer (Ungleichheits-)Strukturen und eigensinnige Produktion. [...] Und so ist die Verkörperung sozialer Ordnung und sind kulturelle Körperkonstruktionen immer beides zugleich: Reproduktion von etwas Gegebenem und kreative Produktion von etwas Neuem. Sozialer Wandel hat damit auch eine körpergebundene Seite."

2 Der Körper in der Gegenwart – Empirische Befunde einer Sorge um den Körper

Die Notwendigkeit, den eigenen Körper zu formen und zu inszenieren, ist in modernen Wirtschaftsgesellschaften zur Voraussetzung gesellschaftlicher Teilhabe avanciert. So setzt die soziale Zugehörigkeit nicht selten als kulturellen Aufwand eine intensive Arbeit am Körper voraus. Dieser kulturelle Aufwand stellt sich dar als inkorporierte Kompetenz des „richtigen" Umgangs mit dem zu optimierenden Selbst in zumeist hetero-normativer Manier und ökonomischer Logik der sozialen

Verwertung. Zahllose Möglichkeiten der Körpermodellierung sind als zeitgenössische Körperpraktiken längst selbstverständlicher Bestandteil des Alltags. Sie reichen von Körperpflegepraktiken (Hygiene, Frisuren und Kosmetik), Ernährungs- und Fitness-Strategien über Körpermodifikationen des Piercings und Tätowierens bis hin zu kosmetischen Körpereingriffen (Schönheitsoperationen), deren Zahl seit 1990 kontinuierlich wächst. Motivation wie Resultat dieser Körperpraktiken sind Unzufriedenheit resp. Unsicherheit mit dem eigenen Körper, der nicht in seiner biographischen Fülle erlebt, sondern wie eine zu optimierende objektive Materie behandelt wird, wobei die Differenzierung zwischen medizinischer und kosmetischer Indikation sozial ausgehandelt wird und zunehmend schwierig erscheint: „Die Grenze etwa zwischen medizinisch indizierter wiederherstellender Chirurgie und einer so genannten Schönheitsoperation ist keine naturhaft gegebene Grenze und auch keine, die der Körper von sich aus vorzeichnet. Dies macht die zunehmende Zahl der Brustvergrößerungen und -verkleinerungen drastisch deutlich, bei denen nicht klar entscheidbar ist, inwiefern dadurch für die betroffenen Frauen (und wenigen Männer) therapeutische Effekte erzielt werden (sollen)." (Villa 2007: 20).

Das Ergebnis der im Juni 2006 veröffentlichten internationalen Studie „Beyond Stereotypes. Rebuilding the Foundation of Beauty Beliefs"[3] (Etcoff et al. 2006) zeigt, dass das geringe Selbstwertgefühl junger Mädchen und Frauen ein globales Problem darstellt. Ziel der international angelegten Untersuchung war die Erfassung der Entstehung und Entwicklung von Selbstwertgefühl unter dem Einfluss von Schönheitsidealen auf das tägliche Leben von Mädchen und Frauen in westlich orientierten Gesellschaften. 3.300 Mädchen und Frauen im Alter von 15 bis 64 Jahren aus Brasilien, Kanada, China, Deutschland, Italien, Japan, Mexiko, Saudi-Arabien, Großbritannien und USA wurden Anfang des Jahres 2004 (27.02.-26.03.2004) befragt. Die Ergebnisse zeigen, dass 92 % aller Mädchen zwischen 15 und 17 Jahren und aller Frauen zwischen 18 und 29 Jahren mindestens einen Aspekt ihres Äußeren verändern würden, wenn sie die Möglichkeit dazu hätten.

---

3   Die Studie wurde von dem Unternehmen Unilever für die Marke Dove in Auftrag gegeben.

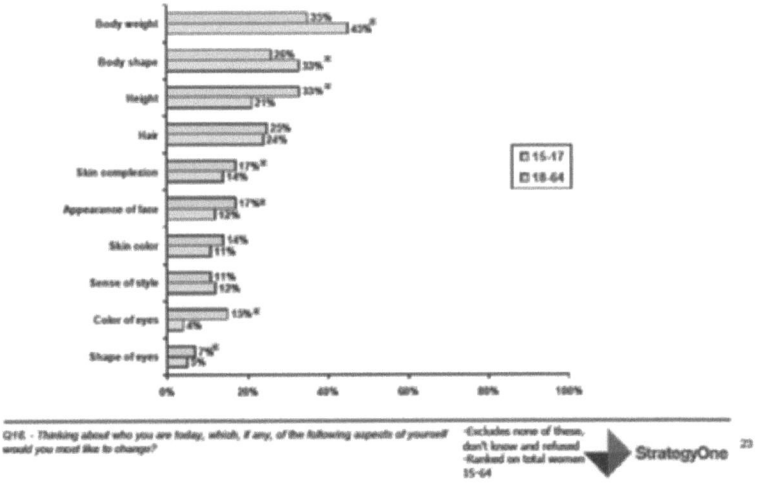

Abbildung 2: Aspekte des Aussehens, die junge Frauen ändern möchten (Quelle: Etcoff et al. 2006: 21)

Am häufigsten wird das Körpergewicht genannt (45 %) (vgl. Abb. 2). Und durchschnittlich jede Vierte (24 % der 15- bis 17-Jährigen; 28 % der 18- bis 29-Jährigen) hat schon einmal über eine Schönheitsoperation nachgedacht. Der Mangel an Selbstvertrauen wirkt sich auch auf das alltägliche gesellschaftliche und soziale Verhalten aus: 72 % aller Mädchen vermeiden bestimmte Aktivitäten, wenn sie mit ihrem Aussehen unzufrieden sind. Dazu gehören insbesondere Unternehmungen, bei denen sie ihren Körper fast unbekleidet zeigen müssen: am Strand, beim Sport oder in der Sauna (29 %) (vgl. Etcoff et al. 2006: 38). Der enge Zusammenhang zwischen der Unzufriedenheit mit dem eigenen Körper und einem niedrigen Selbstwertgefühl von Frauen ist offensichtlich.[4]

---

4 Die Studie „Beyond Stereotypes. Rebuilding the Foundation of Beauty Beliefs. Findings of the 2005 Dove Global Study" wurde von der Beratungsfirma StrategyOne durchgeführt, in enger Zusammenarbeit mit Dr. Nancy Etcoff (Harvard University) und Dr. Susie Orbach (London School of Economics). Methode: Internationale Telefonumfrage unter 3.300 Frauen und Mädchen zwischen 15 und 64. Abhängig von der Größe des Landes wurden 100 Mädchen (zwischen 15 und 17) und 200 bis 300 Frauen (zwischen 18 und 64) pro Nation befragt. Als Reakti-

Auch die 2006 veröffentlichte KiGGS-Studie des Robert-Koch-Instituts bestätigt den Zusammenhang von Unzufriedenheit mit dem eigenen Körper und Schönheitsnormen bereits im Kindes- und frühen Jugendalter. Von den über drei Jahre
untersuchten 17.000 Kindern und Jugendlichen zwischen 0 und 17 Jahren zeigen
bereits 21,9 % der 11- bis 17-jährigen Jungen und Mädchen ein auffälliges Essverhalten; im Alter von 17 Jahren klafft die Schere dann zwischen den Geschlechtern
auseinander: bei den Jungen sind 13,5 %, bei den Mädchen 32,3 % essgestört.[5] Die
Suchmaschine Google listet für den Begriff „Essstörungen" aktuell 2.830.000 Ein-
träge auf.[6] Nach einer Studie der University of Sussex kann der Umgang mit Bar-
bie-Puppen bei Mädchen schon im Alter von fünf bis acht Jahren zu Essstörungen
führen. Der Umgang mit den Puppen sorge dafür, dass junge Mädchen mit ihrem
eigenen Körper nicht mehr zufrieden seien. In der Studie wurden rund 200 Mädchen im Alter von fünf bis acht Jahren die Bilder von verschiedenen Puppen gezeigt – darunter auch Barbie und eine Puppe mit natürlicheren Proportionen. Anschließend wurden die Kinder gefragt, wie sie mit ihrem eigenen Körper zufrieden
seien. Bei den Mädchen in der „Barbie-Gruppe" war die Unzufriedenheit deutlich
höher (vgl. Dittmar et al. 2006).

Wie hoch die Bedeutung eines schlanken Körpers für Frauen und Mädchen ist,
zeigt auch eine im März 2011 veröffentlichte Studie der Bristol University of the
West of England (UWE) in Großbritannien, nach der 16 % der Frauen wenigstens
ein Jahr ihres Lebens gegen eine schlanke Figur eintauschen würden, 10 % wären
bereit, zwei bis fünf Jahre, 2 % sechs bis zehn Jahre und 1 % sogar 21 Jahre ihres
Lebens dem Schlankheitsideal zu opfern.[7] Die Studie ist in Zusammenarbeit mit der

---

on auf die Ergebnisse der Studie und mit der Marketingstrategie, Kindern und Jugendlichen zu
einem gesunden Selbstwertgefühl zu verhelfen, erfolgte 2006 die Gründung der „Dove Aktion
für mehr Selbstwertgefühl". Begleitet wurde die weltweite Kampagne von Websites, wie z.B.
www.InitiativeFuerWahreSchoenheit.de. In Deutschland startete die Kampagne ab 03.09.2006
mit einem TV- und Kino-Spot, Print-Anzeigen und im Internet. Zudem wurde die Aktion durch
verschiedene Maßnahmen im Handel unterstützt. Vgl. http://www.personal.psu.edu/axr15/
courses/eMarketing2009/Dove%20Beyond%20Stereotypes % 20 White%20 Paper.pdf, abgerufen am 12.01.2012.
5 Vgl. http://www.kiggs.de/experten/downloads/dokumente/neu_essstoerungen_hoelling.pdf, abgerufen am 30.01.2012 und www.kiggs.de. – Christiane Graefe (2006): Vom Moppelchen zum
Monsterkind, in: Die Zeit, 28.09.2006.
6 Abgerufen am 30.01.2012
7 Vgl. http://info.uwe.ac.uk/news/uwenews/news.aspx?id=1949, abgerufen am 12.01.2012.

„Succeed Foundation" durchgeführt worden, die sich dem Kampf gegen Essstörungen widmet. Befragt wurden 320 Frauen im Alter von 18 bis 65 Jahren, mit einem durchschnittlichen Alter von 24,49 Jahren an 20 britischen Universitäten. Die Ergebnisse zeigen, dass die Unzufriedenheit mit dem eigenen Körper nicht nur ein Problem von Kindern und Jugendlichen, sondern auch von erwachsenen Frauen ist. Neben Teilen ihrer Lebenszeit waren 26 % der befragten Frauen bereit, weitere Opfer zu bringen: 13 % würden bis zu 5000 £ jährlich in die gute Figur investieren, 25 % würden auf gemeinsame Zeit mit Freunden, der Familie oder dem Partner verzichten. 7 % würden auf ihre Gesundheit opfern, wenn sie nur schlank wären. Eklatant auch die folgenden Zahlen, die mit der Dove-Studie aus dem Jahr 2006 übereinstimmen: 79 % wollten abnehmen, obwohl 78 % entweder untergewichtig oder normalgewichtig waren; nur 3 % sagten, zunehmen zu wollen. 93 % der Frauen berichteten, dass sie in den letzten Wochen mit ihrem Aussehen unzufrieden gewesen seien; 31 % hatten sogar mehrmals am Tag mit dieser Unzufriedenheit zu kämpfen.[8]

Die referierten Befunde stützen die These, dass im Zeichen neuer *body politics* als ‚unvollkommen' wahrgenommene Körper mit schwindender sozialer Akzeptanz konfrontiert sind, ‚vollkommene' Körper dagegen Erfolg garantieren: „Schön sein ist als überaus wirkungsvolles soziales Zeichen ein Muß für alle, die Erfolg haben wollen. Im Körperkult, dem Wettstreit um die tollsten Muskeln und den wohlgeformtesten Busen, wird körperliche Schönheit mit Glücks- und Heilserwartungen gleichgesetzt – der ‚schöne' Körper wird zur Bioaktie mit hoher Gewinnerwartung." (Reusch 2001: 4f.).[9] Diese Art der Ökonomisierung des Körpers spitzt Zygmunt Bauman (2009) noch zu, wenn er von der Kommodifizierung des menschlichen Lebens spricht. Seine These ist, dass in der modernen Wirtschaftsgesellschaft Konsum alle Bereiche des Lebens umfasse, nicht nur der Befriedigung von Bedürfnissen diene, sondern auch die Strategien der Selbstoptimierung einschließe. Die Warenform dringe in alle Dimensionen des gesellschaftlichen Lebens

---

8 Vgl. http://info.uwe.ac.uk/news/uwenews/news.aspx?id=1949, abgerufen am 12.01.2012.
9 Diese Standardisierung und Normierung des Körpers wird medial verstärkt; sie lässt sich in einem besonders bei Mädchen und jungen Frauen beliebten Sendeformat beobachten. In der auf Pro Sieben ausgestrahlten Sendung „Germany's Next Top Model" wird eine uniformierte Schönheit als mediales Erfolgsmodell präsentiert und propagiert (vgl. Becker/Weber 2006).

vor, gestalte sie so grundlegend um, dass die Subjektivität selbst zur Ware und auf dem Markt als Schönheit, Sauberkeit, Aufrichtigkeit und Autonomie ge- und verkauft werde (vgl. Bauman 2009: 156). In einer „unendlichen Kette von Neuanfängen" werde Identität immer wieder neu gebildet, der Körper sei quasi zur Ware geworden, die immer wieder neu hergestellt werden müsse. Dies erklärt auch die immense Attraktivität der plastischen Chirurgie, die als Routineinstrument für die fortwährende Umgestaltung des sichtbaren Selbst „serielle Geburten" (Bauman 2009: 132) möglich mache. Schon lange dienten ästhetisch-plastische Operationen nicht mehr der Entfernung eines Makels oder der Erreichung einer Idealform. Vielmehr müsse der Körper den immer wieder neu gestellten Anforderungen angepasst werden, um Schritt zu halten mit sich wandelnden Standards und den eigenen Marktwert zu gestalten.

3 Somatic society – Theoretische Positionen für das Verstehen des kulturellen Körpers

Die vorgestellten empirischen Befunde belegen, dass dem Körper in der westlichen Gesellschaft eine hohe Aufmerksamkeit entgegengebracht wird und diese mit Turner (1996) als „somatic society"[10] charakterisiert werden kann. Die Fokussierung auf den Körper geht mit tief greifenden gesellschaftlichen Veränderungen einher:

- Wandel der Strukturen von Erwerbstätigkeit in Richtung Dienstleistungen
- Erosion der körperlichen Arbeit durch Informatisierung der Arbeitswelt
- Fragen der Formbarkeit und Manipulierbarkeit durch Entwicklung von Reproduktionstechnologie und Transplantationsmedizin
- Perfekte' Körperperformance als Identitätspolitik in moderner Konsumkultur.

---

10 Turner bezeichnet damit eine Gesellschaft, in der wichtige politische und persönliche Probleme im Körperlichen thematisiert und durch den Körper ausgedrückt werden.

Neben der Neubewertung des Körpers durch feministische Körperdiskurse wenden sich auch die Sozial- und Kulturwissenschaften vermehrt der Bedeutung des Körpers zu (vgl. Rigauer 2006). Dabei wird heute vorausgesetzt, dass Vorstellungen von Körperlichkeit nicht historisch konstant, sondern kontingent sind. Die als normal angesehenen, sozial normierten Weisen unseres Umgangs mit dem Körper sind nicht notwendig universal oder natürlich, sondern lediglich historische und kulturelle Möglichkeiten des Körperverständnisses. Im aktuellen kultursoziologischen Diskurs sind Körper Produkt oder/und Produzent von Sozialem, dessen Spektrum im Folgenden skizziert wird. Zwei Fragen strukturieren die Auseinandersetzung:

- Wie erfolgt eine kulturelle Modellierung des Körpers?
- Wie handelt der Körper, wie lässt sich der Körper als Agens konzipieren?

Eine auf den Theorien von Michel Foucault und Pierre Bourdieu basierende Perspektive betrachtet den Körper als Ergebnis sozialer Prozesse. Mit Körperpraktiken geben sich Subjekte eine erkennbare soziale Form und versuchen ihre gesellschaftliche Identität durchzusetzen. Solche Praktiken entstehen nicht im luftleeren Raum, sondern in Auseinandersetzung mit gesellschaftlichen Vorgaben, Appellen und Machtstrukturen – im Rahmen der *body politics*.

Bei Michel Foucault (1976) finden wir den Erklärungsansatz der kulturellen Formung bzw. der gesellschaftlichen Einschreibung. In ähnlicher Weise hatte zuvor bereits Norbert Elias (1969 [1939]) den Körper als Produkt sozialer Prozesse beschrieben. Der Körper erscheint wehrlos den unkontrollierbaren sozialen Zwängen und Kräften ausgesetzt, die von außen auf ihn einwirken; er ist ein durch Macht- und Disziplinartechniken geformtes Objekt, dem keine wirkliche Autonomie zukommt. Das moderne Individuum ist dieser Auffassung zufolge das Ergebnis einer Sozialdisziplinierung, die vor allem durch die Aufzwingung körperlicher Verhaltensweisen gekennzeichnet ist.

Vor dem Hintergrund der theoretischen Perspektive einer Disziplinarpolitik, deren zentraler Ort der Körper ist und die auf ihn einwirkenden Kräfte, entstehen die „großformatige[n] Körper des Gesellschaftlichen" (Alkemeyer 2007: 16). Verdeutlichen lässt sich diese „Biopolitik" am Beispiel von kontrastierenden Gegenüberstellungen höfischen und bürgerlichen Auftretens im ausgehenden 18. Jahrhundert (vgl. Abb. 3). In der Kupferstichfolge „Natürliche und Affectierte Handlungen des Lebens" von Daniel Nikolaus Chodowiecki, 1779 im Göttinger Taschen Calender erschienen, werden unter der aufklärerischen Intention des Herausgebers Georg Christoph Lichtenberg die höfische Exaltiertheit resp. „Künstlichkeit" dem angemessenen Auftreten, Verhalten und Aussehen des sich formierenden Bürgertums gegenübergestellt. Dessen ausgeglichene, harmonische „Natürlichkeit" repräsentiert die neue bürgerliche Identität (vgl. Antoni-Komar 2006a: 35ff.). Es ist ein körperlich ausgetragener Kampf, der sich im aufrechten Gang des Bürgertums und der öffentlichen Verspottung des Adels manifestiert, der zu jeder Bewegung Unterstützung brauchte.

Abbildung 3: Daniel Nikolaus Chodowiecki: Die Unterredung, Kupferstich, 1779, Göttinger Taschen Calender. (Quelle: Württembergische Landesbibliothek, Stuttgart; vgl. Antoni-Komar 2006a)

Im Verlauf des 19. Jahrhunderts rückten dann im Zusammenhang der Neubestimmung körperlicher Gesundheit aus der Ökonomie stammende Kategorien wie Energie, Effizienz und Leistung an die Stelle klassizistischer Harmoniemodelle. Nach Thomas Alkemeyer wird der Körper „in den Prägeapparaturen der industriellen Moderne durch die Geschwindigkeit des Förderbandes, den rhythmischen Gleichschritt marschierender Kolonnen, das Korsett der Schulbank oder den Ruck und Zuck kollektiver Gymnastik normativ reguliert und auf Dauer gehalten" (Alkemeyer 2007: 17).

Die treibenden Kräfte der disziplinierenden *body politics*, der Gestaltung, Überwachung und Produktion gesellschaftlich anerkannter wie geduldeter Körper, haben sich in der von neoliberalen Grundsätzen getragenen Gegenwart des ausgehenden 20. und beginnenden 21. Jahrhunderts vom Staat zum Markt verschoben – mit weit reichenden Folgen für die Individuen, denen nun die Verantwortung für das Management ihrer Körper aufgebürdet wird. Das „unternehmerische Selbst" (Bröckling 2007) „managt" seinen Körper unter ökonomischen Gesichtspunkten, indem es diesen als Besitz betrachtet, der gepflegt, modelliert und verbessert werden kann. Der Körper wird „Bühne der Personen-Identität" (Gebauer 1982: 318), sichtbare Visitenkarte des Selbst und dient der Markierung sozialer Differenzen und der Identität als Marktwert. Herrschaftsstrukturen zeigen sich nun weniger in Unterdrückungsmechanismen als in der Überforderung, den sich scheinbar selbst auferlegten Ansprüchen gerecht zu werden (vgl. Alkemeyer 2007: 17; Ehrenberg 2004).

Unter dieser Perspektive erscheinen auch die aktuellen Kostensenkungsmaßnahmen der staatlichen Gesundheitspolitik, deren Argumentation sich auf die individuelle Selbstdisziplin stützt, als Disziplinartechnik. Denn es vergeht kaum ein Tag, ohne die Veröffentlichung neuer Forschungsergebnisse, die darauf hinweisen, dass wir uns selbst als Entscheidungszentrum unseres Gesundheitszustandes begreifen müssen: „Zigaretten, Pommes, Rindfleisch, Cola, Süßigkeiten und Chips erhöhen Mortalitäts- und Morbiditätswahrscheinlichkeiten. Wer diese Nahrungsmittel oft konsumiert, wird sich selbst fragen und auch von anderen gefragt werden, ob er nicht seine Gesundheit schädige." (Nollmann 2005: 145) Diese Disziplinartechniken setzen sich in der modernen Gesellschaft durch, um bei möglichst geringen Kosten eine größtmögliche gesellschaftliche Wirkung und ökonomische Effizienz zu entfalten (vgl. Bublitz 2006: 347ff.).

Gesellschaftliche Inklusion und Exklusion entscheiden sich nicht selten an der körperlichen Verfasstheit ihrer Mitglieder. Übergewicht und Fettleibigkeit stehen in der Regel konträr zu sozialem Erfolg. Soziale Unterschiede nehmen in Körpern Gestalt an: Pierre Bourdieu untersucht in „Die feinen Unterschiede" (1982) die Wirkmächtigkeit sozialer Ordnungen im Alltag der Menschen. Anhand umfangreicher empirischer Untersuchungen zeigt er auf, wie die soziale Ordnung „verkörpert" wird, wie soziale Strukturen „einverleibt" (inkorporiert) werden und sich als Habitus in spezifischen Körperhaltungen und Gefühlen äußern. Man sieht und hört Menschen anhand vieler körpergebundener Zeichen wie Kleidung, Körperhaltung, Stimmführung, Geschmacksvorlieben an, welchen Platz sie in der sozialen Welt einnehmen (Exklusion und Inklusion). Pierre Bourdieu betrachtet den Körper als Zugehörigkeits- und Distinktionszeichen, das durch soziale Praktiken geformt wird. Die in den Körper eingeschriebenen sozialen Verhältnisse lassen diesen als nicht intendierten Ausdruck der sozialen Zugehörigkeit des Besitzers fungieren, bei dem der Körper als Kapital fungiert. In dieser Tradition steht auch Luc Boltanski, wenn er schreibt: „Der Körper ist [...] in derselben Weise wie all die anderen technischen Dinge, deren Besitz den Platz des Individuums in der Klassenhierarchie bezeichnet, durch seine Farbe (bleich, gebräunt), durch seinen Bau (schlaff und weich oder fest und muskulös), durch sein Volumen (beleibt oder schlank, untersetzt oder hochgewachsen), durch Weite, Form und Geschwindigkeit seiner Bewegungen im Raum (linkisch oder anmutig) ein Statussymbol." (Boltanski 1976: 170).

In den jüngeren theoretischen Ansätzen wird der Körper jedoch nicht mehr ausschließlich als passives Objekt externer sozialer Einflüsse aufgefasst, sondern zunehmend als interkommunikativer und aktiver *social agent* begriffen. Die Vertreter dieser Ansätze halten es für zu eng, ihn nur als passiven Rezipienten gesellschaftlicher Matrizes zu betrachten. In der neueren perfomativitätstheoretischen Perspektive auf den Körper werden Konzepte des Wirksamwerdens des Körpers in der Praxis, der Performanz des Körperlichen entwickelt und untersucht: „[Dieses Konzept] stellt den Körper als eine zentrale Kategorie von Kulturtheorie vor. Körper ist sowohl generatives Element von kultureller Praxis als auch Bedeutungsträger in der Praxis." (Klein 2005: 80) Andreas Reckwitz spricht im Zusammenhang sozialer

Praktiken von der „Inkorporiertheit" des Wissens und der „Performativität" des Handelns (vgl. Reckwitz 2004: 45), die an die Körperlichkeit gebunden sind. Nach dieser Theorie wirkt Körperdisziplinierung nicht mehr allein von außen über äußere Zwänge, sondern auch über die freiwillige und lustvolle Selbstkontrolle des eigenen Körpers. Gabriele Klein entwirft das Konzept eines gestaltbaren Körpers, der nach dem Verfahren des *Cut'n'mix* in der Popmusik immer wieder neu entworfen und zusammengesetzt wird: Arbeit am Körper ist das permanente Herstellen im Sinne eines Neuzusammensetzens des Körperlichen (vgl. Klein 2005: 88). Hannelore Bublitz schreibt: „Das (post)moderne Selbst konstituiert sich körperlich und ist am Ort des Körpers sichtbar. Es thematisiert sich mittels des Körperausdrucks. ‚Wie sehe ich aus?' ‚Wie stelle ich mich am vorteilhaftesten dar, wie inszeniere ich mich am besten?', ‚Wie wirke ich auf die anderen?' Mehr denn je ist der Mensch als körperliches Wesen gefragt, und zwar weniger als reine Arbeits- und Produktivkraft denn als Ressource einer hybriden Identität, die an Formen der Selbstdarstellung und an performative Umbauten von Körper und Selbst gebunden ist." (Bublitz 2006: 356).

Das Entwerfen und Herstellen des Körperlichen in sich permanent wiederholenden Praktiken bildet schließlich *das* theoretische Zentrum der Gender Studies. Geschlecht im Sinne von Gender wird als soziales Konstrukt (doing gender) aufgefasst, das in unterschiedlichen Praktiken und Diskursen erzeugt, reproduziert, vermittelt und stabilisiert wird. Geschlecht ist demzufolge Zuschreibungs- und Einschreibungsmedium; der Körper erscheint als Agent von Geschlecht in sozialen Praktiken. Die Konstruktion des geschlechtlich bestimmten Körpers (gendered body) äußert sich nach Judith Butler performativ, das heißt „durch leibliche Zeichen und andere diskursive Mittel hergestellte und aufrechterhaltene Fabrikationen/Empfindungen" (fabrications, d. h. Herstellung und Erfindung): „Daß der geschlechtlich bestimmte Körper performativ ist, weist darauf hin, daß er keinen ontologischen Status über die verschiedenen Akte, die seine Realität bilden, hinaus besitzt." (Butler 1991: 200) Aus dieser Perspektive einer performativen Körperlichkeit ergeben sich neue Ansätze für ästhetische Konfrontationen wie für theoretische Neuausrichtungen.

4 Ausblick: Ästhetische Konfrontationen und Disability Studies

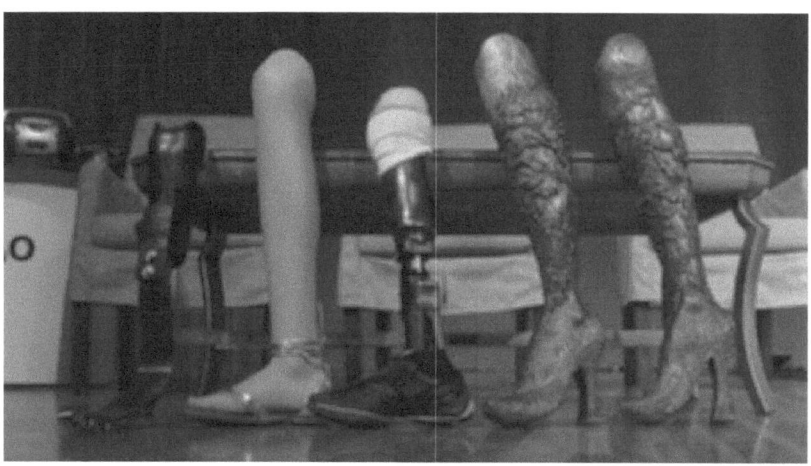

Abbildung 4: Aimee Mullins, 12 pairs of legs, 2009.
(Quelle: http://mixingreality.com/wp-content/uploads/2011/03/500x_mullinslegs.jpg)

In den referierten kultursoziologischen Theorien werden Fragen nach gesellschaftlichen und kulturellen Körperpraktiken und deren hinterlegten Strukturen, nach Dis-
ziplinar- und Selbstbildungstechniken, nach Körpernormen und Normkörpern gestellt. Dies schließt nicht notwendig auch die Beschäftigung mit Vorstellungen von
Pathologie, Anomalie und Abweichung sowie deren historischer Variabilität mit ein.

Neben den *Cultural Diversity Studies*, in denen es um Vielfalt und Differenz
geht – sind es vor allem die interdisziplinär angelegten *Disability Studies,* die Prozesse der Herstellung von Normalität rekonstruieren und danach fragen, welche Positionen diese in den aktuellen biowissenschaftlichen Diskussionen beziehen (vgl.
Bösl 2009). Vor dem Hintergrund eines sozialen bzw. kulturellen statt individuellen resp. medizinischen Modells von Behinderung erweist sich Behinderung innerhalb der Disability Studies als verkörperte Differenz, als historisch und kulturell
wandelbares Bedeutungsphänomen, das an Diskurse, Wissen und Machtpraktiken
gebunden ist (vgl. Dederich 2007; Waldschmidt/Schneider 2007; Bösl et al. 2010)[11]
– als kulturelle Modellierung des Körpers.

---

11 Vgl. auch idis – Internationale Forschungsstelle Disability Studies, Universität Köln
(http://idis.uni-koeln.de/)

Der Schemata-Kasten

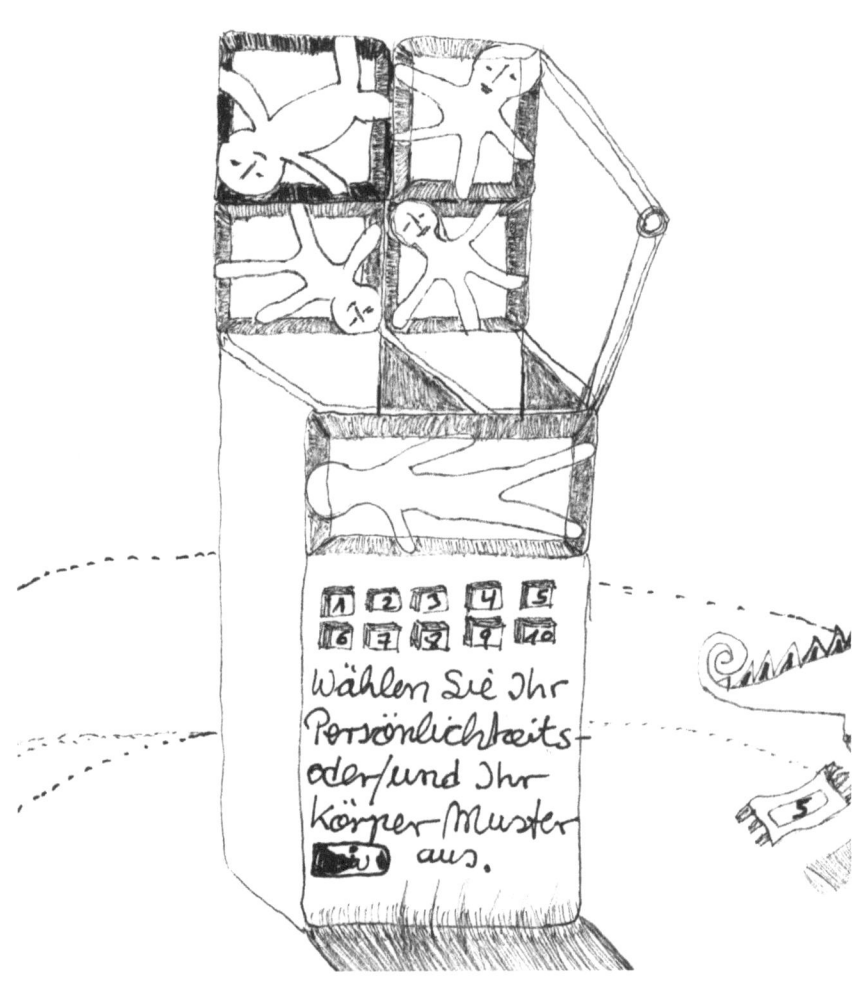

Wählen Sie Ihr
Persönlichkeits-
oder/und Ihr
Körper-Muster
aus.

Literatur

Alkemeyer, Thomas: Aufrecht und biegsam. Eine politische Geschichte des Körperkults, in: APuZ, 18/2007, S. 6-18.

Antoni-Komar, Irene (Hrsg.): Moderne Körperlichkeit. Körper als Orte ästhetischer Erfahrung, Stuttgart, Bremen 2001.

Antoni-Komar, Irene: Kulturelle Strategien am Körper, Oldenburg 2006a.

Antoni-Komar, Irene: Die Repräsentation des Gesichts. Zur Herstellungspraxis von Schönheit, in: Lehnert, Gertrud (Hrsg.): Die Kunst der Mode, Oldenburg 2006b, S. 252-277.

Bauman, Zygmunt: Leben als Konsum, Hamburg 2009.

Becker, Barbara; Weber, Jutta: Digital Beauties. Mediale Identitäts- und Körperinszenierungen. In: Ehm, Simone, Schicktanz, Silke (2006): Körper als Maß? Biomedizinische Eingriffe und ihre Auswirkungen auf Körper- und Identitätsverhältnisse. Stuttgart 2006, S. 169-180.

Berger, Peter; Luckmann, Thomas: Die gesellschaftliche Konstruktion der Wirklichkeit. Eine Theorie der Wissenssoziologie, 22. Aufl., (Social Construction of Reality, 1966), Frankfurt/M. 2009.

Bösl, Elsbeth: Politiken der Normalisierung. Zur Geschichte der Behindertenpolitik in der Bundesrepublik Deutschland, Bielefeld 2009.

Bösl, Elsbeth; Klein, Anne; Waldschmidt, Anne (Hrsg.): Disability History. Konstruktionen von Behinderung in der Geschichte. Eine Einführung, Bielefeld 2010.

Boltanski, Luc: Die soziale Verwendung des Körpers, in: Kamper, Dietmar; Rittner, Volker (Hrsg.): Zur Geschichte des Körpers. Perspektiven der Anthropologie, München, Wien 1976, S. 138-183.

Bourdieu, Pierre: Die feinen Unterschiede. Kritik der gesellschaftlichen Urteilskraft, (La distinction. Critique sociale du jugement, 1979), Frankfurt/M. 1982.

Bovenschen, Silvia: So viel Körper war nie, in: Die Zeit, Nr. 47, 14. 11. 1997, S. 63f.

Bröckling, Ulrich: Das unternehmerische Selbst. Soziologie einer Subjektivierungsform, Frankfurt/M. 2007.

Bublitz, Hannelore: Sehen und Gesehenwerden – Auf dem Laufsteg der Gesellschaft. Sozial- und Selbsttechnologien des Körpers, in: Gugutzer, Robert (Hrsg.): body turn. Perspektiven der Soziologie des Körpers und des Sports. Bielefeld 2006, S. 341-361.

Butler, Judith: Das Unbehagen der Geschlechter, (Gender trouble. Feminism and the subversion of identity, 1990), Frankfurt/M. 1991.

Dederich, Markus: Körper, Kultur und Behinderung. Eine Einführung in die Disability Studies. Bielefeld 2007.

Dittmar, Helga; Halliwell, Emma; Ive, Suzanne: Does Barbie Make Girls Want to Be Thin? The Effect of Experimental Exposure to Images of Dolls on the Body Image of 5- to 8-Year-Old Girls., in: Developmental Psychology 2006, Vol. 42, No. 2, S. 283-292. http://65.181.147.127/TMSTN/Gender/DoesBarbieMakeGirlsWantToBe Thin.pdf, abgerufen am 30.01.2012.

Ehrenberg, Alain: Das erschöpfte Selbst. Depression und Gesellschaft in der Gegenwart, Frankfurt/M. 2004.

Elias, Norbert: Über den Prozeß der Zivilisation. Soziogenetische und psychogenetische Untersuchungen, 2. Auflage [1939], Bern, München 1969.

Etcoff, Nancy; Orbach, Susie; Scott, Jennifer; D'Agostino, Heidi: Beyond Stereotypes: Rebuilding the Foundation of Beauty Beliefs. Findings of the 2005 Dove Global Study, 2006. http://www.personal.psu.edu/axr15/courses/e-Marketing2009/ Dove%20Beyond%20Stereotypes%20White%20Paper.pdf, abgerufen am 23.01. 2012.

Foucault, Michel: Überwachen und Strafen: Die Geburt des Gefängnisses, (Surveiller et punir. La naissance de la prison, 1975), Frankfurt/M. 1976.

Gebauer, Gunter: Ausdruck und Einbildung. zur symbolischen Funktion des Körpers, in: Kamper, Dietmar; Wulf, Christoph (Hrsg.): Die Wiederkehr des Körpers, Frankfurt/M. 1982, S. 313-328.

Gugutzer, Robert: Körperkult und Schönheitswahn. Wider den Zeitgeist, in: APuZ 18/2007, S. 3-6.

Heeg, Günther: Das Phantasma der natürlichen Gestalt. Körper, Sprache und Bild im Theater des 18. Jahrhunderts, Basel 2000.

Kamper, Dietmar; Wulf, Christoph: Die Wiederkehr des Körpers, Frankfurt/M. 1982.

Klein, Gabriele: Das Theater des Körpers. Zur Performanz des Körperlichen, in: Schroer, Markus (Hrsg.): Soziologie des Körpers, Frankfurt/M. 2005, S. 73-91.

Luckmann, Thomas: Die unsichtbare Religion, 6. Auflage, Frankfurt/M. 1991.

Marcel, Gabriel: Sein und Haben, (Être et avoir, 1935), Paderborn 1968.

Matuschka: Why I did it, in: Glamour magazine, November 1993, zit. nach http://www.inspirationforthespirit.com/writing/selected-essays/matuschka-why-i-did-it/, abgerufen am 26.01.2012.

Morgan, David; Scott, Sue: Afterward. Constructing a Research Agenda, in: dies. (Hrsg.): Body matters. Essays on the Sociology of the Body. London 1993.

Mullins, Aimée: Aimee Mullins and her 12 pairs of legs, Video 2009, http://www.ted.com/talks /aimee_mullins_prosthetic_aesthetics.html, abgerufen am 26.01.2012.

Nollmann, Gerd: Individualisierung und ungleiche Strukturierung des Körpers. Ein weberianischer Blick auf den kulturellen Wandel körperbezogener Deutungen, in: Schroer, Markus (Hrsg.): Soziologie des Körpers, Frankfurt/M. 2005, S. 139-165.

Plessner, Helmuth: Die Stufen des Organischen und der Mensch. Einleitung in die philosophische Anthropologie, Berlin 1928.

Reckwitz, Andreas: Die Reproduktion und die Subversion sozialer Praktiken. Zugleich ein Kommentar zu Pierre Bourdieu und Judith Butler, in: Hörning, Karl H.; Reuter, Julia (Hrsg.): Doing culture. Neue Positionen zum Verhältnis von Kultur und soziale Praxis, Bielefeld 2004, S. 40-54.

Reusch, Siegfried: Schön sein, in: der blaue reiter. Journal für Philosophie, 12/2001, S. 4f.

Rigauer, Bero: Die Erfindung des menschlichen Körpers in der Soziologie. Eine systemtheoretische Konzeption und Perspektive, in: Gugutzer, Robert (Hrsg.): body turn. Perspektiven der Soziologie des Körpers und des Sports, Bielefeld 2006.

Turner, Bryan S.: The Body and Society, 2. Aufl., London 1996.

Villa, Paula-Irene: Der Körper als kulturelle Inszenierung und Statussymbol, in: APuZ 18/2007, S. 18-26.

Waldschmidt, Anne; Schneider, Werner (Hrsg.): Disability Studies. Kultursoziologie und Soziologie der Behinderung: Erkundungen in einem neuen Forschungsfeld. Bielefeld 2007.

Natürlich! Schön normale Männer-Körper. Begehren, Fitness und Männlichkeit

Simon Graf

Der fitte Männer-Körper[1] als begehrter und begehrender Körper ist im Kontext der Fitness ein wichtiger Aushandlungsort unterschiedlichster Akteure: In der Werbung, in Fitness- und Lifestyle-Magazinen, aber auch in den Praktiken und Wünschen der Trainierenden selbst und zwar sowohl im Training als auch im Alltag. Fitness, Attraktivität, Körperoptimierungen und Schönheitsnormen werden folglich an verschiedenen Orten verhandelt, wenngleich deren Grenzen durchlässig sind. So sind die Praktiken und Vorstellungen der Trainierenden innerhalb eines hegemonialen Diskurses über Gesundheit und, Attraktivität Leistungsfähigkeit und Jugendlichkeit zu lokalisieren; ein Diskurs, der von der Fitness-Industrie stark mitgeprägt wird.

Fitness erlebt sowohl als Körperpraktik wie auch als wirkungsmächtige Diskurs seit gut vier Jahrzehnten einen Aufschwung der bis heute anhält, auch wenn Fit-

---

1 Die Fokussierung auf den Männer-Körper folgt der Pragmatik, dass ich meine Lizentiatsarbeit *Eine Ethnographie des fitten Männer-Körpers* zu diesem Thema verfasst habe (vgl. Graf 2010). Der gewählte Blick auf mittelständische Männer-Körper setzte mich zu meinem Forschungsgegenstand in ein ähnliches Verhältnis, wie es Paul Rabinow für sich einmal formuliert hatte: «... hinreichend abgesondert, um unbedachte Identifikation zu verhindern, doch nahe genug, um ein nachsichtiges, wenn auch kritisches Verständnis zu erlauben» (Rabinow 1999: 194). Auch wenn ich der Fitness als Praxis und Wertekomplex mit all ihren bio- und gesellschaftspolitischen Implikationen kritisch begegne, warf mich die Auseinandersetzung mit dem Thema unweigerlich immer wieder auf den eigenen Männer-Körper zurück. Ein Körper, der selbst nicht ausserhalb von Normen, wirkungsmächtigen Diskursen, Machtverhältnissen und gesellschaftlichen Anforderungen steht. Ein Körper, der sich genauso an Idealen und Projektionen abarbeitet, der nicht frei von Wünschen und Begehren ist. Über Männer schreiben verstehe ich daher immer auch als einen Versuch, mich der Frage, «wie [...] nun 80er Alltagsbezug und 90er Subjekttheorie zusammengebracht werden» können, zu nähern (vgl. Scheele 2007: 143).
Die Schreibweise Männer-Körper leitet sich aus der Überlegung ab, dass sich «Geschlechtlichkeit als soziale Praxis» ständig auf den Körper und seine Praktiken bezieht, aber sich nicht auf diesen reduzieren lässt (vgl. Connell 2006: 92).
Alles folgende empirische Material stammt aus meiner Forschung 2009, die aus teilnehmender Beobachtung in einem Fitnessstudio, Interviews mit Männer aus dem Grossraum Zürich und der Analyse von Werbematerial und Internetauftritten von Studios und betreffender Magazinen besteht. Die Interviews sind anonymisiert.

sein als Kategorie, die ganze Geschichte der bürgerlichen Gesellschaft durchzieht (vgl. Haug 1991: 36).

Fitness ist die Anforderung, welche an die Individuen zu Beginn des 21. Jahrhunderts adressiert wird, um am Alltag des urbanen, westeuropäischen Lebens partizipieren zu können. Eine Anforderung, die sich als Lifestyle präsentiert. Ziel des Trainings ist die «Verbesserung des eigenen Lifestyle», so die Studiokette Silhouette. Körper sind jedoch nicht nur Objekte diskursiver und nicht-diskursiver Praktiken, sondern selbst «Agenten der Praxis», durch welche «nicht nur individuelles Leben geformt, sondern eine soziale Welt gestaltet» wird (Connell 2006: 81ff.). Fitness ist folglich sowohl eine konkrete Sport- und Körperpraktik als auch ein Sammelsurium verschiedener Wertvorstellungen, die einerseits als Selbsttechnik der Subjekte[2] fungiert, andererseits «reproduziert und stabilisiert» der (fitte) Körper «immer auch soziale Wirklichkeit. Folglich ist er somit auch *Produzent* von Gesellschaft» (Schmincke 2007: 12 Herv. i. O.). Als hochgradig individualisierte Praxis ist Fitness untrennbar mit zeitgenössischen Formen der Produktions- und Lebensweisen verbunden; gefragt ist heute ein «flexibler Körper» (Martin 2002). Der schöne und schlanke Körper ist zum symbolischen Kapital geworden, welches den beruflichen und privaten Erfolg sowie soziale Anerkennung zu garantieren vermag (vgl. Kreisky 2008: 148). Daher stimme ich Wolfgang Fritz Haug zu, dass das «Aussehen des Körpers [...] auf neue Weise als ästhetisches Gebrauchswertversprechen der Leistungsfähigkeit in Anspruch genommen» wird, und zwar auf den «Märkten der Arbeit und der Sexualität» (Haug 1991: 47, 40). Doch, und hier widerspreche ich Haug, wird dabei weder «die alte männliche Normalität [...] auf ein Muster neben anderen» herabgestuft, noch begegnen sich «die Lesbe und der Macho, der Jude und der Neofaschist» auf dem Joggingpfad «in einträchtiger Gleichgültigkeit» (ebd.: 50). Geschlecht und Begehren sind zwei stark ineinandergreifende Differenzdiskurse[3], die sich auch im fitten und flexiblen Körper und seinen

---

2 So folge ich einer Perspektive, welche bei der Problematisierung des Körpers nicht nur nach der «Produktion offensichtlicher Materialität» fragt, sondern auch nach Formen von Selbstverhältnissen und Subjektivierungspraktiken (vgl. Bänziger & Graf 2012). Fitness ist zwar einerseits eine sportive Praktik, welche auf eine direkte Optimierung des Körpers zielt, andererseits verstehe ich Fitness auch als «Technologie des Selbst» (Foucault 1993).

3 Dasselbe gilt selbstverständlich auch für andere soziale Distinktionsmerkmale wie beispielsweise Alter oder Klasse.

Praktiken materialisieren. Praktiken der Fitness als Körper- und Subjektivierungspraktiken sollten, auch wenn sie ihren Ausdruck in ein und derselben Form finden,
als Körperstrategien interpretiert werden, die nicht losgelöst von unterschiedlichen
Lebensrealitäten gedacht werden können. Vielleicht erfahren Formen der *alten*
«männlichen Normalität» gewisse Erodierungen, doch ist es meines Erachtens ge-
fährlich, diese vorschnell totzusagen. Am deutlichsten zeugt davon der heteronormative Diskurs der Fitnessmagazine, mit bisweilen zwangsheterosexuellen[4] Komponenten. So handelt das *Men's Health*, wie es Friedrich Schorb pointiert ausdrückt, kurzum davon «Alpharüde zu werden, Karriere zu machen und nebenbei
möglichst viele Frauen flachzulegen» (Schorb zit. nach: Eismann 2010). Selbstverständlich wäre es zu einfach, Fitness als Technologie des Selbst eindimensional auf
die sexistischen Diskurse solcher Magazine zu reduzieren, allerdings sind ihre Effekte auch nicht zu unterschätzen. In diesem Sinne werden die Subjektivierungs-
und Körperpraktiken der diskutierten Akteure weder als ökonomisch oder diskursiv
determiniert, noch als willkürlich im Sinne eines Voluntarismus der Akteure verstanden, vielmehr wird die Gleichursprünglichkeit und Ambivalenz selbstermächtigender und selbstbeherrschender Momente solcher Praktiken akzentuiert (vgl.
Villa 2008). In den Diskursen der Fitness-Industrie zeigt sich zwar eine «ständige
Wiederholung jener Normen», welche Körper entlang von Zweigeschlechtlichkeit
und heterosexuellem Begehren materialisieren, doch gleichzeitig zeigt sich auch,
dass «die Körper sich nie völlig den Normen fügen» (Butler 1997: 21). Die Strategien und Praktiken der Akteure, welche sich innerhalb dieses Diskurses abspielen,
weisen immer auch über diesen hinaus. Körperpraktiken, die auf eine wie auch
immer geartete Optimierung zielen, sind immer auch als Strategien der Aneignung
zu lesen. Eine kritische sozialwissenschaftliche Perspektive darf daher «nicht wie
gebannt vor der Normenschlange stehen, während handelnde Menschen immer
auch ihre Wege finden, mit dieser zu Leben, ohne von ihr vernichtet zu werden»
(Villa 2008: 276f.).

---

4 Heteronormativität verweist auf ein gesellschaftliches Ordnungssystem, in welchem die Heterosexualität als Norm innerhalb der Gesellschaft gilt, während der Begriff Zwangsheterosexualität
betont, wenn die «Norm der Heterosexualität mit verschiedenen Formen physischer, psychischer und institutioneller Gewalt durchgesetzt wird» (vgl. Hauer & Paul 2006).

Fitness, Begehren, Männlichkeit und Körperlichkeit wirken daher in verschiedenen Situationen auf vielfältige Art und Weise aufeinander ein. Im Folgenden werde ich zuerst auf die Situation im Fitnessstudio eingehen, um dann den Diskurs in bestimmten Fitness-Magazinen genauer zu analysieren. Im dritten und vierten Kapitel stehen die Praktiken und Wünsche der Akteure im Zentrum, die Frage, wie innerhalb hegemonialer Diskurse, Individuen, beziehungsweise Männer «über sich selber und über die anderen eine Hermeneutik des Begehrens ausüben» (Foucault 1989a: 12), also wie sich Akteure innerhalb der Fitness sowohl als Begehrensobjekte wie auch Begehrenssubjekte konstituieren. Anhand von Fallbeispielen werde ich einerseits das Begehren nach einem «schön-normalen» und andererseits nach einem «natürlich-schönen» Männer-Körper beschreiben.

Attraktive Trainerinnen, definierte Körper und Blickkontakte

Als ich Peter (46) fragte, ob er mit Leuten im Studio Kontakt habe, fiel er mir lachend ins Wort: «Oh, es hat attraktive Trainerinnen dort», um dann gleich zu betonen, dass das Studio für ihn «kein Ort der Begegnung» sei. Dagegen preist sich die Studiokette Silhouette in einer Werbebroschüre als genau ein solcher Ort an: Ein Ort, wo Kunde und Kundin, «schnell Menschen kennen lernen [werden], die auf ihren Körper achten und Wohlbefinden zu schätzen wissen». Potenzielle Kund_innen werden in ihrem Wunsch nach Begegnungen angesprochen. Nach Begegnungen, die durch eine gemeinsame «Sorge um sich»[5] (Foucault 1989b) getrieben sind. Liebes- oder Sexbeziehungen, Attraktivität und Geschlecht scheinen keine Rolle zu spielen, die Sprache ist geschlechtsneutral und asexuell gehalten. Peters Spruch über die Trainerinnen und die Werbestrategie verweisen auf eine paradoxe Situation innerhalb des Fitnessstudios, welche auch in John von Düffels Roman *Ego*, einer Satire auf Fitness, zum Ausdruck kommt. So beschreibt Philipp, der Protago-

---

5 Foucaults Analyse von Selbsttechniken beruhen zwar auf einer antiken Moral, die erstens «Männermoral» von «[freien] Männer und für [freie] Männer» konzipiert wurde (Foucault 1989a: 63) und zweitens «nur von einigen wenigen praktiziert» wurden (Foucault 1989b: 240), doch scheinen mir seine Überlegungen auch für zeitgenössische Fitnesspraktiken vielfältige Anknüpfungspunkte zu bieten, auch wenn es sich bei Fitness um Techniken des Selbst handelt, welche geschlechts- und klassenübergreifend von einer breiten Gesellschaftsschicht praktiziert werden. Selbstverständlich führt dies aber unweigerlich zu – hoffentlich produktiven – Verschiebungen.

nist und Ich-Erzähler, die Trainingssituation mit folgenden Worten: «Ab einem gewissen Niveau von körperlicher Durchbildung verlieren getrenntgeschlechtliche Umkleidekabinen ihren Sinn. Die Angezogenen sind nicht länger mächtiger als die Nackten.» Doch alsbald auf der Trainingsebene angekommen, motiviert er sich, indem er einer Trainerin gefallen will und mit einem anderen Athleten in einen imaginierten Zweikampf tritt. Als der Körper des Kontrahenten in «eine konturlose, teigig-talgige Masse» zusammensackt, stellt sich die Trainerin hinter Philipp und haucht ihm ihre Telefonnummer ins Ohr. Seine Anstrengungen zahlten sich aus (vgl. Düffel 2008: 86–96). Das Versprechen der Fitness-Industrie «Fett weg, Liebe da» (*Men's Health* 10/09) bewahrheitet sich. Die paradoxe Situation und der mehrdeutige Umgang mit Begehren innerhalb des Studios manifestiert sich dadurch, dass das Studio als kommerzieller Raum erstmals Akteur_innen mit unterschiedlichen Begehrenswünschen, -praktiken und Geschlechterinszenierungen offen steht und Diskretion hoch geschrieben wird. Der fitte Körper als attraktiver, sexy und begehrenswerter Körper wird im Werbematerial der Studios und auf den Internetseiten nur sehr selten und äusserst vorsichtig angesprochen. Wenige Aussagen zur Schönheit finden sich im Zusammenhang mit Körperbräune und dem studioeigenem Solarium. Das *David Gym* bildet eine Ausnahme, wenn es auf seiner Internetseite fragt, welcher Mann sich denn nicht kräftige Schultern, muskulöse Beine, einen knackigen Po, eine schmale Taille und einen Waschbrettbauch wünsche? Im Fokus der Werbung der Studios stehen eher Werte wie Wohlbefinden, Leistungsfähigkeit und Gesundheit. Die haben auch vorerst einmal den Vorteil, an alle adressiert werden zu können, die bereit sind an sich zu arbeiten. «Ob jung, alt, Mann, Frau, trainiert, untrainiert – es ist nie zu spät, um mit Krafttraining zu beginnen», frohlockt *Activ Fitness* und in der *Arena 225* gibt es «für alle etwas!». Fitness als Angebot auf dem Freizeitmarkt steht vorerst einmal allen Lebensentwürfen offen.

Die Frage des Begehrens ist im Studio folglich anders zu verorten als im *Mannschafts-* oder Leistungssport, wo Zweigeschlechtlichkeit und Heterosexualität Alltag sind, jede Abweichung von der Norm eine voyeuristische mediale Diskussion nach sich zieht.[6] Verschiedene Formen des Begehrens und auch der Geschlechter-

6   Toby Miller setzt sich mit der Rolle von Sex im Sport auseinander und kann auch Verschiebungen feststellen, ohne dabei das Ende der Heteronormativität zu erblicken (vgl. Miller 2001). Ei-

inszenierungen scheinen akzeptiert und geduldet, zumindest so lange sie nicht allzu offen gelebt oder gezeigt werden. Doch die Präsenz von Begehren ist durch Verschwiegenheit und Diskretion noch lange nicht vom Tisch. Der attraktive, begehrenswerte Körper bleibt im Studio allgegenwärtig: Schwitzende und sportlich gekleidete Körper streben nach mehr Attraktivität und Leistungsfähigkeit, was sich nicht nur in der Kleidung und in vergeschlechtlichten Körperbegegnungen niederschlägt, sondern auch in den konkreten Erfahrungen der Akteure. Das Blick- und Körpermanagement der Trainierenden wird im Studio von den spezifischen Rahmenbedingungen geleitet. Normalerweise wird direkter Blickkontakt im Geräteraum gemieden, Blicke auf den trainierenden Körper sind verwirrend mehrdeutig, sie unterstreichen auch während des Trainings die Wirkungsmacht hegemonialer Körperdefinitionen (vgl. Sassatelli 2000: 239).[7] Geschlecht ist aber nicht nur in direkten Interaktionen strukturierend, sondern wirkt sich auf den Fitnessraum als solchen aus: Nicht nur die Garderoben sind geschlechtsseggregiert, auch in der Anordnung des Geräteparks spiegeln sich Geschlecht und Begehren wider. So erklärte mir der Studioinhaber des Fitnesscenter meines Forschungsaufenthaltes, dass die Geräte hintereinander stehen, damit unnötiger Augenkontakt vermieden werden kann und der Blick aller auf die Fernseher gerichtet ist. Und weiter fuhr er fort, dass der Freihantelbereich im hinteren Teil des Studios sei, damit «die starken Männer, die auch mal schwitzen» ein wenig separiert sind; als ob nur starke Männer schwitzen.

Des Weiteren symbolisieren auch die Kleidungen der Akteure nicht einfach Bequemlichkeit oder Funktionalität, sondern den eigenen Status der Fitness und Durchbildung des (Männer-)Körpers. Im Kraftraum sind die Grenzen des Oberkörpers mit einem enganliegenden Trägershirt nachgezeichnet, Beine und Po von einer

---

ne kritische Auseinandersetzung mit der Zweigeschlechtlichkeit im Leistungssport, der medialen Inszenierung und den Diskussionen rund um die Geschlechtszugehörigkeit der Sprinterin Caster Semenya findet sich als Themenschwerpunkt der *Jungle World* 02/10.

7 Roberta Sassatelli spricht vom Druck von Körperdefinitionen von außen, da sie das Studio als Ort zeichnet, in welchem der fitte Körper als Trainingskörper, abgesehen vom Blickmanagement, weitgehend von seinen klassen- und geschlechtsspezifischen Merkmalen losgelöst zu denken sei. Eine Perspektive, die ich nicht teile: Das Blickmanagement verdeutlicht vielmehr, dass eine Trennung in einen geschlechtsneutralen Körper im Studio und in einen vergeschlechtlichten ausserhalb des Studios eine willkürlich Konstruktion ist. Des Weiteren wird Geschlechtlichkeit auch in der Raumstruktur des Studios, der Kleidung oder den Trainingspraktiken der Trainierenden reproduziert.

gerade geschnittenen Trainerhose. Ein Tattoo auf dem trainierten Bizeps zieht nicht selten die Blicke noch zusätzlich auf sich. Währenddessen symbolisiert der ältere Herr, der auf dem Laufband bei schnellerem Schritttempo eine Wanderung simuliert, das Konträre zu den definierten Körpern im Muskelbereich: Ein zu weitgeschnittenes T-Shirt versucht vergeblich die Wölbung seines Bauches zu verdecken.

Den Trainierenden ist dabei durchaus bewusst, dass gerade aufgrund der spezifischen Situation an und zwischen den Geräten soziale Interaktionen und Begegnungen erschwert sind. Konrad (44) lokalisiert den Grund gleich selbst beim Begehren: Die Leute seien entblösst, man sehe sie in einer Art und Weise, wie man sich sonst nicht zeige. Und bei Männern «hast du ständig das Problem mit dem Schwul-Sein. Ist der jetzt schwul, oder warum redet er jetzt mit mir. Und bei den Frauen, absolut. [...]. Gehemmt sind die Frauen, wenn sie so einen Gym-Dress anhaben». Dass das «Problem mit dem Schwul-Sein» nicht nur eine Projektion Konrads ist, zeigt sich in der Erfahrung von Beat (32). Seine Versuche ein Gespräch anzufangen, wurden teilweise aktiv unterbunden. Für ihn ist seine Homosexualität *ein* möglicher Erklärungsansatz dafür, dass die Leute «vielleicht wegen dem aufgestanden sind», als er auf sie zuging.

Auch wenn seitens des Studios Begehren nicht thematisiert wird, kann sich der Fitnessraum der «heterosexuellen Matrix» (Butler 2003) nicht entziehen: Formen des Begehrens, welche die Kohärenz von sex, *gender* und Begehren infrage stellen, stossen auf Ablehnung. Während sich die Situation im Studio vielschichtig und mehrdeutig zeigt, ist (Hetero-)Sexualität in den Fitnessmagazinen omnipräsent, gehört zum Lifestyle der Fitness und reiht sich in die Leistungslogik der Fitness ein.

Ein bisschen Bisexualität ist okay

Wenn Michel Foucault Recht hat, dass sich in den letzten drei Jahrhunderten «um Sex herum ein unübersehbarer Apparat konstruiert hat, der die Wahrheit produzieren soll», dann sind die Fitnessmagazine die ungebrochene Verkörperung dieses Apparates. Sex ist nicht nur eine «Angelegenheit von Gefühl und Lust, Gesetz und Verbot, sondern ebenfalls eine von wahr oder falsch», Sexualität gehört «zur Norm, zum Wissen, zum Leben und zum Sinn» (Foucault 1983: 60, 143). So verleiht ein «befriedigendes Sexualleben» in der Sondernummer *Sex ist Lebenselixier* der Zeitung des Migros Fitnessparks *go...* 07-09/09 nicht nur «Vitalität und Lebensfreude. Und ist deshalb Anti-Aging pur», sondern verbrennt «bis zu 500 Kalorien» und «kann für den Erhalt der Gesundheit mehr bewirken als die meisten Medikamente». Zu guter Letzt bezeichnen «zahlreiche Wissenschaftler [...] einen aufregenden Orgasmus als die beste Medizin gegen Stress».[8] Die ganze Ausgabe von *go...* versinnbildlicht Foucaults Betrachtung von Sexualität als Dispositiv aus Macht und Wissen, in welchem die Sexualität eng an eine Funktion geknüpft ist und folglich «nicht nur in einer Ökonomie der Lust, sondern auch einem System des Wissens eingeschrieben» ist (Foucault 1983: 72). Während sich *go...* in einer Sondernummer mit dem Thema (Hetero-)Sexualität befasst, ist in den Lifestyle- und Fitness-Magazinen *Fit for fun* und *Men's Health* die Heterosexualität allgegenwärtig. Beide Magazine versprechen, auf dem heterosexuellen Sex- und Partner_innenmarkt dank effizientem Training und nach Perfektion strebender Körpermodellierung erfolgreich zu sein. Im Gegensatz zum *Men's Health* ist, wie neue Studien bestätigen, im Unisex-Magazin *Fit for Fun* «ein bisschen Bisexualität [...] durchaus in Ordnung» (*Fit for Fun* 09/09). Im Artikel «Letzter Kick: ein bisschen Bi ist schick» (*Fit for Fun* 10/09) wird jedoch «das bisschen» Bisexualität auf eine Spielform heterosexuellen Begehrens reduziert, was sich sowohl in der Bildsprache als auch im Text und den Statements der Protagonist_innen zeigt. Nicht nur sind Begriffe wie schwul oder lesbisch inexistent, die Akteure leben auch alle in intakten heterosexuellen Partnerschaften. So ist für Torsten die Bisexualität seiner Freundin kein Problem, nur zuschauen würde er gerne. Was seine Freundin da erlebt, nimmt ihm nichts weg, lesbische Sexualität stellt keine Konkurrenz zum «heterosexuellen Penetrationsskript» (Bänziger 2010: 278ff.) dar. Innerhalb des aktuellen Individualisierungsdiskurses wird zwar «ein normgerechtes Dasein mit einem Hauch gewagten Lifestyle» geschmückt (Engel 2009: 108), ohne aber die heterosexuelle Allianz zu gefährden und herauszufordern. Antke Engel beschreibt den aktuellen Prozess folgerichtig als ein Integrationsversprechen von nicht-heterosexuellen Beziehungskonzepten innerhalb des heterosexuellen Paar- und Familienkonzepts:

---

8 Beim Bodybuilding reicht ein Supplement: In «mehr Muskeln und mehr Sex-Kraft» sieht das Supplement «TestMaxxx-3» seine Vorteile zu anabolen Stereoiden, welche nur die Muskeln vergrößern (Werbung in: Muscle & Fitness 08/09).

«Um die Allianz nicht zu gefährden, sind heteronormative Paar- und Familienwerte jedoch zu bestätigen, schwule Körper und Lebensformen zu desexualisieren und lesbische in heteronormative Muster weiblicher Erotik einzupassen.» (ebd.)

Die omnipräsente Heterosexualität in den Magazinen und ihre Ignoranz bis Ablehnung gegenüber Formen nicht-heterosexuellen Begehrens unterstreicht, dass ein Diskurs, der eine «quasi natürliche Stimmigkeit von sexuellem Pluralismus und Marktpluralismus» (ebd.: 107) für sich proklamiert, nicht mit der Überwindung heteronormativer Verhältnisse und männlicher Hegemonie einhergehen muss, sondern diese zurzeit in neuen Formen reproduziert. Im ständigen Rückgriff auf (populär-) wissenschaftliche Studien zeigt sich die Angst vor dem anderen (Begehren) und der Wunsch zur (heterosexuellen) Normalität zu gehören. Wie prägend Normalitäts- und Normalisierungseffekte sind, werde ich im nächsten Kapitel weiterverfolgen und zeigen, dass «Normal-Sein» als «Folie für die Sicherheit des Subjekts» fungiert und dies gerade auch auf Körpernormen und -bilder zutrifft, wie Villa und Zimmermann betonen (Villa & Zimmermann 2008: 179).

Schön normal

Die Angst vor den Anforderungen der obligatorischen Grundausbildung der Schweizer Armee und ein sportlicher Banknachbar während seiner Lehre als kaufmännischer Angestellter («... hatte der Muskeln gehabt») motivierten Konrad vor einem Vierteljahrhundert mit dem Fitnesstraining anzufangen. Bis heute sind «ein bisschen Muskeln» ein zentraler Trainingsgrund für ihn, vor allem auch, weil das mit viel «Schweiß und [...] Schmerzen verbunden ist, diese Muskeln aufzubauen». Funktion und Zweck der Muskeln liegen für ihn in erster Linie in der «Ästhetik» und «Selbstwahrnehmung», welche ihm gerade so viel Selbstwertgefühl gegeben haben, um «normal funktionierend in der Gesellschaft teilhaben» zu können, und zwar «auch im Zusammenhang mit Frauen und so». Exemplarischer könnte die Körpernorm, das Normal-Sein als «Folie für die Sicherheit des Subjekts» nicht formuliert werden. Gleichzeitig zeigt sich an seinem Beispiel, dass Optimierungsversuche am eigenen Selbst und ästhetische Manipulationen am Körper meistens nicht das Ziel haben das gesellschaftliche «Mittelmaß zu übertreffen», um ein «Super-Mann» zu werden. Vielmehr steht der Wunsch im Zentrum, einen «Mangel» zu beheben, um Teil einer vermeintlichen gesellschaftlichen Normalität zu sein, beziehungsweise um einer bestimmten Norm zu entsprechen (vgl. Bänziger 2010: 226f.). Kurz: Es geht um eine «Normalisierung qua Optimierung» (Villa 2008: 263). Konrads Erzählung verdeutlicht in ihrer Fortsetzung aber auch, dass sein Fitnesstraining nicht nur sein Selbstverhältnis änderte, sondern auch das Verhältnis zu den anderen, die Wahrnehmungs- und Deutungsschemata des anderen, nicht-fitten Körpers. Sozusagen als Ironie der Geschichte vermittelt ihm sein Wunsch nach «körperlicher Perfektion» wiederum das Gefühl, ausserhalb der gesellschaftlichen Normalität zu stehen. Er arbeitet in einer Privatbank in der Zürcher Innenstadt und erzählt von seinem Nachhauseweg in ein Außenquartier der Stadt:

> «Das ist ja schon eine Tragödie ohne Gleichen. [...] Ich bin in meinem Büro, alles trainierte Leute. Dann gehe ich ins Gym, noch mehr trainierte Leute, und dann gehe ich in die Tram [schweiz. Strassenbahn]... Und dann sehe ich mal plötzlich die Durchschnittsbevölkerung, also das ist Wahnsinn, das ist grauenhaft. [...] Da sage ich, mein Gott. [...] Was ich sehe: Alle übergewichtig. Ein Body total unmuskulös, wenn ich das nur schon sehe, denke ich, nein... Das stösst mich ab» (Konrad)

Er selbst reflektiert das Problem, aber nicht bei den Leuten, die ihn anekeln, sondern bei sich selbst: «Es ist ein Fehlverhalten von mir, dass ich meine eigene Society, das normale Körperaussehen, das eigentlich normal wäre, [...] dass ich das nicht akzeptieren kann.» Auch 25 Jahre später ist er unter umgekehrten Vorzeichen in seiner Selbstwahrnehmung der «Freak» mit einem Körper, der vom normalen Körper abweicht.

Seine Geschichte verdeutlicht, wie Normalisierungsprozesse sich ständig selbst überholen, wie sein Wunsch, zur gesellschaftlichen Normalität zu gehören, einer zirkulären Bewegung folgte. Mit seinem normalen Körper konnte er nicht normal in der Gesellschaft funktionieren und so trainierte er, um einer körperlichen und geschlechtlichen Norm zu entsprechen. Sein Wunsch, an der gesellschaftlichen Normalität partizipieren zu können und gewissen Schönheitsnormen zu entsprechen, führt schließlich wieder in ein (vermeintliches) «Außerhalb», das sich in der Konfrontation mit normalen Körpern manifestiert. Sein attraktiver, gesunder und leistungsfähiger Männer-Körper steht aber nur vermeintlich außerhalb der Gesellschaft, vielmehr verkörpert er hegemoniale Vorstellungen von Männlichkeit und offenbart in aller Deutlichkeit, wie stark der athletische Körper sich innerhalb gesellschaftlicher Machtverhältnisse konstituiert und in seiner spezifischen Ausformung auch an eine Klassenposition gebunden ist (dazu: Bourdieu 1987: 334 ff.).

Bei Beat war es der Wunsch nach einem Partner und besseren Fotos von sich selbst auf seinem Internetprofil, der ihn vor anderthalb Jahren zum Trainieren motivierte. Dem Traum eines «Waschbrettbauches» hat er sowohl die Trainingspraktiken als auch seine neu gewonnenen Essgewohnheiten untergeordnet. Zwar stelle er deswegen sein Leben «nicht komplett um», wie er sich ausdrückte, trotzdem wird sein Alltag von diesem Wunsch und den neuen Praktiken in wichtigen Bereichen tangiert. Kurzum: Ziel war es, sich mittels Trainingspraktiken und neuen Essgewohnheiten als Begehrensobjekt und -subjekt zu konstituieren.

Aus dörflichen Verhältnissen stammend, kam er nach Zürich und traf im urbanen Nachtleben auf eine Schwulenszene, in der «sich alle Schwulen von der schönsten Seite [zeigen]: Sind alle aufgetackelt, sind alle schön». Seinen wenig muskulösen Körper versuchte Beat anfänglich mit teurer Kleidung zu kompensieren oder indem er «mit Geld um sich wirft», da er sonst gegen die Kontrahenten auf der Tanzfläche und dem Partnermarkt in seiner Wahrnehmung keine Chance hat. Die anderen Schwulen sind angeblich «alle schön», tanzen in Trägershirts und «der eine oder andere oben ohne». In seiner idealisierenden Erzählung der anderen Schwulen, erscheinen sie für ihn vorerst einmal als unerreichbare Begehrensobjekte. Daraus wächst sein Wunsch, sich als begehrenswert zu konstituieren. Mittels Fitness trainiert er sich einen Körper an, um sich auf dem Partnermarkt überhaupt einmal ins Spiel zu bringen. Er beginnt weite Bereiche seines Alltags einer neuen Technik des Selbst zu unterwerfen und verändert zentrale Aspekte der eigenen Lebensführung. Deutlich wird in seiner Erzählung, seinem Idealisieren anderer Körper und des gleichzeitigen Versuches sein Selbstverhältnis zu ändern, die in der Einleitung angesprochene Ambivalenz innerhalb von Subjektivierungspraktiken: Körperarbeiten, die auf eine wie auch immer geartete Optimierung abzielen, folgen dem doppelten und paradoxen Prozess der Subjektwerdung, «der gleichzeitigen Unterwerfung unter phantasmatische, normative Ideale einerseits und der dadurch gegebenen [...] Handlungsfähigkeit andererseits» (Villa 2008: 264). Beat konstituiert sich nicht einfach als Begehrensobjekt, das sich den (vorherrschenden oder angeblichen) Normen der Schwulenszene unterwirft, sondern in Form selbstermächtigender Handlungen auch als Begehrenssubjekt. Seine Geschichte endet (vorläufig) glücklich: Er hat «sein Ziel» erreicht und einen Partner gefunden. In registrierter Partnerschaft lebend geht er nur noch «zum Plausch» in die Disco, dem Training bleibt er treu.

Natürlich schön

Körper beziehungsweise Subjekte, die auf sich achten und Wohlbefinden zu schätzen wissen (siehe Werbung Silhouette), stoßen aber auch auf Resonanz und knüpfen an historisch wirkungsmächtige Konzepte an. Andreas (31) freut sich zwar über das sich abzeichnende «Waschbrett» oder «Sixpack», welches als materieller Ausdruck und Symbol seinen fitten Männer-Körper repräsentiert, doch viel wichtiger als solche Äußerlichkeiten ist ihm die Bewegung an sich. Nicht nur bei sich selbst, auch bei seiner Frau ist ihm wichtig, dass sie nicht «so passiv ist und sich gehen lässt». Die Arbeit am eigenen Körper und die aktive «Sorge um sich» verbinden sich mit einer Vorstellung eines natürlichen Körpers, welche sich gegenüber einer künstlichen Schönheit abgrenzt: «...natürliches Auftreten ist mir wichtiger als das tussihafte», wie er in seiner Erzählung fortfährt. Damit bezieht er sich auf eine Vorstellung natürlicher Schönheit, die in der Geschichte der Moderne immer wieder auftaucht. Insbesondere die deutsche Nacktkultur anfangs des 20. Jahrhunderts orientierte sich am schönen und gesunden Naturkörper und produzierte durch ihre Praktiken und Diskurse den natürlichen Körper als kulturelle Vorstellung (vgl. Möhring 2004; Stoff 2004). Eine Vorstellung, die sich bis heute behauptet und exemplarisch zeigt, dass die Natur-Kultur-Dichotomie zu problematisieren ist. Der Körper ist «nie frei von einer imaginären Konstruktion» und so ist auch der Naturkörper ein «phantasierter Körper», der nicht in Relation zu einem «wirklichen Körper» zu verstehen ist, «sondern immer nur im Vergleich zu einer anderen kulturell instituierten Phantasie» (Butler 2003: 112), wie hier zum Beispiel der Natur.

So sind Natürlichkeit und Authentizität zwei zentrale Kategorien, welche die Geschichte des fitten Körpers bis heute schreiben. Der fitte Körper grenzt sich von passiven Körpern ab und strahlt die Authentizität eines Werkes aus, welches durch die harte und selbstständige Arbeit am eigenen Körper permanent erschaffen und aufrechterhalten wird (vgl. auch Sassatelli 2006). Nicht nur der unter dem Generalverdacht des Dopings stehende Körper des Bodybuildings, sondern auch Praktiken der Schönheitschirurgie werden abgelehnt, da sie als unnatürliche und künstliche, oder sogar unehrliche Körpermanipulationen gelten.[9] Der fitte Körper ist begehrenswert, auch weil er als natürlich konstruiert wird und erinnert an die legitimen Objekte der Lust, welche Michel Foucault für die Antike beschrieben hat. «Schminke» bietet den Betrachtern «eine scheinbare Schönheit», wobei «Lust nur rechtmäßig ist, wenn das Objekt, das sie erweckt, wirklich ist» (Foucault 1989b: 248ff.). Genau nach dieser Wirklichkeit strebt Beat mit seinem Training: Nicht der Schein seiner Kleidung oder seines Geldes soll in der Disco das Objekt des Begehrens sein, sondern sein fitter Männer-Körper, den er kurzärmlig oder vielleicht sogar «oben ohne» präsentieren und zeigen möchte.

Sowohl der Normalisierungs- als auch der Schönheitsdiskurs der Fitnessindustrie bringen den natürlichen Körper jedoch nicht als geschlechtslosen hervor, sondern entlang zweigeschlechtlich differenzierter Körper. Der sichtbarste Ausdruck des fitten männlichen Körpers ist der Bizeps im Studio, oder aber der (begehrte) «Waschbrettbauch» von Andreas und Beat. Bei Markus' (50) Erzählung zeigt sich, wie Frauen-Körper einer mehrfachen Disziplinierung ausgesetzt sind und es ihnen immer entweder an Mütterlichkeit oder Schönheit mangelt (vgl. Möhring 2004: 165). Beruhigt stellt er fest, dass seine Frau gerne mehr machen würde, denn «sie hat immer noch ein paar Pfund von der Schwangerschaft, natürlich. Das geht nicht so wie bei den Prominenten nach einem Monat ist da wieder Flachbauch». Auch wenn er «natürlich» in dieser Satzkonstruktion als typisch schweizerdeutsche Wendung zur Legitimation seiner Aussage einsetzt, verweist diese auf die mehrfache gesellschaftliche Anrufung an Frauen, in ihrer «natürlichen» Funktion als Mutter und als Schönheit (an der Seite des Mannes). Das Schönheitsideal der unerreichbaren Flachbäuche der Prominenten verdeutlicht, dass auch «die hegemoniale Heterosexualität selbst ein andauernder und wiederholter Versuch ist, die eigene Idealisierung zu imitieren» (Butler 1997: 178). Eine Imitation, die gleichzeitig an der eigenen Idealisierung scheitert, denn schliesslich – und so nimmt auch seine Geschichte eine versöhnliche Wendung – findet er seine Frau «attraktiv im Gesamten, so wie sie ist».

---

9 Der authentische und natürliche Körper findet in der jüngeren Geschichte der Schweiz seine Repräsentation auch in einer «neuen Figur des Bauern», in der sich eine «gesunde Schönheit» mit «urbanen Körpernormen» verbindet (Scheidegger 2009: 213f.).

Fazit

Argumentationen wie diejenige von Haug laufen Gefahr, die Adressierung hegemonialer Werte an Formen zeitgenössischer Körper als uniform zu verstehen und dabei
Differenzdiskurse außen vor zulassen. Ein Normalisierungsdiskurs, der Attraktivität, Gesundheit und Leistungsfähigkeit vorerst an alle adressiert oder gar «Klischee-
bilder von Schwulen als Idealfiguren neoliberaler Transformation» hervorbringt,
sollte mit dem «neoliberalen Zugriff auf das Sexuelle» zusammengedacht werden
(Engel 2009: 107) und nicht als Ende der alten männlichen Normalität. Vielmehr
offenbart sich in solchen Momenten das Potenzial der zeitgenössischen, kapitalistischen Verwertungslogik, indem sie Differenzen und unterschiedliche Lebensent-
würfe als Kapital und Ressource integriert, grundlegende Machtverhältnisse und
Grenzziehungen jedoch beibehält: Bisexualität wird toleriert, solange lesbische
Sexualität in ein heteronormatives Muster weiblicher Erotik eingepasst und das
heterosexuelle Allianzsystem nicht infrage gestellt wird. Der (geschlechtsneutrale)
Körper stellt in diesem Sinne ein Produkt der Fitnessindustrie dar, welcher sich
einerseits als fitter und leistungsfähiger Körper auf dem Arbeitsmarkt verwerten
lässt, und andererseits als attraktiver und begehrenswerter Körper für den Sex- und
Partner_innenmarkt gerüstet wird. Die Zurichtung des fitten Körpers erfolgt jedoch
entlang geschlechts- und begehrensspezifischer Differenzkriterien. Differenzen, die
sich im fitten Körper selbst materialisieren. So repräsentieren das «Sixpack» und
der «Bizeps» den Grad der Durchbildung des männlichen fitten Körpers. Nicht um
sonst beklagt Philipp aus Düffels Roman, dass er «den Bizeps als Proletmuskel»
vielleicht vorschnell abgetan habe, da er sich zuverlässig aus der Masse heraus pro-
filiere (Düffel 2008: 143). In den Fitnesspraktiken und -diskursen reproduziert sich
die Geschlechterdifferenz nach wie vor als wirkungsmächtiges Konstrukt. In der
Kurzformel «Expansion vs. Reduktion» zeigt sich, dass die Modellierung des fitten
und knackigen Körpers zwar gleiches Ziel für alle ist, doch die konkrete Verkörperung der betreffenden Werte sich unterschiedlich zeigen: Während für viele Männer der Muskelaufbau beziehungsweise die klassische V-Form des Oberkörpers im
Zentrum steht, ist die Fettreduktion häufig genannter Zweck der Übungen bei
Frauen (vgl. Degele & Sobiech 2008: 112f.). Gleichwohl hat der «modernistische
Diskurs einen Körper» ins Feld geführt, «der durch den dauerhaften Konsum selbst

marginaler individueller Wünsche konstituiert ist», und bis heute einschneidende Auswirkungen auf das Geschlechterarrangement hat. So hat der besitzende, arbeitende und produktive Mann als gesellschaftliches Ideal insofern an Bedeutung verloren, wie der Mensch als «primär begehrendes Wesen [...] der Konsumgesellschaft» Gewicht gewonnen hat (Stoff 2004: 289ff.). Das heißt nicht, dass Geschlecht oder gar die Zweigeschlechtlichkeit irrelevant wurden, sondern dass seit den 1980er Jahren vielmehr auch der männliche Körper als «heterosexuell begehrt werden wollender und begehrender Konsumkörper» konstruiert wurde (ebd.: 514), beziehungsweise sich immer stärker durchsetzte. Gerade der Aufstieg von Fitnesspraktiken und anderen Körpermanipulationen, die auf die ästhetische Optimierung zielten, brachten den männlichen Körper als begehrenswert hervor. Toby Miller argumentiert in der Konsequenz in eine ähnliche Richtung, wenn er betont, dass durch die Medialisierung und Kommerzialisierung des Sports auch ein Prozess der Kommodifizierung des athletischen Männer-Körpers losgetreten wurde, welcher diesen als Objekt des Begehrens hervorbrachte (Miller 2001: 11). Ein Prozess, der auch Auswirkungen auf verschiedene Alltagssituationen hat. Nicht nur die Fitness-Industrie und die Werbebranche rufen den Männer-Körper als begehrenswert an, vermehrt werden auch Forderungen von Frauen und Partnerinnen an den heterosexuellen Mann adressiert. Seine alleinige Definitionsmacht über begehrenswerte Körper erodiert und er selbst wird zum Objekt des Begehrens, das sich für den Sex- und Partner_innenmarkt fit halten muss und den Schönheitsnormen unterwerfen soll. Oder wie sich Andreas ausdrückt: Seine Frau und er würden sich «gegenseitig ein bißchen herumjagen, wenn wir jetzt feststellen würden, dass jemand extrem zunimmt oder so».

Dass zunehmend auch der heterosexuelle Männer-Körper nicht nur als begehrender, sondern begehrter konstituiert wird, kann als eine Verschiebung im Geschlechterarrangement gelesen werden. Und zwar als eine Verschiebung in die falsche Richtung, die punktuell dennoch zu begrüßen ist. In der Anrufung des Männer-Körpers als begehrenswerter weist sie ein emanzipatorisches Potential auf, das zwar nicht gleich zum Ende der männlichen Normalität führt, doch vielleicht an ihrer Oberfläche kratzt. Oder wie dies Orland Outland karikiert:

«‹Wer so hübsch ist kann doch nur schwul sein.› Denn das war es schließlich, was Männer in diesem Land immer über ihre besser aussehenden Rivalen behauptet hatten, bis dann der Fitnesswahn der Achtziger so viele gut aussehende Heteromänner hervorbrachte, dass ihre hässlichen Geschlechtsgenossen sie nicht mehr gut alle als schwul bezeichnen konnten.» (Outland 2000: 145)

Gleichzeitig kann es kaum das Ziel einer kritischen und (pro-) feministischen Körperpraxis und -politik sein, einen Normalisierungsdiskurs zu unterstützen, dessen nivellierende Effekte sich nur dann darbieten, so lange sich Körper in die Verwertungsmaschinerie der Kultur- und Schönheitsindustrie eingliedern lassen. Die richtige Kritik an Fitness als hegemonialer Diskurs, an Schönheitsdiktaten und Praktiken der Körperoptimierung, birgt gerade bezüglich männlicher Körperpraktiken auch Fallstricken in sich. Sie läuft einerseits Gefahr, alte Pfründe zu verteidigen und ein Recht auf einen Bierbauch zu proklamieren, um sich dann in geselliger Runde schenkelklopfend über behaarte Frauenbeine zu ereifern. Anderseits kann eine Auseinandersetzung mit Formen hegemonialer Männlichkeiten «zu einer symbolischen Verstärkung der Herrschaft führen» und diese festschreiben, anstatt sie zu unterminieren (Bourdieu 2005: 193). Insbesondere ein ethnographischer Zugang, der die Erfahrungen und den Alltag von männlichen Akteuren ins Zentrum stellt und sich feministischer Argumentationen über die Gleichzeitigkeit und Ambivalenz der Selbstermächtigung und Selbstbeherrschung bedient, kann leicht zur Legitimierung hegemonialer Männlichkeiten führen. Gerade auch weil die hegemoniale Männlichkeit als Subjektposition von kaum jemandem «völlig bruchlos und widerspruchsfrei» verkörpert wird (Scheele 2007: 130). Kritik sollte aber nicht in personalisierten Anklagen münden, sondern stets die gesellschaftlichen Verhältnisse und hegemoniale Diskurse ins Auge fassen. Für eine kritische Intervention ist es daher unabdingbar, einerseits deskriptive Studien zu Männlichkeit mit einer Subjekt- und Gesellschaftskritik zu verbinden und andererseits bei aller Subjektkritik den Alltagsbezug nicht zu vergessen. Perspektivisch heisst das, dass kollektive Ansätzen anzustreben sind, die eine Vermittlung zwischen wissenschaftlicher Theorie, politischer Praxis und dem persönlichen Alltag ermöglichen.[10]

---

10 Ich danke ganz herzlich Janine und Roger für die Durchsicht, ihre Korrekturen und Kommentare.

Mein Bauch gehört mir!

Literatur

Bänziger, Peter-Paul: Sex als Problem. Körper und Intimbeziehungen in Briefen an die «Liebe Marta». Frankfurt am Main 2010.

Bänziger, Peter-Paul & Simon Graf: Körpergeschichte des 19. und 20. Jahrhunderts. Eine «materielle» Geschichte der Industrie- und Konsumgesellschaften zwischen Wissensproduktion und Differenzdiskursen. In: *Travers Zeitschrift für Geschichte – Revue d'histoire* 1, 2012, 101-118.

Bourdieu, Pierre: Die feinen Unterschiede. Kritik der gesellschaftlichen Urteilskraft. Frankfurt am Main 1987.

Bourdieu, Pierre: Die männliche Herrschaft. Frankfurt am Main 2005.

Butler, Judith: Das Unbehagen der Geschlechter. Sonderausgabe. Frankfurt am Main 2003.

Butler, Judith: Körper von Gewicht. Die diskursiven Grenzen des Geschlechts. Frankfurt am Main 1997.

Connell, Robert W: Der gemachte Mann. Konstruktion und Krise von Männlichkeiten. 3. Auflage. Wiesbaden 2006.

Degele, Nina & Gabriele Sobiech: «Fit for Life?» – Soziale Positionierung durch sportive Praxen. In: *Beiträge. Zur feministischen Theorie und Praxis* 69/2008, S. 109-117.

Düffel, John von: EGO. München 2008.

Eismann, Sonja: «Das hat wenig mit Gesundheit zu tun». Friederich Schorb erklärt im Gespräch, wem der «War on fat» nutzt. *Jungle World* 11, 18.03.2010.

Engel, Antke: Ökonoqueer. Sexualität und Ökonomie im Neoliberalismus. In: AG Queer Studies (Hg.) *Verqueerte Verhältnisse. Intersektionale, ökonomiekritische und strategische Interventionen.* Hamburg 2009, S. 101-119.

Foucault, Michel: Der Wille zum Wissen. Sexualität und Wahrheit I. Frankfurt am Main 1983.

Foucault, Michel: Der Gebrauch der Lüste. Sexualität und Wahrheit II. Frankfurt am Main 1989a.

Foucault, Michel: Die Sorge um sich. Sexualität und Wahrheit III. Frankfurt am Main 1989b.

Foucault, Michel: Technologien des Selbst. In: Luther H. Martin, Huck Gutman & Patrick H. Hutton (Hg.) *Technologien des Selbst.* Frankfurt am Main 1993, S. 24-62.

Graf, Simon: Eine Ethnographie des fitten Männer-Körpers. Philosophische Fakultät der Universität Zürich. Zürich 2010.

Hauer, Gudrun & Petra M. Paul: Begriffsverwirrung. Zwangsheterosexualität versus Heteronormativität: Annäherungen an eine Begriffsgeschichte und Definitionsversuch. In: *Gigi. Zeitschrift für sexuelle Emanzipation* 44/2006, S. 9-13.

Haug, Wolfgang Fritz: Entfremdete Handlungsfähigkeit. Fitness und Selbstpsychiatrisierung im Spannungsverhältnis von Produktions- und Lebensweise. In: Thomas Brüsenmeister, Christian Illian & Uwe Jakomeit (Hg.), *Die versteinerten Verhältnisse zum Tanzen bringen. Beiträge zur marxistischen Theorie heute.* Berlin 1993, S. 22-51.

Kreisky, Eva: Fitte Wirtschaft und schlanker Staat: Das neoliberale Regime über die Bäuche. In: Schorb, Friedrich (Hg.) *Kreuzzug gegen Fette. Sozialwissenschaftliche Aspekte des gesellschaftlichen Umgangs mit Übergewicht und Adipositas.* Wiesbaden 2008, S. 143-161.

Martin, Emily: Flexible Körper. Wissenschaft und Industrie im Zeitalter des flexiblen Kapitalismus. In: Duden, Barbara & Dorothee Noeres (Hg.) *Auf den Spuren des Körpers in der technogenen Welt.* Pp. 32-52. Opladen 2002, S. 32-52.

Miller, Toby: Sportsex. Philadelphia 2001.

Möhring, Maren: Marmorleiber. Körperbildung in der deutschen Nacktkultur. Köln 2004.

Outland, Orland: Mordsduft. Hambug 2000.

Rabinow, Paul: Repräsentationen sind soziale Tatsachen. Moderne und Postmoderne in der Anthropologie. In: Eberhard Berg & Martin Fuchs (Hg.) *Kultur, Soziale Praxis, Text. Die Krise der ethnographischen Repräsentation.* Frankfurt am Main 1999, S. 158-199.

Sassatelli, Roberta: Fit Bodies. Fitness Culture & the Gym. In: Francesco Bonami, Stefano Tonchi, & Maria Luisa Frisa (Hg.) H*uman Game. Winner and Losers.* Pp. 252-261. Milano 2006, S. 252-261.

Sassatelli, Roberta: Interaction Order and Beyond. A Field Analysis of Body Culture within Fitness Gyms. In: Mike Featherstone (Ed.), *Body Modification.* London 2000, S. 227-248.

Scheele, Sebastian: Männer entdecken sein Geschlecht. Überlegungen zu antisexistischer Männerpolitik und Alltag. In: A.G. Gender-Killer (Hg.) *Das gute Leben. Linke Perspektiven auf einen Besseren Alltag.* Münster 2007, 129-149.

Scheidegger, Tobias: Der Boom des Bäuerlichen. Neue Bauern-Bilder in Werbung, Warenästhetik und bäuerlicher Selbstdarstellung. In: *Schweizerisches Archiv für Volkskunde* 105/2009, S. 193-219.

Schmincke, Imke: Aussergewöhnliche Körper. Körpertheorie als Gesellschaftstheorie. In: Torsten Junge & Imke Schmincke (Hg.) *Marginalisierte Körper. Beiträge zur Soziologie und Geschichte des anderen Körpers.* Münster 2007, S. 10-26.

Stoff, Heiko: Ewige Jugend. Köln 2004.

Villa, Paula-Irene: Habe den Mut, Dich Deines Körpers zu bedienen! Thesen zur Körperarbeit in der Gegenwart zwischen Selbstermächtigung und Selbstunterwerfung. In: Paula-Irene Villa (Hg.) S*chön Normal. Manipulationen am Körper als Technologien des Selbst.* Bielefeld 2008, S. 245-272.

Villa, Paula-Irene & Katharina Zimmermann: Fitte Frauen – Dicke Monster? Empirische Exploration zu einem Diskurs von Gewicht. In: Friedrich Schorb (Ed.), Kreuzzug gegen Fette. Sozialwissenschaftliche Aspekte des gesellschaftlichen Umgangs mit Übergewicht und Adipositas. Wiesbaden 2008, S. 171-189.

Schwere Körper

Maria Haun

Einleitung – Schwere Körper?

„Entlang der je zeitgenössischen Konstruktion des Monströsen wurde seit jeher verhandelt, was die spezifische Gesellschaftsformation noch als menschlich ansah und
was nicht mehr. Mit den ‚Dicken' scheint für die jetzige Gesellschaft solch eine
Grenze erreicht zu sein. Sie erscheinen als Restkategorie, als Widerständiges, das sich
nicht disziplinieren lässt, das unsere Ideale (Schönheit, Schlankheit, Leistungs-
orientierung, Selbstverwirklichung) nicht teilt und dem Glauben an die modernen Ideale gleichgültig gegenüber steht. Sie sind der Gegenpart zum (...) modernen Menschen, der in produktiver Unzufriedenheit alles aus sich und den anderen ständig her-
auszuholen versucht. Sie scheinen Zweifel in unsere Überzeugungen zu sähen und
unsere Grundfeste zu irritieren." (Peter 2011: 157; Hervorhebung im Original)

Der Körper ist – wie Bublitz (2006) schreibt – „in seiner Unmittelbarkeit nicht zugänglich" (ebd. 2006: 344). Viel mehr unterliegt der Körper „Einschreibungs-,
Vergesellschaftungs- und Disziplinierungsprozessen, die ihn zum zentralen Dis-
tinktionsmedium machen, sich in ihn wie Gravuren einkerben und entzifferbare
Spuren hinterlassen" (a. a. O.). In wissenschaftlichen Diskursen haben Dekonstruk-
tionsprozesse von Körpern längst begonnen. Diese Arbeit wendet ihren Blick hin
zu einem – bis auf wenige sozialwissenschaftliche Ausnahmen im deutschsprachigen Raum (vgl. Schmidt-Semisch/ Schorb 2008, Schorb 2009) – unhinterfragten
Körper: Dem ‚schweren Körper'. ‚Schwerer Körper' ist eine Begrifflichkeit, die
keine Verwendung in bisherigen Wissensproduktionen um den Körper gefunden
hat. Ich habe diese Begrifflichkeit gewählt, da andere, gängige Bezeichnungen wie
Übergewicht oder Adipositas[1] m. E. eine pathologisierende Sichtweise auf den

---

1   Das Wort ‚Adipositas' stammt vom lateinischen ‚adipes' und lässt sich mit zwei Bedeutungs-
     familien übersetzen: Zum einen dick oder auch fett, voll, triefend und zum anderen gesättigt
     oder auch sättigend, satt. Obesity ist das englische Äquivalent zu Adipositas, hat jedoch im la-
     teinischen Wortursprung eine andere Bedeutung als ‚adipes'. Obesity setzt sich zusammen aus
     ‚ob' (dt. wegen) und ‚esity' konjugierte Form (esum) von edere (dt. essen). Somit lässt sich
     obesity im Englischen mit ‚having eaten' (Cooper 1998: 11) und im Deutschen mit ‚gegessen
     haben' übersetzen. Wird der Wortursprung in den Blick genommen zeigt sich daher, dass so-
     wohl Adipositas als auch Obesity (dt. auch Obesitas) die Vorstellung transportieren, dass ein

Körper (re)produzieren. Der Artikel nähert sich dem Thema ‚schwere Körper' von zwei Seiten: Zum einen wird der schwere Körper in einem theoretischen Rahmen in Bezug auf seine Geschichtlichkeit und gegenwärtige Deutungsweisen als übergewichtiger und adipöser Körper skizziert, zum anderen erfolgt ein Blick durch die empirische Forschung.

1 Die Konstruktion des schweren Körpers als übergewichtiger und adipöser Körper

1.1 Schwere Körper als historisch gewordene Körper

Der übergewichtige bzw. adipöse Körper ist ein gewordener Körper, der nur im Hinblick auf seine Geschichtlichkeit und den damit verbundenen biopolitischen Zäsuren (Foucault 1983) gedacht werden kann. Problematisierungsweisen des schweren Körpers sind kein neues Phänomen, sondern deuten auf eine lange Geschichte, die für Klotter (1990: 2008) bis in die Antike zurückreicht. Ausgehend vom 18. Jahrhundert wird der schwere Körper zunehmend zum problematisierten Gegenstand der entstehenden Wissenschaften, es erscheinen erste Monografien zu den Themen „Fettigkeit", „Fettsucht", „Fettleibigkeit" oder „Dickleibigkeit" (Klotter 1990: 54). Mit dem 19. Jahrhundert werden verschiedene Instrumentarien – beispielsweise die Quételet-Formel (heute: BMI) – entwickelt, mit denen der (Bevölkerungs)Körper vermessen und innerhalb eines Durchschnittswertes begriffen werden kann (Schorb 2009: 31ff). Der schwere Körper muss so nicht mehr subjektiv bleiben, sondern kann durch Normalisierungstendenzen in ein feingliedriges „System von Normalitätsgraden" eingeordnet werden, „welche[s] die Zugehörigkeit zu einem homogenen Gesellschaftskörper anzeig[t], dabei jedoch klassifizierend, hierarchisierend und rangordnend wirk[t]." (Foucault 1994: 234). Subjekte werden nach Foucault – als Kern biopolitischer Transformation – um die Norm herum angeordnet und an ihr ausgerichtet (ebd. 1983: 172). Mit der entstehenden Gewichtsnorm erfolgt eine Normierung und Quantifizierung *vieler* Körper: weg

---

Körper fett und im medizinischen Terminus im eigentlichen Sinne des Wortes auch *ge-stört* ist, aufgrund eines Übermaßes an Essen. Diese Wortbedeutung ist heute weitgehend unbekannt.

vom Individuellen, hin zu einem Kollektivkörper, *dem Bevölkerungskörper.* Einhergehen „härteste Exklusionen anderer Körper" (Schmincke 2009: 105)

1.2 Schwere Körper als pathologisierte Körper

Das Begreifen des schweren Körpers ist zurückzuführen auf eine Geschichtlichkeit, die jedoch selten mitgedacht wird. Der schwere Körper wird im Hinblick auf seine Materialität (Körpergewicht) und Funktionalität (Energieverbrauch) als zu messendes Objekt konstruiert (Spieckermann 2008: 43), das außerhalb von – historisch generierten – Durchschnittswerten liegt. In diesem mechanistischen Verständnis wird der schwere Körper als Resultat einer *zu* hohen Energiezufuhr im Vergleich zu einem *zu* geringen Energieverbrauch verstanden. Zu Beginn des letzten Jahrhunderts entstehende Begrifflichkeiten wie ‚Adipositas' und ‚Übergewicht' (Klotter 1990: 55ff) pathologisieren den schweren Körper und binden ihn – jedoch selbst im Bereich der medizinischen Profession bis heute nicht unstrittig (Hilbert et al. 2008) – in ein Konzept von Krankheit ein. Gegenwärtig ist der schwere Körper als adipöser Körper Gegenstand von (medizinischem) ExpertInnenwissen, das im hegemonialen Diskurs als wahr anerkannt wird. Die Deutsche Adipositas-Gesellschaft e. V. (DAG) definiert den adipösen Körper als einen „Zustand, der durch eine übermäßige Ansammlung von Fettgewebe im Körper gekennzeichnet ist."[2].

Bis heute versucht die Adipositasforschung stetig den schweren Körper

- auf Grundlage der Quételet-Formel (heute: BMI) durch Unterscheidungen exakt zu definieren und so von anderen Körper abzugrenzen[3];
- ihn durch verschiedene ätiologische Konzepte – u. a. als Ausdruck von Vererbung, Stoffwechselerkrankung, falschen Gewohnheiten oder als multifaktorielle Störung – zu erklären (Hilbert et al. 2008, Wirth 2008);

---

2   www.adipositas-gesellschaft.de, 30.01.2011.
3   Wirth (2008) unterscheidet in seinem Standardwerk zu Adipositas zwischen Übergewicht (BMI $\leq 25 \leq 30$ kg/m²), Adipositas Grad I (BMI>30<35 kg/m²), Grad II (BMI>35<40 kg/m²):und Grad III (BMI >40 kg/m²) (ebd. 2008: 10)

- seine möglichen Folgen – wie beispielsweise Diabetes mellitus, Herz-Kreislauf-Erkrankungen usw. – abzuschätzen und
- ihn zu verändern (Therapie) oder ihm vorzubeugen (Prävention).

1.3 Schwere Körper als politisierte Körper

Durch Pathologisierung und Quantifizierung werden schwere Körper nicht nur massenhaft definiert und erfasst, sondern auch zum Gegenstand von politischer Intervention. 1997 wird Adipositas von der WHO offiziell in den Stand einer weltweiten Epidemie erhoben und als eine „der schwersten Herausforderungen für die Gesundheitspolitik in der Europäischen Region der WHO" (WHO 2006: 1) erklärt. Der schwere Körper wird dabei in Form von Adipositas und Übergewicht als Resultat einer ‚Überflussgesellschaft' eng in Verbindung mit Fehlernährung sowie Bewegungsmangel gesetzt und als ‚krank' markiert. Adipositas und Übergewicht führen in gegenwärtiger Deutungsweise sowohl zu einer ‚Kostenexplosion' im Gesundheitswesen, wie auch einer gesamtgesellschaftlichen Gefährdung. Der schwere Körper wird so zu einem die Gesellschaft bedrohenden Massenphänomen (‚Adipositasepidemie'), welches fest in politische Konzepte eingebunden und mit politischen Gegenmaßnahmen versehen werden muss (vgl. Schorb 2012). Ein aktuelles Beispiel dafür ist der 2008 veröffentlichte Nationale Aktionsplan ‚IN FORM – Deutschlands Initiative für gesunde Ernährung und mehr Bewegung'. Ziel des Plans ist es, bis 2020 das Ernährungs- und Bewegungsverhalten der deutschen Bevölkerung durch verschiedene Projekte und Informationsangebote nachhaltig zu ‚verbessern'. Politische Konzepte wie der Nationale Aktionsplan *können als Wegweiser* „eigenverantwortliche[r] Gesundheitsförderung" (Schmidt-Semisch/Paul 2010: 23) gesehen werden, die „die Selbst- und Lebensführung der Einzelnen zu organisieren versuchen." (Duttweiler 2008: 126). Ganz im Sinne biopolitischer Maßnahmen[4] wollen sie „überzeugen, nicht belehren oder gar diskriminieren" (IN

---

4 Der Begriff Biopolitik bezieht sich auf das Konzept Gouvernementalität von Foucault. Mit dem Begriff der Gouvernementalität umfasst Foucault gegenwärtige Regierungsformen, die „das Feld eventuellen Handelns der anderen (...) strukturieren" (Foucault 1994b, 255) und somit auf die Handlungsmöglichkeiten anderer einwirken. Die Gouvernementalität zielt im Gegensatz zu früheren Machtformen nicht darauf ab, Subjekte zu unterwerfen oder zu brechen (juridische Macht), viel mehr ist sie gegenwärtig eine produktiv wirkend Macht, die über die *Selbstregie-*

FORM 2008: 8). Vielmehr beschreiben sie „attraktive Wege" (a. a. O) hin zu einer als gut anerkannten Lebensführung, die viel Bewegung und ein als gesund markiertes Ernährungsverhalten beinhaltet und Ausdruck in einem schlanken Körper findet. Das zu regierende Subjekt soll als *„unternehmerisches Selbst"* *(Bröckling 2007)* *zum „Gesundheitsmanager seiner selbst" (Schmidt-Semisch/Paul 2010: 7) werden,* *für dessen Optimierung* „passgenau[e] Maßstäbe zur individuellen Selbstkontrolle" (Duttweiler 2008: 132) – wie der BMI – bereitstehen. So wird nicht nur Handeln der Subjekte regiert, sondern auch der Körper. Gesundheit ist nicht länger ein individueller Wert, sondern wird zum „Standortfaktor" für Deutschland (IN FORM, 2008: 7) und somit zum Merkmal gesellschaftlicher Entwicklung und Entscheidung (Schmidt-Semisch/ Paul 2010: 7), sowie Voraussetzung für sozialen und ökonomischen Erfolg. Risiken und das (Über)Leben der Gesellschaft werden dabei in den biopolitisch sichtbar gemachten Handlungsspielraum der Subjekte gelegt, die als scheinbar gefährdetes Kollektiv angerufen werden, verantwortlich-moralisch und rational-kalkulierend zu handeln (Lemke 2008: 55).

1.4 Der Körper als Objekt der Arbeit an sich selbst

Bisher hat sich gezeigt, dass Deutungen des schweren Körpers zugleich Problematisierungsweisen desselben sind. Der schwere Körper wird in ein enges, als wahr anerkanntes Wissensnetz eingewoben, das sich auf verschiedene Diskurse, Institutionen und Praktiken stützt, aus denen der schwere Körper als adipöser, höchst problematisierter Körper hervorgeht. Die Problematisierungsweisen können als Stimmen bzw. Praktiken allgegenwärtiger Anrufungen[5] (Althusser 1977; für eine Reflexion vgl. Scharmacher 2004) begriffen werden, die den schweren Körper markieren und zur Ausrichtung an der Norm bzw. einer Positionierung zur Norm und damit zur Arbeit an sich selbst, aufrufen. Der Körper wird dabei zum Arbeitsprojekt (Orbach 2010/ Posch 2009), welches zum eigenen und gesamtgesellschaf-

---

rung von Subjekten verhandelt wird. Biopolitische Maßnahmen sind ein Wirkmechanismus der Gouvernementalität. Sie produzieren und regulieren das Leben.
5 Anrufungen sind im Verständnis der Arbeit an die Subjekte herangetragene Ideologien (hier: Die Ideologie eines schlanken, ‚gesunden' Körpers), zu denen sich Subjekte ins Verhältnis setzten *müssen* (vgl. Punkt 2.4). Anrufungen sind dabei Formen, in die sich die angerufenen Subjekte hineinentwickeln *sollen* und in denen sie zu Subjekten *werden*.

lichten Wohl verändert und optimiert werden kann bzw. muss. Schönheit – und hier: Schlankheit – ist dabei körperliche Ausdrucksform für persönliches Wohlbefinden und ein gelungenes sowie erfolgsorientiertes Leben (Posch 2009: 14). Der schlanke Körper *verkörpert* Normen und Werte wie Individualismus, Leistung, Flexibilität und Freiheit (a. a. O). Im Gegensatz dazu kann der schwere Körper – der gegenwärtig als Resultat einer zu hohen Energieaufnahme im Vergleich zu einem zu niedrigen Energieverbrauch begriffen wird – als Symbol bzw. als Verkörperung von „Undiszipliniertheit und Unbeherrschbarkeit" (Morgan 2008: 154) gesehen werden. Für das soziale Selbst ist diese Perspektive fatal, denn „wer sich nicht optimiert, wer nicht dauernd an der Verbesserung seines Körpers und damit seiner selbst arbeitet (hart arbeitet), verdient keine Anerkennung" (Villa 2008: 12). In Anlehnung an Bröckling bedeutet dies für Villa: „Nur unternehmerische Subjekte sind es noch wert, als Subjekte anerkannt zu werden" (ebd. 2008: 12).

2 Darstellung der Analyseergebnisse: Schwere Körper als zu erklärende und zu problematisierende Körper

Angesicht der hier kurz skizzierten massiven, gesellschaftlichen Problematisierungsweisen des schweren Körpers und den damit verbundenen Anrufungen stellte sich die Frage, welche Deutungs- und Umgangsweisen Menschen mit ihrer schweren Körperlichkeit finden. Grundlage der vorliegenden Untersuchung[6] sind drei narrative Interviews (vgl. Schütze 1987; auch: Glinka 1998; Bohnsack 2000), die

---

6 Die Kontaktaufnahme mit den Interviewpartnerinnen erfolgte über Suchanzeigen auf dickenspezifischen, selbsthilfeorientierten Foren im Internet, über Aushänge an verschiedenen Orten in Hamburg sowie über persönlichen E-Mail-Verkehr. Nach dem Austausch einiger Vorinformationen per Mail wurden von mir drei narrative Interviews mit einer Dauer zwischen 2 h 10 min und 2 h 48 min, durchgeführt. In der Auswertung in Anlehnung an die Grounded Theory Methodologie (GTM) wurden die Theoriearbeiten von Barney Glaser außen vorgelassen und nur einige der von Strauss/Corbin (1996) ausgearbeiteten Methoden verwendet. Die GTM wurde im Analyseverfahren als „ein Forschungsstil, eine Vorgehensweise, eine Haltung" (Mruck/Mey 2007: 17) verstanden, mithilfe derer in den Daten verankerte Theorien – sowohl anhand festgelegter methodischer Standards, als auch mithilfe einer kreativen Vorgehensweise – generiert werden können (Strauss/Corbin 1996: 8). Dabei muss mitgedacht werden, dass sich Theoriebildung mit verschiedenen Konstruktionsprozessen verbindet, die immer eine Komplexitätsreduktion und Verzerrung der, durch die Interviewpartnerinnen gedeuteten Wirklichkeit, beinhalteten. Die Auswertung versteht sich somit nur als eine Perspektive, die Licht auf die Konstruktionsprozesse des schweren Körpers aus der Sicht der Interviewpartnerinnen wirft.

im August 2010 mit drei Frauen[7], die sich selbst als dick oder übergewichtig bezeichnen, geführt wurden. Die Auswertung erfolgte in Anlehnung an die Grounded Theory Methodologie. Die Interviewpartnerinnen werden im Folgenden Sarah, Mareike und Judith genannt.

2.1 Eigentheorien als Körpererklärungen

In der Auswertung zeigt sich, wie sich die Interviewpartnerinnen verschiedener Selbsttechniken bedienen, anhand derer sie einen *gesellschaftlich akzeptierten* Umgang mit ihrer schweren Körperlichkeit leben. Zentral für diesen Umgang sind *Erklärungen* der eigenen Körperlichkeit, mit denen sie sich deutlich von den Diskursen um den schweren Körper als eigenverantwortliches Arbeitsobjekt abgrenzen: „Das [hat] gar nichts mit Disziplinlosigkeit zu tun!" (Sarah). Jede der Interviewpartnerinnen vertritt im Bezug auf diese Erklärung verschiedene Eigentheorien, mit der die eigene Körperlichkeit gerechtfertigt und gleichzeitig auf spezifische Weise (ent)problematisiert wird. Die Körpererklärungen sind Produkte selbstreflexiver Momente im Sinne Plessners (1975) und Plügges (1967)[8]: Einerseits sind die Interviewpartnerinnen ihr Körper (Körpersein), andererseits machen sie ihre Körper-

---

7 Gegenwärtige Problematisierungsweisen von schweren Körper beziehen sich auf *alle* Körper. Die Frage, inwiefern sich diese explizit mit der Kategorie „Gender" verschränken, steht nicht im Fokus dieser Arbeit. Die Wahl von Frauen als Interviewpartnerinnen erklärt sich aus einem ersten Forschungsinteresse: Dieses war maßgeblich geprägt von der in den 70er Jahren entstandenen US-amerikanischen feministischen Selbstakzeptanzbewegung (*feminist fat liberation movement*) und dem Klassiker dieser Bewegung ‚Shadows on a Tightrope' (Schoenfelder/ Wieser, 1983), in dem dicke Frauen ihren Lebensweg erzählen. Aus diesem Buch entwickelte sich die Idee, Interviews mit dicken Frauen zu führen, um ihre Interpretation der eigenen Körperlichkeit zu erfahren. Diese Forschungsperspektive (re)produziert Kategorien und Differenzen von Geschlecht, die an dieser Stelle zwar mitgedacht, aber nicht aufgelöst werden können. Die weitere Forschungsarbeit bezieht sich explizit nicht auf Konzepte von ‚Weiblichkeit', da der schwere Körper und die damit verbundenen Deutungs- und Problematisierungsweisen m. E. sich nicht nur durch die Kategorie ‚Gender' fassen lassen.

8 Nach Plessner (1975) ist der Mensch einerseits im Hier und Jetzt körpergebunden (Körpersein), andererseits ist es ihm jedoch auch möglich, dieses Gefüge zu verlassen und zu sich in Distanz zu treten (Körperhaben). Durch das Ins-Verhältnis-Setzen kann der Körper im Körpererleben reflektiert und nach Außen artikuliert werden. Nach Plügge (1967) lebt der Mensch in einem unbemerkten Leib. Erst durch ein „Missbehagen" (ebd. 1967: 70) wird nach Plügge Körperhaben bewusst: „Erst das Malaise – so scheint es bisher – ermöglicht (oder vielleicht auch: erzwingt), dass mein leibliches Ich für mich als eine besondere Leiblichkeit feststellbar wird." (Plügge 1967: 71).

lichkeit zum Gegenstand von Analysen (Körperhaben). Der Körper ist dabei nicht länger ein unbemerkt gelebter Leib, sondern wird durch Problematisierung – die sowohl von den Interviewpartnerinnen, als auch der Interviewsituation ausgeht – bewusst. Eigentheorien für die schwere Körperlichkeit finden sich mehr oder weniger ausformuliert in allen drei Interviews wieder.

2.1.1 Sarah: „Es ist die Erziehung gewesen"

Die Erklärungsfindung für die eigene schwere Körperlichkeit beginnt für Sarah mit einem Zustand, den sie – vermutlich gestützt durch professionelle Deutungsmuster – als „Burnout" charakterisiert.

> „Es ging halt immer nur noch hoch, immer hoch hoch hoch und bei 112 Kilo, da war ich so durch, da war ich so frustriert, da bin ich zum Arzt. Und hab gesagt, ich steh´ jetzt nicht auf bevor er nicht irgendwas macht und ich habe auch gesagt, irgendwelche Medikamente, Pillen, irgendwas und da meinte er so zu mir: ‚Sie wissen gar nicht, was mit ihnen los ist' und ich so: ‚Nee' und ich hatte das überhaupt nicht begriffen, dann hat er mich in Kur geschickt und da hab ich eigentlich erst mal begriffen, dass das bei mir, dieses extreme Dicksein ähm einfach mit dem Burnout zusammen hängt (…) zumindest wusste ich da, was mit meinem Körper los ist. Wann er wie reagiert, warum er wann reagiert und bei mir ist das wirklich, wenn ich unglücklich bin, wenn ich gestresst bin, äh wenn ich einfach über meine Grenzen geh´, wehrt er sich einfach mit Essen und das ist so das was ich so die Zeit gelernt hatte" (Sarah)

Die mit wörtlicher Rede deutlich hervorgehobene Konsultation des Arztes und die anschließende Kur können als entscheidender Punkt in Sarahs Lebenserzählung gesehen werden, an dem sie beginnt, ihre Körperlichkeit mit verschiedenen Eigentheorien zu fassen und zu erklären: „Zumindest wusste ich da, was mit meinem Körper los ist (...) wenn ich unglücklich bin (…) wehrt er sich einfach mit Essen". Ausgehend von der Arztsituation und dem darauffolgenden Aufenthalt in einer „Burnout-Klink" beginnt für sie eine professionelle, durch psychologisch-medizinisches Wissen angestoßene, Bearbeitung ‚ihrer' Essgeschichte. Diese findet sich in ihrer Reflexion an vielen Stellen des Interviews wieder. Gründe für die eigene Körperlichkeit werden gefunden und in ein Raster von Eigentheorien eingearbeitet:

> „Bei mir war´s immer so Diäten, Diäten seitdem ich elf bin, also so sind wir auch mit meiner Mutter aufgewachsen (...) und ähm es fing aber dann auch an, dass meine Mutter dann auch Gewichtsprobleme bekam (...) dann fing sie so mit dem Diäten an und wir als Kiddies immer mit. Also seit meinem elften, ich weiß gar, ich kann die Diäten auch nicht mehr zählen, was ich für Diäten gemacht hab. Aber das waren wirklich ähm unzählige Diäten (…) ich hab fast nichts ausgelassen in meinem Leben.

Also kann über alles berichten. Und war aber trotzdem, also ich hatte immer diese extr äh entweder ähm Diäten oder zu viel gegessen. Also das Gleich, ich hatte nie das Gleichgewicht, also ich hatte wirklich seit meinem elften Lebensjahr hat dieses Gleichgewicht komplett gefehlt und ähm... wurde... also war immer, also hab immer gekämpft, war immer unzufrieden und unglücklich mit meinem Körper" (Sarah)

Deutbar wird die eigene Körperlichkeit für Sarah nur im Rückbezug auf die eigene Kindheit und Jugend. Diese wird Gegenstand einer bereits bearbeiteten und im Interview wiedergegebenen Analyse. Sarah markiert an mehreren Interviewstellen das elfte Lebensjahr als Ausgangspunkt ‚ihrer' Essgeschichte. Mit den „Gewichtsprobleme" und den damit verbundenen Diäten der Mutter stellt Sarah einen zunächst von außen motivierten, langwierigen ‚Kampf' gegen ihr eigenes Gewicht dar, der sich über ihre gesamte Jugendzeit hinweg bis ins Erwachsenenalter zieht. Diäterfahrungen – „Ich hab fast nichts ausgelassen im Leben. Also ich kann über alles berichten" – werden dabei in die Vorstellung eines Körpergleichgewichts eingewoben, das durch jene – ausgehend vom elften Lebensjahr – gestört wird. In Sarahs Eigentheorien werden sie zum Grundstein eines problematisierten Körperverhältnisses, das bis in die Gegenwart hineinwirkt. Mit einer solchen ersten, psychologisierenden Erklärung der Körperlichkeit wird die eigene Essgeschichte zur eigenen Körpergeschichte, die auch immer eine Geschichte des persönlichen Unglücks ist: „also hab immer gekämpft, war immer unzufrieden und unglücklich mit meinem Körper."

Zentral in Sarahs Eigentheorien ist der schwere Körper als problematisierter und psychologisierter Körper, der seinen Ursprung in der Reflexion der eigenen Familiengeschichte findet. Ausgehend von der dargestellten Narration, die aus den ersten Interviewminuten stammt, kann Sarah ihre weitere Lebensgeschichte immer mit Rückbezug auf ihr biografisches Erklärungsmuster erzählen, das als Grundlage für Sarahs Eigentheorien zur schweren Körperlichkeit dient und im weiteren Interviewverlauf stetig wiederholt und vertieft wird.

2.1.2 Judith: „Ich bin halt dick"

Wie bei Sarah markiert auch Judith in ihrer Lebensgeschichte einen Punkt, von dem ausgehend sie beginnt, sich Eigentheorien über ihre schwere Körperlichkeit anzueignen:

„Äh und ich weiß so mit 22, 23 (...) da hatte ich so dieses Gefühl (…) ich muss drin-
gend mal wieder Fasten oder Abnehmen oder sonst irgendwas machen, wusste aber,
das kostet Energie, die ich eigentlich für andere Dinge brauche. Und dann dann gab´s
da, hab ich in so´nen Frauen Frauenblättchen gelesen, da gab´s damals ´ne Selbsthilfegruppe als dicke Frauen in unserer Gesellschaft leben. Und äh das war dann so der
Moment wo ich gedacht habe, ‚entweder ich geh da hin oder ich fang´ an zu Fasten,
eins von beiden' und hab mich dann für Ersteres entschieden. Und bin dann da hin
und das war für mich wirklich, ne ne wesentliche <u>Wende</u> in meinem Leben, weil ich
da das erste Mal das auch mit diesem Jojo-Effekt kapiert habe und auch kapiert habe,
dass eine Gewichtszunahme nichts mit ähm schlechter Selbstbeherrschung zu tun hat,
sondern einfach schlicht und ergreifend ein biologischer Rhythmus äh und ähm hab
mich damit angefangen sehr ernsthaft auseinanderzusetzen." (Judith)

Mit dem Bild einer Weggabelung, die schließlich zur Lebenswende wird, markiert
Judith den Beitritt zur Selbsthilfegruppe als wichtiges Ereignis in ihrer Lebensgeschichte. Während Judith die „Pubertät munter mit Diäten rauf und runter verbracht
[hat]" reflektiert sie ihre Körperlichkeit nun mit dem aus der Selbsthilfegruppe gewonnenen Wissen: Frühere Eigentheorien, in denen die schwere Körperlichkeit ein
individuelles Problem war und Diäten eine damit verbundene Pflicht, werden durch
den Besuch der Selbsthilfegruppe revidiert und erneuert: „Gewichtszunahme [hat]
nichts mit ähm schlechter Selbstbeherrschung zu tun (...), sondern [ist] einfach
schlicht und ergreifend ein biologischer Rhythmus". Die schwere Körperlichkeit
wird dabei auf persönlicher Ebene entproblematisiert: „Also das musste ich erst
tatsächlich auch erst in dieser Selbsthilfegruppe damals lernen, ich bin nicht esssüchtig". In Judith´s Argumentation stören Diäten zur Gewichtsabnahme das Essverhalten und führen langfristig wieder zu einer Gewichtszunahme. Sie naturalisiert den schweren Körper und bettet ihn im Rahmen von natürlicher Körpervielfalt
ein: „Ich bin halt dick. Andere sind groß, andere klein, ich bin dick". Mit der Naturalisierung als ein zentrales Element von Judiths Eigentheorien verbindet sich eine
explizite Ablehnung von Schuld und Scham im Bezug auf die schwere Körperlichkeit sowie eine Annahme der eigenen Körperlichkeit im Sinne einer Selbstakzep-
tanz.

Die persönliche Entproblematisierung ermöglicht es Judith, den (Stellen)Wert
des schweren Körpers auf gesellschaftlicher Ebene zu reflektieren und die gesellschaftliche Akzeptanz dicker Menschen zu hinterfragen. Wie Sarah verdichtet, bearbeitet und professionalisiert auch Judith ihr Wissen auf dem weiteren Lebensweg.
Diese Verdichtung findet für Judith durch das Engagement in der Dicken Selbstakzeptanzbewegung statt: Sie leitet eine Selbsthilfegruppe, wird Geschäftsführerin

eines Vereins, der sich für dicke Menschen einsetzt, gründet später selbst einen ähnlichen Verein, schreibt zwei Bücher für bzw. über dicke Menschen und möchte in Zukunft Coachings für dicke Menschen anbieten. Judith wird zur Expertin, die noch versucht „nebenbei so'n bisschen was [Wissen] zu vermitteln" und zu „verbreiten". Ihre Eigentheorien stellen eine Gegenpositionierung zu hegemonialen medizinisch-schönheitstheoretischen Diskursen dar, die Judith offensiv in der Dicken Selbstakzeptanzbewegung, durch ihren Verein und in den Medien vertritt.

2.1.3 Mareike: „Ich hoffe, dass es die Schilddrüse oder irgendwas Hormonelles ist"

Wie Judith und Sarah interpretiert und problematisiert auch Mareike die schwere Körperlichkeit sinngebend. Hinweise darauf finden sich eher am Rande und erst relativ spät im Interview. Nach einer knappen Stunde Interviewzeit berichtet Mareike auf Nachfrage über die Körperlichkeit ihrer Geschwister:

> „Äh meine große Schwester wir neigen alle zu Übergewicht. (...) Meine kleine Schwester ist ungefähr das Dreifache von mir... die ist ganz pummelig. Aber bei der ist es eher, denken vermuten wir, dass es eher gesundheitliche Gründe hat. Deshalb, also des wird jetzt bei mir auch momentan vermutet, weil ich jetzt grad in Behandlung bin wegen Schilddrüse und... also muss ich jetzt getestet werden Schilddrüse, Hormone und weil ich halt trainiere wie ne Bekloppte und zunehme und das passt nicht zusammen. Und jetzt muss ich halt auch alles aufschreiben was ich esse, wann ich esse, wie ich esse und äh muss dann halt jetzt zur Blutuntersuchung und muss jetzt halt alles geklärt werden." (Mareike)

Kennzeichnend für die zitierte Passage ist eine passive Argumentation, in der das Wort „muss" eindringlich wiederholt wird. Die Wortwahl kann als Hinweis darauf gesehen werden, wie wichtig für Mareike die Klärung der eigenen Körperlichkeit ist. Während Sarah und Judith ihre Eigentheorien bereits in einem gefestigten, ‚wahren' Wissensnetz ausdifferenziert haben, steht Mareike am Beginn eines Klärungsprozesses, der noch von den verschiedensten Vermutungen durchzogen wird. Ähnlich wie und doch ganz anders als bei Sarah und Judith, beginnt für Mareike damit eine professionelle Bearbeitung der schweren Körperlichkeit: Mareike begibt sich in medizinische Behandlung. Allerdings nicht, um wie Sarah ein seelisches, sondern ein hormonelles Gleichgewicht wiederherzustellen.

Am Beispiel von Mareike wird deutlich, dass Eigentheorien einer Verifizierung – beispielsweise durch die medizinische Profession – bedürfen, mittels der sie durch einen Wissens- und Erfahrungsabgleich ‚wahr' und weiter verdichtet werden können. Wesentlich deutlicher als bei Sarah und Judith zeigt sich, dass der Ausgangspunkt der Eigentheorien von Mareike mit der Frage markiert wird, wie die schwere Körperlichkeit als problematisierte (Körper)Abweichung erklärbar wird:

> „Des Problem ist (...) dass ich momentan wie ein Schwein trainiere, aber nicht abnehme. (...) Dann hab ich mir gedacht ok, vielleicht stimmt ja irgendwas nicht und ähm und da ich ja auch schon versuche seit Jahren Kinder zu kriegen und keine Kinder bekomme ähm müssen wir uns äh musste ich mich jetzt mal in Behandlung begeben und ich hoffe halt, dass es die Schilddrüse oder irgendwas Hormonelles ist, dass man´s halt medikamentös behandeln kann und dann ist gut.“ (Mareike)

Die schwere Körperlichkeit ist eine unverstandene, rätselhafte Körperlichkeit: „weil ich halt trainiere wie ne Bekloppte und zunehme und das passt nicht zusammen.“ Sie lässt sich nur durch eine auffällige medizinische Diagnose einordnen: „ich hoffe halt, dass es die Schilddrüse oder irgendwas Hormonelles ist“. Die schwere Körperlichkeit wird zum Verdachtsmoment einer störungsbedingten (Körper)Abweichung, die sich auch mit anderen, als körperlichen definierten Problemen (Fruchtbarkeit) verbinden kann. Sie wird zum Problem, das – am besten medikamentös – gelöst werden „muss“ und „dann ist gut“. Wie auch an einer anderen Interviewstelle deutlich wird, besteht die einwandfreie Lösung der schweren Körperlichkeit in ihrer Eliminierung: „wenn ich jetzt zu dieser Untersuchung geh in die Spezialklinik und die sagen 'Schilddrüsenunterfunktion', das wär' ein Sechser im Lotto“. Für Mareike ist die Diagnose einer pathologisierten Abweichung ein „Sechser im Lotto“. Dies verdeutlicht: Für die schwere Körperlichkeit *muss* ein Umgang gefunden werden, durch den die eigene Körperlichkeit in ihrer (Norm-)Abweichung erklärbar und handhabbar wird.

2.2 Der Körper als selbstreflexives Moment

Bisher hat sich gezeigt, dass die Interviewpartnerinnen mit sehr unterschiedlichen Eigentheorien ihre schwere Körperlichkeit deuten: Als etwas *psychologisch Erklärbares* (Sarah), als etwas *natürlich Gegebenes* (Judith) oder als etwas aus einer *gesundheitlichen Normabweichung Entstehendes* (Mareike). Gemeinsam ist den Eigentheorien der Interviewpartnerinnen, dass sie die schwere Körperlichkeit als etwas *Eigendynamisches* konstruieren: Die Eigentheorien rekurrieren auf eine Ursachennarration, die *außerhalb* des persönlichen Handlungsspielraumes liegt und sich somit eigendynamisch vollzieht: Weder die eigene *Sozialisationsgeschichte* (Sarah), noch die *körperliche Veranlagung* (Judith) oder eine *gesundheitliche Norm-abweichung* (Mareike) können von den Interviewpartnerinnen unmittelbar beein-flusst werden. Sie weisen so eine unmittelbare Verantwortung für die schwere Körperlichkeit zurück. Vielmehr wird durch die Eigentheorien die schwere Körper-lichkeit von allen Interviewpartnerinnen als etwas *Eigendynamisches* erklärt, abge-grenzt und (ent)problematisiert.

Es zeigt sich, dass die schwere Körperlichkeit nicht einfach stehen bleiben kann, sondern durch die Eigentheorien Gegenstand von Analyse ist. Durch eine Verge-genwärtigung der eigenen Körperlichkeit wird diese zum handhabbaren Material, auf das zugegriffen, das erklärt und bearbeitet werden kann. Dabei entsteht ein selbstreflexives Moment, das doppeldeutig ist: Einerseits werden die Eigentheorien erst durch das reflexive Moment eines Ins-Verhältnis-Setzen (Plessner) sowie eine damit verbundene Problematisierung (Plügge) hervorgebracht, andererseits beein-flussen sie das Selbst- und Körperverhältnis. So entproblematisiert Judith ihre schwere Körperlichkeit durch ihre Eigentheorien und ihr Engagement in der Di-cken Selbstakzeptanzbewegung auf persönlicher Ebene: „Ich (...) leb hier in mei-nem Häuschen und ähm bin munter dick." Während sie so die Problematisierungs-weisen des schweren Körpers an die Gesellschaft (zurück) adressiert, bleibt für Mareike und Sarah die schwere Körperlichkeit auf persönlicher Ebene höchst prob-lematisch: „Es [das Dicksein] ist für mich auch bis heute ganz schlimm. Also das ist nicht so, dass ich das so ganz toll finde. Also ich finde das ganz grauenvoll." (Mareike); „also das kann ich auch bis heute nicht, dieses mich annehmen, wenn ich dick bin. Das kann ich nicht, hab ich total 'n Problem damit." (Sarah) „Seit sie-ben Jahren lebe ich so ein Leben in der Warteschleife für mich so. Diese ja wenn ich dünn bin (...)" (Sarah). Für Sarah und Mareike ist die eigene Körperlichkeit ein bewusst reflektierter, „grauenvoll[er]" (Mareike) Ort. Während sich Judith mit ih-ren Eigentheorien gegenpositioniert – „Ich bin halt dick" –, folgen Sarah und Ma-reike den hegemonialen Deutungsweisen um den schönen, gesunden und damit schlanken Körper.

Vor dem Hintergrund ihrer Eigentheorien ist für Sarah und Mareike Gewichtszunahme *auch* Resultat einer zu hohen Energieaufnahme im Vergleich zu einem zu geringen Energieverbrauch. Dementsprechend liegen auch Gewichtsabnahmen im Bereich des Möglichen, um der ursprünglichen Eigendynamik des Körpers entgegenzuwirken bzw. sie zu kontrollieren. Bis zur Gegenpositionierung anhand ihrer Eigentheorien ist Judith ebenfalls in dieses Denksystem eingelassen. Erst durch die Entwicklung ihrer Eigentheorien findet sie Deutungsweisen, die ihre schwere Körperlichkeit nicht in direkte Relation zum Ernährungsverhalten setzten: „Also das musste ich erst tatsächlich auch erst in dieser Selbsthilfegruppe damals lernen, ich bin nicht esssüchtig." Im Interview mit Sarah und Mareike hingegen ist die schwere Körperlichkeit ein Arbeitsobjekt, das durch verschiedene Selbsttechniken im Foucaultschen Sinne (ebd. 1989: 18) stetig hin auf ein schlankeres Ideal gestaltet werden soll. Gugutzer (2005) versteht solche Körperpraktiken in Anlehnung an Foucault auch als „Disziplinartechniken" mittels derer der Körper kontrolliert und zu einem „fügsamen Objekt" gemacht werden kann (Gugutzer 2005: 347). Gleichzeitig wird mit dem Körper das soziale Selbst bearbeitet (Villa 2008: 8). Solche Techniken finden sich bei Sarah und Mareike vorwiegend in der Kontrolle des Ernährungsverhaltens und in der Wiegetätigkeit wieder:

> „wenn ich vollkontrolliert esse, werde ich ja auch immer schlank (...) dieses ich nehme auch zu, das ist für mich Stress, das sind für mich psychisch schwere Zeiten, aber damit geht auch einher, dass ich mich ungesünder ernähre. Pizza, Sahnestückchen, Süßigkeiten, Eis ähm und das ist ja genau das alles, was man nicht machen soll." (Sarah)

In den Eigentheorien von Sarah führen negative Gefühle und außer Kontrolle geratene Lebenssituationen zu einem – von der eigenen Familiengeschichte angestoßenen und durch den Klinikaufenthalt reflektierten – unkontrollierten, kompensierenden Essverhalten. Sarah bezieht sich einerseits auf ihre Familiennarration, zugleich verweist sie andererseits auf den Bereich der Eigenverantwortung, in dem mit den Folgen dieser Kompensation durch Maßnahmen der Selbstdisziplinierung umgegangen werden muss. Sarah und Mareike versuchen ihr Ernährungsverhalten bewusst zu steuern, „es in den Griff zu kriegen" (Sarah). Dies bedeutet sich ‚gesund zu ernähren' und einen schlanken Körper zu haben. Für den unkontrollierbaren

Körper muss ein Umgang durch verschiedene Kontrollpraktiken – wie z. B. die bewusste Kalorienreduzierung – gefunden werden. ‚Gesunde' und ‚gute' Ernährung wird zum Synonym für Gewichtsreduktion und Selbstdisziplinierung, kalorienhaltiges Essen dagegen zur Verführung, die wie ein „Damoklesschwert" (Mareike) über den Interviewpartnerinnen schwebt. Schlanksein ist dabei ein Synonym für Selbstkontrolle über den Körper und gleichzeitig – bei Sarah – ein Symbol für ein ‚gesundes' Leben im „Einklang" (Sarah) mit diesem. Die schwere Körperlichkeit wird bei Sarah zum eigendynamischen Gegenüber, das mittels Selbstdisziplinierung kontrolliert werden muss, jedoch vor dem Hintergrund der Eigentheorien durch „unkontrollierte Phasen" (Sarah) immer wieder außer Kontrolle zu geraten scheint:

> „Ähm aber, dass ich halt sage gesund essen. Du kannst soviel Obst und Gemüse essen wie du willst, das erlaub' ich mir ja alles, auch wenn's zu viel ist, aber das erlaub' ich mir, aber nicht halt diese süßen, fettigen Sachen. Und dann sag ich, ok du darfst dir ein Eis holen, gehst wieder zum arbeiten. Dann geh ich wieder runter, dann hab ich wieder nochmal. Also an einem Tag, der heftigste, da war ich dreimal war ich in der Eisdiele unten, hab mir drei Eis geholt." (Sarah)

Im Zitat wird der Körper für Sarah zu einem eigendynamischen Gegenüber, das diszipliniert werden muss, aber andererseits ‚sich' immer wieder ungezügelt auslebt: „dieses Nein-Sagen [zu Essen], dieses hallo ich bin satt und ich sag' jetzt nein, das ist das, was ich auch nicht kann."

Während Sarah und Mareike durch die Kontrolle der Ernährungsweise aktiv versuchen, die schwere Körperlichkeit auf ein schlankeres Ideal hin zu gestaltet, stellt das Wiegen eine immer wiederkehrende, passive Kontrollinstanz der eigenen Körperlichkeit dar: „Ich brauch' diese Kontrolle, weil ich dann (...) Ich könnte nicht sagen, wo steh' ich, hab ich drei Kilo mehr, zwei Kilo weniger, kann ich kann ich nicht sagen." (Sarah). Die Waage wird zur standortbestimmenden, urteilenden Instanz, durch die kleinste Gewichtszunahmen – „mir geht's dann auch um diese 200, 300 Gramm" (Mareike) –regelmäßig wahrgenommen werden können. Das Wiegen ist eine Tätigkeit, die den Körper auf sein Gewicht reduziert und ins Quantitative übersetzt. Durch die quantitative Erfassung wird die eigene Körperlichkeit zu einem handhabbaren Gegenüber, das scheinbar ‚objektiv' beurteilt und problematisiert werden kann. Wenn der Körper dabei als quantitative Energie-Ein- und Ausgabeeinheit begriffen wird, bedeutet eine, durch die Wiegetätigkeit festgestellte

Gewichtszunahme auch ein persönliches ‚Fehlverhalten' im Bezug auf Bewegung und Ernährung, das jedoch wieder durch die Eigentheorien relativiert wird, bzw. relativiert werden muss.

Der Körper und das eigene Selbst werden zum permanenten Arbeitsobjekt, das ständig durch eine allumfassende Selbstbeobachtung kontrolliert – „ich hab mich teilweise 15 äh bis 20 mal am Tag gewogen" (Mareike) – und verbessert werden muss. Gleichzeitig versucht sich Sarah von dieser permanenten Arbeit am Körper und damit am sozialen Selbst zu distanzieren:

> „das [Diäten und Gewichtszunahmen] ist irgendwie was, was mich immer mein Leben lang begleitet (...) mein Ziel ist es auch irgendwann mal zu sagen, das ist nicht mein Lebensinhalt Abnehmen, Zunehmen, immer darauf konzentrieren." (Sarah)

Kontrollpraktiken können in der Darstellung von Sarah allerdings erst aufgegeben werden, wenn der Körper einen bestimmten Zustand erreicht hat: „mittlerweile wär' ich so froh, wenn ich ein bisschen pumpsig wär', dann is' alles gut". Dieser zu erstrebende Zustand ist jedoch kein fester – „was ich so früher ganz furchtbar fand, wenn ich heute meine Bilder von früher denk' ich mir so, warum warst du damals nicht glücklich mit deinem Gewicht?" – sondern kann sich in seiner Grenzziehung verschieben und immer wieder neu definieren. Judith hingegen konstruiert ihre schwere Körperlichkeit in ihren Eigentheorien außerhalb der Norm zur Selbstdisziplinierung und unterwirft sich dieser auch nicht im Bezug auf ihre schwere Körperlichkeit. Für sie liegt die schwere Körperlichkeit zwar außerhalb der eigenen Kontrolle, aber sie ist nicht – wie in den Eigentheorien von Sarah und Mareike – außer Kontrolle geraten.

Sarah und Mareike bewegen sich in dem *Widerspruch*, einen Körper durch verschiedene Kontrollpraktiken lenken zu wollen, der in ihren Eigentheorien ursprünglich außerhalb des persönlichen Handlungsspielraumes konstruiert liegt und somit auch den Techniken zur Selbstdisziplinierung letztendlich immer wieder die Grundlage entzieht. Die Selbsttechniken ziehen ein stetiges Scheitern nach sich. Die Arbeit an der schweren Körperlichkeit wird dabei zur permanenten, disziplinierenden Arbeit am sozialen Selbst. Diese Arbeit ist notwendig, denn ohne eine – wie von Judith vorgenommene – gesellschaftliche Adressierung der Problematisierungsweisen des schweren Körpers bleiben Sarah und Mareike zu einem richtigen Umgang mit den ‚Folgen' ihrer eigenen Körperlichkeit aufgerufen.

2.4 Eigentheorien als Eigenentlastung

Die Interviewpartnerinnen werden stetig unter dem Verdacht der mangelnden Selbstdisziplin als unternehmerische Subjekte (Bröckling 2007) angerufen (Althusser 1977), an sich zu arbeiten, schlank zu werden oder zumindest zu erklären, warum sie dies nicht sind. Solche Stimmen und Praktiken der Anrufung werden in den Interviews benannt und vollziehen sich beispielsweise durch:

Beurteilungen: „'n anderer Freund hat auch gemeint (...) boah jetzt musste aufpassen, dein Hintern explodiert gerade." (Sarah)
Beleidigungen: „So'n Fette, deine Mutter ist ja noch nicht mal so fett" (Sarah)
Ratschläge: „dann kommen sie [Freunde] immer mit Diätvorschlägen und mach's doch so und mach's doch so." (Sarah)
Fragen: „Da hat mich letztens einer gefragt, ob ich schwanger bin." (Mareike)
Umgekehrte Komplimente: „Leute sagen oah du bist so bildhübsch, hätt'ste mal zehn Kilo weniger." (Mareike)
Vorwürfe: „der [ein Kollege] hat gesagt, <u>Sarah</u> für mich ist das Disziplinlosigkeit was du an den Tag legst." (Sarah)
Kritik am Essverhalten: „Da war ich beim Bäcker, hab mir 'n süßes Stück gegessen (...) dann kam 'n Mann her und meinte ‚Mädchen solltest du nicht lieber Obst essen?'" (Sarah)
Kritik am Bewegungsverhalten: „Boah was sagen sie [Sarahs FreundInnen] denn noch...? Ja das sind eigentlich so die häufigsten Argumente... unsportlich, man ist auch dick, weil man unsportlich ist." (Sarah)
Alltagsweltliche Einschränkungen: „Versuch mal Stiefel zu kriegen mit diesen Waden." (Mareike)
Formelle Restriktionen: „Du [Mareike studiert auf Lehramt] wirst mit einem erst ab einem bestimmten Gewicht verbeamtet." (Mareike)

Die Interviewpartnerinnen versuchen diese Anrufungen zu unterlaufen bzw. diesen zu entgehen, indem sie anhand ihrer Eigentheorien und Techniken der Selbstdisziplinierung erklären bzw. zeigen, warum ihre schwere Körperlichkeit *nicht* selbstverschuldet ist. Dabei positionieren sie sich in einem Wissensnetz um den schweren

Körper, bedienen sich dieser Wissensproduktionen, setzen sich zu ihnen ins Verhältnis und werden zugleich von diesen regiert und geformt. Die Eigentheorien der Interviewpartnerinnen rekurrieren dabei auf verschiedene Diskursfragmente, die den schweren Körper auf unterschiedlichen Ebenen (ent)problematisieren: Sarahs Eigentheorien stützen sich auf ihre Erziehungsgeschichte und können daher als Sozialisationstheorien verstanden werden, in denen der schwere Körper als „Schutzpanzer" auch Gegenstand verschiedener Psychologisierungen wird (vgl. Roth 2005; Orbach 1988). Mareike gründet ihre Eigentheorien auf medizinische Wissensbestände und einer damit einhergehenden Pathologisierung der schweren Körperlichkeit (vgl. Wirth 2008), während Judith mit ihren Eigentheorien an die Dicke Selbstakzeptanzbewegung anknüpft (vgl. Wann 1998; Rothblum/Solovay 2009).

Aus einer interaktionistischen Perspektive werden die Interviewpartnerinnen mit ihren Eigentheorien und Techniken der Selbstdisziplinierung zu „Verhandlungskünstlerinnen, die mit sich und ihrer Umwelt Bedarf, Kosten, Leiden und Hoffnungen so effektiv wie möglich ausbalancieren" (Maasen 2008: 111, vgl. Gimlin 2002). Aus einer gouvernementalen Perspektive sind sie handelnde Subjekte, vor denen sich ein „ganzes Feld von möglichen Antworten, Reaktionen, Wirkungen, Erfindungen" (Foucault 1994b: 254) auf die gesellschaftlichen Problematisierungsweisen schwerer Körper eröffnet. Ihre Selbsttechniken sind *eine* mögliche Antwort darauf, mit der sie „als Subjekte des Handelns bis zuletzt anerkannt" (Foucault 1994b: 254) bleiben[9]. Dabei vollzieht sich ein Subjektivierungsprozess, „bei dem gesellschaftliche Zurichtung und Selbstmodellierung eins sind" (Bröckling 2007: 31): Einerseits ermächtigen sich die Interviewpartnerinnen mittels ihrer Eigentheorien eigener Deutungsweisen ihrer schweren Körperlichkeit. Andererseits verweisen die genannten Techniken der Selbstdisziplinierung auch auf einen „ästhetischen Druck zur Selbstregulierung" (Maasen 2008: 101) und eine damit aufgezwungene Arbeit am sozialen Selbst mittels des Körpers, die eine Maximierung von Lebens-

---

9   Foucault (1994b) schreibt dazu: „Ein Gewaltverhältnis wirkt auf einen Körper ein, wirkt auf Dinge ein, es zwingt, beugt, bricht, es zerstört: schließt alle Möglichkeiten aus; es bleibt kein anderer Gegenpol als die Passivität. Und wenn es auf einen Widerstand stößt, hat es keine andere Wahl als diesen niederzuzwingen. Ein Machtverhältnis [im Sinne der Gouvernementalität] hingegen errichtet sich auf zwei Elementen, ohne die kein Machtverhältnis zustande kommt: so dass der ‚andere' (auf die es einwirkt) als Subjekte des Handelns bis zuletzt anerkannt und erhalten bleibt und sich vor dem Machtverhältnis ein ganzes Feld von möglichen Antworten, Reaktionen, Wirkungen, Erfindungen eröffnet." (ebd. 1994b, 254)

chancen verheißt (vgl. Degele 2004, Villa 2008, Schorb 2010). Dabei zeigt sich, dass Selbsttechniken mehr sind als Handlungsweisen der Interviewpartnerinnen. Vielmehr können sie im Sinne von Foucault als Techniken begriffen werden, anhand derer Menschen „sich selber zu transformieren, sich in ihrem besonderen Sein modifizieren und aus ihrem Leben ein Werk zu machen suchen" (ebd. 1989: 18). Selbsttechniken sind dabei im Bezug auf Schönheitshandeln „nicht ‚technisch', [oder] gar ‚politisch' sondern wesentlich (...) [ein] ganz persönliches Identitäts-, Glücks- und Erfolgsversprechen" (Maasen 2008: 104). Durch die Selbsttechniken und eine damit verbundene Arbeit am sozialen Selbst kann ein scheinbar individuelles Körper(Glück) erreicht werden – „jede Frau die abgenommen hat (...) sagt (...) sie fühlt sich besser hinterher" (Sarah) –, welches das „wahre Selbst" (Maasen 2008: 110) der Subjekte widerspiegelt. Dabei bleiben die zu erfüllenden Hoffnungen in der Körpergestaltung stets unerreichbar, denn „ein Subjekt zu werden ist etwas, das niemandem entgeht und zugleich niemandem gelingt" (Bröckling 2007: 30). Körperarbeit ist so nie vollendete Arbeit am Selbst und den eigenen Träumen und Hoffnungen. Kontrollpraktiken werden bei Sarah und Mareike so zu nötigen Praxen der Selbstdisziplinierung – „ab ´n bestimmten Maß fühl´ ich mich einfach nicht wohl." (Sarah) –, hinter denen der restriktive Charakter hegemonialer Deutungsweisen des schweren Körpers zurücktritt. Eine Gewichtsabnahme wird dabei aus subjektiver und biopolitischer Perspektive auch als Prozess der Heilung des adipösen Körpers verstanden.

Judith hingegen schließt durch ihre Eigentheorien und der damit verbundenen gesellschaftlichen Adressierung, einen – auf ein schlankeres Ideal hin – disziplinierenden Umgang mit ihrem Körper für sich aus und greift stattdessen auf andere Selbsttechniken zurück. Sie verweist darauf, dass für sie der schwere Körper nicht im Widerspruch zu einem gegenwärtig geforderten Körperbild (gesund, leistungsstark, diszipliniert) steht und erhält – im Gegensatz zu Sarah und Mareike – für ihre als authentisch angesehene Positionierung soziale Anerkennung: „Meine Hausärztin, die sagte (...) sie fände das richtig toll ähm wie ich das machen würde, also wie ich auch zu meinem Körper stehen würde." Ihre Selbsttechniken im Bezug auf ihre schwere Körperlichkeit lassen sich dabei mit einer nach Link (1999) formulierten „Authentizität" fassen: Indem sich Judith keiner Selbstdisziplinierung unterwirft, ‚bekennt' sie sich zu ihrer schweren Körperlichkeit: „Andere sind groß, andere klein, ich bin dick." Sie folgt dabei dem Imperativ des autonomen Subjekts, das sich mittels Selbsttechniken reguliert und soziale Anerkennung erhält.

Schluss

Ein Anliegen dieses Artikels war es, zu zeigen, dass auch der schwere Körper – wie beispielsweise als weiblich oder männlich markierte Körper – machtvollen gesellschaftlichen Konstruktionsprozessen unterliegt. Dekonstruktionen von ‚anderen' Körpern haben längst begonnen, der schwere Körper bleibt dabei – im deutschsprachigen Raum im Gegensatz zum US-amerikanischen Raum und den sich dort etablierenden Fat Studies (vgl. dazu Rothblum/ Solovay 2009) – weitgehend unangetastet. Die Einmaligkeit des schweren Körpers liegt in seiner Interpretation als Resultat einer zu hohen Energieaufnahme im Vergleich zu einem zu niedrigen Energieverbrauch. In einem weitverbreiteten Verständnis kann sich niemand seines Geschlechtes oder seiner Hautfarbe entziehen, der schwere Körper wird jedoch als veränderbarer Zustand begriffen. Indem der schwere Körper als persönliches, frei gewähltes Fehlverhalten interpretiert und stets mit denselben schönheitstheoretischen und gesundheitspolitischen Argumentationslinien begründet wird, ist seine Abwertung gesellschaftsfähig (vgl. Hilbert et al. 2008b). Doch „wir müssen uns nicht einbilden, daß uns diese Welt ein lesbares Gesicht zuwendet, welches wir nur zu entziffern haben. Die Welt ist kein Komplize unserer Erkenntnis" (Foucault 2007, 34f). Warum fällt es uns so schwer, dies beim schweren Körper anzuerkennen?

> „Warum eigentlich können sie uns – man bemerke die Konstruktion ‚wir und die anderen' – so stark irritieren? Warum sind wir nicht einfach tolerant? Warum glauben wir, dass wir hier nicht tolerant sein sollten, sondern – mit mehr oder weniger mildem Zwang – handeln müssten? Warum scheint nun eine Grenze des Inakzeptablen erreicht zu sein? Und: wenn ja, was sollte dann daraus folgen?" (Peter 2011: 157)

Literatur

Althusser, Louis (1977): Ideologie und ideologische Staatsapparate. VSA: Hamburg/Berlin

Bohnsack, Ralf (2000): Rekonstruktive Sozialforschung. Einführung in die Methodologie und Praxis qualitativer Forschung. Leske + Buderich: Opladen

Bröckling, Ulrich (2007): Das unternehmerische Selbst. Suhrkamp Verlag: Frankfurt am Main

Bublitz, Hannelore (2006): Sehen und Gesehenwerden – Auf dem Laufsteg der Gesellschaft. Sozial- und Selbsttechnologien des Körpers. In: Gugutzer, Robert: (Hrsg.): *body turn*. transcript Verlag: Bielefeld

Bundesministerium für Ernährung, Landwirtschaft und Verbraucherschutz (2008): Nationale Verzehrstudie. Im Internet unter http://www.was-esse-ich.de/, letzter Zugriff 16.10.2010

Bundesministerium für Ernährung, Landwirtschaft und Verbraucherschutz/ Bundesministerium für Gesundheit (2008): Der Nationale Aktionsplan zur Prävention von Fehlernährung, Bewegungsmangel, Übergewicht und damit zusammenhängende Krankheiten. Im Internet unter: http://www.besseressenmehrbewegen.de/fileadmin/SITE_BEMB/content/grafiken/Nationaler-AktionsplanJuni08.pdf, letzter Zugriff 15.07.2010

Bundesministerium für Ernährung, Landwirtschaft und Verbraucherschutz/ Bundesministerium für Gesundheit, Bundesministerium für Bildung und Forschung (2008): KIGGS. Studie zur Gesundheit von Kindern und Jugendlichen in Deutschland

Butler, Judith (1991): Das Unbehagen der Geschlechter. Suhrkamp Verlag: Frankfurt am Main

Cooper, Charlotte (1998): Fat and Proud. The Politics of Size. The Women´s Press: 1998

Degele, Nina (2004): Sich schön machen. Zur Soziologie von Geschlecht und Schönheitshandeln. VS Verlag für Sozialwissenschaften: Wiesbaden

Duttweiler, Stefanie (2008): „Im Gleichgewicht für ein gesundes Lebens" – Präventionsstrategie für eine riskante Zukunft. In: Schmidt-Semisch, Henning/ Friedrich, Schorb (Hrsg.): Kreuzzug gegen Fette: sozialwissenschaftliche Aspekte des gesellschaftlichen Umgangs mit Übergewicht und Adipositas. VS Verlag für Sozialwissenschaften: Wiesbaden, S. 125-142

Foucault, Michel (2007): Die Ordnung des Diskurses. Fischer Taschenbuch Verlag: Frankfurt am Main

Foucault, Michel (1994): Überwachen und Strafen. Suhrkamp: Frankfurt am Main

Foucault, Michel (1994b) Das Subjekt und die Macht. In Dreyfus, Hubert L./ Rabinow, Paul (Hrsg.): Michel Foucault. Jenseits von Strukturalismus und Hermeneutik. Athenaeum Verlag: Weinheim. S. 243-261

Foucault, Michel (1989): Der Gebrauch der Lüste. Sexualität und Wahrheit. Band 2. Suhrkamp Verlag: Frankfurt am Main.

Foucault, Michel (1988): Technologien des Selbst. In: Martin, Luther H/ Gutman, Huck/ Hutton, Patrick H. (Hrsg.) Technologien des Selbst, S. 24-62

Foucault, Michel (1983): Der Wille zum Wissen. Sexualität und Wahrheit. Band 1. Suhrkamp Verlag: Frankfurt am Main

Gimlin, Debra (2002): Body, Work: Beauty and Self Image in American Culture. University of California Press: Berkley

Glinka, Hans-Jürgen (1998): Das narrative Interview: eine Einführung für Sozialpädagogen. Juventa-Verlag, Weinheim

Gugutzer, Robert (2005): Der Körper als Identitätsmedium: Essstörungen. In: Schroer, Markus (Hrsg.): Soziologie des Körpers. ShurkampVerlag: Frankfurt, S. 323-355

Hilbert, Anja/ Rief, Winfried/ Dahrbrock, Peter (Hrsg.) (2008): Gewichtige Gene. Adipositas zwischen Prädisposition und Eigenverantwortung. Verlag Hans Huber: Bern

Hilbert, Anja/ Rief, Winfried/ Brähler, Elmar (2008b): Stigmatizing Attitudes Toward Obesity in a Representative Population-based Sample. In: Obesity Nr. 16, 1529-1534

Junge, Torsten/ Schmincke, Imke (2007): Marginalisierte Körper – eine Einleitung. In: dies. (Hrsg.): Marginalisierte Körper. UNRAST-Verlag: Münster, S. 5-10

Klotter, Christoph (2008): Von der Diätetik zur Diät – Zur Ideengeschichte der Adipositas. In: Schmidt-Semisch, Henning / Schorb, Friedrich (Hrsg.): Kreuzzug gegen Fette: sozialwissenschaftliche Aspekte des gesellschaftlichen Umgangs mit Übergewicht und Adipositas. VS Verlag für Sozialwissenschaften: Wiesbaden, S. 21-34

Klotter, Christoph (1990): Adipositas als wissenschaftliches und politisches Problem. Zur Geschichtlichkeit des Übergewichts. Roland Asanger Verlag: Heidelberg

Legewie, Heiner/ Schervier-Legewie, Barbara (2007): Anselm Strauss im Interview mit dies. „Forschung ist harte Arbeit, es ist immer ein Stück Leiden damit verbunden. Deshalb muss es auf der anderen Seite Spaß machen." In: Mruck, Katja/ Mey, Günter: Grounded Theory Reader. Zentrum für Historische Sozialforschung: Köln, S. 69-79

Lemke, Thomas (2008): Gouvernementalität und Biopolitik. VS Verlag für Sozialwissenschaften: Wiesbaden

Link, Jürgen (1999): Ein Versuch über den Normalismus. Wie die Normalität produziert wird. Westdeutscher Verlag: Opladen

Maasen, Sabine (2008): Bio-ästhetische Gouvernementalität – Schönheitschirurgie als Biopolitik. In: Villa, Paula-Irene (2008) (Hrsg.): Schön normal. Manipulationen am Körper als Technologien des Selbst. transcript Verlag: Bielefeld, S. 99-118

Morgan, Kathryn Pauly (2008): Foucault, Hässliche Entlein und Techno-Schwäne – Fett-Hass, Schlankheitsoperationen und biomedikalisierte Schönheitsideale in Amerika. In: Villa, Paula-Irene (Hrsg.): Schön normal. Manipulationen am Körper als Technologien des Selbst. S. 143-172

Mruck, Katja/ Mey, Günter (2007): Grounded Theory Methodologie – Bemerkungen zu einem prominenten Forschungsstil. In: dies. (Hrsg.): Grounded Theory Reader. Zentrum für Historische Sozialforschung: Köln, S. 11-39

Orbach, Susie (2010): Bodies – Schlachtfelder der Schönheit. Arche Literatur Verlag AG: Zürich – Hamburg

Orbach, Susie (1988): Anti-Diätbuch. Über die Psychologie der Dickleibigkeit, die Ursachen von Esssucht. Verlag Frauenoffensive: München

Peter, Claudia (2011): Essen ohne Maß? Zu Formen der Essensorganisation in Familien mit ‚dicken Kindern'. In: Zwick, Michael/ Deuschle, Jürgen/ Renn, Ortwin (Hrsg): Übergewicht und Adipositas bei Kindern und Jugendlichen. VS Verlag: Wiesbaden, S. 137-160

Plessner, Helmuth (1975): Die Stufen des Organischen und der Mensch. Walter de Gruyter & Co: Berlin

Plügge, Herbert (1967): Der Mensch und sein Leib. Max Niemeyer Verlag: Tübingen

Posch, Waltraud (2009): Projekt Körper. Wie der Kult um die Schönheit unser Leben prägt. Campus Verlag: Frankfurt a. M.

Puhl, Rebecca M./ Heuer, Chelsea A. (2009): The Stigma Obesity. A Review and Update. In: Obesity Nr. 17, S. 941-964

Roth, Geenen (2005): Essen als Ersatz. Wie man den Teufelskreis durchbricht. Rowohlt Taschenbuch Verlag: Reinbek bei Hamburg

Rothblum, Esther/ Solovay, Sandra (Hrsg.) (2009): The Fat Studies Reader. New York University Press: New York und London

Scharmacher, Benjamin (2004): Wie Menschen Subjekte werden. Tectum Verlag: Marburg

Schmidt-Semisch, Henning/Paul, Bettina (2010): Risiko Gesundheit. Eine Einleitung. In: dies. (Hrsg.): Risiko Gesundheit. Über Risiken und Nebenwirkungen der Gesundheitsgesellschaft. VS Verlag für Sozialwissenschaften: Wiesbaden, S. 7-21

Schmidt-Semisch, Henning/ Friedrich, Schorb (Hrsg.) (2008): Kreuzzug gegen Fette: sozialwissenschaftliche Aspekte des gesellschaftlichen Umgangs mit Übergewicht und Adipositas. VS Verlag für Sozialwissenschaften: Wiesbaden

Schmincke, Imke (2009): Gefährliche Körper an Gefährlichen Orten. Eine Studie zu Verhältnis von Körper, Raum und Marginalisierung. transcript Verlag: Bielefeld

Schoenfelder, Lisa/ Wieser, Barb (Hrsg.) (1983): Shadow on a Tightrope. Writings by Women on Fat Oppression. Rotunda Press: Scotland

Schorb, Friedrich (2012): Fat Politics in Europe. Theorizing on the premises and outcomes of European anti "obesity-epidemic" policies. In: Fat Studies Journal 1(2): i.E.

Schorb, Friedrich (2010): Fit for fun? – Schlankheit als Sozialprestige. In: Paul, Bettina/ Schmidt-Semisch, Henning (Hrsg.): Risiken und Nebenwirkungen der Gesundheitsgesellschaft. VS Verlag für Sozialwissenschaften: Wiesbaden, S. 105-121

Schorb, Friedrich (2009): Dick doof arm? Die große Lüge vom Übergewicht und wer davon profitiert. Droemer Verlag: München

Schütze, Fritz (1987): Das narrative Interview in Interaktionsfeldstudien: Erzähltheoretische Grundlagen, Studienbrief der Fernuniversität Hagen, Teil I, Merkmale von Alltagserzählung und was wir mit ihrer Hilfe erkennen können. Hagen

Schwartz, Hillel (1986): Never Satisfied. A Cultural History of Diets, Fantasies and Fat. The Free Press: New York

Spiekermann, Uwe (2008): Übergewicht und Körperdeutungen im 20. Jahrhundert – Eine geschichtswissenschaftliche Rückfrage. In: Schmidt-Semisch, Henning/ Schorb, Friedrich (Hrsg.): Kreuzzug gegen Fette: sozialwissenschaftliche Aspekte des gesellschaftlichen Umgangs mit Übergewicht und Adipositas. VS Verlag für Sozialwissenschaften: Wiesbaden, S. 21-34

Spiekermann, Uwe (2008): Pfade in die Zukunft? Entwicklungslinien der Ernährungswissenschaft im 19. und 20. Jahrhundert. In: Schönberger, Gesa./ Spieckermann, Uwe (Hrsg): Die Zukunft der Ernährungswissenschaft. Springer Verlag: Berlin,. S. 23-46

Strauss, Anselm/ Corbin, Juliet (1996): Grounded Theory: Grundlagen Qualitative Sozialforschung. Psychologie Verlags Union: Weinheim

Villa, Paula-Irene (2008): Einleitung – Wieder der Rede von Äußerlichkeiten. In: dies. (Hrsg.): schön normal. Manipulationen am Körper als Technologien des Selbst. transcript Verlag: Bielefeld

Wann, Marilyn (1998): Fat! So? Ten Speed Press: New York

WHO (2006): Europäische Ministerkonferenz der WHO zur Bekämpfung von Adipositas.

Wirth, Alfred (2008): Adipositas. Springer Medizin Verlag: Heidelberg

Autorinnen und Autor

Birgit Görtler
studierte Soziologie, Politikwissenschaften und Kriminologie in Hamburg, Recife und Barcelona. Gegenwärtig studiert sie Internationale Kriminologie an Institut für kriminologische Sozialforschung der Universität Hamburg. Ihre Arbeitsgebiete sind insbesondere organisierte Kriminalität und Kriminalitätsprävention.
Kontakt: b.i.goertler@googlemail.com

Kendra Eckhorst
lebt und arbeitet als freie Journalistin, queere Feministin und Musikerin in Hamburg. Nach einem Studium der Soziologie samt Politik- und Sexualwissenschaften entschied sie sich gegen eine wissenschaftliche Karriere und wendete sich dem zumeist schnelllebigen Schreiben zu. Arbeitswelten, Feminismus und Musik beackert sie in größeren und kleineren Artikeln und verfolgt die Schnittmengen auch in der unbezahlten Zeit. Wie eine "zeitgemäße" feministische Politik ausformuliert werden und intervenieren könnte, beforscht sie in gemeinschaftlichen Salons, Vorträgen oder Filmreihen.
Kontakt: eckhorst_k@yahoo.de

Elke Gaugele
Empirische Kulturwissenschaftlerin und Professorin an der Akademie der Bildenden Künste in Wien. Hier leitet sie das Ordinariat „Moden und Styles" am Institut für das künstlerischen Lehramt: ein künstlerisch-wissenschaftliches Studium, das gestalterische Praxis mit dem Studium kritischer Theorien und der Vermittlung von Moden und Styles verbindet.
Zuvor war sie u. a. Hochschulassistentin am Institut für Kunst und Kunsttheorie, Abt. Textil der Universität zu Köln (1998-2006); Mitglied des bildwissenschaftlichen Kollegs „Bild, Körper, Medium" an der HfG Karlsruhe (2002-2007), Re-

search Fellow am Department for Visual Arts Goldsmiths/ University of (2003-04); Lise Meitner Stipendiatin (2004/06); sowie Autorin und Kuratorin.
Kontakt: e.gaugele@akbild.ac.at

Anja Gregor

M.A., geb. 1980, Magistra-Studium der Pädagogik, Geschlechterforschung und Philosophie an der Universität Göttingen 2001-2008. Arbeit als Sozialpädagogin in Rostock 2008-2009. Seit April 2012 wissenschaftliche Mitarbeiterin am Lehrstuhl für allgemeine und theoretische Soziologie der Universität Jena und ideelle Stipendiatin der Doktorand_innenschule Laboratorium Aufklärung am gleichnamigen Forschungszentrum der Uni. Im Rahmen des Dissertationsprojekts entsteht eine Biographieforschung mit intergeschlechtlichen Menschen.
Kontakt: anja.gregor@uni-jena.de

Anna-Katharina Meßmer
Dipl.-Soz., Doktorandin bei Prof. Dr. Paula-Irene Villa (LMU München) zum Thema kosmetische Intimchirurgie.
Wissenschaftliche Mitarbeiterin an der Gastprofessur Gender Diversity in den Wirtschaftswissenschaften, Prof. Dr. Claudia Neusüß.
Kontakt: kathy.messmer@googlemail.com

Waltraud Posch
Studium der Soziologie, Pädagogik und Medienkunde an der Karl-Franzens-Universität Graz. Berufstätig in der Gesundheitsförderung sowie in der Forschung zur Soziologie des Körpers. Publikations- und Lehrtätigkeit. Zahlreiche Publikationen zur Soziologie des Körpers mit Schwerpunkt Schönheit und Körpernormen. Letzte Monografie: „Projekt Körper" (Campus 2009). Sie lebt und arbeitet in Graz.
Kontakt: info@waltraudposch.at

Penny Paparunas

Lizentiandin an der Universität Zürich, danach Dissertation zu "Von Webster bis Wharton: Subjektformation, Körperlichkeit, Geschlechtsinszenierung im Fin-de-Siècle" im Rahmen des Doktoratsprogramms Verkörperung – Geschlecht – Konstruktion: Ästhetische und soziale Praktiken (Universität Zürich, 2012-2015); 2011-2012: Bibliotheksmitarbeiterin am Englischen Seminar der Universität Zürich; 2010-2011: wissenschaftliche Assistenz am Englischen Seminar der Universität Zürich; 2009 – 2010: Mitarbeiterin an der Zurich James Joyce Foundation.

Kontakt: penny.paparunas@es.uzh.ch

Barbara Rothmüller

Mag. Bakk., geb. 1982, studierte Philosophie und Soziologie in Wien und Graz, von 2007 bis 2009 arbeitete sie u. a. an einer qualitativen Studie zu Körper- und Schönheitspraktiken mit (Projektleitung: Dr. Otto Penz). Seit 2011 Universitätsassistentin am Institut für Soziologie, Abteilung für Theoretische Soziologie und Sozialanalysen der Johannes Kepler Universität Linz (Karenzvertretung). Arbeits- und Forschungsschwerpunkte: gender studies, soziale Ungleichheit, Bildungs- und Hochschulforschung.

Kontakt: barbara.rothmueller@jku.at

Irene Antoni-Komar

Dr. phil., Kultur- und Kunstwissenschaftlerin. Wissenschaftliche Mitarbeiterin und Habilitandin am Lehrstuhl für Allgemeine Betriebswirtschaftslehre, Unternehmensführung und Betriebliche Umweltpolitik der Universität Oldenburg. Zuvor u. a. Wella-Stiftungsdozentur für Mode und Ästhetik an der TU Darmstadt. Forschungs- und Lehrschwerpunkte: Mode und Ästhetik, Körperlichkeit, Kultur und Ökonomie, Ernährungskultur, nachhaltiger Konsum.

Zahlreiche Publikationen, u.a.: Moderne Körperlichkeit (2001); Kulturelle Strategien am Körper (2006); Ernährung, Kultur, Lebensqualität – Wege regionaler Nachhaltigkeit (2008); Wenke[2] – Wege zum nachhaltigen Konsum (2010).

Kontakt: irene.antoni.komar@uni-oldenburg.de

Simon Graf

M. A., geb. 1979, Studium an der Universität Zürich Ethnologe und Historiker mit Forschungsschwerpunkten in gender & men studies, Körpergeschichte und Fitness.

Kontakt: simon-graf@gmx.ch

Maria Haun

geb. 1987, hat an der Fachhochschule Köln Soziale Arbeit (B.A.) und an der Universität Hamburg Soziologie (M.A.) studiert. Zurzeit arbeitet und reist sie in Indien.

Kontakt: mariahaun@web.de

Illustratorin

Martina Meier

lebt und arbeitet in Hamburg. Sie hat ein abgebrochenes Illustrationsstudium hinter sich, was sie aber nicht hindert weiterhin zu malen und zu illustrieren. Im Gegenteil: etwas abzubrechen bedeutet immer auch neue Türen zu öffen, so wie zu der Gruppe "Die Maler" (www.die-maler-hamburg.de), in der sie seit 2010 Mitglied ist. Kontakt: komprojekt@gmx.de

Silvia von Steinsdorff,
Helin Ruf-Uçar (Hrsg.)

Implementierung von Rechtsnormen

Gewalt gegen Frauen in der Türkei und in
Deutschland

Reihe Sozialwissenschaften, Bd. 40
2012, ca. 160 S., br.,
ISBN 978-3-86226-173-4, € **22,80**

Dieses Buch vereint wissenschaftliche Analysen und Erfahrungsberichte aus der Praxis vom politischen und rechtlichen Umgang mit Gewalt gegen Frauen in Deutschland und in der Türkei. Es werden die aktuelle Rechtslage, politische Strategien, sowie die Unterstützungsstrukturen in den beiden Ländern dargestellt und kritisch beleuchtet. Die in Deutschland oder in der Türkei lebenden Autorinnen dokumentieren mit diesen Beiträgen aufschlussreiche Aspekte ihrer langjährigen Erfahrung in der Arbeit zu Gewalt gegen Frauen.

Prof. Dr. Silvia von Steinsdorff lehrt vergleichende Demokratieforschung am Institut für Sozialwissenschaften und Helin Ruf-Uçar ist Doktorandin an der Berlin Graduate School of Social Sciences der (BGSS) Humboldt-Universität zu Berlin.

Centaurus Buchtipps

Sayime Erben
Gewalt und Ehre
Ehrbezogene Gewalt aus Täterperspektive
Reihe Sozialwissenschaften, Bd. 39, 2012, 116 S.,
ISBN 978-3-86226-146-8, **€ 18,80**

Parto Teherani-Kröner
Gender & Globalisierung
im ländlichen Raum
Centaurus Pocket Apps, Bd. 17, 2012, ca. 55 S.,
ISBN 978-3-86226-132-1, **€ 5,80**

Timo Andreas Kläser
Regenbogenfamilien
Erziehung von Kindern für Lesben und Schwule
Reihe Sozialwissenschaften, Bd. 38, 2011, 326 S.,
ISBN978-3-86226-074-4, **€ 24,80**

Farida Akhter
Samenkörner sozialer Bewegungen
Frauenbewegungen und andere Bewegungen in Bangladesh und weltweit
Mit einem Vorwort der Herausgeberin Maria Mies
Frauen * Gesellschaft * Kritik, Bd. 52, 2011, 342 S.,
ISBN 978-3-86226-032-4, **€ 22,80**

Claudia Bignion
Der Papst und der menschliche Körper
Vatikanische Verlautbarungen des 19. und 20. Jahrhunderts
Neuer Medizin- und Wissenschaftsgeschichte, Bd. 24, 2011, 190 S.,
ISBN978-3-86226-064-5, **€ 24,80**

Marianne Kosmann, Harald Rüßler (Hrsg.)
Fußball und der die das Andere
Ergebnisse aus einem Lehrforschungsprojekt
Gender & Diversity, Bd. 1, 2011, 164 S.,
ISBN 978-3-86226-050-8, **€ 18,80**

Sabine Korstian
Akteure asymmetrischer Konflikte
Eine Studie zur nordirischen und palästinensischen Widerstandsgesellschaft
Frauen * Gesellschaft * Kritik, Bd. 51, 2010, 330 S.,
ISBN 978-3-8255-0761-9, **€ 28,00**

Claudia von Werlhof
Vom Diesseits der Utopie zum Jenseits der Gewalt
Feministisch-patriarchatskritische Analysen – Blicke in die Zukunft?
Frauen * Gesellschaft * Kritik, Bd. 50, 2010, 209 S.,
ISBN 978-3-8255-0754-1, **€ 22,80**

Informationen und weitere Titel unter **www.centaurus-verlag.de**